2021 年度立项广东省基础教育教研基地项目建设成果

学科核心素养导向的小学语文教学改革研究与实践

统编教材小学语文单元整体教学设计与实施例谈

庄晓珊 ⊙主编

SPM 南方传媒
全国优秀出版社
全国百佳图书出版单位
广东教育出版社
·广 州·

图书在版编目（CIP）数据

统编教材小学语文单元整体教学设计与实施例谈／庄晓珊主编．—广州：广东教育出版社，2023.12
（学科核心素养导向的小学语文教学改革研究与实践）
ISBN 978-7-5548-5648-2

Ⅰ.①统…　Ⅱ.①庄…　Ⅲ.①小学语文课－教学设计　Ⅳ.①G623.202

中国国家版本馆CIP数据核字（2023）第237663号

出 版 人：朱文清
策划编辑：王泽冰
责任编辑：要亚楠
责任校对：林宜仪
责任技编：余志军
装帧设计：喻悠然
插画设计：李旭城

统编教材小学语文单元整体教学设计与实施例谈
TONGBIAN JIAOCAI XIAOXUE YUWEN DANYUAN ZHENGTI JIAOXUE SHEJI YU SHISHI LITAN

广东教育出版社出版发行
（广州市环市东路472号12-15楼）
邮政编码：510075
网址：http://www.gjs.cn
广东虎彩云印刷有限公司印刷
（东莞市虎门镇黄村社区厚虎路20号C幢一楼）
787毫米×1092毫米　16开本　18印张　290 000字
2023年12月第1版　2023年12月第1次印刷
ISBN 978-7-5548-5648-2
定价：120.00元（全2册）

质量监督电话：020-87613102　邮箱：gjs-quality@nfcb.com.cn
购书咨询电话：020-87615809

“学科核心素养导向的小学语文教学改革研究与实践”系列建设成果

编 委 会

前 言

“学科核心素养导向的小学语文教学改革研究与实践”是2021年广东省基础教育小学语文学科教研基地（汕头）建设项目，项目建设年限为三年。

一、项目建设情况

（一）项目建设背景

中共中央、国务院及广东省委、广东省政府做出关于全面深化新时代教师队伍建设改革和推进基础教育高质量发展的有关部署，教育要落实立德树人根本任务，树立科学的教育质量观。随着教育改革的深入，我们的教育从“双基”走向“三维目标”，再走向“核心素养”。2016年9月，中国学生发展核心素养研究成果发布，2017年，教育部明确提出学科核心素养的概念：“学科核心素养是学科育人价值的集中体现，是学生通过学科学习而逐步形成的正确价值观、必备品格和关键能力。”我们要充分发挥教研工作对保障基础教育质量的重要支撑作用，开展学科核心素养导向的课程教学改革研究与实践。

1. 发挥统编教材育人功能的实际需要

现在使用的小学语文统编教材创新了单元编排体例，以“人文主题”和“语文要素”双线并行结构组织单元。每一个语文要素的落实，需要教师对教材整个单元进行研读、分析，准确把握每个语文要素内部的序列性，以及语文要素和其他要素之间的关联性，根据学习规律和学生的学习能力，循序渐进地开展教学活动。针对每一单元的语文要素，进行阶梯式分解，找到单元内每篇课文在相应的语文要素上的培养目标，再对单元进行整体教学设计。以小学语文统编教材为研究媒介，以单元整体开发建构为切入点，梳理整合课程目标，融通课内外语文内容，开展教材教学实践，能充分发挥统编教材的育人功能，培养学生语文学科核心素养。

2. 开展教学评价改革的必然选择

2020年10月，中共中央、国务院印发《深化新时代教育评价改革总体方案》，旨在完善立德树人体制机制，扭转不科学的教育评价导向。其首次提出“改进结果评价，强化过程评价，探索增值评价，健全综合评价”等四个评价。科学且有针对性的评价体系，可以让师生进一步明确教与学的目标，进一步明白评价的策略与过程，让课堂教学评价可观可学。目前，全国统一施行《义务教育语文课程标准（2022年版）》，统一使用语文统编教材，但由于小学语文学科核心素养有特定的背景，其相关的课堂教学评价目前仍处于探索阶段。对小学语文学科核心素养的落地提出具体建议，让师生明白教学评价的内涵与要求，转变教与学的观念，改变教与学的形态，是学科教研亟待研究和探索的问题。

3. 实现教育现代化的迫切需要

信息技术迅猛发展，为教育现代化提供了技术支撑。网络环境为教师的教学提供更为广阔的平台，也极大丰富了教学资源；信息技术为教师的备课和上课带来了更加实用的辅助，使教学更好地为学生的终身发展服务，更好实现素质教育的目标。针对目前信息技术与学科教学整合中存在的问题，在教师的“主导”方面，探索有效整合先进的信息技术和学科教学的路径，优化课堂结构；在学生的“主体”方面，为学生创设独有的广阔的学习活动环境，提供充分的观察、思考和实践的机会，提高学生的创新能力和实践能力。深度整合是实现信息技术与学科教学有机融合，相互渗透，有效促进并构成一个整体的活动或过程，在课程教学过程中把信息技术、信息资源、信息方法、人力资源和课程内容有机结合，共同圆满完成课程教学任务。这些都是项目建设追求的美好愿景，是促进学生语文学科核心素养发展的有力保障。

（二）项目建设目标

1. 开展语文教材教学研究与实践

对小学语文统编教材有更全面、更科学、更深入的了解，引领和推进统编教材视域下的单元整体教学设计与实施，构建高效课堂，发挥统编教材的育人功能，促进学生语文学科核心素养的发展。

2. 开展基于小学语文学科核心素养的课堂教学评价研究

完成基于小学语文学科核心素养的课堂教学评价研究的理论探索，制定基于小学语文学科核心素养的课堂教学评价的各项标准，实施基于小学语文学科核心素养的课堂教学评价，形成有效的评价模式与体系，建立案例引导示范性评价模式。

3. 开展信息技术与语文教学深度融合研究和实践

变革传统的课堂教学结构，将以教师为中心的传统课堂教学结构变为师生"主导—主体相结合"的教学结构；探索信息技术与小学语文教学有效融合的路径与方法，总结归纳信息技术条件下小学语文教学的模式与评价方式，切实转变教与学的方式，实现学生语文学科核心素养的全面发展。

（三）项目建设任务

1. 研究项目

紧紧围绕"小学语文学科核心素养"这一核心，从"课程教材教学研究与实践""基于小学语文学科核心素养的课堂教学评价研究""信息技术与学科教学深度融合研究和实践"三个维度进行多向度研究，体现"教—学—评"一体化。

2. 要解决的关键问题

（1）引领和推进小学语文统编教材视域下的单元整体教学设计与实施，对统编教材体系深入研究，确保单元整体教学的正确方向、科学设计与具体落实。

（2）解决基于小学语文学科核心素养的课堂教学评价的模糊性和课堂教学评价的单一性等亟待解决的问题。

（3）对传统的课堂教学结构进行改革，真正发挥"主导—主体相结合"的教学结构优势；利用信息技术在线协同教研，完成"空中课堂"的教学设计；以公众号为载体，开设专栏，展示学习成果，培养学生语文学科核心素养。

3. 具体举措

（1）建立基地学校和基地区域，组建强有力的学科研究骨干团队。采用双向选择方式，精心遴选汕头市 4 所基地学校和 2 所参与学校。基地学校和参与学校的特点是教研支持力度大、学科骨干教师多、教研氛围好、研究能力强。在此基础上，以点带面，发展汕头市六区一县和市直学校共 8 个基地区域一起开展研究。星星之火，可以燎原，最终实现研究成效的最大化。团队成员由三部分人员构成：区、县小学语文教研员9位，4所基地学校的负责人，优秀的教学骨干若干。其中，省、市、区小学语文工作室主持人各1名，省特级教师4名，省“百千万人才培养工程”培养对象1名，省南粤优秀教师4名以上。成员均有丰富的教研、科研经验，研究、写作、活动策划与组织等能力均较强。

（2）制订清晰具体的研究计划。项目申请及启动阶段，项目主持人联合基地学校负责人和骨干成员，开展多场研讨活动，最终制订具体的三年研究计划，并反复论证，不断修改、完善。

（3）按项目实施方案科学开展学科教研基地项目建设。在项目实施阶段，我们将理论学习与实践研究紧密结合，及时跟进，总结、调整、修改研究计划和实施方案，定期组织交流汇报活动，通过项目公众号发布相关活动信息，确保研究过程科学有效。

4. 创新之处

（1）研究内容属于前沿。课程教材教学、课堂评价等项目一直有人研究，但小学语文统编教材教学研究，基于小学语文学科核心素养的课堂教学评价研究，信息技术与语文学科教学深度融合，进行课堂教学结构改革等研究非常少。在小学语文统编教材视域下，探索从“单篇教学”走向“单元整体教学”，从“散点目标”走向“整体目标”，从“低阶思维”走向“高阶思维”。探索基于学科核心素养的课堂教学评价的理论，形成相关评价理念，清晰界定小学语文学科核心素养各维度的评价要点；构建基于小学语文学科核心素养的立体多样的课堂教学评价体系；创建案例引导示范性评价模式。在信息技术环境下，利用网络平台、科技手段等培养学生自主、合作、探究的学习能力和科学的思维方法；探索信息技术与小学语文教学相融合的路径与方法，切实转变教与学的方式，提升教师的科研素养与水平。在现阶段，对以上三个方面的研究具有创新性的研究意义。

（2）研究成果有一定创新。本研究，我们将从实践成效、示范效应和物化成果三方面汇总项目建设成效。其中包括小学语文统编教材视域下单元整体设计案例集萃，小学语文统编教材单元语文要素实施教学操作手册；引导示范性评价案例集（侧重过程研究的成功案例），基于小学语文学科核心素养的课堂教学评价标准，基于小学语文学科核心素养的课堂教学实录、案例集，基于信息技术与语文学科教学相融合的翻转课堂课例、微课例和开放式语文学科展示活动。以上物化成果和实践示范成效将有力促进教与学方式的变革，促进小学语文学科核心素养和小学语文统编教材在课堂教学中的落地，给教研员及一线教师更多实践层面的参考和借鉴。

（四）项目建设进度安排

1. 准备阶段

（1）完善项目管理。持续充实教研基地项目组成员和基地学校，对项目组成员进行分工；策划子项目群落，成立子项目研究组并进行工作分工。建立“项目领导组—子项目研究组—研究成员”的管理体系，制订一整套制度和措施，保障项目的顺利、按时、优质完成。

（2）举行项目论证会。认真查阅文献资料，学习相关理论，规划研究路径，完善项目总体实施方案和三个子项目具体研究方案。举行项目论证会，并根据专家建议，修正实施方案。

2. 实施阶段

（1）加强理论学习。在抓好常态性的项目组成员集体理论学习之外，要求项目组成员利用业余时间自主学习相关理论，做好学习笔记，并充分利用学校教研网络，进行互动、交流，为本项目研究积累扎实的理论基础知识。

（2）加强研讨课观摩评议。为使研究过程规范、科学，各项目标得到落实，我们开展常态化项目研讨课，要求项目组每位成员必须参加研讨课的观摩、评议活动，分析研讨课的得失、今后努力方向等，做到项目组成员人人参与，畅所欲言。

（3）加强基地教研活动的联动。为促进基地项目建设主要任务之间的深度融合和有效落实，促进区域共同发展，我们加强汕头市基地学校和基地区域的交互联动教研，同时加强市际小学语文基地项目活动的交流互动。

（4）加强资料积累和理论提炼。项目研究中始终坚持做好原始资料的积累，做到计划总结齐全，活动记录翔实。同时，及时总结实践成果，进行理论提炼，为实现预期目标做好准备。

（5）进行项目研究阶段总结。做好项目研究年度报告和中期评估，对各子项目建设情况进行评估。

3. 总结阶段

（1）项目研究成果汇总。形成项目研究报告和子项目研究报告，编辑教学案例集、教学论文集、活动剪影集及其他成果手册和视频资料，整理、完善教育、教学、教研资源包。

（2）出版专著。

（3）召开项目研究总结交流会，总结、推广研究成果。

（五）项目组人员分工

1. 项目总负责人

庄晓珊

工作职责：项目统筹策划，人员安排，活动安排与实施，成果转化等。

2. 总助理

吴友群、杨毅聪、陈嘉、刘迎春、陈静莉

工作职责：子项目统筹，人员分工，计划安排，项目推进，成果收集整理，活动报道等。

3. 基地区域及负责人

金平区（黄丽华）　龙湖区（林继文、陈爱香）　濠江区（陈祥）

澄海区（陈慎瑜）　潮阳区（黄静华）　潮南区（钟良城）

南澳县（倪加欣）　市直学校（杜丹燕）

工作职责：配合总项目组做好所在区域的项目活动统筹，项目推进，活动安排与实施，成果转化等。

4. 基地学校及负责人

汕头市新乡小学（卓细弟、翁文菁）

汕头市金平区蓝天小学（谢蓉）

汕头市潮阳实验学校（秦世进）

汕头市龙湖区丹霞小学（张晓煌）

工作职责：子项目策划与落实，人员分工，计划安排，项目推进，成果汇总、转化等。

5. 各子项目组主要参与人员

“课程教材教学研究与实践”子项目组：卓细弟（负责人）、谢蓉、翁文

菁、杨晓虹、杨映双、郑若莎、罗晓纯、汤小冰、袁纯、陈婷、胡梓瑗、靳英、林秀玲、张漫、冯菲、黄銮娟

“基于小学语文学科核心素养的课堂教学评价研究”子项目组：秦世进（负责人）、陈静莉、陈嘉、刘迎春、郑彦娜、张小春、颜英姿、陈怡颖、许蓉淳、陈梦霞、郑植燃、蔡晓佳

“信息技术与学科教学深度融合研究和实践”子项目组：张晓煌（负责人）、陈健英、陈秋玲、黄珊（1983年出生）、林雨涵、黄珊（1981年出生）、吴友群、杨毅聪

工作职责：领会项目实施精神，在子项目负责人的领导组织下具体实施各项研究活动，完成研究任务。

（六）项目建设成效和成果

1. 实践成效

（1）课程教材教学：开展单元整体教学，提升语文教师的课程实施能力，促进学生掌握语文要素，提升语文核心素养。在统编教材视域下，引导教师进行单元整体教学的设计与实施，确定单元目标，分解落实语文要素，组织具有逻辑关联的学习活动有效展开，实现学生语文素养的全面提升。这个过程中，教师提升教材解读能力、单元整体教学设计能力、课程实施能力、课堂组织能力、测评组织能力，转变观念，形成探究性教学行为，解决课时少和教学内容多之间的矛盾，实现高效课堂，促进学生语文素养的提升。

（2）课堂教学评价：在语文核心素养导向下形成新的课堂教学评价体系与模式。研究前期参考高中语文核心素养提到的语言建构与运用、思维发展与提升、审美鉴赏与创造、文化传承与理解四个维度，遵照全国小学语文专业委员会（以下简称“小语会”）理事长陈先云提出的“小学语文核心素养清单”，从语言理解能力、语言运用能力、思维能力、初步审美能力四个维度开展研究。进入研究中期，根据《义务教育语文课程标准（2022年版）》，我们对语文核心素养的表述确定为文化自信、语言运用、思维能力和审美创造四方面，并以此构建多样的评价方式，以形成新的评价体系与模式。从整体与个人、过程与结果、现实与潜在相结合等方面进行教学评价，重视学科核心素养的落实，重视学生的真实发展，实现《深化新时代教育评价改革总体方案》提出的“改进结果评价，强化

过程评价，探索增值评价，健全综合评价”。通过教学评价改革促进教学内容的革新和教学方式的改革，实现“教—学—评”一体化。

（3）信息技术与学科教学融合：提升语文教师的现代教育技术水平，改变传统的课堂教学结构，实现高效、智慧课堂，形成大语文观，培养学生综合素养。提升教师教学软件应用能力，提升教师“翻转课堂”设计能力，提升教师在线教育设计与实施能力；将以教师为中心的传统课堂教学结构，改变为既充分发挥教师主导作用，又能突出体现学生主体地位的“主导—主体相结合”教学结构；形成信息技术条件下小学语文新的教学模式与评价方式，在培养学生语文素养的同时培养学生的信息素养。

2.示范效应

（1）展示交流：每年基地学校以“开放周”形式搭建教学交流与研究的平台，邀请本区域内教师和外地教师参与交流研究。

（2）送教下乡：定期送教交流，实现教育资源共享，促进城乡均衡发展。

（3）主动承办广东省、粤东地区和跨市教研、培训、展示交流等活动。

（4）孵化一批课题：如广东省教育科学研究课题（含重点课题）“基于小学语文学科核心素养的课堂教学评价研究”（课题立项编号：2021ZQJK049）、“小学语文统编教材单元整体教学设计与实施的研究”（课题立项编号：2022ZQJK031）、“信息技术与小学阅读教学的深度融合研究与实践”（课题立项编号：2022YQJK153），汕头市重点课题“信息技术与小学语文学科教学的深度融合研究和实践”（课题批准号：2022GHB005）等。

3.物化成果

（1）形成系列研究报告《课程教材教学研究与实践》《基于小学语文学科核心素养的课堂教学评价研究》《信息技术与学科教学深度融合研究和实践》《学科核心素养导向的课程教学改革研究与实践》等。

（2）整理一批优质教育、教学、教研资源包。

（3）撰写并发表一批研究论文、教学设计与案例、教学随笔、读书心得，录制一批微课例、课堂教学视频、开放式语文学科展示活动的视频。

（4）出版系列专著，将其他系列成果整理、结集成册。

二、成果出版情况

春天播种，秋天收获。关于成果的结集与出版，基于本研究项目“一核三维多向度”的特点，项目负责人带领全体项目组成员分工合作，既强强联手又各司其职，对成果进行梳理。专著“学科核心素养导向的小学语文教学改革研究与实践”系列（包括《统编教材小学语文单元整体教学设计与实施例谈》《基于小学语文学科核心素养的课堂教学评价研究》《信息技术与小学语文学科教学深度融合研究和实践》），由项目负责人庄晓珊牵头，各子项目负责人卓细弟、秦世进、张晓煌组织各子项目组教师进行编写。编写过程历时一年。三册书自成体例又互有照应，体现“一核三维多向度”特点。

《统编教材小学语文单元整体教学设计与实施例谈》（主编庄晓珊，副主编卓细弟）强调以语文核心素养为导向的单元整体教学设计与实施以“单元教学”为核心，以“联动整合”为思路，以“学习任务”为驱动，让教师用统整的思维来分析教材，挖掘知识背后的素养目标，设计达成素养目标的策略与学习任务，在提升语文核心素养时更注重整体性和系统性。本研究有利于引导学生在学习过程中构建完整的知识与能力等方面的结构体系，实现人全面系统的发展；强调系统、整合、联动、协同的小学语文单元教学内容，能够有效促进学生语文核心素养的发展。

《基于小学语文学科核心素养的课堂教学评价研究》（主编庄晓珊，副主编秦世进）本着所实施的评价要有科学性、指导性和实操性特点，提出了“引导示范性案例”这个开创性的方式：采用标准化的、多种形式的案例及细致的评价步骤去引导教师评价，直观地帮助教师培养评价的思维，让教师懂得评价的原则与方法，熟练掌握评价的步骤，从而让教师学会评价和评判评价。著作力求呈现项目研究的主体成果。书中所阐述的“理想形态”“语文三问”“引导示范性案例”都是原生发理论。整本书采用追本溯源的演绎方式呈现，先讲追求的形态，再讲依形态所拟定的标准，最后呈现实施的过程。

《信息技术与小学语文学科教学深度融合研究和实践》（主编庄晓珊，副主编张晓煌）追求课堂教学结构的改革，将以教师为中心的传统课堂教学结构，改变为既充分发挥教师主导作用，又突出体现学生主体地位的“主导—主体相结合”的教学结构。研究语文学科翻转课堂模式：课前，研究如何建设资源库，录制翻转教学视频，运用工具进行学情分析，组织学生进行自主学习，并提问交流、讨论反馈；课中，研究如何高效利用课堂，促进学生更深入语文学科学习，进一步将课程知识内化吸收，并以问题设计为核心，学习方法为导向，引导学生自主探究、协作学习、交流成果；课后，研究阅读作业设计及阅读评价方式，拓展阅读渠道，开展线上线下双线互动的阅读成果展示。

此次出版包括《统编教材小学语文单元整体教学设计与实施例谈》《基于小学语文学科核心素养的课堂教学评价研究》两册，《信息技术与小学语文学科教学深度融合研究和实践》待出版。

三、我们的感谢

本项目建设论证评议专家有全国小语会常务理事、广东省教育研究院教学教材研究室教研员、广东省小语会理事长杨建国，上海师范大学教育学院副院长、教育学博士、教授丁炜；汕头市教师发展中心语文中学正高级教师、广东省特级教师林荣秋，汕头市金龙小学教育集团校长、市小语会原理事长林嘉琳，汕头市龙湖区教师发展中心原小学语文教研员、市小语会原副理事长郑列勤。各位专家对本项目建设提出宝贵意见，寄予厚望。研究过程中还得到华南师范大学博士生导师、教授谢幼如，华东师范大学副教授刘竑波，福建教育学院教授于文安，福州教育研究院教研员肖永琴等近十位专家的指导。汕头市教师发展中心主任林惜平和各位分管领导均对本项目建设给予大力支持。广东教育出版社编辑王泽冰、要亚楠对专著出版给予宝贵建议和帮助。谨在此一并致谢！专著“学科核心素养导向的小学语文教学改革研究与实践”系列，是本项目建设团队在理论和实践中的结晶，成果来之不易，希望能带给广大教师启发与思考。因编写时间仓促，本书或有纰漏，恳请方家不吝赐教。

庄晓珊

2023年 6 月于鮀岛

目 录

绪 论

当下小学语文课程的教育目标应从知识的了解、理解、识记，转变为课程核心素养的关键能力、必备品格与价值观念的培育。这就要求教师不仅仅是教授学科知识，还要从学科的逻辑性转向培育能在真实情境中应用迁移的素养，也就是由“教”的设计走向“学”的设计。况且不少教师备课时是就课备课，没能用统整思维纵观整个单元内容，这样造成单元教学目标落实呈现零散性、碎片化，不利于发展学生的核心素养。而以核心素养为导向的小学语文单元整体教学设计与实施正好有效解决这一问题。

学科核心素养强调的是学科知识的内在育人价值，知识本位教学将受到严重挑战。知识成为培育学生学科核心素养的载体，基于学科本质的关键能力、必备品格和价值观念来源于知识但又高于知识，无论是从形成机制还是从表现形态，都具有极高的整合性。而且以核心素养为导向的单元整体教学设计与实施以“单元教学”为核心，以“联动整合”为思路，以“学习任务”为驱动，能让老师用统整的思维来分析教材，挖掘知识背后的素养目标，设计素养目标达成的策略与学习任务，在提升核心素养时更注重整体性和系统性。且有利于学生在学习过程中构建完整的知识与能力等方面的结构体系，从而实现人的全面系统的发展。因此系统、整合、联动、协同小学语文单元教学内容能够有效促进学生语文核心素养的发展。

而基于核心素养的小学语文单元整体教学设计与实施的路径基本有如下三种：

路径一：关联整合。关联是基本形式，即紧扣单元人文主题与语文要素展开学习活动的设计，让单元内各部分教学内容与学习任务互相关联，互相渗透。保持教材中原有自然单元的框架和内容，根据单元教学目标设计学习活动，注重探寻单元内各板块之间的内在关联，发挥各自在单元教学中的功能。

路径二：打通整合。打通是改进形式，即立足单元人文主题与语文要素展开学习活动的设计，有机融合单元内各板块教学内容与学习任务。以教材中原有自然单元为单位，打通单元内各板块内容，整合单元目标、教学情境、学习任务、学习问题、学习方式等，整体设计学习内容与过程。

路径三：重组整合。重组是创新形式，即围绕单元人文主题与语文要素创造性重组单元教学内容，系统设计学习任务，有效落实课程教育目标。从学科核心素养出发，建构学习单元系列；再从单元教学目标出发，重组教材内容知识点，重构单元学习方案。

统编教材围绕人文主题和语文要素双线组织单元。注重单元各部分内容，前后衔接，环环相扣，相互配合，使每个单元形成一个系统。注重“精读”“略读”“课外阅读”三位一体的阅读体系。精读课文、略读课文和“快乐读书吧”各自承担着不同的功能：精读课文传授学习方法，略读课文运用方法，“快乐读书吧”使课外阅读课程化。语文园地中的“交流平台”，应集中体现学习方法的指导与运用。注重加强语言文字的运用，不论是练习活动的设计，还是语文园地的内容安排，都引导学生联系生活，在生活情境中运用语文，突显语文课程实践性、综合性的特点。注重加强阅读和表达的联系，促进读写结合，将阅读中的收获迁移运用于自我表达，使学生的语文学习与生活实际紧密结合起来。在教学中我们采取如下教学策略开展单元整体教学。

挖掘单元内容的育人价值。《义务教育语文课程标准（2022年版）》指出：“语文课程致力于全体学生核心素养的形成与发展，为学生学好其他课程打下基础；为学生形成正确的世界观、人生观、价值观，形成良好个性和健全人格打下基础；为培养学生求真创新的精神、实践能力和合作交流能力，促进德智体美劳全面发展及学生的终身发展打下基础。语文课程在推广普及国家通用语言文字、增强凝聚力、铸牢中华民族共同体意识，建立文化自信、培育时代新人，实现中华民族伟大复兴等方面具有不可替代的优势。”因此，在单元整体设计与实施时教师应充分挖掘单元内容的育人价值，发挥语文课程育人功能。例如统编教材小学语文六年级上册第八单元是一个人物单元，内容是“走近鲁迅”，鲁迅先生是我国伟大的文学家、思想家、革命家，是中国现代文学的奠基人，本单元选用一组与他相关的文章，主要目的是想通过不同的视角、运用不同的表现手法，多维度展现鲁迅先生的形象，使学生初步了解他的文学成就，感知他的性格特点，体会他的精神境界。基于此，单元整体教学时教师应借助本单元四篇文章的学习，着重引导学生从字里行间深刻体会鲁迅先生忧国忧民的爱国情怀，从典型事例中深度感受其身上的高尚品质，潜移默化，对学生的精神领域产生影响。

寻找单元内容的关联线索。一个单元就是一个整体，单元内各板块之间有着千丝万缕的关联性，特别是在传达的情感态度和价值观上有着不同程度的相似，但又有差别，只有寻找单元内容的关联线索，通过不同文本的对比关联分析，才能将文本传达的育人价值充分挖掘、体现出来。而且单元内容之间的关联性在同一单元内不同文本中会反复呈现。从整体的角度分析文本，把单篇的文本放在大单元教学视域下，关注不同文本之间的关联，引导学生更全面、多维度地理解文本传达的情感与道理，引导学生在更高的层面、更广的角度思考问题，才能真正达到课程育人的目的。又如统编教材小学语文六年级上册第八单元是人物单元，在单元教材分析与设计时，首先要关注各文本对人物形象与特点的刻画。因为选文从不同角度展现了鲁迅先生的形象，通过本单元的学习在学生的心中树立鲁迅的崇高形象，为日后学习鲁迅作品播下美好种子。其次要关注阅读与习作的关联。《少年闰土》和《我的伯父鲁迅先生》两篇课文，除了通过具体事例表现人物特点外，都借助场景描写表达了主观情感。在设计单元学习任务时，一方面要引导学生感受课文中人物形象，另一方面要引导学生聚焦场景，揣摩表达情感的方法，并尝试迁移运用到自己的习作中。

捕捉单元新旧知识的链接。单元教学内容是由许多知识点构成，由点串成线，由线形成相对独立的知识体系，构成彼此联系的知识网。教师应了解本课知识点在单元知识网中的位置，组织教学时注重单元新旧知识的纵向与横向勾连，这样有利于我们高效实施教学。

例如，在统编教材小学语文五年级上册中学生已学习了“结合资料，体会课文表达的思想感情”这一语文要素，而六年级上册第八单元的语文要素是“借助相关资料，理解课文主要内容”，这是对之前语文要素的延续与推进，同时也体现了对该单元选文特质的观照。因为鲁迅生活的时代已远离学生生活实际，当时的语言表达习惯也与现在的有差异，所以，必须借助资料，才能真正理解文本主旨。又如，在六年级上册第八单元的习作要求是“通过事情写一个人，表达出自己的情感”。从三年级开始，以写人为主题的习作多次出现，以往的习作已经要求学生能结合具体事例写出人物的特点，如四年级学过“从人物的语言、动作等描写中感受人物的品质”，五年级学过的“通过课文中动作、语言、神态的描写，体会人物的内心”等，这些方法可以在六年级上册第八单元学习中再次实践运用，本单元在此基础上强调要“表达出自己的情感”。

因此开展单元整体教学设计与实施时应该捕捉单元内容新旧知识的连接点，老师要基于学生已有知识储备和学习经验展开教学，重视迁移运用，借此引导学生深度学习，提高学习效率。

转化内容单元为学习单元。《义务教育语文课程标准（2022年版）》指出：“义务教育语文课程实施从学生语文生活实际出发，创设丰富多样的学习情境，设计富有挑战性的学习任务，激发学生的好奇心、想象力、求知欲，促进学生自主、合作、探究学习。”由此可见，学生是学习的主体，课程内容要依据学生的发展需求进行建构，引导学生建立起知识、情境与生活的联结。因此，单元整体教学时必须转变观念，由“教”的设计走向“学”的设计，即将“内容单元”转化为“学习单元”，采用任务驱动的形式设计学习活动。尽可能做到“三多”：多关注学情，考虑学生的知识储备和生活经验；多关注单元整体学习任务的设计，即单元学习问题链的设计；多关注知识与知识之间的关联、知识与生活的关联，从而设计有效的学习任务。通过“学习单元”对教材内容进行重构，以学习者的需求、实际生活需要为核心组织教学内容，达到连接知识、情境和生活的目的，从而不断提高学生解决生活实际问题的能力，真正发挥语文课程的育人功能。

我们在整体分析单元教材内容和语文学科核心素养的契合点的基础上设计有效的学习任务，创设真实的学习情境，引导学生开展深度学习，有利于培养学生的语文核心素养，更好地落实课程育人功能。

第一章

统编语文教材一年级单元整体教学设计与实施例谈

第一节　一年级上册教材教学整体简析

一、一年级上册整体教学内容

本册教材按照主题单元编排学习内容，在“我上学了”之后，安排了两个识字单元、两个汉语拼音单元和四个课文单元，每个单元的学习内容侧重点不同。“我上学了”主要安排“我是中国人”“我是小学生”和“我爱学语文”三部分内容，采用参与式和体验式学习相结合的方式，激发学生语文学习的兴趣，初步培养学生良好的学习习惯。两个识字单元，重在渗透汉字文化，体现汉字规律，激发识字兴趣，指导识字方法，培养识字能力。汉语拼音共两个单元十三课，拼音与识字学词整合设计、同步进行。四个课文单元大体围绕“自然”“想象”“儿童生活”“观察”等主题编排，共选编课文十四篇。选文体裁多样，趣味性、可读性和感染力强；题材广泛，富有生活情趣和教育意义，有利于激发学生的阅读兴趣，有利于儿童通过语言文字认识大千世界。本册教材还安排了四次口语交际活动，八个语文园地和一个“快乐读书吧”。

二、一年级上册整体教学目标

（一）汉语拼音

1. 学会汉语拼音；能读准声母、韵母、声调和整体认读音节；能准确地拼读音节，正确书写声母、韵母和音节。

2. 能借助汉语拼音识字、正音、学说普通话。

（二）识字与写字

1. 喜欢学习汉字，有主动识字、写字的愿望。

2. 认识常用汉字300个，会写其中的100个。

3. 掌握汉字的基本笔画和常用的偏旁，能按笔顺规则用硬笔写字，书写规范、端正、整洁。

4. 初步养成良好的写字习惯，写字姿势正确。

5. 学习独立识字。

（三）阅读与鉴赏

1. 喜欢阅读，感受阅读的乐趣。

2. 学习用普通话正确、流利地朗读课文。

3. 在阅读中积累词语，借助读物中的图画阅读。

4. 对读物中感兴趣的内容有自己的感受和想法，并乐于与人交流。

5. 诵读儿歌、儿童诗和浅近的古诗，展开想象，获得初步的情感体验，感受语言的优美。

6. 认识逗号、句号等常用标点符号。认识自然段。

7. 积累古诗和格言警句。

8. 有进行课外阅读的愿望。

（四）表达与交流

1. 学说普通话，逐步养成说普通话的习惯。

2. 能认真听别人讲话。

3. 与别人交谈，态度自然大方，有礼貌。

4. 有敢于表达的自信。积极参加讨论，敢于发表自己的意见。

（五）梳理与探究

1. 观察字形，体会汉字部件之间的关系。梳理学过的字，感知汉字与生活的联系。

2. 观察大自然，热心参加校园、社区活动，积累活动经验，体验活动乐趣。结合语文学习，用口头或图文等方式整理、表达自己在活动中的见闻和想法。

3. 对周围事物有好奇心，能对感兴趣的内容提出问题，结合其他学科的学习和生活经验交流讨论，尝试提出自己的看法。

三、一年级上册整体教学建议

（一）汉语拼音

字母发音教学，以学生模仿正确发音为主，加强拼音与口头语言、与生活实际的联系，还应重视利用已经认识的汉字学习拼音，将学习拼音、认识汉字和认识事物有机结合，使学生得到全面的发展。

（二）识字与写字

识字与写字教学应结合学生的生活经验，采用形象直观的教学手段，创设丰富多彩的教学情境，综合运用随文识字、集中识字、注音识字、字理识字等方法，逐步发展学生的识字、写字能力。要正确把握识字的要求。要认的字，只要求能够在语境中认识，能够运用于阅读。提倡在语境中、在阅读中巩固和运用要认的字。一年级起步阶段，要加强写字指导。教师要具体指导字的基本笔画、笔顺规则、间架结构，要一边指导，一边示范，切实保证写字质量。写字的评价要以表扬鼓励为主。

（三）阅读与鉴赏

一年级的阅读教学，最重要的是能正确、流利地朗读。要重视朗读的指导，通过朗读，培养学生的语感。指导朗读，要有层次性，每次朗读要有不同的要求。遇到不容易读好的句子，教师要发挥示范作用。围绕多样的学习主题创设阅读情境。连环画教学，充分放手让学生自主阅读，可以借助拼音识字，可以借助图画阅读，可以联系生活经验。革命题材类课文，学生缺乏背景知识，在理解上会有一定的难度。教师要注意引导学生把课文读通、读顺，合理运用课后练习，适当地补充资料，借助课文的语言文字来体会人物的思想品质。关于“快乐读书吧”阅读教学，要创设交流课外阅读成果的机会，重在激发阅读兴趣，可以采用重点推荐一本，顺便推荐一批的方法。

（四）表达与交流

本册的表达与交流主要是口语交际教学。口语交际教学重视创设情境，激发学生的交际兴趣。除了专门的口语交际课，还要重视日常教学中无处不在的口语交际活动，有意识地指导学生在日常生活中提高口语交际能力。引导学生有意识地运用口语交际课中学习的原则和方法。

（五）梳理与探究

梳理学过的字，引导学生主动观察字形，体会汉字部件之间的关系，感知汉字与生活的联系。结合日常生活的真实情境，围绕主题设计学习任务引导学生观察大自然，热心参加校园、社区活动，积累活动经验，体验活动乐趣。

第二节 一年级上册单元语文要素有效落实评价指标序列表

单元	类型/人文主题	单元选文	单元语文要素达标评价指标			
			识字写字要素达标评价指标	阅读要素达标评价指标	口语交际要素达标评价指标	习作要素达标评价指标
我上学了	角色转换，适应新的学习环境，参与基本的语文学习活动，产生学习兴趣。					
第一单元	识字单元		1. 初步认识象形字，利用已有的生活经验，借助韵语识字、看图识字、字理识字等多种方法识字。 2. 初步了解汉字的笔顺规则。	在大人的帮助下，阅读《小白兔和小灰兔》，了解故事内容。	1. 大声说、大胆说，注意听，养成良好的听说习惯。 2. 对交流有兴趣，感受交流的快乐。	
第二单元	汉语拼音单元		1. 认识单韵母、隔音字母、整体认读音节，掌握两拼音节和三拼音节的拼读方法，正确拼读声母和单韵母组成的音节。 2. 借助课程表识字。 3. 借助拼音和图画认读词语，初步学习量词。	在大人的帮助下，能正确朗读《剪窗花》。		

（续表）

单元	类型/人文主题	单元选文	单元语文要素达标评价指标			
			识字写字要素达标评价指标	阅读要素达标评价指标	口语交际要素达标评价指标	习作要素达标评价指标
第三单元	汉语拼音单元		1. 认识复韵母、特殊韵母、整体认读音节，掌握两拼音节和三拼音节的拼读方法，正确拼读由复韵母、鼻韵母组成的音节。 2. 能正确拼读4个音节词，并根据拼音写字。	能借助拼音，和大人一起读《小鸟念书》，感受和大人一起阅读的乐趣。		
第四单元	自然	《秋天》 《小小的船》 《江南》 《四季》	1. 初步建立反义词的概念。 2. 认识同学的名字。	1. 运用普通话正确、流利地朗读课文。 2. 模仿课文中简单的短语和句式。 3. 初步认识自然段。	能向他人进行自我介绍，并就感兴趣的话题与对方交流，养成良好的交际习惯。	
第五单元	识字单元	《画》 《大小多少》 《小书包》 《日月明》 《升国旗》	1. 初步认识会意字，利用已有的生活经验，借助会意字识字、归类识字、反义词识字等多种方法识字。 2. 进一步了解汉字偏旁表义的构字规律。 3. 了解汉字笔顺规则，能按规则正确书写。	和大人一起读《拔萝卜》，了解故事内容，初步尝试续编故事。		

（续表）

单元	类型 / 人文主题	单元选文	单元语文要素达标评价指标			
			识字写字要素达标评价指标	阅读要素达标评价指标	口语交际要素达标评价指标	习作要素达标评价指标
第六单元	想象	《影子》 《比尾巴》 《青蛙写诗》 《雨点儿》	1. 初步了解汉字的上下结构和左右结构，将汉字按结构进行归类。 2. 巩固方位词。	1. 把课文读正确、读通顺，读好疑问句和陈述句。 2. 分角色朗读课文，读好角色说话的语气。 3. 认识逗号和句号，根据标点符号读好停顿，初步建立句子的概念。	根据不同的场合选用不同的音量，初步具有场合意识。	
第七单元	儿童生活	《明天要远足》 《大还是小》 《项链》	1. 学习表示亲属称谓的词语。 2. 了解汉字偏旁表义的构字规律。 3. 区分弯钩和竖钩、竖提和竖折、竖弯钩和竖弯、斜钩和卧钩的不同，并正确书写。	1. 正确、流利地朗读课文，初步尝试找出课文中一些明显的信息。 2. 联系生活实际，理解课文内容。 3. 合理搭配“的”字词语。		

（续表）

单元	类型 / 人文主题	单元选文	单元语文要素达标评价指标			
			识字写字要素达标评价指标	阅读要素达标评价指标	口语交际要素达标评价指标	习作要素达标评价指标
第八单元	观察	《雪地里的小画家》 《乌鸦喝水》 《小蜗牛》	1. 能说出自己知道的职业。 2. 积累6组由熟字构成的新词。 3. 能借助图画，猜读不认识的字。 4. 了解汉字笔顺规则，能按规则正确书写。	1. 能根据问题，借助圈一圈、画一画的方法，从文中提取明显的信息。 2. 能利用连环画课文图文对应的特点，借助图画猜读不认识的生字，理解课文内容。	1. 与人交流时能大胆说出自己的想法。 2. 能积极参与讨论，选择自己喜欢的方法，并说出理由。	

第三节　一年级上册单元整体教学设计与实施典型案例分析

本节选取统编语文教材一年级上册第六单元进行分析。

一、单元内容整体解读

本单元围绕“想象”这个主题编排了《影子》《比尾巴》《青蛙写诗》《雨点儿》四篇课文。这些课文以儿童的视角，对自然界、生活中的一些现象进行了生动的描摹，充满童趣，能激发学生对自然、对生活的热爱。本单元的要求是学生能把课文读正确、读通顺，教师要及时纠正朗读中的错误现象。低年级朗读要重视基本功，即读准字音，读出轻声、儿化音等；读流利，即不单字读，要努力做到连词读，不丢字、添字，能正确停顿等。《比尾巴》和《雨点儿》可以开展问答游戏性的朗读；《青蛙写诗》可以进行分角色朗读训练。朗读训练要重视教师的范读作用，采用多种方式引导学生充分朗读，通过倾听、模仿、比较等方法，不断地提高朗读能力；还可以根据课文特点进行有针对性的朗读训练；可以通过创设情境，引导学生读好角色说话的语气。初步建立句子的概念，引导学生认识逗号、句号，学会数句子。通过读出逗号和句号的不同停顿，促进学生对句子的理解。

二、单元整体教学目标

（一）单元整体教学核心目标

1. 会认43个生字、10个偏旁和2个多音字；会写17个字和3个笔画。

2. 知道汉字有上下结构和左右结构，学习把汉字按结构进行归类，培养自主识字的习惯。

3. 能分角色朗读课文，读好人物说话的语气。认识逗号和句号，根据标点符号读好停顿，初步建立句子的概念。

4．学会用“前后左右”4 个方位词说话；积累一问一答的语言表达方式，积累由生字拓展的新词。

5．知道根据场合，用合适的音量与人交流是讲文明，有礼貌的表现。

6．积累背诵古诗。

（二）各项目任务分级目标

1．识字与写字的教学目标

认识 43 个生字、10 个偏旁和 2 个多音字，会写 17 个字和 3 个笔画；展示在生活中自主识字的成果，培养自主识字的习惯。

2．文本阅读欣赏教学目标

（1）借助课文插图理解词句，通过老师和同学的范读，练习把课文读正确、读通顺。

（2）充分朗读课文，利用问答的形式，读出带有疑问语气的疑问句和带有回答语气的陈述句。

（3）在具体的情境中体会不同角色的心情，读好不同角色说话的语气。

3．表达创作交流教学目标

学会用“前后左右”4个方位词说话；学习一问一答的语言表达；根据场合用合适的音量与他人交流，知道根据场合用合适的音量与人交流是讲文明、有礼貌的表现。

4．知识梳理探究教学目标

积累、梳理由生字拓展的新词；初步了解汉字的上下结构和左右结构，学习把汉字按结构进行归类；初步了解借助太阳辨别方向的方法；了解动物都有自己不同的生活方式。

5．语文实践活动教学目标

和大人一起读《谁会飞》，感受儿歌生动有趣的特点。

三、单元语文要素简析

本单元的语文要素是继续进行朗读基本功的训练，在正确朗读课文的基础上，可以结合课文特点，进行有针对性的朗读训练。《影子》的教学重点是朗读课文；《比尾巴》的教学重点是朗读和背诵课文，同时可以结合课文中三问三答的形式，引导学生读好问句的语气；《青蛙写诗》的教学重点是正确朗读课文，读好儿化音，并认识逗号、句号；《雨点儿》的教学重点是分角色朗读课文，读好大雨点儿和小雨点儿两个角色的对话，读好逗号和句号的停顿。同时，本单元的另一个教学重点是要引导学生初步建立句子的概念。引导学生认识逗号、句号，学会数句子。通过读出逗号和句号的不同停顿，促进学生对句子的理解。对于一年级朗读训练相关内容梳理如下：

册序	单元	出现位置	阅读要素
一上	第四单元	《秋天》 《小小的船》 《江南》 《四季》 口语交际 语文园地四	引导学生用普通话朗读，读准字音，重点读好“一”的不同读音。
	第六单元	《影子》 《比尾巴》 《青蛙写诗》 《雨点儿》 口语交际 语文园地六	引导学生把课文读正确、通顺；读好问句的语气，读好逗号和句号的停顿；读出角色说话的不同语气。

四、单元整体教学设计

（一）单元整体教学设计框架

1. 走近想象

（1）通过绘本导入单元教学，激发学生的学习兴趣。

（2）组织学生大胆想象，明确本单元的学习任务。

2. 展开想象

（1）学习《影子》，借助阳光下的影子，让学生展开想象。

（2）学习《比尾巴》，通过6种动物尾巴的特点，让学生展开想象，引导学生正确朗读、背诵儿歌，读好问句。

（3）学习《青蛙写诗》，通过合理的想象，引导学生把池塘里的美丽景物“蝌蚪、水泡泡、一串水珠”拟人化，并把它们想象成逗号、句号和省略号，借助具体事物认识逗号和句号。

（4）学习《雨点儿》，通过大雨点儿和小雨点儿的对话，引导学生想象雨点儿从云彩里飘落下来后，大地所发生的变化。

（5）学习“口语交际：用多大的声音”，通过三个有代表性的场景图，引导学生想象所处的场合不同，说话的音量也要有所不同。

3．放飞想象

创设情境，结合语文园地六，引导学生放飞想象。

（二）单元整体教学具体设计

本单元设置五大板块，需要 9 课时，安排如下：联系生活经验，激发兴趣 2 课时；加强识字写字方法，温故知新 2 课时；朗读训练，融会贯通 2 课时；积累语言，扩展知识 2 课时；合适的音量 1 课时。

板块一：联系生活经验，激发兴趣

本单元四篇课文都与学生的生活息息相关，教师要学会引导学生发现生活，观察生活，热爱生活。

1．在《影子》中，通过猜谜语的方式导入课文，引导学生畅所欲言聊聊生活中的影子，唤起学生对影子的兴趣。

2．在《比尾巴》中，让学生分享一次参观游览动物园的经历来了解动物的特点，通过表演的形式加深对课文的理解，激发他们的学习兴趣。

3．在《青蛙写诗》中，通过播放视频和展示图片的方式引导学生认识标点符号，唤起学生对一些与知识相似事物的兴趣。

4．在《雨点儿》中，让学生通过平时对雨点儿的观察并结合角色扮演的方式来理解雨点儿的作用，激发学生对生活中一些自然现象的兴趣。

板块二：加强识字写字方法，温故知新

一年级是识字写字的基础阶段，这个阶段对学生日后写字习惯和写字能力的养成至关重要。

1．《影子》中生字可以用熟字相加的方法来记，如：朋=月+月，好=女+子。

2．《比尾巴》中有新学的偏旁“八字头”，“伞”的人字头与“公”的八字头容易混淆，可以把“伞”和“公”放在一起进行比较，引导学生仔细观察偏旁的不同之处；“巴”和“把”字音相近，可以利用字族识字，在认识基本字“巴”的基础上，结合偏旁提手旁的学习，认识“把”。

3．《青蛙写诗》中的“串”字，可以通过出示一串糖葫芦的实物或图片，引导学生形象地记忆“串”字。

4.《雨点儿》中采用熟字换偏旁认识“问”，如在第四单元第二课《小小的船》中学过“闪”。

5.“它”“写”和“空”三个字中“宝盖”“秃宝盖”和“穴宝盖”是本单元需要认识的三个偏旁，可以编儿歌帮助学生识记。（房顶平平秃宝盖，加个烟囱是宝盖，住进八人穴宝盖。）

◎ 板块三：朗读训练，融会贯通

把课文读正确、读通顺并不是一蹴而就的，这需要我们联结已学知识，并与新知识融会贯通。

1. 引导学生读准字音，注意字的发音要准确，正确区分前后鼻音、容易混淆的声母以及多音字，如数、长。

2. 引导学生利用多种方法进行朗读，可以让学生边做动作边朗读，可以自由读、个别读、师生对读、分角色朗读等等，还可以创设一些情境，让学生发挥想象，进行个性化朗读。

3. 通过对比范读，让学生体会到问句末尾的语气要上扬，从而区分并读好疑问句和陈述句；同时关注词语与词语之间的停顿，读好长句子。

◎ 板块四：积累语言，扩展知识

语言无处不在，学生除了阅读，还需要进一步学会积累语言，通过朗读背诵课文来积累好词佳句。

1.《影子》一课的课后练习：你的前后左右都是谁？引导学生学习在句子中运用“前后左右”等方位词，从而积累语言。

2.《比尾巴》一课，可以仿照课文做问答游戏。引导学生学习一问一答，感受问句与陈述句，这又是一种积累语言的方式。

3.《青蛙写诗》一课，最后小青蛙要表达什么？引导学生在天马行空的想象中，拓宽思维，输出语言，积累语言。

4.《雨点儿》分角色朗读课文，引导学生在角色模仿中积累语言。

◎ 板块五：合适的音量

《用多大的声音》是本册教材的第三次口语交际课，对“说”提出进一步要求。以问题的形式引发学生思考，到底什么时候该大声说话，什么时候该小声说话。

通过观察课文插图，了解什么时候该大声说话，什么时候该小声说话，通过模拟表演的形式，让学生切身体验用多大的声音说话是适宜的，初步培养学生的场合意识。

五、单元整体作业设计

（一）作业设计目标

1. 会认、会写生字词。

2. 能分角色朗读课文，读好角色说话的语气。认识逗号和句号，根据标点符号读好停顿，初步建立句子的概念。

3. 能借助图画，展开想象说句子。

4. 能将学习到的知识与家长交流，在亲子互动中将散碎的知识系统化。

（二）作业设计内容

作业任务一

通过创设“遨游欢乐岛”的情境，让学生在闯关活动中完成课堂练习。

1. 第一关：儿童乐园——请你根据课文内容填空。

（1）yǐng zǐ shì 影子是□ de 的□ péng yǒu 朋友。

（2）□□ diǎn 点□ luò 落□□ huā 花□ cǎo de dì fang 草的地方。

（3）□ shí 时□ shí 识□，hū zuò bái yù pán 呼作白玉盘。

【设计意图：字词教学是低年级教学的重点，决不可忽视，但是教学过程相对枯燥，学生会出现因基础字词积累不扎实跟不上课堂节奏等情况。这就要求教师在字词教学过程中不能再以单一的抄写形式为主，而需要巧妙地变换多种类型的课后作业形式，让学生主动掌握。】

2. 第二关：朗读词语。

影子　　尾巴　　写诗　　小黑狗

地方　　花草　　半空　　好朋友

【设计意图：课堂作业当堂完成，有利于减轻课业负担，促进学生个性发展，是检验和巩固课堂学习效率的有力武器。】

3. 第三关：把句子补充完整。

____________________的尾巴长。

____________________的尾巴短。

____________________的尾巴好像一把伞。

____________________的尾巴弯。

____________________的尾巴扁。

____________________的尾巴最好看。

【设计意图：通过让学生完成句子填空，考查学生对课文内容的掌握情况。】

4. 第四关：请有节奏地朗读儿歌，可以一边拍手一边读。

句号（。）是个小圆点，用它表示话说完。

逗号（，）小点带尾巴，句内停顿要用它。

省略号（……）六个点，表示意思还没完。

问号（？）好像小耳朵，表示一句问话完。

叹号（！）像个小炸弹，表示惊喜和感叹。

【设计意图：通过朗读儿歌，让学生进一步掌握标点符号的用法，也是对《青蛙写诗》一课的复习和回顾。】

5. 第五关：齐读路牌名称。

人民路　　小卖部　　报刊亭　　万象城　　长平路　　金砂路

汕樟路　　电影院　　玫瑰园　　大剧院　　卫生院　　邮电局

小公园　　中医院　　博物馆　　黄河路　　供电局　　民族路

【设计意图：课堂是全班学生共同参与的学习场所，具有群体参与性，能充分调动学生积极完成作业的心态。】

作业任务二

课后作业。学生通过图画进行想象，再创造性地造句。

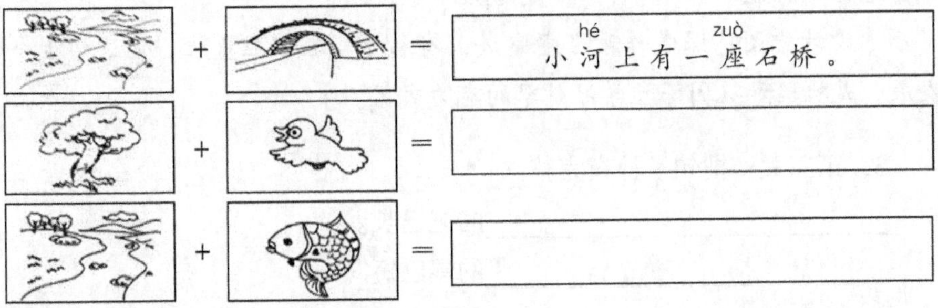

【设计意图：课后作业布置是上课的延续，也是不可或缺的教学环节。课后作业能使学生在课堂上习得的知识和技能得以巩固和完善，使学生的想象、实践和思考能力得到进一步的开发。】

作业任务三

整本书阅读推荐：《金波60年儿童诗选》（全三册）。

内容简介：本书为著名儿童文学作家金波先生近60年经典儿童诗歌的精选集，共 3 册，分别为《白天鹅之歌》（侧重日常生活中的情趣展现）、《萤火虫之歌》（侧重叙事，包含丰富的情节）、《红蜻蜓之歌》（侧重抒情，蕴含着细腻的哲思），每册收录诗歌 60 首。收录其中的诗歌皆由金波先生亲自挑选，同时也是经时间筛选出的佳作，首首经典，传诵广泛，深受广大读者喜爱。作品时间跨度久，取材广泛，从大自然到现实生活，涵盖儿童世界的方方面面。诗歌的形式韵律优美，笔触清新自然，内容充满童趣和想象力，为小读者展现一片纯净至美的天地。

【设计意图：整本书阅读推荐，从“横跨小篇目，总览大单元”出发，既要兼顾整体，更要注重细节。“基于教学点，延展阅读面”，最后指向学生的核心素养培养。】

作业任务四

亲子互动实践性作业，借助手电筒，与家长玩“影子游戏”。

【设计意图：实践性作业是语文课堂的延伸，可巩固学生的课堂知识，实践性作业的特别之处在于引导学生去做，学生通过对课堂知识的运用来增加感悟、发散思维，真正将所学化为所用。语文与生活紧密联系在一起，学以致用是学习的根本目标。】

六、单元整体评价指标

（一）基本知识和技能评价指标

识字与写字：学生能认识 43 个生字、10 个偏旁和 2 个多音字，会写17 个字和 3 个笔画；展示在生活中自主识字的成果，培养自主识字的习惯。

阅读与鉴赏：学生能借助课文插图理解词句，通过老师和同学的范读，练习把课文读正确、读通顺。能有感情朗读课文，利用问答的形式，读出带有疑问语气的疑问句和回答语气的陈述句。在具体的情境中体会不同角色的心情，读好不同角色说话的语气。

表达与交流：学生会用“前后左右”4个方位词说话；能用一问一答的语言表达方式；学生能根据场合用合适的音量与他人交流，知道根据场合用合适的音量与人交流是讲文明、有礼貌的表现。

梳理与探究：学生能积累、梳理由生字拓展的新词；了解汉字的上下结构和左右结构，学习把汉字按结构进行归类；了解借助太阳辨别方向的方法；了解动物都有自己不同的生活方式。学生能和大人一起读《谁会飞》，感受儿歌生动有趣的特点。

（二）关键能力评价指标

1. 学生能认识 43 个生字、10个偏旁和 2 个多音字，会写 17 个字和 3 个笔画。

2. 学生能把课文读正确、读通顺；读好问句的语气，读好逗号和句号的停顿；读出角色说话的不同语气。

（三）必备品格与价值观念评价指标

学生能根据场合用合适的音量与他人交流，知道根据场合用合适的音量与人交流是讲文明、有礼貌的表现。

（四）学习兴趣与习惯评价指标

学生能在各式各样的朗读中感悟童话的魅力，感受想象的神奇，真正地感受到语言的魅力。

第四节　一年级下册教材教学整体简析

一、一年级下册整体教学内容

本册教材安排了两个识字单元和六个课文单元，每个单元的学习内容各有侧重。两个识字单元，重在渗透汉字文化，体现汉字规律，激发识字兴趣，指导识字方法，培养识字能力。六个课文单元大体围绕“心愿”“伙伴”“家人”“夏天”“习惯”“问号”等主题编排，共选编课文二十篇。课文语言典范，体裁多样，趣味性、可读性和感染力强；题材广泛，富有生活情趣和教育意义，有利于激发学生的阅读兴趣，有利于儿童通过语言文字认识大千世界。本册书还安排了四次口语交际活动、八个语文园地和一个“快乐读书吧”。

二、一年级下册整体教学目标

（一）识字与写字

1. 认识常用汉字400个，会写汉字200个。

2. 喜欢学习汉字，有主动识字、写字的愿望。

3. 认识大写字母，熟记《汉语拼音字母表》，学习使用音序查字法查字典。

4. 掌握汉字的基本笔画、常用偏旁，能按笔顺规则用硬笔写字，注意间架结构。

5. 养成良好的写字习惯，写字姿势正确，书写规范、端正、整洁。

（二）阅读与鉴赏

1. 喜欢阅读，感受阅读的乐趣。

2. 用普通话正确、流利地朗读课文。

3. 结合上下文和生活实际，了解课文中词句的意思，在阅读中积累词语。

4. 学习借助读物中的图画阅读。

5. 对感兴趣的人物和事件有自己的感受和想法，并乐于与人交流。

6. 诵读儿歌、儿童诗和浅近的古诗，展开想象，获得初步的情感体验，感受语言的优美。

7. 认识课文中出现的常用标点符号。在阅读中体会句号、问号、感叹号所表达的不同语气。

（三）表达与交流

1. 学说普通话，逐步养成说普通话的习惯。

2. 能认真听别人讲话，努力了解讲话的主要内容。

3. 听故事，能记住并讲述主要内容。

4. 与别人交谈，态度自然大方，有礼貌。

5. 有敢于表达的自信，积极参加口语交际活动。

（四）梳理与探究

1. 观察字形，体会汉字部件之间的关系。梳理学过的生字，感知汉字与生活的联系。

2. 观察大自然，热心参加校园、社区活动，积累活动经验，体验活动乐趣。结合语文学习，用口语表达自己在活动中的见闻和想法。

3. 对周围事物有好奇心，能对感兴趣的内容提出问题，与同伴交流时尝试提出自己的看法。

三、一年级下册整体教学建议

（一）识字与写字

1. 认写分开，多认少写。会认400字，会写200字。

2. 采用多元化识字方法教授如何认字，如拼音识字、看图识字、用字族识字、韵语识字、猜字谜识字、音序查字法识字、形声字构字规律识字（包括学习偏旁等）、“加一加，减一减”识字、猜读识字等。引导学生在日常阅读中尝试运用多种识字方法，逐步灵活掌握，识字能力得到提升，最终形成独立的识字能力。

3. 开拓多种识字渠道，鼓励学生在生活中识字，多提供交流课外识字的途径与成果。

4. 写字方面需引导学生了解全包围结构字的笔顺规则，学习“一看二写三对照”的书写方法。写字贵在精，要让学生切实保证写字质量，尽量把字写美观。

（二）阅读与鉴赏

1. 重视朗读指导。一年级的阅读教学，最重要的是指导学生把课文读正确、读流利。教师要重视朗读指导，通过朗读培养语感。在借助拼音读准字音的基础上，以多种形式反复朗读，做到不破词、不拖长音，流利朗读课文。在教学中，要重视范读的作用，尤其是本册朗读训练重点“读好长句子”“读好对话”“读出疑问句和感叹句”等朗读要求。

2. 重视词句的积累和运用。本册教材多数课文后面安排了词语或句子的练习，活动形式丰富多样。教学时，应从课文提供的语言材料出发，引导学生发现规律、主动积累、积极实践，最后迁移运用。

3. 重视阅读和表达的关系。阅读是输入的过程，表达是输出的过程。小学语文教学的主要目标是培养学生的听说读写能力，其中阅读活动与语言表达活动是最基本也是最重要的元素。因而在阅读教学中，应重视培养学生的语感，抓住学生语言内化与输出的关键期，在培养阅读能力的同时，注重语言的运用和表达。

4. 学习简单的阅读方法，引导学生自主阅读，除了借助拼音阅读，还可以借助连环画阅读，充分调动自己的生活经验，发展自主学习的能力，激发学生的学习动力和阅读信心。

5. 重视课外阅读指导，引导学生选择好的读物，给他们创造交流课外阅读成果的机会，激发学生的阅读兴趣，成为一个主动、积极的阅读者。

（三）表达与交流

教学时，要重视创设情境，激发学生的交际兴趣。本册教材出现 4 次口语交际，包括两次独白类话题“听故事，讲故事”和“一起做游戏”，一次功能类话题“打电话”，一次交流类话题“请你帮个忙”。每一次口语交际，都是以小贴士的方式列出一至两项重要交际原则。教学时应突显原则，并引导学生养成良好的交际习惯。

（四）梳理与探究

教学时，要重视梳理与合作探究。多采取模拟、创设真实情境的办法引导学生识字，鼓励学生多阅读一些适宜的课外读物，拓宽学习的渠道。

第五节　一年级下册单元语文要素有效落实评价指标序列表

单元	类型/人文主题	单元选文	单元语文要素达标评价指标			
			识字写字要素达标评价指标	阅读要素达标评价指标	口语交际要素达标评价指标	习作要素达标评价指标
第一单元	识字单元	《春夏秋冬》 《姓氏歌》 《小青蛙》 《猜字谜》	1. 能借助汉语拼音自主识字，主动识字。 2. 明白全包围结构的字的笔顺规则。 3. 会用先看后写再对照，练习书写。		1. 能听懂故事内容，记住主要情节。 2. 会借助图画讲故事，声音洪亮，自信大方。	
第二单元	心愿	《吃水不忘挖井人》 《我多想去看看》 《四个太阳》	能初步养成正确使用量词短语的习惯，知道不同事物用不同量词。	1. 能提取明显信息，乐意与小伙伴交流阅读感受。 2. 能运用多种形式读好词语和句子的节奏。	会请别人帮忙并且使用合适的礼貌用语说清楚自己的要求。	
第三单元	伙伴	《小公鸡和小鸭子》 《树和喜鹊》 《怎么都快乐》	1. 能正确使用字典，学会音序查字法。 2. 能勤查字典，独立识字。	1. 会联系上下文理解词语意思。 2. 有初步的归类意识。 3. 会分角色朗读对话。		

（续表）

单元	类型/人文主题	单元选文	单元语文要素达标评价指标			
			识字写字要素达标评价指标	阅读要素达标评价指标	口语交际要素达标评价指标	习作要素达标评价指标
第四单元	家人	《静夜思》 《夜色》 《端午粽》 《彩虹》	知道带点字的笔顺特点，写字时会“一看二写三对照”。	1. 能初步感知长句子的停顿。 2. 积累词语和古诗。 3. 能根据信息作简单推断并联系生活实际进行表达。		
第五单元	识字单元	《动物儿歌》 《古对今》 《操场上》 《人之初》	1. 学会运用形声字的构字规律识字，感受识字的乐趣。 2. 能辨析形近字和同音字，查字典有一定速度。	能边读边记，熟读成诵，积累语言。	初步学会打电话和接电话，在此过程中注意使用礼貌用语。	
第六单元	夏天	《古诗二首》 《荷叶圆圆》 《要下雨了》		1. 能联系生活实际了解词语的意思。 2. 会仿说仿写句子。 3. 能读好问句和感叹句。		会通过扩写把一个简单的句子写具体。
第七单元	习惯	《文具的家》 《一分钟》 《动物王国开大会》 《小猴子下山》	1. 会“加一加、减一减”的识字方法。 2. 会分辨形近字。 3. 掌握笔顺规则，正确书写。	1. 能根据信息作简单推断。 2. 能读出疑问句和祈使句的语气。 3. 懂得利用多种方式读懂长课文。		展开想象，能选择几个词语说几句话。

（续表）

单元	类型／人文主题	单元选文	单元语文要素达标评价指标			
			识字写字要素达标评价指标	阅读要素达标评价指标	口语交际要素达标评价指标	习作要素达标评价指标
第八单元	问号	《棉花姑娘》《咕咚》《小壁虎借尾巴》	1. 能在生活情境中积累词语，认识生字。 2. 掌握形声字偏旁表意的规律。	1. 能借助图画阅读课文。 2. 能读好多个角色的对话。		能结合生活用习作表达心情。

第六节　一年级下册单元整体教学设计与实施典型案例分析

本节选取统编语文教材一年级下册第二单元进行分析。

一、单元内容整体解读

本单元围绕“心愿”这一人文主题编排了《吃水不忘挖井人》《我多想去看看》《四个太阳》三篇课文。本单元的课文题材丰富，《吃水不忘挖井人》讲述的是发生在革命岁月的故事，《我多想去看看》《四个太阳》表达了儿童美好的愿望。本单元的学习重点有两点：一是在朗读上，要继续学习读好词语和句子的节奏，不能连读、唱读、读破句。《我多想去看看》课后题明确提出“读好感叹句”。二是“找出课文中明显的信息”。在《四个太阳》课后练习中提出了明确的要求，教学时要与阅读活动结合起来，有层次地推进。基于此，本单元的教学重点是让学生学会在不同的生活场景中去识字，探究识字方法，提高识字能力；难点是朗读文本，根据问题找出课文中明显的信息，提高阅读理解能力。

二、单元整体教学目标

（一）单元整体教学核心目标

1．整体阅读本单元课文，运用多种方法识字学词，逐步形成主动识字的习惯。了解、掌握并积累常见的量词，养成在生活中学习汉字、积累词语的习惯。

2．能够正确朗读课文，读准词语，读好长句子的节奏，在读懂的基础上读出真情实感。

3．能够根据问题找出文中明显的信息，读懂课文内容。

4．通过聆听他人的愿望，有积极主动表达自己愿望的意愿。

（二）各项目任务分级目标

1．识字与写字的教学目标

认识46个生字和 4 个偏旁，会写21个字和 2 个笔画，展示在生活中自主识字的成果，产生主动识字的兴趣。

2．文本阅读欣赏教学目标

（1）正确朗读课文，能读好带感叹号的句子。

（2）读懂课文，能提取明显信息，通过阅读有关“心愿”的文章，知道人人心中都有美好的愿望，都对外面的世界产生美好的向往，感受多姿多彩的生活，初步体验文学阅读的乐趣。

3．表达创作交流教学目标

（1）积累词语，尝试将学到的词语运用于表达中。

（2）通过聆听他人的愿望，有积极主动表达自己愿望的意愿。

（3）能够在说出自己愿望的基础上，用“我多想……”开头写出自己的愿望，写好后读给同学听。

4．知识梳理探究教学目标

（1）借助语文园地中的“字词句运用”，引导学生通过独体字加部件成为新字的练习，巩固已学的字词。

（2）借助语文园地中的“展示台”，展示从其他学科中学到的生字，激发自主识字的兴趣。

5．语文实践活动教学目标

通过与家人一起听、讲关于心愿的故事，分享自己的心愿，体会交流的乐趣。

三、单元语文要素简析

本单元的朗读训练要点是继续读好词语和句子的节奏，注意不要连读、唱读、读破句。教材根据每一篇课文的特质，将课程标准朗读要求细化后，变得更加具体、可操作、可检测。对于一年级朗读训练相关内容梳理如下：

册序	单元	出现位置	阅读要素
一上	第六单元	课后练习	读句子，注意读好停顿。
一下	第二单元	课后练习	读好带感叹号的句子。
	第四单元	课后练习	读好长句子。
	第七单元	单元渗透	读出疑问句和祈使句的语气。

本单元的朗读要求是在一年级上册第六单元“通过读好停顿”的基础上，学习“读好带感叹号的句子”，与后面一年级下册第四单元“读好长句子”和一年级下册第七单元“读出疑问句和祈使句的语气”相承接。

本单元第一个阅读训练要素是“找出课文中明显的信息”。学习“找出课文中明显的信息”是学生读懂课文内容，学习阅读必须具备的能力。结合低年级学生的认知特点，从学生入学开始，教材就将课程标准中这一阅读能力要求有序地体现出来。一年级中对于“找出课文中明显的信息”相关学习内容的安排梳理如下：

册序	单元	出现位置	阅读要素
一上	第六单元	单元渗透	根据问题从文中提取明显信息。
	第八单元	单元渗透	借助圈一圈、画一画的方法，从文中提取明显信息。
一下	第二单元	单元渗透	找出课文中明显的信息。
	第七单元	单元渗透	根据课文信息作简单推断。

从上表可以看出：根据问题从文中提取明显信息（一年级上册第六单元），这是初步学习。接下来递进“借助圈一圈、画一画的方法，从文中提取明显信息”（一年级上册第八单元），先学习方法，再使用方法。一年级下册的第一个阅读单元是承接一年级上册的内容，是在巩固的基础上提出要求“找出课文中明显的信息”，简单运用这些信息理解课文内容（一年级下册第二单元）。一年级下册第七单元“根据信息作简单推断”是提升，这是一个螺旋上升，层层递进的学习过程。综上分析，本单元中的“找出课文中明显的信息”是对一年级上学期通过“借助圈一圈、画一画的方法，从文中提取明显的信息”的巩固和延展，同时为“根据信息做简单推断”（一年级下册第七单元）做准备。教学时可以和阅读活动结合起来，要有层次地推进。

四、单元整体教学设计

（一）单元整体教学设计框架

1．交流心愿

（1）通过绘本导入单元教学，激发学生的学习兴趣。

（2）组织学生交流心愿，明确本单元的学习任务。

2．收集心愿

（1）学习《吃水不忘挖井人》，引导学生结合问题，找出文中明显的信息，感知毛主席和乡亲们的心愿。

（2）学习《我多想去看看》，创设情境，引导学生了解北京和新疆小朋友的心愿，交流表达自己的心愿。

（3）学习《四个太阳》，朗读课文，引导学生提取关键信息，感受"我"的美好心愿。

3．点亮心愿

创设情境，结合语文园地二，引导学生点亮心愿。

（二）单元整体教学具体设计

本单元设置三大板块，需要 9 课时，安排如下："交流心愿"安排 1 课时，"收集心愿"安排 6 课时，"点亮心愿"安排 2 课时。

板块一：交流心愿

此学习板块主要是明确单元的主要活动，建设班级心愿角，开启心愿之旅，激发学生参与学习的兴趣。低年级学生学习最重要的是培养兴趣和习惯，其次才是学习的知识和能力。围绕本单元的人文主题"心愿"，初步设计以下活动：

学习任务一：绘本导入，激发兴趣

教师与学生共读绘本故事《兔子的心愿》（［法］马加利·伯尼奥），跟随玩具兔米哆一起追寻梦想，完成冒险，激发学生兴趣，引出本单元要关注的人文主题"心愿"。

学习任务二：交流心愿，明确任务

教师分享自己不同时期的心愿，鼓励学生用一两句话说清楚自己的心愿是什么，为什么有这样的心愿，根据学生的表达内容及时给予肯定与评价，引导学生形成正确的价值观。学生明确本单元任务——共建班级"彩虹心愿墙"，公布活动方案，师生一起参与，交流碰撞，举行启动仪式。

学习任务三：引入文本，做好准备

引出本单元的学习内容——围绕"心愿"学习一组文本，学生根据课文标题猜文本内容，设置悬念，引发学生的学习兴趣。然后自由朗读课文，为熟悉文本、自主识字做好准备。

板块二：收集心愿

此学习板块是本单元的课文学习环节，从聆听心愿、分享心愿到实施心愿，逐步落实单元活动。这个板块主要学习朗读的方法，找出课文中明显的信息，从而达到收集心愿的目的；尝试用课文的句式表达心愿，交流心愿，感受“心愿”的美好。活动过程结合具体的阅读目标、写作目标、识字写字目标落实任务。在指导学生学习方法、合作探究的同时，鼓励学生自主学习。

学习任务一：心愿故事屋

在心愿故事屋中，以听教师讲故事的方式，再通过图片、视频等方式来辅助学生对革命传统故事的学习，降低文章理解的难度，引导学生在充分朗读《吃水不忘挖井人》的基础之上，结合问题，找出文中明显的信息，感知毛主席和乡亲们的心愿。

学习活动一：读碑上的汉字，品“井”字趣味，揭示课题

1．引导学生通过图片认识井，用字源法识记“井”，以井旁的碑文引出课题。

2．借助学习单，初步引导学生从文中提取明显信息，对文章内容有整体把握。

学习活动二：初读课文，抓地名词组，了解毛主席的心愿

1．出示地名词组，引导学生认读词语，解决陌生词语的认读。

2．引导学生借助图片认识人物，理清人物关系，了解毛主席的心愿。

学习活动三：精读课文，随文识字学词句，引导学生感受红井精神

1．重点指导第三段，借助图片、视频等补充当时生活背景，丰富挑水故事。学生在深入理解的基础上，朗读出真情实感。

2．引导学生随文识记“忘”，迁移字族“想、念”，拓展“心字底”的生字，偏旁归类，建立字族概念。

学习活动四：复习生字词，指导汉字书写，拓展红色故事

1．引导学生用游戏复习生字词。

2．指导同类字书写：“叫、吃”“主、住”。

学习任务二：心愿交流会

学习《我多想去看看》，在心愿交流会中落实心愿的表达。

学习活动一：回顾活动，明确任务

单元情境活动导入，明确本节课任务。

学习活动二：初读课文，整体感知

1．引导学生检查预习，用多种形式充分朗读课文。

2．引导学生以任务单为支架，提取文中明显信息。

3．引导学生梳理信息，分享识字方法，识记地名“北京”。

学习活动三：随文识字，读中悟情

1．识记“告诉”：先让学生猜测词义，相机点拨“言字旁”，“告”讲解字源，字谜识记。“诉”采用偏旁归类识记，拓展字词。

2．指导书写“走”：根据三看观察，总结归纳小口诀——上宽下窄、三横等距、撇捺舒展，教师范写，学生练写，同桌互评。

3．引导学生联系生活，理解“遥远”；代入角色，指导学生读出距离的遥远。

4．出示“天安门”图片，感受“雄伟”；出示“故宫、长城”图片，要求用上“雄伟”说说这两幅图，迁移运用偏正短语。

5．借助天安门升旗仪式的视频理解“壮观”，读好短语，播放微课引导学生识记“壮观”。

6．对比阅读，读好带有感叹号的句子，从而感受“我”强烈的愿望。代入角色体验读，师生分工合作读，在读中悟情。

7．学生自主学习第二段，借助插图，提取信息。关注第二段中出现的短语，读出节奏，然后放在长句子中读，指导好长句子的朗读。补充视频，感受新疆的美丽。男女合作朗读，体会“我”强烈的心情。

学习活动四：运用句式，练习表达

1．联系生活，发挥想象。

2．运用句式，合作练说。

3．创意表达，全班交流。

4．手绘心愿，装点教室。给学生分发心愿卡，写上自己的心愿，让学生自己贴在心愿成长树上，来共同布置班级的心愿墙。

学习活动五：勾连活动，拓展练习

最后勾连单元活动，拓展练习，引发学生对后续学习的期待。

这是一年级学生进入小学以来的第一次正式写话，创设情境，让学生在真实的言语运用情境中分享自己的心愿。后期也可以继续完善心愿成长树，丰富心愿墙的建设。

学习任务三：心愿创意展

学习《四个太阳》，开启一场心愿创意展。

学习活动一：绘声绘色说太阳

引导学生朗读课文、提取关键信息。先引导学生找出文中明显的信息，“我”分别画了四个什么样的太阳？在太阳的照射下，“我”分别看到了怎样的情景？并结合这些明显的信息，感受“我”的美好愿望。

学习活动二：放飞想象画太阳

引导学生思考想象：你准备为每个季节画一个什么颜色的太阳，试着画一画，并想想这样画的理由。

学习活动三：婉转动听唱太阳

播放歌曲《种太阳》，让学生想象歌曲中描述的美好情境，感受歌曲优美的旋律，启发学生在歌唱中思考，再与课文结合起来思考，进一步感受心愿的美好。

板块三：点亮心愿

以帮助乐乐小朋友实现心愿的情境活动，开展闯关任务，获得能量晶石，最终点亮心愿。

学习任务一：“识字加油站”部分可以借助“旧知”——《大小多少》一课的课文内容开启，在学生熟读词语的基础上，通过师生的问答互动，将量词运用与生字复现结合起来，同时，拓展生活中常用的其他量词，调动学生的生活积累。对号入座，给量词找到合适的位置，评价学生的掌握、应用情况。

学习任务二：“字词句运用”部分设计“拼音对对碰”游戏，让学生在反复运用中熟练掌握大小写字母的匹配。“生字转转转”让生字开花，用偏旁归类识记生字。“展示台”部分，学生口头表达自己在其他课本中所认识的字词，收获自主识字的成就感。“积累运用”的古诗《春晓》在日常晨诵中完成背诵积累的任务。课下鼓励亲子共读“和大人一起读”《阳光》一文。

学习任务三：经过一系列的活动，班级心愿角也渐显雏形。在班级内或级部内举办班级心愿墙展示，邀请各位任课教师及隔壁班同学代表参观、分享交流。根据学生的表现颁发“最佳策划奖”“最佳风采奖”等，后期将继续完善丰富班级的心愿角。

五、单元整体作业设计

（一）作业设计目标

1. 识记本单元的偏旁、笔画，积累运用本单元学习的生字。
2. 正确朗读课文，读好长句，能提取明显信息。
3. 积累词语，能把学到的知识运用于表达中。

（二）作业设计内容

作业任务一：心愿故事屋

作业1： 听故事，找故事。

听《毛爷爷安源播火种》《毛爷爷刻苦学习的故事》，再与家长一起找找与毛爷爷有关的其他故事。

【设计意图：此作业指向“表达与交流”，旨在引导学生通过听故事、找故事，了解伟人的生平事迹。】

作业2： 想课文，讲故事。

看课文插图，把故事讲给家长听。

【设计意图：此作业指向“梳理与探究”，旨在引导学生找出课文的重要信息，乐于表达交流。】

作业任务二：心愿交流会

作业1： 读一读，比一比。

我会读出不同的语气。

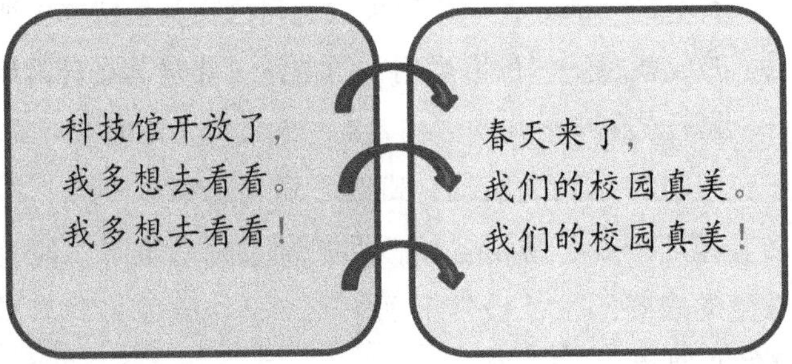

科技馆开放了，
我多想去看看。
我多想去看看！
春天来了，
我们的校园真美。
我们的校园真美！

【设计意图：此作业指向“阅读与鉴赏”，旨在引导学生体会感叹号所表达的情感。】

作业2：看图话心愿。

鸟巢

故宫

长城

我多想去______看看，因为那里有____________________________。

【设计意图：此作业指向“表达与交流”，旨在引导学生在生活情境中练习表达和交流。】

作业任务三：心愿创意展

作业1：多积累，勤思考。

高山	果园（yuán）	田野（yě）
碧（bì）绿	金黄	火红
清凉（liáng）	香甜	温暖

【设计意图：此作业指向“梳理与探究”，旨在引导学生发现词语的特点，分类积累，合理想象。】

作业2：画一画，乐分享。

画出你最喜欢的太阳，并与家长交流喜欢的原因。

【设计意图：此作业指向“表达与交流”，旨在引导学生关注感兴趣的事物，并鼓励交流分享。】

六、单元整体评价指标

（一）基本知识和技能评价指标

识字与写字： 通过本单元的学习活动，学生能认识46个生字和 4 个偏旁，会写21个字和 2 个笔画。

阅读与鉴赏： ①通过本单元的学习活动，学生能正确朗读课文，读好词语与句子的节奏，能读好带感叹号的句子。②能读懂课文，能提取明显信息，通过阅读有关“心愿”的文章，知道不同的人心中都有美好的愿望，初步体验文学阅读的乐趣。

表达与交流： 在本单元的学习活动中，乐于积累词语、短语，能将学到的知识运用到表达中，乐于与小伙伴或家人交流阅读感受。

梳理与探究： ①通过本单元的学习活动，梳理识字方法，巩固已学生字。②会从其他课本或生活中识字，产生主动识记的兴趣。③能尝试运用找出文中明显的信息的方法阅读浅显的文本。

（二）关键能力评价指标

1. 通过本单元的学习活动，学生能运用多种方法识字学词，逐步形成主动识字的习惯。

2. 能够读好长句子的节奏和停顿，并根据问题找出文中明显的信息，读懂课文内容。

（三）必备品格与价值观念评价指标

通过本单元的学习活动，了解革命传统故事，对革命领袖产生敬爱之情。

（四）学习兴趣与习惯评价指标

1. 通过本单元的学习活动，学生对识字学词有浓厚的兴趣。

2. 能主动与小伙伴或家人交流阅读感受，乐于分享自己的心愿。

第二章

统编语文教材二年级单元整体教学设计与实施例谈

第一节　二年级上册教材教学整体简析

一、二年级上册整体教学内容

本册教材围绕人文主题和语文要素双线组织阅读单元，全册由二十四篇课文组成七个阅读单元，由四篇识字课组成一个识字单元。语文园地编排了“识字加油站”“字词句运用”“写话”“书写提示”“我的发现”“展示台”“日积月累”“我爱阅读”等栏目。课后题围绕朗读背诵、理解内容、积累词语、运用词句、拓展实践等方面进行系统设计。口语交际活动本册编排了四次，话题的选择多来源于学生的生活，无论是交流有趣的动物，还是介绍一件自己做的手工作品；无论是与别人商量事情，还是看图讲故事，交流的内容都来源于学生的生活，让学生有话可说。学生在这些真实的交际情境中完成有实际意义的交际任务，对他们的日常生活有较强的针对性和指导意义。本册教材还安排了三次写话，分别是写自己喜欢的玩具、学写留言条、看图发挥想象编故事，分别属于纪实、应用、想象三个类别。

二、二年级上册整体教学目标

（一）识字与写字

1. 喜欢学习汉字，有主动识字、写字的愿望。
2. 认识常用汉字450个，会写汉字250个。
3. 注意汉字的间架结构，初步感受汉字的形体美。
4. 养成良好的写字习惯，写字姿势正确，书写规范、端正、整洁。
5. 学习独立识字。学习使用部首查字法查字典。

（二）阅读与鉴赏

1. 喜欢阅读，感受阅读的乐趣。养成爱护图书的习惯。
2. 用普通话正确、流利地朗读课文。学习默读。
3. 结合上下文和生活经验了解课文中词句的意思，在阅读中积累词语。

4. 对感兴趣的人物和事件有自己的感受和想法，并乐于与人交流。

5. 诵读儿歌和浅近的古诗，展开想象，获得初步的情感体验，感受语言的优美。

6. 在阅读中体会句号、问号、感叹号所表达的不同语气。

7. 积累自己喜欢的成语和格言警句。背诵优秀诗文，课外阅读总量不少于1万字。

（三）表达与交流

1. 能认真听别人讲话，努力了解讲话的主要内容。

2. 能较完整地讲述小故事，能简要讲述自己感兴趣的见闻。

3. 与别人交谈，态度自然大方，有礼貌。

4. 有敢于表达的自信。积极参加讨论，敢于发表自己的意见。

5. 对写话有兴趣，留心周围事物，写自己想说的话，写想象中的事物。

6. 在写话中乐于运用阅读和生活中学到的词语。

7. 根据表达的需要，学习使用逗号、句号、问号和感叹号。

（四）梳理与探究

1. 观察字形，体会汉字部件之间的关系。梳理学过的字，感知汉字与生活的联系。

2. 观察大自然，热心参加校园、社区活动，积累活动经验，体验活动乐趣。结合语文学习，用口述或图文等方式整理、表达自己在活动中的见闻和想法。

3. 对周围事物有好奇心，能对感兴趣的内容提出问题，结合其他学科的学习和生活经验交流讨论，尝试提出自己的看法。

三、二年级上册整体教学建议

（一）识字与写字

1. 正确把握识字的要求，以整体认记为主。

2. 引导学生在语境中、在阅读中巩固和运用要认的字。

3. 写字教学和指导要在学生观察的基础上进行。

4. 本册写字指导的重点是字的间架结构，教师要注意抓住重点，教给学生有规律性的东西。

5. 评价要以表扬鼓励为主。

（二）阅读与鉴赏

1. 要重视朗读的指导，通过朗读，培养学生的语感；朗读的形式要多样，以充分调动学生朗读的兴趣。

2. 朗读时遇到不容易读好的句子，教师要发挥示范作用。

3. 古诗教学要注重引导学生感受诗词音韵之美，不必在主题思想、意义价值、艺术手法等方面讲太多。

4. 革命题材类课文，教师不要过多地补充资料和挖掘太深，也不要离开语言文字本身，重点引导学生体会人物的思想品质。

5. 课外阅读指导，教师要鼓励学生用自己喜欢的方式做一些简单的记录；会分享和交流。

（三）表达与交流

1. 准确把握教科书安排的 4 次口语交际不同的价值和意义。遵循学生口语发展的规律，由浅入深，有层次、有梯度地展开教学。

2. 要重视日常教学中无处不在的口语交际活动，有意识地指导学生在日常生活中提高口语交际能力。

3. 起始阶段的写话练习，重在培养学生书面表达的兴趣。

（四）梳理与探究

1. 引导学生主动观察字形，体会汉字部件之间的关系。

2. 引导学生梳理学过的字，感知汉字与生活的联系。

3. 引导学生结合语文学习，用口头或图文等方式整理、表达自己在活动中的见闻和想法。

4. 引导学生结合其他学科的学习和生活经验交流讨论，尝试提出自己的看法。

第二节　二年级上册单元语文要素有效落实评价指标序列表

单元	类型/人文主题	单元选文	单元语文要素达标评价指标			
			识字写字要素达标评价指标	阅读要素达标评价指标	口语交际要素达标评价指标	习作要素达标评价指标
第一单元	大自然的秘密	《小蝌蚪找妈妈》 《我是什么》 《植物妈妈有办法》	积累并运用表示动作的词语。	1. 能正确、流利地朗读课文，分角色朗读课文。 2. 能借助图片或关键词句，了解课文内容。 3. 阅读童话故事《企鹅寄冰》，明白故事中的道理，体会阅读的乐趣。	1. 能口头描述一种或一类有趣的动物，吐字要清楚。 2. 能根据描述内容提问或补充，有不明白的地方能有礼貌地提问。	能仿照例句，用加点的词语“有时候……有时候……”“在……在……在……在……”说句子。
第二单元	识字单元	《场景歌》 《树之歌》 《拍手歌》 《田家四季歌》	1. 能结合图画识字学文，了解形声字形旁表义、声旁表音的特点。 2. 了解数量词的不同用法并能正确使用。	阅读《十二月花名歌》，了解十二月花事，感受大自然的奇妙。		

（续表）

单元	类型/人文主题	单元选文	单元语文要素达标评价指标			
			识字写字要素达标评价指标	阅读要素达标评价指标	口语交际要素达标评价指标	习作要素达标评价指标
第三单元	儿童生活	《曹冲称象》《玲玲的画》《一封信》《妈妈睡了》	能正确辨析与运用形近字。	1．积累古诗《小儿垂钓》。2．阅读《王二小》，感受王二小的机智勇敢。	1．能按照顺序说话，把主要意思说清楚。2．继续培养专心听的习惯，在听的过程中，记住主要信息。	写写自己喜欢的玩具。学习“在方格纸上写，标点符号占一格”等基本写话格式要求。
第四单元	家乡	《古诗二首》《黄山奇石》《日月潭》《葡萄沟》	1. 积累词语，并能加以运用。2. 能联系上下文理解词句的意思。	1．积累描写风景的名句，初步感受山河的壮美。2．阅读《画家乡》，感受家乡的美。		学习写留言条。书写格式正确，明白留言条的三个主要特点。
第五单元	思维方法	《坐井观天》《寒号鸟》《我要的是葫芦》	1．积累带“言”“语”的四字词语，能猜测词语的意思。2. 了解汉字“左短右长”“右短左长”的间架结构，在田字格中练习正确书写。	阅读《刻舟求剑》，和同学交流阅读后的感受。	和别人商量事情，能用商量的语气，并把自己的想法说清楚。	

（续表）

单元	类型/人文主题	单元选文	单元语文要素达标评价指标			
			识字写字要素达标评价指标	阅读要素达标评价指标	口语交际要素达标评价指标	习作要素达标评价指标
第六单元	伟人	《八角楼上》 《朱德的扁担》 《难忘的泼水节》 《刘胡兰》	1. 学习动词和名词的搭配。 2. 了解形声字声旁表音的构字规律。	阅读民间故事《鲁班造锯》，感受鲁班的智慧。	1. 观察图画，了解每幅图的意思，能按顺序讲清楚图意。 2. 认真听，知道别人讲的是哪幅图的内容。	
第七单元	想象	《古诗二首》 《雾在哪里》 《雪孩子》	展示交流改正错别字的方法，复习巩固易错字。	1. 积累民谣《数九歌》。 2. 阅读绕口令《分不清是鸭还是霞》，感受绕口令的情趣。		能观察图画，展开想象，续编故事。
第八单元	相处	《狐假虎威》 《纸船和风筝》 《风娃娃》	1. 了解左右结构的汉字中左右宽窄大致相等的字的书写要点。 2. 养成减少修改次数的书写习惯。	阅读童话故事《称赞》，感受称赞给生活带来的美好与快乐。		

第三节　二年级上册单元整体教学设计与实施典型案例分析

本节选取统编语文教材二年级上册第八单元进行分析。

一、单元内容整体解读

本单元是二年级上册的最后一个单元，以“相处”为人文主题，一共收录了三篇故事情节生动有趣，角色个性鲜明的课文。《狐假虎威》中神气活现的狐狸与半信半疑的老虎，《纸船和风筝》中相互谅解的松鼠和小熊，《风娃娃》中调皮善良的风娃娃，在本单元“我爱阅读”板块也选录了一篇跟“相处”话题相关的短文《称赞》。通过阅读不同故事中主人公的相处方式，让学生感受应该怎样与人相处，告诉学生人与人之间相处时要懂得互相赞美，传递美好。

“综合运用多种方法自主识字、自主阅读”是本单元教学的重点。在此基础上，本单元安排了《纸船和风筝》《风娃娃》两篇全文不注音的课文，旨在提升学生独立识字的能力。“借助提示讲故事”是本单元教学的另一个重点。教学时还要继续加强默读的训练，引导学生一边默读，一边思考，将默读和思考有机融合起来。

二、单元整体教学目标

（一）整体教学核心目标

1. 认识53个生字，读准 2 个多音字，综合运用多种方法自主识字；能运用形声字的特点猜拟声词，并根据语境恰当运用。

2. 继续学习默读，试着做到不出声，并能带着问题思考。

3. 初步了解三篇课文分别讲了什么。

（二）各项目任务分级目标

1. 文本阅读欣赏教学目标

（1）认识53个生字，读准 2 个多音字，会写25个字，会写27个词语。

（2）综合运用多种方法自主识字、自主阅读，读懂课文。

（3）通过故事内容，感受应该怎样与人相处。

（4）继续学习默读，试着做到不出声。

2. 表达创作交流教学目标

（1）能利用形声字的特点猜读拟声词，并根据语境恰当运用。

（2）借助提示复述课文。

（3）在语文实践交流活动中，分类积累成语。

3. 知识梳理探究教学目标

（1）能在语境中辨析与运用同音字，读准多音字。

（2）发现含有动物名称的四字成语中每一列成语的结构特点，拓展练说与积累。

4. 整本书阅读的教学目标

（1）在阅读绘本的过程中，发展想象、推测和语言表达等方面的能力。

（2）通过观察画面、想象文字描述的场景，知道在与他人相处时要学会理解和宽容。

（3）运用默读的方法，了解重点段落的意思，产生进一步阅读绘本的兴趣。

5. 语文实践活动教学目标

（1）参与各种形式的竞赛活动，激发积累成语的兴趣。

（2）在积累成语过程中，训练口语表达和思维能力，丰富语言。

三、单元语文要素简析

本单元有三则语文要素。首先是“读”的技能方面，承接上一单元，继续引导学生练习“默读”，在《纸船和风筝》的课后题中明确提出了这一要求。其次，识字写字方面，本单元要求学生能够综合运用多种方法自主识字，自主阅读。作为本册教材最后一个单元，《风娃娃》《纸船和风筝》两篇课文全文不注音。在进行识字教学时，要充分引导学生学以致用，积极交流识字方法。最后一则语文要素是“借助提示，复述课文”。纵观本册教材，从第三单元“借助词句，尝试讲述课文内容”到第六单元的“借助词句，了解课文内容”，再到本单元，实际都与复述有关，体现了对复述这种能力和素养的重视。

1．默读能提高学生阅读的速度，是一种更常用的阅读方式。同样的默读要素，在不同年级或同一年级的不同单元却有不同的要求。

册序	单元	出现位置	阅读要素
二上	第七单元	《雪孩子》课后练习	默读课文，试着不出声。
二上	第八单元	《纸船和风筝》课后练习	默读课文，试着不出声。
二下	第四单元	《枫树上的喜鹊》课后练习	学习默读课文。
三上	第八单元	《手术台就是阵地》课后练习	学习带着问题默读，理解课文的意思。

2．学生能够综合运用多种方法自主识字，自主阅读。教师在进行识字教学时，要充分引导学生学以致用，积极调动学生已有的识字方法储备，鼓励学生自主识字，积极交流识字方法。

3．“复述课文”这一语文要素贯穿小学阶段语文学习的始终。第一学段低段主要借助图像、词句和示意图等进行复述。第二学段更多的是借助文字性提示，简要复述故事。第三学段则是在了解故事内容的基础上，增加想象，创造性地复述故事。不同学段的阅读训练重点呈螺旋式上升。

册序	单元	出现位置	表达要素
二上	第一单元	课后练习	借助图片，讲述课文内容。
	第三单元	课后练习	借助词句，尝试讲述课文内容。
	第六单元	课后练习	借助词句，讲述课文内容。
	第八单元	课后练习	借助提示，复述课文。
二下	第七单元	课后练习	借助提示，讲述故事。
三下	第八单元	课后练习	了解故事主要内容，复述故事。
四上	第八单元	课后练习	了解故事情节，简要复述课文。
五上	第三单元	课后练习	了解故事内容，创造性地复述故事。

四、单元整体教学设计

（一）单元整体教学设计框架

1．分享——相处小故事

（1）分享和伙伴相处的小故事。

（2）引导孩子们说一说自己对“朋友”的理解。

2．探寻——怎样算朋友

（1）共读《狐假虎威》，借助词语读懂故事。

（2）共读《纸船和风筝》，依托图文提示读懂故事。

（3）共读《风娃娃》，依托示意图读懂故事。

（4）引导学生思考怎样才算朋友。

3．行动——成为好朋友

（1）借助支架，复述故事。

（2）阅读《称赞》。

（3）引导学生学会与朋友相处。

（二）单元整体教学具体设计

本单元设置三个板块，需要9课时，其中“分享——相处小故事”安排1课时，“探寻——怎样算朋友”安排6课时，“行动——成为好朋友”安排2课时。

◎ 板块一：分享——相处小故事

1．孩子们，在交朋友的过程中，会发生各种各样的事情，有趣的、温暖的、难过的、懊悔的等等，今天，就让我们来分享和伙伴相处的小故事吧。

2．引导孩子们简单说一说自己对“朋友”的理解。

◎ 板块二：探寻——怎样算朋友

学习任务一：共读《狐假虎威》，借助词语读懂故事

（一）游戏激趣，引出课题

（二）词语闯关，归类识字

1．学生初读课文，出示要求。

（1）读准字音，读通句子。不认识的字借助拼音多读几遍，把句子读通顺。

（2）标出课文的自然段。

2．游戏：词语大闯关。

（1）第一关：读词识字。

（2）第二关：多音字词语“骨碌碌一转、纳闷”。

（三）走进课文，感悟课文魅力

1. 学习第 1 自然段。

（1）你认为是老虎厉害还是狐狸厉害？并说说你的理由。

（2）谁能读一读第 1 自然段，读出老虎的厉害。

2. 学习第 2 ～ 6 自然段。

（1）抓住提示语，体会狐狸的狡猾。

请大家自由轻声读第 2 ～ 6 自然段，用横线画出狐狸的话。

师生合作读一读，教师读未画线部分，学生读画线的狐狸的话。

（2）理解狐狸说的话。

引导学生抓住“骨碌碌一转”“扯着嗓子”“指着天、拍着胸”等提示语中的关键词，通过“找动词—做动作—角色读”，读出狐狸的虚张声势。再抓住“一愣”“蒙、松开”，读出老虎的疑惑。

分角色读好第 2 ～ 6 自然段。

3. 读一读第 7 、8 自然段，抓住对比词，读懂“狐假虎威”。

三处对比：狐狸和老虎走路姿势，狐狸往常与今日走路姿势，百兽看见狐狸和老虎的不同表现。

4. 给词语分类。

（1）出示课后词语读一读。

（2）将这些词语按照写老虎的和写狐狸的进行分类。

5. 根据词语提示，读一读、演一演第 7 、8 自然段，体会老虎、狐狸和其他野兽的不同表现。

（四）联结生活，理解寓意

用自己的话说说“狐假虎威”的意思，理解寓意。

（五）指导书写，展示评议

按照生字不同的结构，分类指导。

学习任务二：共读《纸船和风筝》，依托图文提示读懂故事

（一）谜语导入，引入课题

（二）初读课文，整体感知

1. 提出要求。

（1）这篇课文和我们以前学习的课文有什么不同？（全文没有标注拼音）

（2）出示要求：自由朗读课文，读准字音，读通句子。遇到不认识的字，借助学过的方法猜读；一边读，一边给每个自然段标上序号。

（3）回忆、汇报：没有拼音标注时，遇到不认识的字可怎么办呢？你之前积累了哪些识字的好办法？

2. 认读生字，交流方法。

（1）出示本课生字。

（2）引导交流：同学们，课文中的生字你都认识了吗？你们是怎么知道正确读音并记住的呢？和同学交流一下吧。

（3）教师小结：利用插图猜字，利用形声字的特点猜字，结合动作猜字。同学们，识字的方法有很多，只要能帮你记住这个字的方法就是最好的方法！

（4）识字游戏。

3. 整体感知。

默读课文，边读边思考：这篇课文围绕着松鼠与小熊之间的友谊写了哪些事情呢？

（三）感受松鼠和小熊的友谊

1. 松鼠住在山顶，小熊住在山脚，虽然距离很遥远，但是他们却成了好朋友，他们是怎么做的呢？默读第2～6自然段，画一画相关的句子。

出示默读要求：集中注意力，不出声，用心想。

（1）学生交流，教师小结。

（2）想象画面，对比感悟。

出示下面两组句子，学生对比朗读，说一说哪句更好。

纸船漂到了小熊家门口。	风筝飘到了松鼠家门口。
纸船漂哇漂，漂到了小熊家门口。	风筝飘哇飘，飘到了松鼠家门口。

2. 纸船和风筝是友谊的使者，将松鼠和小熊的心紧紧联系在一起，当他们俩收到对方的礼物时是什么心情？请用圆圈圈出来。

3. 出示小熊“乐坏了”的插图。

（1）引导学生观察小熊的眼睛、动作、神态。

（2）提出问题：生活中，你什么时候也乐坏了？

4. 教师总结。

（四）感受吵架后的难受

1．小熊和松鼠之间会一直这样快乐下去吗？从课文第 7～9 自然段中找找答案吧！

2．吵架后的小熊和松鼠彼此的心情怎么样？分别是怎么做的？

3．它们已经吵架了，而且谁也不理谁了，可为什么还是每天扎风筝，折纸船呢？

（五）体会和好的喜悦

1．想一想：松鼠和小熊和好了吗？

2．小松鼠在折好的纸船上写了一句话："如果你愿意和好，就放一只风筝吧！"小松鼠这样做的原因是什么？

3．小熊愿不愿意和松鼠和好呢？从哪里看出来的？

4．从"高兴得哭了""连忙"这些词语，我们可以看出松鼠收到小熊的风筝，既开心又激动，说明他很珍惜与小熊之间的友谊。

5．写话：小熊也想写一张卡片，挂在风筝上送给松鼠，请你替他写一写吧。

6．学生汇报交流写话内容。

7．读完《纸船和风筝》的故事，你有什么收获？

（六）仔细观察，写好生字

写好左右结构的字：本课生字中"折、张、祝、扎、抓、吵、但"都是左右结构的字，而且都是左窄右宽。

学习任务三：共读《风娃娃》，依托示意图读懂故事

（一）猜谜激趣，导入新课

（二）小组探究，读文识字

（三）出示信函，导入新课

课件出示风娃娃的求助信，配童音朗读。

（四）研读课文，感悟内容

1．在田野里，人们是喜欢风娃娃还是责怪风娃娃？并说出你的理由。

2．风娃娃是怎样吹动风车的？指导学生做一做"深深地吸""使劲吹"的动作，指导读好这句话。

3．秧苗为什么"笑着不住地点头"？

4．师生合演。教师启发学生想一想：秧苗会对风娃娃说什么？

5．在河边，人们是喜欢风娃娃还是责怪风娃娃？并说出理由。

6. 用课件播放船工拉纤的视频，引导学生思考。

船工们为什么要感谢风娃娃？学生交流。在课件上相机出示句子：“他们弯着腰，流着汗，‘嗨哟，嗨哟’喊着号子，可是船却走得很慢很慢。”

边看视频，边引导学生说说自己的感受，要在读中体会。

7. 如果你就是伤心的孩子、来收衣服的人或那棵折断的小树，你想对风娃娃说什么呢？

（五）讨论交流，感悟明理

1. 引导学生交流：对风娃娃说一说哪些事做得好，哪些事做得不好。

2. 情境对话。

（1）在课件上出示下面的句子及风娃娃的图片。

①风娃娃想：帮助人们做好事，真容易，只要有力气就行。

②风娃娃不敢再去帮忙了，他委屈地在天上转着、想着：我帮人们做事情，为什么他们还责怪我呢？

（2）齐读这两个句子，引导学生体会风娃娃的心情。

（3）引导学生交流思考：风娃娃凭着力气，为人们做了那么多事，可人们还要责怪他，他真伤心，怎么也想不通。这是怎么回事呢？

（六）观察探究，指导书写

（七）感谢信函，升华主旨

1. 听了你们的话，风娃娃明白了自己的错误，瞧，他又写了一封信向你们表示感谢来了。

2. 学生齐读后说说自己从风娃娃的话中明白了什么。

◎ 板块三：行动——成为好朋友

学习任务一：借助支架，复述故事

（一）借助关键词复述故事——《狐假虎威》

1. 分一分：回忆故事内容，根据文中角色，将课后第二题 5 个词语分成两类。

2. 想一想：这些词语出现在故事的哪些环节？根据故事的先后顺序，给词语排排队。

3. 演一演：先用动作分别演一演 5 个词语，然后分角色连起来表演、复述故事。

（二）借助插图复述故事——《纸船与风筝》

借助书中两幅插图和板书，复述故事。

1. 引导学生总结松鼠和小熊的家分别在哪个位置。老师用简笔画在黑板上画出松鼠和小熊家的位置。

2. 回忆课文，找一找它们的表现中有什么共同点。请一个学生说小熊的表现，一个学生说松鼠的表现。

3. 借助课文插图、教师板书，两人合作复述故事。

（三）借助提示语复述故事——《风娃娃》

阅读《风娃娃》，结合课后第二题，复述故事。

1. 引导学生按照“风娃娃来到……看到了……做了……”的表达支架，尝试分段讲述故事。

2. 小组合作，每个学生讲故事的一部分，把故事完整地连起来讲一讲。有能力的学生可以根据提示讲述完整的故事。

学习任务二：阅读《称赞》

1. 请学生自由阅读《称赞》，读不通的句子多读几遍，不认识的字可以借助工具书查一查。

2. 引导学生交流：小刺猬是如何称赞小獾的？小獾又是如何称赞小刺猬的？听了对方的称赞后，他们各自的心情是怎样的？

3. 启发思考：读了小刺猬和小獾的故事，你懂得了什么？生活中称赞别人有什么好处？

4. 拓展延伸：阅读绘本《烟》。

5. 小结：同学们能发现别人身上这么多的优点，大家还学会了真诚地称赞别人，老师为你们感到骄傲，相信你们的称赞会给别人带来很多快乐。

五、单元整体作业设计

（一）作业设计目标

1. 能在阅读中识记生词，积累多样的猜读识记方法。

2. 结合故事情境，理解课文中词语的意思，并通过分角色表演，体会不同角色不同的个性特点。

3. 继续学习默读，试着做到不出声，能一边默读一边思考。

4. 借助词语、图片、句子等提示讲故事。

（二）作业设计内容

导语：欢迎来到神秘的“故事岛”，这里有很多有意思的故事等着我们去阅读、去探秘呢！还等什么？让我们一起走进本单元的故事世界吧。

◎ 作业任务一：生字飞行棋

阅读了本单元的课文之后，你是不是通过猜读等方式积累了不少的生字啦？那就让我们一起来制作一副专属于你的“生字飞行棋”吧。注意哦，设计的时候，要让偏旁相同的生字们待在一起，成为一种颜色的飞行战队哦。

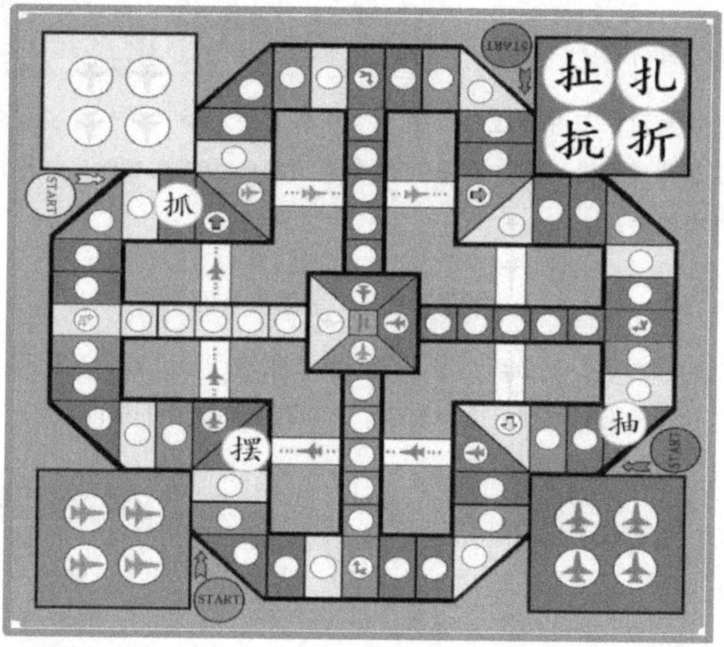

【设计意图：将本单元的生字新词通过单元融合教学的理念进行综合识记，再借助制作“生字飞行棋”这样的方式帮助学生在归类游戏中，学会积累词语，养成良好的识字习惯。】

◎ 作业任务二：图文对对碰

读了《狐假虎威》这个故事，我们认识了个性截然不同的老虎和狐狸，那你能不能读一读下面的这些词语，再想一想这些词分别适合形容谁呢？完成后，小组内的小伙伴还可以分角色来演一演，体会狐狸和老虎不同的个性特点。

神气活现　　摇头摆（bāi）尾　　东张西望　　大摇大摆　　半信半疑

【设计意图：引导学生借助图片来理解四字成语，并通过图文对照的方式，让学生感受角色特点，开展角色演读，有助于学生在学完故事后，能借助提示讲述故事。】

作业任务三：留言收录机

《纸船和风筝》的故事情节跌宕起伏，很吸引人，那你还记得小熊和松鼠是怎么和好的吗？请你再读一读故事，写在下面图片的横线上。

【设计意图：提取松鼠写给小熊的话，帮助学生了解松鼠的心意，再通过想象小熊会给松鼠送上怎么样的留言，引导学生感受朋友间的情谊。】

作业任务四：多变的风

生活中，风还能做些什么？请你画一画。

【设计意图：鼓励孩子做个生活中的有心人，也进一步认识风。】

六、单元整体评价指标

（一）基本知识和技能评价指标

识字与写字：①通过本单元学习活动，学生能掌握 25 个生字和 27 个词语。②能综合运用多种方法自主识字、自主阅读，讲好故事（复述）。③继续学习默读，试着做到不出声，并运用默读达成自主识字、自主阅读。

阅读与鉴赏：①在学习中，通过学习故事内容，感受应该怎样与人相处。②通过观察画面、想象文字，知道在相处时要学会理解和宽容。③在阅读绘本的过程中，发展想象、推测和语言表达等方面的能力。④运用默读的方法，了解重点段落的意思，产生进一步阅读绘本的兴趣。

表达与交流：①能利用形声字的特点猜读拟声词，并根据语境恰当运用。②能借助提示复述课文。③在语文实践交流活动中，能自主分类积累成语。

梳理与探究：①能在语境中辨析与运用同音字，读准多音字。②能发现含有动物名称的四字成语中每一列成语的结构特点，拓展练说与积累。

（二）关键能力评价指标

1．通过本单元学习活动，学生能综合运用多种方法自主识字、自主阅读。

2．能通过观察画面、想象文字，知道在相处时要学会理解和宽容。

3．默读时，能做到不出声，并能带着问题思考。

4．能借助提示复述课文。

（三）必备品格与价值观念评价指标

通过本单元学习活动，懂得人与人在相处时要学会理解和宽容。

（四）学习兴趣与习惯评价指标

1．通过本单元的学习活动，学生能产生进一步阅读绘本的兴趣。

2．在开展语文实践活动中，学生学会与人合作，培养良好人际交往能力，逐步形成主动学习、勤于思考、乐于表达的良好习惯。

第四节 二年级下册教材教学整体简析

一、二年级下册整体教学内容

本册教材按照主题单元编排学习内容，安排了一个识字单元和七个阅读单元，每个单元的学习内容侧重点不同。识字单元以弘扬传统文化为主题，重在渗透汉字文化，体现汉字规律，激发识字兴趣，感受中华优秀传统文化。七个阅读单元大体围绕“春天”“关爱”“童心”“办法”“大自然的秘密”“改变”“世界之初”等主题编排，共选编课文二十五篇。随单元安排的语文要素有：“朗读课文，注意语气和重音”“读句子，想象画面”“利用韵语、形旁与字义的联系、借助图片识字”“运用学到的词语把想象的内容写下来”“根据课文内容，谈谈简单看法”“提取主要信息，了解课文内容”“借助提示讲故事”“根据课文内容展开想象”。

本册教材还安排了四次口语交际活动，八个语文园地和一个“快乐读书吧”。

二、二年级下册整体教学目标

（一）识字与写字

1. 喜欢学习汉字，有主动识字、写字的愿望。
2. 认识常用汉字450个，会写汉字250个。
3. 注意汉字的间架结构，初步感受汉字的形体美。
4. 养成良好的写字习惯，写字姿势正确，书写规范、端正、整洁。
5. 学习独立识字。继续学习使用部首查字法查字典。

（二）阅读与鉴赏

1. 喜欢阅读，感受阅读的乐趣。养成爱护图书的习惯。
2. 用普通话正确、流利地朗读课文。继续学习默读。
3. 结合上下文和生活实际了解课文中词句的意思，在阅读中积累词语。

4．阅读浅近的童话、寓言、故事，对感兴趣的人物和事件有自己的感受和想法，并乐于与人交流。

5．诵读儿歌、儿童诗和浅近的古诗，展开想象，获得初步的情感体验，感受语言的优美。

6．在阅读中体会句号、问号、感叹号所表达的不同语气。

7．积累自己喜欢的成语和格言警句。背诵优秀诗文，课外阅读总量不少于2万字。

（三）表达与交流

1．能认真听别人讲话，努力了解讲话的主要内容。

2．能较完整地讲述小故事，能简要讲述自己感兴趣的见闻。

3．与别人交谈，态度自然大方，有礼貌，注意说话的语气。

4．有敢于表达的自信。积极参加讨论，敢于发表自己的意见。

5．对写话有兴趣，留心周围事物，写自己想说的话，写想象中的事物。

6．在写话中乐于运用阅读和生活中学到的词语。

7．根据表达的需要，学习使用逗号、句号、问号、感叹号。

（四）梳理与探究

1．观察字形，体会汉字部件之间的关系。梳理学过的字，感知汉字与生活的联系。

2．观察大自然，热心参加校园、社区活动，积累活动经验，体验生活乐趣。在活动中学习语文，用口头或图文等方式整理、表达自己在活动中的见闻和想法。

3．学习和生活相结合，对周围事物有好奇心，能对感兴趣的内容提出问题，结合其他学科的学习和生活经验交流讨论，尝试提出自己的看法。

三、二年级下册整体教学建议

（一）识字与写字

1．给学生更大的自主识字空间，鼓励他们随文识字，结合上下文的意思猜字、读词、连句。

2．培养学生主动使用工具书识字的习惯，重视培养他们的思维方式。

3．教师能够亲力亲为，备课时自查每个生字的部首，了解详尽信息。

4. 指导学生读懂书写提示，并且根据提示读懂汉字在田字格里的位置。

5. 加强对学生书写的评价指导，对比辨别，提升学生书写的审美能力。

（二）阅读与鉴赏

1. 读懂编者意图，把握核心问题，做好教学设计。

2. 阅读与识字、学词、读句紧密相连，与积累运用融为一体。

3. 阅读讨论允许学生分享个体见解，教师要倾听理解顺学而导。

4. 课外阅读拓展应以课内指导的重点为依据，培养学生良好的阅读习惯，会读乐读。

5. 教师自我阅读收获的心得体验，是引领学生阅读的基础。

（三）表达与交流

1. 重视创设情境，激发学生的交际兴趣。

2. 重视培养良好的交际习惯，让学生在不同的交际情境中实践最基本的人际交往原则。

3. 激发学生书面表达的兴趣，培养学生初步的写话能力。

（四）梳理与探究

教学时，要重视梳理与合作探究。多采取模拟、创设情境等办法引导学生识字，多鼓励学生阅读一些适宜的课外读物，拓宽学习的渠道。

第五节　二年级下册单元语文要素有效落实评价指标序列表

单元	类型/人文主题	单元选文	单元语文要素达标评价指标			
			识字写字要素达标评价指标	阅读要素达标评价指标	口语交际要素达标评价指标	习作要素达标评价指标
第一单元	春天	《古诗二首》 《找春天》 《开满鲜花的小路》 《邓小平爷爷植树》	1. 能根据提示，写好左上包围和左下包围的字。 2. 养成生活中识字的习惯。	能正确、流利地朗读课文，注意语气和重音。	懂得与人交流时，能用恰当的语气说话，避免使用命令的语气。	
第二单元	关爱	《雷锋叔叔，你在哪里》 《千人糕》 《一匹出色的马》	1. 能用多种方法猜测词语意思，并说出了解词语意思的方法。 2. 能拓展积累词语。	1. 读句子，想画面，能用自己的话说出画面内容。 2. 试着有感情地朗读课文。		依照例句，展开想象，把自己喜欢的景物写下来；能根据提示写一写自己的一个好朋友。
第三单元	识字单元	《神州谣》 《传统节日》 《“贝”的故事》 《中国美食》	1. 能利用韵语、形旁与字义的联系、借助图片识字。 2. 初步感受汉字的魅力。		1. 能清楚地表达想法，简单说明理由。 2. 能对感兴趣的内容多提问。	

（续表）

单元	类型/人文主题	单元选文	单元语文要素达标评价指标			
			识字写字要素达标评价指标	阅读要素达标评价指标	口语交际要素达标评价指标	习作要素达标评价指标
第四单元	童心	《彩色的梦》 《枫树上的喜鹊》 《沙滩上的童话》 《我是一只小虫子》	1. 能根据提示，写好三面包围、全包围结构的字。 2. 认读有关玩具名称的词语。	1. 能根据课文有关的情境，运用学到的词语把想象的内容写下来。 2. 学习默读课文。		能根据提示看图发挥想象，借助词语按时间顺序把小动物们一天的经历写下来。
第五单元	办法	《寓言二则》 《画杨桃》 《小马过河》	1. 能借助形声字的构字规律识字并积累词语。 2. 能理解并积累含“笑”的词语，选词演一演。	1. 能正确、流利地朗读课文，读出恰当的语气。 2. 能根据课文内容，说出自己的简单看法。	1. 能主动发表关于图书角管理方法的意见。 2. 交流时，能做到等别人把话说完再发表自己的意见。	
第六单元	大自然的秘密	《古诗二首》 《雷雨》 《要是你在野外迷了路》 《太空生活趣事多》	能运用学过的方法猜测词语的意思，并能说出理解词语的方法。	1. 能提取主要信息，了解课文内容。 2. 联系生活经验，了解课文内容。		感受提问的不同角度，把自己对大自然的疑问写下来。
第七单元	改变	《大象的耳朵》 《蜘蛛开店》 《青蛙卖泥塘》 《小毛虫》	1. 能用多种方法猜字的读音和意思，并查字典验证。 2. 能发现字作偏旁时的笔画及笔顺变化。	1. 能读好问句。 2. 能借助提示讲故事。		写清楚自己想养小动物的理由。

（续表）

单元	类型 / 人文主题	单元选文	单元语文要素达标评价指标			
			识字写字要素达标评价指标	阅读要素达标评价指标	口语交际要素达标评价指标	习作要素达标评价指标
第八单元	世界之初	《祖先的摇篮》《羿射九日》《黄帝的传说》	能借助形声字的构字规律认识生字。	能根据课文内容展开想象。	1. 能注意说话的速度，让别人听清楚讲的内容。 2. 能认真听，了解别人讲的主要内容。	

第六节　二年级下册单元整体教学设计与实施典型案例分析

本节选取统编语文教材二年级下册第七单元进行分析。

一、单元内容整体解读

本单元以“改变”为人文主题，从有趣的四篇童话故事入手，让学生在妙趣横生的故事情节中体验“变化”给人带来的思考。《大象的耳朵》中大象在对自我认识的不断变化中成长；《蜘蛛开店》中因为蜘蛛想法的改变而引发了一系列有趣的小故事；《青蛙卖泥塘》故事中因青蛙使泥塘不断改变，让泥塘变得越来越好；《小毛虫》中小毛虫因不断努力，耐心等待，而不断成长。

“借助提示讲故事”是本单元的教学重点。《蜘蛛开店》一课，引导学生借助示意图讲故事；《青蛙卖泥塘》一课，引导学生在了解课文主要内容的基础上，分角色演一演故事；《小毛虫》一课，引导学生借助相关的词句讲故事；这些都是本单元的教学重点。本单元教学要依托已有的基础，指导学生借助提示，梳理故事的内容，按顺序讲述故事，不遗漏重要的内容。

二、单元整体教学目标

（一）整体教学核心目标

1. 识字学词，尝试用多种方法猜字的读音和意思，并查字典验证。

2. 正确、流利地朗读课文，能借助问句、图示、关键字等讲故事或分角色表演，体会“改变”主题。

3. 写清楚自己想养小动物的理由。

（二）各项目任务分级目标

1. 文本阅读欣赏教学目标

（1）认识60个生字，读准 5 个多音字。会写33个字、37个词语。

（2）正确、流利地朗读课文，能读好问句，能分角色表演《青蛙卖泥塘》。

（3）能勾画出大象说的话，描述大象的想法是怎么改变的；能借助提示讲《蜘蛛开店》《小毛虫》的故事；能说出青蛙为卖泥塘做了哪些事，最后为什么又不卖泥塘了。

（4）能结合生活，说出对“人家是人家，我是我”的理解。

（5）能背诵《二十四节气歌》。

（6）自主阅读《月亮姑娘做衣裳》，能发挥想象，理解内容，感受故事的有趣。

2．表达创作交流教学目标

（1）能借助提示讲故事。

（2）能根据课文内容，展开想象，续编《蜘蛛开店》。

（3）能写清楚自己想养小动物的理由。

3．知识梳理探究教学目标

（1）梳理部首与字之间的联系，感知形声字的字理特点。

（2）梳理故事的内容，按顺序讲故事，不遗漏重要的内容。

4．整本书阅读的教学目标

（1）能展开丰富的想象，品味语言体验情感。

（2）能养成良好的阅读习惯，分享自己的阅读理解与感受。

5．语文实践活动教学目标

（1）阅读《小猪变形记》，了解小猪的想法是怎么改变的。

（2）把自己最喜欢的童话故事讲给家人听。

（3）以小组为单位，制作二十四节气书签。

三、单元语文要素简析

“借助提示讲故事”是本单元的阅读训练要素，是教学中需要重点把握的内容。“借助提示讲故事”的训练，教材从一年级上册开始就进行了一些有意的安排。一年级从“提示”入手，通过图文结合的方法进行阅读训练。升入二年级后，开始“借助提示”梳理故事情节的顺序，帮助学生表达。二年级上册课文《小蝌蚪找妈妈》，引导学生先按顺序把图片连接起来，再借助这些图片讲“小蝌蚪找妈妈”的故事；《玲玲的画》引导学生用上“得意”“伤心”“满意”这3个词语讲故事；《风娃娃》引导学生借助图片和相关句子，较完整地复述“风娃娃”的故事。借助下表可以直观地看到关于“借助提示讲故事”的编排层次：

册序	单元	出现位置	语文要素	
			阅读要素	表达要素
一上	第八单元	课后练习	寻找明显信息，借助图画阅读课文。	
一下	第八单元	课后练习	借助图画阅读课文。读好多个角色的对话。	
二上	第八单元	课后练习		借助提示，复述课文。
二下	第七单元	课后练习		借助提示讲故事。

综合以上学生的经验，加之二年级下册第二单元重点训练学生试着有感情地朗读课文，本单元“借助提示讲故事”的训练重点则在于指导学生借助提示梳理故事的内容，按顺序讲故事，不遗漏重要的内容，讲故事时注意感情的变化。

四、单元整体教学设计

（一）单元整体教学设计框架

1．发布会——童话故事总动员

（1）回顾童话故事，激发阅读兴趣。

（2）通读单元童话，认识故事主角。

（3）下发“童话王国故事会”邀请函，明确单元学习任务。

（4）背诵《二十四节气歌》，制作二十四节气书签。

2．海选会——童话故事我来讲

（1）共读《大象的耳朵》，借助问句读好故事。

（2）共读《蜘蛛开店》，依托示意图讲故事。

（3）共读《青蛙卖泥塘》，借助提示表演故事。

（4）共读《小毛虫》，依托图文提示讲故事。

3．展示会——童话故事大舞台

（1）阅读《月亮姑娘做衣裳》，关注变化，读好故事。

（2）开展班级故事会，评选童话故事王。

（3）奖励写话，交流养宠物心愿。

（二）单元整体教学具体设计

本单元设置三个板块，需要13课时，其中“发布会——童话故事总动员”安排 1 课时，“海选会——童话故事我来讲”安排 8 课时，“展示会——童话故事大舞台”安排 4 课时。

◎ 板块一：发布会——童话故事总动员

1．回顾童话故事，引起学生对童话题材的兴趣和对本单元童话故事的阅读兴趣。

2．通读本单元的四篇童话故事，初识故事主角。

3．下发“童话王国故事会”邀请函，明确“借助提示讲故事”的具体要求。

4．学习并背诵《二十四节气歌》；以小组为单位，制作二十四节气书签。

◎ 板块二：海选会——童话故事我来讲

学习任务一：共读《大象的耳朵》，借助问句读好故事

（一）游戏激趣，揭示课题

（二）识字学词，读好长句

1．出示学习任务。

（1）自由读课文，读准字音，读通句子，难读的句子多读几遍。

（2）想一想：大象的耳朵长什么样？有什么作用呢？

2．汇报交流，指导读好长句。

出示句子：大象有一对大耳朵，像扇子似的，耷拉着。

有虫子来的话，大象只要把他的大耳朵一扇，就能把他们赶跑。

（1）借助实物，学习“扇”字。

（2）识记“耷”，理解“耷拉”。

（3）学习“似”字，仿说句子：“像……似的”。

（4）识记词语“跳舞、头痛、心烦”，读好长句子。

（三）合作互学，巧学问句

1．默读第 2 ～ 8 自然段，找出大象都遇到了哪些小动物。

2．关注疑问词，指导读好疑问句。

3．情景小剧场。

4．理解“不安”，拓展“自言自语”。

（四）探究共学，发现原因

1．小组合作探究原因，完成表格。

2．找出大象“改变”之谜，根据片段讲故事。

3．大象耳朵知识小科普。

（五）创设情景，深悟事理

1．创设情景，同桌互演。

大象把耳朵放下来后，这一天，散步时又遇到了小兔子。他们会说些什么呢？

2．结合生活，畅谈感想。

当发现自己跟别人有不一样的地方时，你是如何做到“人家是人家，我是我”的？

（六）指导书写，展示评议

观察生字“根”“最”“遇”“痛”，明白书写要领。

学习任务二：共读《蜘蛛开店》，依托示意图讲故事

（一）情境导入，引出故事主角

蜘蛛因为寂寞决定开一家商店，会发生什么有趣的故事呢？板书课题，顺势指导书写“商”“店”。

（二）随文识字，梳理故事框架

学习活动一：我会认，带着方法学字词

1．自主学习：自由朗读课文，读准字音，读通句子。

2．合作学习：交流识字方法，遇到不懂的请教同桌。

（1）动作演示识记“蹲”。

（2）联系熟字识记“寂”“寞”“匆”。

（3）偏旁归类识记“袜”“颈”。

（4）形声字识记“蜈”“蚣”。

学习活动二：我会读，品读故事梳理框架

1．读：同桌合作读文。

2．圈：用笔圈画出表格中问题的答案。

3．说：根据结构图说一说蜘蛛三次开店在结构上有什么相同的地方。

4．引导学生发现课文结构反复的特点。

①发现结构——“卖什么”，小组比赛读。

②发现结构——“写招牌”，男女合作读。

③发现结构——“顾客来了”，师生合作读。

④发现结构——“结果怎样”，抓重点词语齐读。

（三）搭建支架，练习讲好故事

学习活动三：我会理，概括提炼关键词

1．默读课文第 2 ~ 4 自然段，根据示意图提示圈画关键信息。

2．汇报交流，相机点拨。

（1）读好“为什么卖口罩”，理解“就”，体会蜘蛛的决定很随意。

（2）读好“顾客来了”，感受蜘蛛开心的心情。

（3）关注表示时间的词语，读出编织时间的漫长。

（4）试讲故事：蜘蛛第一次开店的过程。

（5）围绕讲清楚、讲生动展开评价。

学习活动四：我会用，提升语言促思维

1．自主学习：默读课文第 5 ~11自然段，根据示意梳理第二次、第三次开店的过程。

2．合作学习：探究蜘蛛三次开店过程的不同之处。

3．试讲故事：蜘蛛第二次、第三次开店的过程。

4．依据评价标准评价。

学习活动五：我会讲，借助图示讲故事

1．以组为单位，结合板书示意图讲述故事。

2．小组成员互相讲述故事，推选讲故事代表在全班展示。

3．依据评价标准评价。

（四）创意续编，感悟改变真理

1．如果这个故事还没结束，接下来会发生什么？续编故事。

2．蜘蛛为什么一次又一次换招牌？说说你的想法。

学习任务三：共读《青蛙卖泥塘》，借助提示表演故事

（一）联结学情，借助动物界的趣事导入新课

话题引出课题，认识“卖”字。

（二）任务驱动，学习青蛙卖泥塘的经过

1. 了解卖泥塘的原因——泥塘不怎么样。

2. 细读卖泥塘行为——青蛙做了什么。

（1）布置任务：为了卖掉泥塘，青蛙做了哪些事？结果怎么样？

（2）学习交流，梳理青蛙的做法。

（3）对比结果：从烂泥塘到好地方。

（4）思考原因：改变带来收获。

3. 细读不卖泥塘的原因——顾客们怎么说。

（1）布置任务：烂泥塘变成好地方，除了青蛙的努力，还有其他原因吗？

（2）思考原因：运用正确的说话方式，表达自己的想法。

（3）故事表演：表演小动物们“买泥塘”的过程。

（三）创设情境，演读青蛙卖泥塘的故事

在“梦想大舞台”上，表演《青蛙卖泥塘》的故事。

（四）掌握规律，自主写好生字

写字时，注意“蛙”和“籽”字的虫字旁、米字旁形态的改变。

学习任务四：共读《小毛虫》，依托图文提示讲故事

（一）初读课文，识记生字

1. 自由轻声朗读课文。

2. 同桌合作，交流自主识字方法。

（1）偏旁归类识记。

怜、愉：与心情有关；纺、绒：与丝织品有关；挪、挣：与动作有关。

（2）形近字比较识记。

怜——冷，竭——喝，仿——纺，规——观。

（二）整体感知，梳理情节

1. 自由读文，想一想：小毛虫在成长过程中经历了哪些变化？画出关键词句。

2. 图文对应，了解小毛虫变化的形态，梳理示意图。

（三）精读课文，感受心理

学习活动一：细读第 1 、2 自然段，走进小毛虫

1. 你觉得这是一只怎样的小毛虫？

2. 联系上下文理解“生机勃勃”的含义。

3. 对比阅读描写昆虫和小毛虫生活状态的句子，体会小毛虫的可怜之处。

学习活动二：精读第 3 、4 自然段，感受织茧

1. 默读文段，找出描写小毛虫心理的句子。

2. 启发思考，想象小毛虫的心情。

3. 小毛虫认为自己该做的事情是什么？

（1）为了编织茧屋，小毛虫是怎么做的？圈画相关词语。

（2）从哪里可以看出小毛虫“尽心竭力”？联系上下文体会编织的时间之长。

（3）想象体会：当小蜻蜓捉害虫时，蜜蜂采蜜时，小毛虫还是在织啊，织啊。

学习活动三：细读第 5 ～ 7 自然段，欣赏蝴蝶

1. 待在与世隔绝的茧屋里，小毛虫心中有什么疑问吗？又是怎么想的？

2. 联系生活理解“万事万物都有自己的规律”。

（1）讨论交流：自然界还存在哪些自然规律？

（2）观看视频“化茧成蝶”，了解毛虫的生长规律。

3. 想象画面，品读小毛虫变成蝴蝶后的样子。

4. 对比朗读第 1 、2 自然段和第 7 自然段，体悟情感。

（四）借助提示，讲述故事

1. 借助课后示意图完整地讲故事。

2. 这个蜕变过程体现了小毛虫怎样的品质？你想对小毛虫说些什么呢？

（五）回顾要点，写好汉字

写字时，注意“纺”“织”和“编”字的绞丝旁形态的改变。

板块三：展示会——童话故事大舞台

学习任务一：阅读《月亮姑娘做衣裳》，关注变化读好故事

1. 回顾单元课文主题和学习方法。
2. 自读《月亮姑娘做衣裳》，关注变化读好故事。
3. 试着通过图示等方法来帮助自己讲一讲这个故事。
4. 运用借助提示讲故事的阅读方法，阅读《小猪变形记》。

学习任务二：开展班级故事会，评选童话故事王

1. 开展班级“童话王国故事会”，学生可以自由选择课内外的童话故事和课内续编的童话故事，展示自己的童话故事示意图，借助示意图讲童话故事。

2. 以选择的故事内容为依据，分为课内组、课外组、创作组进行组内比赛，其他组的成员作为评委投票，选出童话故事王。

学习任务三：奖励写话，交流养宠物心愿

1. 图片激活经验，引入话题。
2. 真实任务驱动，口头表达。

说说你想养什么小动物，为什么想养这只小动物呢。

3. 指导书面表达，尝试写话。
4. 作品展示评价，赏析拓展。

五、单元整体作业设计

（一）作业设计目标

1. 能在阅读中积累词语，并学会分类梳理。
2. 能根据语境读好疑问句，试着读出不同人物的特点。
3. 能借助图示，展开想象讲一讲故事。
4. 能结合生活，说一说对故事的理解。

（二）作业设计内容

作业任务一：问句导读

小鹿、小马、小老鼠见到了大象都要说他的耳朵，那他们会怎么说呢？请你挑选一种动物，在下图的空白处填一填。完成后，组内的小伙伴，还可以分角色来演一演。

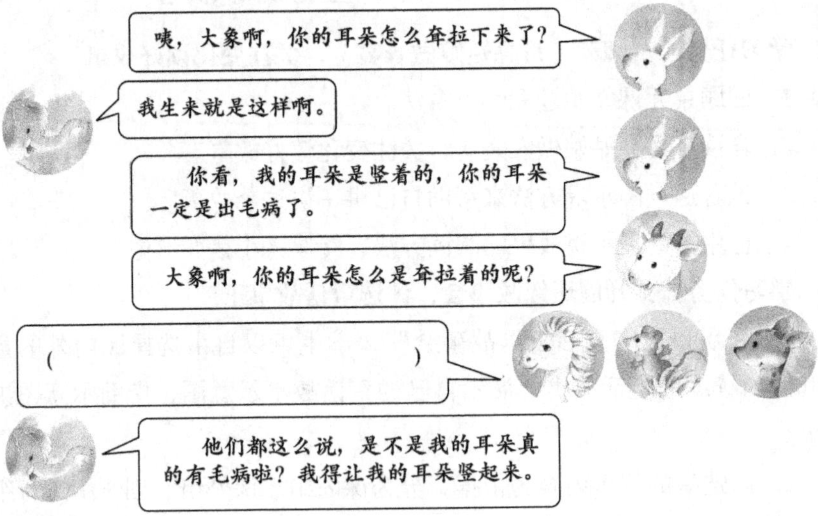

咦，大象啊，你的耳朵怎么耷拉下来了？
我生来就是这样啊。
你看，我的耳朵是竖着的，你的耳朵一定是出毛病了。
大象啊，你的耳朵怎么是耷拉着的呢？
（ ）
他们都这么说，是不是我的耳朵真的有毛病啦？我得让我的耳朵竖起来。

【设计意图：通过问句导读的练习，引导学生去发现问句中疑问语气的生发点，进行问句的朗读展示与检验。】

作业任务二：情节绘图

《蜘蛛开店》的故事情节特别吸引人，接下来，蜘蛛还会不会继续开店呢？如果会，蜘蛛还会开什么店呢？先补充下面的示意图，然后根据示意图来讲一讲这个故事。

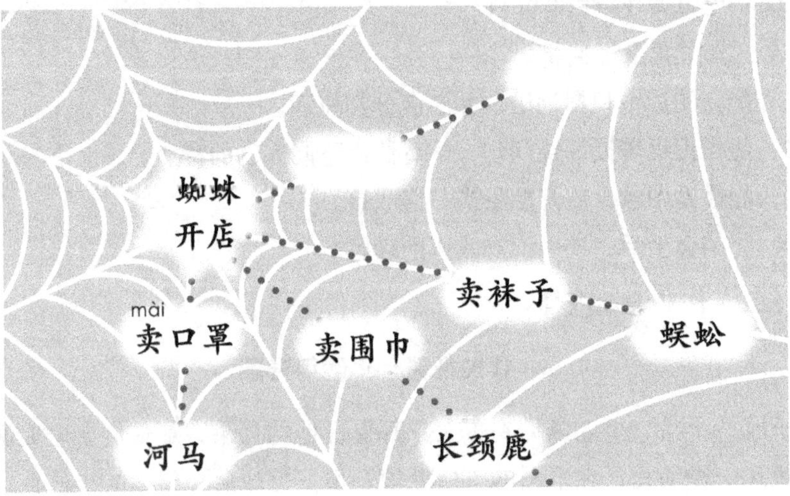

【设计意图：借助课后习题，创意续编，既让学生在阅读中思维可视化，也让讲述有所凭借。】

作业任务三：售卖广告

1. 青蛙为了将自己的泥塘卖出去，可谓费尽了心力，结合课文的内容，请你为他的泥塘设计一则图文广告，帮助他把泥塘顺利地卖出去。

【设计意图：为泥塘设计一则广告，让学生充分发挥想象力，快乐表达。】

2. 升级挑战：如果向同学推荐一样东西，如一本书或一种文具，你会说些什么？仿照课文倒数第 2 自然段的结构进行推荐。

多好的书……　　多好的文具盒……

【设计意图：引导学生仿照青蛙的吆喝推荐一样东西，旨在发展学生的语言表达能力。】

作业任务四：成长蜕变

小毛虫成长过程经历了哪些阶段？画一画，填一填，并借助提示讲一讲这个故事。

（　　）　　　　（茧）　　　　（　　）

【设计意图：本题设置凸显语文、美术学科融合的教学理念，激发学生学习内驱力，也加深了学生对故事内容的理解。】

六、单元整体评价指标

（一）基本知识和技能评价指标

识字与写字：能认识单元生字，会写课文中的词语。

阅读与鉴赏：能有感情地朗读课文，感受不同角色不同的语言特点，借助提示和关键句理解故事内容。

表达与交流：能借助角色的语言、动作等特点演一演故事，借助图示、关键词句等提示讲一讲故事。

梳理与探究：能梳理部首与字之间的联系，感知形声字的特点；梳理故事的内容，按顺序讲故事，不遗漏重要的内容。

（二）关键能力评价指标

能借助提示梳理故事的内容，按顺序讲故事、不遗漏重要的内容，讲故事时试着讲出感情的变化。

（三）必备品格与价值观念评价指标

能激发阅读理解的兴趣，走进具体的故事情境中，展开想象，多角度认识人物并从中体会缊含的道理。

（四）学习兴趣与习惯评价指标

能自主阅读课外童话故事，感受阅读的乐趣，分享阅读的快乐。

第三章

统编语文教材三年级单元整体教学设计与实施例谈

第一节 三年级上册教材教学整体简析

一、三年级上册整体教学内容

本册教材安排了八个单元，其中六个单元是以人文主题和语文要素双线结构组成的单元，其人文主题分别是“学校生活”“金秋时节”“童话世界”“祖国河山”“我与自然”“美好品质”。另外，第四单元“预测”是阅读策略单元，是围绕阅读策略的学习编排的；第五单元“留心观察”是习作单元，是围绕习作能力的培养编排的。本册教材还安排了四次口语交际，一个“快乐读书吧”的内容。除了习作单元，共安排了七个语文园地。

二、三年级上册整体教学目标

（一）识字与写字

1. 对学习汉字产生浓厚的兴趣，养成主动识字的习惯。
2. 认识常用汉字250个，会写常用汉字250个。
3. 有初步的独立识字能力。会查字典、词典。
4. 能使用硬笔书写正楷字，做到书写规范、端正、整洁。
5. 写字姿势正确，有良好的书写习惯。

（二）阅读与鉴赏

1. 能用普通话正确、流利、有感情地朗读课文。
2. 初步学会默读，不出声，不指读。学习略读，粗知文章大意。
3. 能运用多种方法理解词句的意思。
4. 能初步把握文章的主要内容。能对课文中不理解的地方提出疑问。
5. 能复述叙事性作品的大意，初步感受作品中生动的人物形象和优美的语言，关心作品中人物的命运和喜怒哀乐，交流阅读感受。
6. 诵读优秀诗文，展开想象，了解诗文大意。
7. 体会句号与逗号的不同用法，了解冒号、引号的一般用法。

8. 积累课文中的好词佳句及课外阅读和生活中获得的语言材料。

9. 养成读书看报的习惯，收藏图书资料，乐于与同学交流。课外阅读总量不少于10万字。

（三）表达与交流

1. 能用普通话交谈。学会认真倾听，有不理解的地方向人请教，有不同的意见与人商讨。

2. 听人说话能把握主要内容，并能简要转述。

3. 能清楚明白地讲述见闻，说出自己的感受和想法。

4. 乐于书面表达，增强习作的自信心。愿意与他人分享习作的快乐。

5. 观察周围世界，能不拘形式地写下自己的见闻、感受和想象。

6. 尝试在习作中运用自己平时积累的语言材料，特别是有新鲜感的词句。

7. 学习修改习作中有明显错误的词句。根据表达的需要，正确使用标点符号。

（四）梳理与探究

1. 能关注文中有新鲜感的词句，主动理解，交流阅读感受并主动积累。

2. 能结合自己的知识积累和生活经验，标出难懂的词语或提出问题。能与同学合作探索解决难懂词语或问题的具体方法，简单解释自己的想法。

3. 能了解童话的基本特点，感受童话中丰富的想象，体会阅读童话的乐趣。

4. 能在阅读过程中不断主动地进行预测。

5. 能留心观察生活，体会细致观察的好处，逐步养成观察的习惯。

6. 能借助关键语句理解一段话的意思。

7. 能感受课文生动的语言，了解摘抄的基本方法，主动积累生动的语句。

8. 能带着问题默读，一边读一边思考。

三、三年级上册整体教学建议

（一）识字与写字

重视识字写字教学，鼓励学生自主识字写字，进行分类指导，特别是难字、容易出错的字，要用恰当的方法加以点拨。要引导学生读准字音，并帮助学生掌握学习多音字的方法，形成分辨多音字读音的能力。

（二）阅读与鉴赏

阅读教学一要体现本单元的重点目标、落实单元语文要素；二要体现本课特点的个性化学习目标，挖掘有教学价值的学习内容；三要落实学段的常规性目标，完成每篇课文都要完成的基本任务。教学时，应结合学生实际情况，依据课后题或学习提示确定教学内容。重视朗读，进行持续的默读练习，能在默读的同时思考问题，不断提升阅读品质、提高阅读速度。要准确把握不同类型课文的目标定位，避免拔高要求。阅读策略单元和习作单元中的课文，各有用途，要用好课文，指向核心目标的达成。要重视、促进学生主动进行课外阅读，并交流阅读体会，使学生在阅读中感受语文学习的快乐。

（三）表达与交流

设计符合交际话题的情境，有侧重地培养学生的倾听、表达或应对能力。多给学生创造当众表达的机会，重视引导学生成段表达。要重视学生交际方法、策略的学习与运用，完成交际任务。发展学生的口头表达能力，不断增强学生交际的勇气和自信心。重视口语交际活动，关注学生的交际品质，有意识地指导学生在日常生活中提高口语交际能力。准确把握习作的目标要求，引导学生表达清楚，尽量避免定位不准、拔高要求的问题。每次习作教学要重视引导学生自我修正，使之逐渐成为习惯。要强化习作的交际功能，使学生在交际过程中提高习作能力。提倡从学生的习作成品中发现问题，并进行有针对性的指导。特别重视习作单元的教学，培养学生的习作能力。准确把握习作单元的编排意图，找准精读课文、习作例文的定位，有效组合单元中“交流平台”“初试身手”等相关资源，提升学生观察的兴趣、主动观察的愿望等。

（四）梳理与探究

教学时，引导学生说出自己关注的词句，谈自己的理解；引导学生合作探索理解难懂词语的具体方法，简单解释自己的想法；讨论、交流，引导学生体会童话的特点；唤醒学生边阅读边预测的意识，实践并总结预测的基本方法和途径，再尝试运用，逐步培养学生边阅读边预测的习惯；注重引导学生体会“细致观察”的好处，初步了解调动多种感官观察事物的方法；讨论、梳理关键语句的位置及作用，引导学生借助关键语句理解一段话的意思；引导学生摘抄、感知课文生动的语言，边学习边交流边小结；重视培养学生带着问题默读的习惯，帮助学生提高默读效率，更好地理解课文内容。

第二节　三年级上册单元语文要素有效落实评价指标序列表

单元	类型／人文主题	单元选文	单元语文要素达标评价指标			
			识字写字要素达标评价指标	阅读要素达标评价指标	口语交际要素达标评价指标	习作要素达标评价指标
第一单元	学校生活	《大青树下的小学》《花的学校》《不懂就要问》	能采用多种方法识记、理解生字，强化归类观察和书写的意识，加强对个别难写字的书写。	阅读时，关注有新鲜感的词语和句子，能主动理解课文中有特色的、自己感兴趣的词句，交流阅读感受并主动积累，在此基础上，关注课外阅读中的拓展运用。	能选择自己暑假生活中的新鲜事或别人感兴趣的内容，借助图片或实物，把经历讲清楚。	1. 体会习作的乐趣；能从外貌、性格、品质、爱好等角度，选择一两点特别的地方，写几句话或一段话介绍自己的同学。 2. 注意写一段话时，开头空两格。 3. 写后与同学分享交流、完善习作。
第二单元	金秋时节	《古诗三首》《铺满金色巴掌的水泥道》《秋天的雨》《听听，秋的声音》	初读文本，用自己喜欢的方式识记生字，能结合语境学习一些与词语关系密切的生字。	综合运用借助注释、借助插图、联系上下文、联系生活实际等方法，理解难懂的词语，选择合适的方法，并逐步做到迁移运用。		1. 能留心观察生活，初步学习积累习作的素材。 2. 借助例文并结合生活经验，了解写日记的好处、可写的内容及日记的基本格式；用日记记录自己的生活。

（续表）

单元	类型／人文主题	单元选文	单元语文要素达标评价指标			
			识字写字要素达标评价指标	阅读要素达标评价指标	口语交际要素达标评价指标	习作要素达标评价指标
第三单元	童话世界	《卖火柴的小女孩》 《那一定会很好》 《在牛肚子里旅行》 《一块奶酪》	1. 能根据形旁表义的特点归类了解字义。 2. 能比较、辨读多音字。 3. 写字时注意间架结构，注意易错的笔画和部件。	1. 能运用多种形式，进一步感受童话丰富而奇特的想象，建立对童话这种文学体裁的初步认识。 2. 进行课外阅读。 3. 在此基础上，能通过讨论、交流，体会童话的特点。		1. 能借助教材提示的内容，发挥想象，编写童话故事。 2. 尝试运用改正、增补、删除等修改符号自主修改习作，初步形成修改习作的意识。 3. 给习作加题目。
第四单元	阅读策略单元：预测	《总也倒不了的老屋》 《胡萝卜先生的长胡子》 《小狗学叫》	在阅读前集中识字，在学完后集中练习要求书写的字，保证阅读的连贯性。	1. 能一边读一边预测，顺着故事情节去猜想。 2. 学习预测的一些基本方法，如根据题目、插图、文章内容里的一些线索进行预测，培养预测的意识，提升预测的能力。 3. 能处理好自己的预测与后面文本实际内容的关系，由课内学习延伸至课外阅读，逐步培养边阅读边预测的习惯。	1. 能把收集到的信息说明白，一是说清要介绍什么名字，二是有条理、有顺序地把这个名字的含义或来历讲清楚。 2. 能迁移运用在本单元课文中学到的“预测”策略。 3. 听别人讲话的时候，有礼貌地回应。	1. 能根据插图和提示，结合自己的生活经验续写故事，把故事写完整。 2. 能运用改正、增补、删除的修改符号，修改有明显错误的内容。 3. 交流分享习作，表达自己的感受。

（续表）

单元	类型／人文主题	单元选文	单元语文要素达标评价指标			
			识字写字要素达标评价指标	阅读要素达标评价指标	口语交际要素达标评价指标	习作要素达标评价指标
第五单元	习作单元：留心观察	《搭船的鸟》《金色的草地》习作例文（《我家的小狗》《我爱故乡的杨梅》）	1. 知道生字、新词大意。 2. 初读课文后，能借助已有经验自主识字，在每课结束时集中书写。	能体会作者是怎样留心观察周围事物的，初步了解可以调动多种感官观察，体会“观察的细致”带来的好处或收获。		1. 能提前安排观察活动，为习作积累素材。 2. 能调动多种感官，仔细观察一种动物、植物或一处场景，结合生活经验，将自己的观察所得写下来。 3. 展示观察所得，分享自己的观察感受。
第六单元	祖国河山	《古诗三首》《富饶的西沙群岛》《海滨小城》《美丽的小兴安岭》	1. 能借助图片、结合字理、借助熟字进行迁移认读、通过形近字比较识记等方式认识生字。 2. 书写时，要重点写好有笔画变形的字、带有穿插笔画的字和易错的字。	1. 能在学习课文的过程中领悟表达方法，从段落中找出关键语句，借助关键语句理解一段话的意思。 2. 能充分利用课文插图，图文对照地阅读，理解段落的意思，引发强烈的爱国情感。		1. 能仔细观察一处景物，围绕一个教材写，并主动运用平时积累的描写景物的词语。 2. 自己改正错别字，并和同伴分享观察到的美景。

（续表）

单元	类型／人文主题	单元选文	单元语文要素达标评价指标			
			识字写字要素达标评价指标	阅读要素达标评价指标	口语交际要素达标评价指标	习作要素达标评价指标
第七单元	我与自然	《大自然的声音》 《读不完的大书》 《父亲、树林和鸟》	1. 能结合语境辨析多音字的读音。 2. 书写时，可结合本单元语文园地“书写提示”中“撇和捺要舒展”的要求，写好撇和捺。横画较多的字，要先仔细观察字形再写，注意多个横画间要写得紧凑。	能从多个角度感受课文生动的语言，边学习边交流边作小结，积累喜欢的语句。	能结合生活实际，在小组中简单讲述身边的令人感到温暖或不文明的行为，并清楚地表达自己的看法；能汇总小组意见，汇总意见时尽量反映每个人的想法。	1. 能留心生活，积极思考，清楚地写下生活中的某种现象及自己对此的想法；注意表达的条理性。 2. 主动用书面的方式与别人交流想法，提升主动参与社会生活的意识。
第八单元	美好品质	《司马光》 《灰雀》 《手术台就是阵地》 《一个粗瓷大碗》	1. 能通过注释、组词等方式理解字义，也可以选择几个词来说说课文的内容，在运用词语的过程中巩固识记。 2. 形声字可关注形旁，猜猜意思。 3. 书写时，要注意间架结构、笔顺规则和笔画的变化。	1. 能带着问题默读，边读边思考，理解课文的意思。 2. 能提高默读的效率，运用比较的方法理解课文。 3. 初步感受文言文的特点，产生学习文言文的兴趣。	能就自己不好解决的问题有礼貌地向别人请教，清楚地表达自己的想法，不清楚的地方能及时追问。	1. 能相对完整地写一次游玩的过程，表达出当时快乐的心情，正确使用标点符号。 2. 和同学交流习作，修改同学看不明白的地方。

第三节　三年级上册单元整体教学设计与实施典型案例分析

本节选取统编语文教材三年级上册第二单元进行分析。

一、单元内容整体解读

本单元以“金秋时节”为主题，编排了《古诗三首》（《山行》《赠刘景文》《夜书所见》）和《铺满金色巴掌的水泥道》《秋天的雨》《听听，秋的声音》三篇课文，从不同角度展现了秋天别样的风景。《古诗三首》是古代诗人眼中的秋景；《铺满金色巴掌的水泥道》以儿童的视角，描写了深秋时节铺满落叶的水泥道美景；《秋天的雨》从多个方面描绘出一个美丽、丰收、欢乐的秋天；《听听，秋的声音》描写了秋天里大自然的各种声音。本单元习作训练是“写日记”。日记是三年级习作起步练习的一个重要形式，选材灵活，写法自由，学生可以无拘无束地记录自己的生活。

本单元内容是“金秋时节”，选用三首古诗和三篇课文，主要目的是从不同角度展现秋天别样的风景，通过理解难懂的词语，体会作者丰富的想象和独特的感受。基于此，本单元整体教学重点是运用多种方法理解难懂的词语，选择合适的方法，逐步做到迁移运用；体会作者丰富的想象和独特的感受；了解写日记的好处、日记可写的内容及日记的基本格式。难点是进行仿写练习；留心观察生活，积累习作的素材，并用日记的形式记录下来。

二、单元整体教学目标

（一）整体教学核心目标

1. 阅读本单元课文，学习生字词，理解诗句的意思，了解课文的主要内容。

2. 运用多种方法理解难懂的词语。

3. 通过对本单元 4 篇课文的学习，感受秋天的魅力，积累素材。

4. 了解日记的基本格式，能用日记记录自己的所见所闻所感。

（二）各项目任务分级目标

1. 文本阅读欣赏教学目标

（1）会写39个生字，会写29个词语。

（2）能有感情地朗读课文，背诵古诗和指定的课文段落。

（3）能借助注释理解诗句意思，能用多种方法理解难懂的词语，了解课文的主要内容。

2. 表达创作交流教学目标

（1）能留心观察生活，仿照课文或“阅读链接”，写出自己看到的景色。

（2）能掌握日记的基本格式，用日记记录自己的生活。

3. 知识梳理探究教学目标

能结合已有的学习经验，借助“交流平台”，总结和交流本单元所学的理解难懂的词语的方法。

4. 整本书阅读的教学目标

选读交流有关秋天的作品中自己喜欢的片段，尝试运用多种方法理解难懂的词语，了解选段的主要内容，感受秋之美好。

5. 语文实践活动教学目标

（1）在“金秋展览会”的语文实践活动中，以不同形式呈现活动成果，感受秋天的美好。

（2）通过本次语文实践活动，培养与人合作交流的能力。

三、单元语文要素简析

本单元以“秋天”为中心组织学习内容，旨在引导学生感受秋天别样的风景，体会作者丰富的想象和独特的感受。本单元的语文要素是“运用多种方法理解难懂的词语”，旨在引导学生综合运用多种方法理解难懂的词语，选择合适的方法，并逐步做到迁移运用。本单元习作训练是“写日记”，旨在引导学生留心观察生活，初步学习积累习作的素材，并用日记的形式记录下来。教学时，要注意引导学生读出秋天的韵味和美好，培养学生初步的语言感受力；注意依托课后题和泡泡示例，将“运用多种方法理解难懂的词语”这一语文要素与课文内容的理解有机结合起来，边交流边总结，最后通过"交流平台"进行方法的梳理与总结；注意引导学生提前观察；写日记的教学要考虑到三年级习作起步阶段的特点，不宜拔高要求，重在让学生感受写日记的好处，了解日记的基本格式，并注意激发学生坚持写日记的信心，使其逐步养成写日记的习惯。

对于本单元的语文要素，本套教材在低年级已安排了借助图画、查字典、联系上下文、联系生活经验等了解词语意思的方法，本单元是在此基础上的延展和提升，借助下表可以直观地看到关于"理解难懂的词语"的编排层次：

册序	单元	出现位置	阅读训练要素
一下	第三单元	《树和喜鹊》文中旁注	联系上下文理解词语意思。
	第六单元	《要下雨了》文中旁注	联系上下文理解词语意思。
二上	第四单元	《黄山奇石》《葡萄沟》文中旁注	联系上下文和生活经验，了解词句的意思。
三上	第一单元	单元导读页、课后练习、交流平台	阅读时关注有新鲜感的词语和句子。
	第二单元	单元导读页、课后练习、语文园地中词句段运用	运用多种方法理解难懂的词语。
	第七单元	单元导读页、课后练习、交流平台	感受课文生动的语言，积累喜欢的语句。
三下	第六单元	单元导读页、课后练习、交流平台	运用多种方法理解难懂的句子。

四、单元整体教学设计

（一）单元整体教学设计框架

1．明确学习任务，确定活动主题

（1）布置学生浏览本单元学习内容，对本单元内容有一个初步认知。

（2）确定开展"金秋展览会"活动，学生留心观察生活，积累素材。

2．学习单元课文，探究文本语言

（1）朗读课文，学习生字词，做到读准确，读通顺、读流利。

（2）理解诗句的意思和课文的主要内容。

（3）学习运用联系上下文等方式理解难懂的词语。

（4）探究学习，领会课文的思想感情和表达方式。

（5）落实读写结合，迁移运用写法。

（6）了解写日记的好处、日记可写的内容及日记的基本格式，完成单元习作。

3．实施单元活动，展示学习成果

（1）学生留心观察生活，记录秋天的美好。

（2）完成叶画、手抄报或观察日记，在活动中展示交流。

（3）对照单元整体评价指标，采取多元评价方式（师评、自评、互评、他评）有效评价学生在本单元学习中的具体表现。

4．梳理知识要点，落实检测目的

（1）对照本单元生字表、词语表设计达标练习，学以致用。在单元整体阅读中，随文识字；寻找字词之间的关联点，类比辨析，对比组词、对比填空；对照语文园地，在运用中掌握。

（2）查漏补缺，巩固练习，并对照评价标准进行测评。

（二）单元整体教学具体设计

本单元设置六大板块需要 13～15课时，安排如下：单元导读 1 课时，文本阅读欣赏 7 课时，表达创作交流 2 课时，知识梳理探究 1 课时，拓展阅读 1～2 课时，语文实践活动1～2 课时。

◎ 板块一：单元导读

学习任务一：学生观察秋天的景色以及自己上学或放学路上看到的景色，拍照分享。

学习任务二：阅读单元导读页，了解本单元人文主题与语文要素，明确学习任务。

学习任务三：学生快速浏览整个单元学习内容，大致了解本单元 4 篇课文内容及习作内容。

学习任务四：组织学生讨论制定本单元学习主题和活动形式，明确本单元学习任务及小组成员分工。

◎ 板块二：文本阅读欣赏

学习任务一：自主识字，扫清障碍

1．对照本单元生字表、词语表，结合预习学习单，检查学生本单元生字新词掌握情况，对难字、特殊字单独教、重点学。

2. 采用多种形式评测学生学习生字新词的情况。

3. 结合课文内容检测学生对本单元生字新词的读音、词义掌握程度。

学习任务二：通读文本，整体感知

1. 朗读本单元四篇课文，初步感知文本内容。

2. 结合课后思考题和课前预习提示，简要交流课文主要内容，理解古诗大意，交流读后的感受。

3. 各小组展示朗读：小组中每位成员各自选择对应篇目中自己最欣赏的语段，朗读给同学们听，师生评价。（字正腔圆、有板有眼，声情并茂）

4. 全班交流：说一说课文中有哪些难懂的词语。

学习任务三：运用方法，理解词语

学习活动一：借助注释理解古诗

1. 圈画诗中景物，根据景物判断古诗描写的季节。

2. 借助注释理解古诗大意。

3. 理解“霜叶”“动客情”“擎雨盖”“傲霜枝”“君”“橙黄橘绿”，进而大致理解诗意。

学习活动二：多种方法理解课文中难懂的词

1. 查字典辨析多音字“铺”。

2. 用找近义词、联系生活实际、联系上下文、借助熟字猜词义的方法理解“明朗”。

3. 运用所学方法理解其他难懂的词。如：熨帖、凌乱、五彩缤纷、频频、叮咛、歌吟等。

学习任务四：品读赏析，感受秋天

（一）结合背景，感悟诗情

（二）引导学生自主学习、合作探究

学习活动一：默读《铺满金色巴掌的水泥道》，画出你认为水泥道一文中“美”的句子，想象画面，小组交流，体会作者情感，有感情地朗读。

学习活动二：默读《秋天的雨》，交流自己喜欢的秋之色、秋之味、秋之声，想象表达，体会作者情感，有感情地朗读。

学习活动三：默读《听听，秋的声音》，交流自己最喜欢的声音，想象表达，有感情地朗读。

学习活动四：对比阅读课文与“交流链接”，发现异同。

（三）迁移表达，仿写训练

学习活动一：积累描写秋天的四字词语，试着选取一两个词语来说说诗中的秋景。

学习活动二：“铺满金色巴掌的水泥道”，多美的发现啊！汪曾祺小时候也发现了这样一条特别的道路，读读阅读链接，回忆你在上学或放学路上看到了什么样的景色，用几句话写下来。

学习活动三： 想象一下，秋天的雨还会把颜色分给谁呢？选择其中一句，照样子写一写。

学习活动四：①秋天的各种声音汇成了一首美妙的曲子。有感情地朗读《听听，秋的声音》，一边读一边想象，你还听到了秋天的哪些声音？仿照着课文写一写。②四人小组合作一首小诗，配图。

板块三：表达创作交流

学习任务一：创设情境，明确任务

认真审题，明确习作要求，说说写日记的好处。

学习任务二：例文引路，学写日记

1. 了解日记的基本格式。
2. 例文引路，了解日记可写的内容。
3. 选材练习，筛选素材。

学习任务三：完成草稿，尝试修改

学生写日记，写完后试着自己修改日记。

学习任务四：展示交流，互评互改

1. 组内互读评价，第一次优化习作。
2. 发现问题，全班交流点评，第二次优化习作。

板块四：知识梳理探究

学习任务一：掌握本单元所学的生字新词。

对照本单元生字表、词语表完成基础知识达标练习，学以致用。

学习任务二：细读“交流平台”，归纳总结理解难懂的词语的方法。

学习任务三： 学习词句段运用部分，第一道题积累描写四季的词语，第二道题运用所学方法，理解句子中的加点词“憧憬”“忐忑不安”的意思。

学习任务四： 学习书写提示部分，把字写得规范、端正、整洁。

学习任务五： 积累描写秋天的四字词语，并能正确书写与运用。

板块五：拓展阅读

学习任务一： 向学生推荐阅读绘本《落叶跳舞》、郁达夫《故都的秋》、朱自清《秋》等作品。

学习任务二： 指导学生阅读推荐的作品，了解大概内容，多角度感受秋天，激发阅读兴趣。

学习任务三： 指导学生细读经典片段，精心设计一张书签，记录好词佳句，在课外阅读交流课上与同学交流分享。

学习任务四： 让学生交流自己的阅读方法，交流自己阅读过程中的收获、感悟或困惑等。

板块六：语文实践活动

学习任务一：确立主题，明确任务

结合本单元文本学习，确立以“金秋展览会”为活动主题，组织相关实践活动，明确学习任务。

学习任务二：组织活动，合作完成

学习活动一：赏秋之美景

1. 选取积累的一两个描写秋天的词语，说说古诗中的秋景。
2. 诵读秋天相关的诗歌。
3. 阅读描写秋天的作品，精心设计一张书签，记录好词佳句。

学习活动二：绘秋之色彩

1. 关注秋天的色彩，仿写句子。
2. 制作与秋天有关的叶画、手抄报。

学习活动三：听秋之声音

1. 仿写听到的秋之声。
2. 四人小组合作组成一首小诗，配图，朗诵小诗。

学习活动四：写秋之美好

1. 写写自己在上学或放学路上看到的景色。

2. 走进秋天的世界，来一场秋游，秋游后用日记的形式记录下当天的所见所闻所感，将秋天的美好永久保存。

备注：以上四项学习活动穿插在整个单元学习过程中。

学习任务三：交流分享，展示汇报

结合本单元语文实践活动，组织学生自主选择不同形式展示交流实践活动成果。

五、单元整体作业设计

（一）作业设计目标

1. 积累运用本单元所学的生字、新词。
2. 学习运用多种方法理解难懂的词语。
3. 结合课文内容，从多个角度感受秋天的美好。
4. 学习写日记，感受写日记的好处，了解日记的基本格式。

（二）作业设计内容

作业任务一：赏秋之美景

作业 1：积累描写秋天的四字词语，试着选取一两个词语来说说诗中的秋景。

秋高气爽	天高云淡	秋风习习
一叶知秋	金桂飘香	层林尽染
五谷丰登	果实累累	春华秋实
	……	

【设计意图：《古诗三首》从多角度描绘了秋天的景象，本单元语文园地中日积月累的词语同样从多方面概述秋天的景象，将两部分整合，从单元整体角度强化学生对秋景的认识，并加深对古诗的理解。】

作业 2：积累关于秋天的古诗，和同学一起举办“诵秋诗”活动。

【设计意图：由课内延伸到课外，在吟诵秋诗的体验活动中，再次感受秋的美好。】

作业 3：阅读描写秋天的作品，精心设计一张书签，记录好词佳句，与同学交流分享。

【设计意图：拓展课外阅读，用设计书签的方式，积累好词佳句，激发学生的阅读兴趣。】

作业任务二：绘秋之色彩

作业1： 想象一下，秋天的雨还会把颜色分给谁呢？选择其中一句，照样子写一写。

它把黄色给了银杏树，黄黄的叶子像一把把小扇子，扇哪扇哪，扇走了夏天的炎热。 ①它把金色给了田野，______________________________。 ②__________，______________________________。

【设计意图：引导学生关注秋天的色彩，仿照课文，运用修辞手法，将秋天的多彩形象生动地表达出来。】

作业2： 收集秋叶，制作叶画或手抄报，或作为自己的观察日记的装饰，举办“金秋展览会”。

【设计意图：鼓励学生用图文的形式，绘制自己眼中的秋色，分享交流，再次感受秋日的美好。】

作业任务三：听秋之声音

作业1： 秋天的各种声音汇成了一首美妙的曲子。有感情地朗读《听听，秋的声音》，一边读一边想象，你还听到了秋天的哪些声音？仿照着课文写一写。

听听， 秋的声音， ____________________， ____________________。

作业2： 四人小组合作写一首小诗，配图，届时在“金秋展览会”上展示。

【设计意图：略读课文，重视方法的迁移与运用，结合本课的学习要求，引导学生关注秋的声音，在迁移运用中强化知识的掌握。】

◎ 作业任务四：写秋之美好

作业1：“铺满金色巴掌的水泥道”，多美的发现啊！汪曾祺小时候也发现了这样一条特别的道路，读读阅读链接，回忆你在上学或放学路上看到了什么样的景色？用几句话写下来。

【设计意图：《铺满金色巴掌的水泥道》提出了练笔的要求，整合本课的课后阅读链接，唤醒学生的生活经验，引导学生观察，为学生练笔提供方法指导。】

作业2：走进秋天的世界，来一场秋游，秋游后用日记的形式记录当天的所见所闻所感，将秋天的美好永久保存。

过后可参加“金秋展览会”，将自己日记中记录的秋日的美好分享给同学们。

【设计意图：学生在之前的学习任务中，积累了一定的写作素材。本次作业任务重在引导学生感受写日记的好处，了解日记的基本格式，抒写秋之美好。】

六、单元整体评价指标

（一）基本知识和技能评价指标

识字与写字：①通过本单元学习活动，学生能掌握 39 个生字和 29 个词语。②在学习本单元文本和进行课外阅读中发现自己不认识的字，能根据字形推断字音字义，并借助语境和工具书验证自己的推断。③能用钢笔书写“狂、排”等 8 个字，注意执笔姿势，做到横平竖直，把字写得规范、端正、整洁。④在学习中，能发现具有新鲜感的或富有表现力的词句，自觉记录、整理，乐于与他人分享积累的经验，并尝试在自己的表达交流中运用积累的词句。

阅读与鉴赏：①能通过借助注释、借助插图、联系生活等方式，想象画面，大致理解诗句的意思，体会诗中的情感。②能通过联系上下文、联系生活实际、找近义词等多种方法，理解难懂的词语。③能采用多种朗读方式，读出秋天的韵味，读出秋天的美好，并在反复朗读中加深对本单元 4 篇课文内容的理解。④能主动积累与秋天乃至与四季有关的词语，能有意识地运用积累的语言进行口头或书面表达。⑤能主动阅读有关秋天的其他作品，结合精彩选段进行交流分享，加深对作品内涵的理解，分享阅读的心得体会。⑥在开展本单元语文学习活动中，能够围绕发现的问题，结合学习积累和经验，初步形成自己的理解和认识。

表达与交流：①乐于参与本单元语文学习活动讨论，敢于发表自己的意见。②能留心观察生活，仿照课文或“阅读链接”，写出自己看到的景色。③能参与到语文实践活动中，在活动中积累素材。④能借助例文并结合生活经验，了解写日记的好处、日记可写的内容及日记的基本格式。⑤撰写本单元习作，用日记的形式记录自己的所见所闻所感。

梳理与探究：①能根据本单元语文学习活动需要，结合自己的知识积累和生活经验，提出难懂的词语或不懂的问题。②能与同学合作探索解决难懂词语或问题的具体方法，简单解释自己的想法。

（二）关键能力评价指标

1. 通过本单元学习活动，学生能掌握理解难懂的词语的方法，如查字典、联系上下文、联系生活实际、找近义词等。

2. 能掌握日记的基本格式，了解写日记的好处以及日记可写的内容。

3. 能留心观察生活，运用积累的语言进行口头或书面表达。

（三）必备品格与价值观念评价指标

通过本单元学习活动，体会课文所表达的情感，感受秋天，感受大自然的美好，生发对秋天、对大自然的热爱之情。

（四）学习兴趣与习惯评价指标

1. 通过本单元的学习活动，学生能对描写大自然的作品产生阅读兴趣。

2. 在开展语文实践活动中，学生学会与他人合作，培养良好的人际交往能力，逐步形成主动学习、勤于思考、乐于表达的良好习惯。

3. 学生能将自己在生活中看到的、听到的、想到的、做过的事情用日记的形式记录下来，养成留心观察生活、记录生活的习惯。

第四节　三年级下册教材教学整体简析

一、三年级下册整体教学内容

本册教材安排了八个单元，其中六个单元是以人文主题和语文要素双线结构组成的单元，其人文主题分别是“可爱的生灵”“中华优秀传统文化”“观察与发现”“多彩童年”“奇妙的世界”“有趣的故事”，在“中华优秀传统文化”单元中穿插安排了综合性学习活动“中华传统节日”。其中有两个单元相对特殊：第二单元是以文体组元的寓言单元，第五单元“大胆想象”是一个针对习作能力的培养来编排的习作单元。本册教材还安排了三次口语交际，七个语文园地和一个“快乐读书吧”。

二、三年级下册整体教学目标

（一）识字与写字

1．对学习汉字产生浓厚的兴趣，养成主动识字的习惯。

2．认识常用汉字250个，会写常用汉字250个。

3．有初步的独立识字能力。会运用音序检字法和部首检字法查字典、词典。

4．能使用硬笔书写正楷字，做到规范、端正、整洁。

5．写字姿势正确，有良好的书写习惯。

（二）阅读与鉴赏

1．用普通话正确、流利、有感情地朗读课文。能试着一边读一边想象画面。

2．能运用多种方法理解难懂的句子。

3．能借助关键词句概括一段话的大意，了解课文是怎么围绕一个话题把一段话写清楚的。

4．能了解课文是从哪几个方面把事物写清楚的。能详细复述叙事性作品。

5．读寓言故事，能明白其中的道理。

6．学习略读，能粗知文章大意。

7．诵读优秀诗文，展开想象，借助注释，了解诗文大意。

8．在理解词句的过程中，体会句号与逗号的不同用法，了解冒号、引号的一般用法。

9．积累课文中的优美词语、精彩句段及在课外阅读和生活中获得的语言材料。

10．养成读书看报的习惯，收藏图书资料，乐于与同学交流。课外阅读总量不少于10万字。

（三）表达与交流

1．能用普通话交谈。能说清楚想法和理由，能耐心听人说话，尊重不同的想法，就不同的意见与人商讨。

2．能用合适的语气，从别人的角度着想劝告别人。

3．能运用合适的方法，把故事讲得更吸引人。

4．乐于书面表达，增强习作的自信心，愿意与他人分享习作的快乐。

5．大胆想象，能不拘形式地写下自己的想象故事。

6．尝试在习作中运用自己平时积累的语言材料，特别是有新鲜感的词句。

7．学习修改习作中有明显错误的词句。根据表达的需要，正确使用句号、逗号等标点符号。

（四）综合性学习

1．能小组分工合作，用不同的方式收集介绍我国传统节日的资料，并记录这些节日的相关习俗。

2．能就自己感兴趣的一个传统节日写一篇习作，写清楚度过节日的过程。

3．能以适当的方式展示综合性学习的成果。

4．能对其他小组的展示活动作出评价，提出改进建议。

（五）梳理与探究

1．尝试分类整理学过的字词。尝试发现所学汉字形、音、义和书写的特点，帮助自己识字、写字，掌握识字与写字的方法。

2．参与、组织有趣味的语文实践活动，在活动中学习语文，学会合作。结合语文学习，观察大自然，观察社会，积极思考，运用书面或口头的方式，并尝试通过多种媒介，呈现自己观察与探究所得。

3. 能提出学习和生活中的问题，并有目的地搜集资料，整理资料，与他人共同探讨，尝试运用学过的方法解决问题。

三、三年级下册整体教学建议

（一）识字与写字

1. 本册教材依然要重视识字写字教学，在鼓励学生自主识字写字的同时，依据学生的实际状况进行分类指导，特别是难字、容易出错的字，要用恰当的方法加以点拨。

2. 本册教材的多音字数量较多，要引导学生读准字音，并帮助学生掌握学习多音字的方法，形成分辨多音字读音的能力，在阅读时遇到多音字能借助字义推断字音。

（二）阅读与鉴赏

1. 阅读教学要通盘考虑课文的教育价值，兼顾几方面目标的实现：一是体现本单元的重点目标、落实单元语文要素；二是体现本课特点的个性化学习目标，基于文本的特殊性，挖掘有教学价值的学习内容；三是落实学段的常规性目标，完成本学段每篇课文都要完成的基本任务。教学时，应结合学生的实际情况，依据每篇课文的课后题或学习提示确定教学内容。

2. 要进行持续的默读练习，使学生逐渐能够做到不出声、不指读，并能在默读的同时思考问题，为学生提升阅读品质、不断提高阅读速度打下良好基础。

3. 要准确把握略读课文、文言文等不同类型课文的目标定位，避免拔高要求。习作单元中的课文和习作例文，有特定用途，应避免定势思维，对课文和习作例文的教学应指向核心目标的达成。

4. 要重视课外阅读，充分利用“快乐读书吧”栏目，将课外阅读课程化落到实处。通过读前的指导、读中的监督和读后的交流，促进学生主动进行课外阅读，感受阅读的快乐，不断提升阅读能力。开展课外阅读的指导，应关注学生是否能完成阅读任务，是否能将教材中学到的读书方法迁移运用到课外阅读，但最重要的是激发、保护、维持学生的阅读兴趣，不应布置过多阅读以外的任务。

（三）表达与交流

1．要依据不同的口语交际类型，设计符合交际话题的情境，有侧重地培养学生的倾听、表达或应对能力。多给学生创造当众表达的机会，重视引导学生成段表达，避免对生活场景的简单重复。

2．要重视交际方法、策略的学习，引导学生在完成真实交际任务的同时，实践交际方法，学习运用交际技巧和交际策略。通过不同交际话题、不同交际情境，使学生有机会面对不同场合（正式场合、非正式场合）、面对不同交际对象（一人、多人），学习在不同情境下实现交际目标，发展口头表达能力，不断增强交际的勇气和自信。

3．要重视日常教学中无处不在的口语交际活动，关注学生日常生活中的交际品质，有意识地指导学生在日常生活中提高口语交际能力。

4．准确把握习作的目标要求，习作要求定位在“写清楚”，不要求“写具体”。每次习作话题，设定适当的目标要求，引导学生将自己想表达的内容表达清楚，尽量避免定位不准、拔高要求的问题。

5．习作教学要重视引导学生自我修改，培养学生的修改意识。教学时，要让学生在每次习作后都有自我修改的环节，使之逐渐成为习惯。

6．要强化习作的交际功能，使学生在与人交流的过程中提高习作能力。提倡从学生的习作成品中发现问题，并进行有针对性的指导。

7．要特别重视习作单元的教学，准确把握习作单元的编排意图，紧紧围绕培养学生的习作能力这条主线开展教学。找准习作单元中精读课文、习作例文的定位，对单元中的“交流平台”“初试身手”等相关资源进行有效组合，使学生通过学习这个单元，在大胆想象的兴趣和愿望等方面有较为明显的提升。

（四）梳理与探究

1．设计学习任务情境，实现学科逻辑、学习逻辑与生活逻辑统一，通过一系列积极的、有意思的语言实践活动，让学生在真实的生活情境与语言运用情境中学习，进行知识、方法与技能的系统梳理及自主建构，并产生积极的情感和愉悦的情绪。

2．重视学习活动中的实践，以连贯的实践活动串联整个学习过程。在综合实践活动运用中实现知识和技能的融会贯通。促进学生逐步形成梳理的路径，盘活梳理的技能，形成与之相适应的关键能力。

3. 重视学习过程的思维发展，创设指向分析、比较、归纳、综合、诠释、评价、创新等认知表现的语文实践活动，在教学过程中，要注重双向思考，不仅要提供合适的脚手架，显化学生的思维轨迹，更要注重高阶思维的发展。

4. 重视学习成果的评价，针对评价过程和结果，发现学生梳理与探究方面的特点及问题，针对不同学生的学习基础、学习能力、学习态度、学习习惯，给予不同的评价。要通过指向清晰的多元性评价，对学生在梳理与探究过程中的学习情况进行及时反馈，提出针对性的指导意见，落实核心素养。

第五节　三年级下册单元语文要素有效落实评价指标序列表

单元	类型/人文主题	单元选文	单元语文要素达标评价指标			
			识字写字要素达标评价指标	阅读要素达标评价指标	口语交际要素达标评价指标	习作要素达标评价指标
第一单元	可爱的生灵	《古诗三首》《燕子》《荷花》《昆虫备忘录》	运用多种方法识记、理解生字，强化学生归类观察和书写的意识。	1. 能够一边读一边想象画面，进一步体会、积累文中优美生动的语句。 2. 可以通过互相交流，逐步提高对优美生动语句的认识。	1. 能够积极参与讨论，推荐春游值得去的地方，并说清楚好玩之处和可以开展的活动。 2. 讨论时耐心听别人讲完，尽量不打断别人的话。	1. 能观察一种植物，做简单的记录卡。 2. 能借助记录卡，写清楚植物的样子、颜色等，并写出自己的感受。
第二单元	寓言故事	《守株待兔》《陶罐和铁罐》《鹿角和鹿腿》《池子与河流》	1. 能够在初读文本后，用自己喜欢的方式识记生字，结合语境随文识字。 2. 能够观察生字结构，发现规律，分类学习，也可以联系语文园地中"书写提示"进行书写。	1. 会读寓言故事，能借助注释读懂文言文，理解寓言故事的内容；结合相关语句，体会人物不同的性格特点；结合生活实际，理解和体会其中的道理，对故事发表自己的看法。 2. 了解寓言的基本特点及阅读寓言的好处。	1. 能够就"该不该实行班干部轮流制"这一主题，积极参与讨论，表明自己的观点，并说清楚理由。 2. 学会一边听一边思考，想想别人讲的是否有道理，尊重不同的想法。 3. "快乐读书吧"中，学习自主阅读中外寓言故事，在此基础上交流，激发阅读的兴趣。	1. 能够在整体把握习作的基础上，按一定的顺序观察图画，展开想象。 2. 能把自己看到的、想到的写清楚。 3. 能与同学分享习作，并能根据同学的意见修改习作。

（续表）

单元	类型/人文主题	单元选文	单元语文要素达标评价指标			
			识字写字要素达标评价指标	阅读要素达标评价指标	口语交际要素达标评价指标	习作要素达标评价指标
第三单元	中华优秀传统文化	《古诗三首》《纸的发明》《赵州桥》《一幅名扬中外的画》	1. 能够在读通课文的过程中，借助拼音自主识字。 2. 在读文交流过程中借助工具书，自主识字。	1. 能够抓住关键的词语和句子，深入体会课文的内容和表达方法。 2. 运用已经掌握的读书方法，在自主读书的过程中动脑思考，提出问题，想办法解决问题，并在与同学交流的过程中，了解课文是怎么围绕一个主题把一段话写清楚的。		1. 能够在课堂上阅读有关中华优秀传统文化的文章。 2. 课余和小伙伴们一起通过各种途径、采用多种方式了解传统节日，感受身边的优秀传统文化。 3. 能够就自己感兴趣的一个传统节日写一篇习作，写清楚过节的过程，并展示学习成果。
第四单元	观察与发现	《花钟》《蜜蜂》《小虾》	1. 能够借助形声字的构字规律进行识记，也可以随文识记。 2. 能够根据字形结构或笔画多少进行归类写字。	能够借助关键语句概括一段话的大意，理解一段话意思，知道这段话是围绕哪一句话来写的，准确判断具有概括性或提示性的关键语句，从而概括出一段话的大意。		1. 能够观察事物的变化，把实验过程写清楚。 2. 能够借助图表记录自己做过的一项小实验，并按顺序将实验过程写清楚。 3. 能根据要求与同学互评习作，并尝试用修改符号修改自己的习作。

（续表）

单元	类型/人文主题	单元选文	单元语文要素达标评价指标			
			识字写字要素达标评价指标	阅读要素达标评价指标	口语交际要素达标评价指标	习作要素达标评价指标
第五单元	习作单元：大胆想象	《宇宙的另一边》《我变成了一棵树》习作例文（《一支铅笔的梦想》《尾巴它有一只猫》）	1. 能够在初读课文时集中自主识记。 2. 要求会写的字，可以在每课时结束时集中进行学习。	1. 能够依托课后题进行交流讨论，展开想象、拓宽思路，为单元习作积累经验。 2. 习作例文，以自读为主，继续体验丰富大胆的想象，打开想象的空间。		1. 能够发挥想象写故事，创造自己的想象世界。 2. 结合“初试身手”、精读课文的学习，借助习作例文，学习其中的一些表达方法，大胆放飞想象，打开思路，进入无拘无束的想象世界，在想象的合理性方面不作过高要求。
第六单元	多彩童年	《童年的水墨画》《剃头大师》《肥皂泡》《我不能失信》	1. 能够借助插图、结合语境随文了解字义，通过形近字比较识记等方式认识生字。 2. 书写时，关注间架结构、笔画多少对写字的影响。	1. 能够学习并运用联系上下文、联系生活等方法来理解难懂的句子。 2. 通过学习，体会作者对童年生活的眷恋，丰富情感体验，更深切地感受和珍惜自己正在经历的童年生活。		能够留心身边的人，发现身边人的特点，写一个身边的人，尝试写出他的特点。

（续表）

单元	类型/人文主题	单元选文	单元语文要素达标评价指标			
			识字写字要素达标评价指标	阅读要素达标评价指标	口语交际要素达标评价指标	习作要素达标评价指标
第七单元	奇妙的世界	《我们奇妙的世界》 《海底世界》 《火烧云》	1. 能够用生词的学习带动生字的学习，也可随文识记；部分生字的字形能够采用熟字加偏旁或换偏旁等方法记忆。 2. 多音字能够用组词法或结合语境辨析读音。	1. 能够了解课文是从哪几个方面把事物写清楚的。 2. 朗读时能够读出天地之间的神奇与美好，读出对大自然的喜爱之情，在理解、朗读、背诵中，提升语言感受力，在平凡的生活中发现美。	1. 能根据具体情境选择恰当的方式，尝试劝告别人；能采用合适的语气，从别人的角度着想劝告别人。 2. 通过讲道理使别人接受意见，改正错误，从而提高与人沟通、交往的能力。	1. 能查找资料，整合信息，围绕提示的问题写一篇介绍大熊猫的习作。 2. 能够运用积累的优美生动的词语和句子。 3. 能够自评和互评，并用修改符号修改不准确的内容并补充新的内容。
第八单元	有趣的故事	《慢性子裁缝和急性子顾客》 《方帽子店》 《漏》 《枣核》	1. 能够在语境中识字，在理解词语和句子意思的同时带动生字的学习，或利用形声字规律识记，用联系生活实际、结合插图、动作演示等方式识记和理解生字。 2. 能够读准多音字。 3. 书写时，能够注意字的间架结构及各部分在田字格中的占位，注意易错字，写好关键笔画。	能够了解故事的主要内容，并学会复述故事，不遗漏重要情节。	1. 能用合适的方法，自然、大方地把故事讲给别人听，即在熟记故事内容的基础上注意语气、表情，加上适当的手势等，把故事讲得吸引人。 2. 能够认真听别人讲故事，并能记住主要内容。	1. 能够根据提示，选择一种动物作为主角，打开思路，大胆想象它的特征变化带来的生活变化，编写一个童话故事，努力把夸张、奇特的故事情节写清楚，给人以“有趣”之感。 2. 能用学过的修改符号修改自己的习作。

第六节　三年级下册单元整体教学设计与实施典型案例分析

本节选取统编语文教材三年级下册第四单元进行分析。

一、单元内容整体解读

本单元以“观察与发现”为主题，编排了《花钟》《蜜蜂》《小虾》三篇课文，这些课文以不同的角度介绍了留心观察获得的各种发现。《花钟》一文通过观察，发现了植物不同的开花时间；《蜜蜂》一文通过观察与实验，发现了蜜蜂具有辨认方向的能力；《小虾》一文通过观察，了解了小虾的生活习性。教材旨在引导学生知道细致的观察可以让我们对事物有更多的了解，进而感受观察的乐趣，培养学生做生活的有心人，养成认真观察、留心周围事物和勤于思考的好习惯。

二、单元整体教学目标

（一）整体教学核心目标

1. 整体阅读本单元课文，学习生字词。

2. 通过对本单元 3 篇课文的学习，能够借助关键语句概括一段话的大意。

3. 能够感受观察的乐趣，做生活的有心人，养成认真观察、留心周围事物和勤于思考的好习惯。

4. 学会观察事物的变化，并把实验过程写清楚。

（二）各项目任务分级目标

1. 文本阅读欣赏教学目标

（1）认识 25 个生字，会写 24 个生字，会写 30 个词语。

（2）能有感情地朗读课文，背诵相关段落。

（3）能通过文章的准确表达，感受作者的细致观察。

2．表达创作交流教学目标

（1）能选择合适的对象进行观察，有序地表达。

（2）能通过观察、思考、表达，掌握运用多种感官感受事物变化的过程，并条理清楚地写出来。

（3）运用“对调”和“移动”两种修改符号修改习作。

3．知识梳理探究教学目标

（1）在单元学习主题中积累生字、新词。

（2）通过朗读想象、感受生动优美的语言，掌握句子的表达方式。

（3）读懂课文内容，结合生活实践，感受观察带来的乐趣。

（4）借助图表信息，记录所做实验，按顺序将实验过程写清楚。

4．整本书阅读的教学目标

（1）运用学过的阅读方法阅读《昆虫记》一书，大致了解全书内容。

（2）选读《昆虫记》中的经典片段，体会法布尔的观察力和表达力。

（3）与他人交流阅读后的感受，初步学会用图表或思维导图等方式记录阅读体会。

5．语文实践活动教学目标

（1）在以“科学实践和表达”为主题的语文实践活动中，结合搜集的材料， 各小组以不同形式呈现活动成果，从中学会留心观察自然生物，学会在观察中主动思考、提出问题。

（2）在文本的阅读中寻找解决问题的办法，从中发现自然界的奇妙之处。并尝试在实践中运用所学，记录自己的发现。

三、单元语文要素简析

本单元的语文要素是 “借助关键语句概括一段话的大意”，旨在引导学生立足一段话的学习，准确判断一段话中的关键语句，并掌握借助关键语句概括一段话大意的方法，提高学生提取关键信息的能力。之前学生已经学过如何借助关键语句理解一段话的意思，本单元对学生提出了进一步的学习要求，学生只有理解了一段话的意思，知道这段话是围绕哪一句话来写的，才能准确判断具有概括性或提示性的关键语句，从而概括出一段话的大意。通过精读课文《花钟》引导学生学习借助关键语句概括一段话大意的方法，再通过略读课文《小虾》对已学的方法进行巩固和运用。“交流平台”为学生梳理和总结了借助关键语句概括一段话大意的方法，要点清晰，举例典型，易于理解。借助下表可以看到关于“借助关键语句概括一段话的大意”的编排层次：

册序	单元	出现位置	语文要素	
			阅读要素	表达要素
三上	第五单元	单元导读页	体会作者是怎样留心观察周围事物的。	仔细观察，把观察所得写下来。
三下	第四单元	单元导读页	借助关键语句概括一段话的大意。	观察事物的变化，把实验过程写清楚。

四、单元整体教学设计

（一）单元整体教学设计框架

1．研讨活动主题，明确学习任务

借助前置性学习任务单，布置学生浏览本单元学习内容，对本单元内容有初步认知，为语文实践活动做好准备。

2．通读单元课文，了解文本大意

（1）独立自主，通读单元课文，自学生字词，达到读准确、读通顺、读流利。

（2）小组合作，互相检测读文达标情况，保证全体过关。

（3）能够与同学交流所读文章的主要内容。

3．探究文本语言，初步学习观察方法

（1）小组合作，交流学习所得，了解作者观察记录的方法。

（2）实施大任务：独立思考，做实验，记录实验过程，全班交流分享。

4．实施单元活动，完成实验记录

（1）围绕单元主题搜集资料。

（2）结合搜集的资料，全班交流“触摸大自然的新脉动”。

（3）能够说出自己的实验过程：“打开大自然的金钥匙”。

（4）完成小实验并记录：“揭开大自然的秘密”。

5．总结归纳收获，展示学习成果

（1）结合本单元实践活动，组织学生自主选择不同形式展示交流学习成果。

（2）对照单元整体评价指标，采取多元评价方式评价学生在本单元学习中的具体表现。

6. 梳理知识要点，落实检测目的

（1）对照本单元生字表、词语表设计达标练习，学以致用。

（2）借助语文园地，让学生进行巩固训练，并对照评价标准进行测评。

（二）单元整体教学具体设计

本单元设置六大板块，需要11课时，安排如下：单元导读 1 课时，文本阅读欣赏 4 课时，语文实践活动 1 课时，表达创作交流 2 课时，知识梳理探究 1 课时，整本书阅读 2 课时。

◎ 板块一：单元导读

学习任务一：组织学生借助前置性学习任务单交流观察大自然的发现。

学习任务二：阅读单元导读页，了解本单元人文主题与语文要素，明确学习任务。

学习任务三：请同学们快速浏览整个单元学习内容，大致了解本单元 3 篇课文和语文园地及习作内容。

学习任务四：学生交流学习情况后，由老师协助制定本单元学习计划。

◎ 板块二：文本阅读欣赏

学习任务一 ：学习生字，扫清障碍

1. 对照本单元识字表、写字表和词语表，结合预习学习单，检查本单元生字新词学习情况，让学生逐步掌握自主识字能力。

2. 采用多种方式评测学生学习生字新词的情况。

3. 结合课文内容了解学生对本单元生字新词的读音、词义掌握程度。

学习任务二：通读文本，整体感知

1. 小组合作，以多种方式阅读本单元 3 篇课文，并简要说说 3 篇课文分别写了什么。

2. 结合课后题以及课前预习提示，交流阅读 3 篇课文后的发现和体会。

3. 朗读展示：小组推选出优秀朗读者分享自己最喜欢的课文片段，师生评价。

4. 全班交流，共同分享：说一说课文中令自己感兴趣的发现。

学习任务三：探秘大自然中的动植物

学习活动一：花中有钟

1. 通过图片识花钟。认识各种花，了解花名。

2. 阅读《花钟》品花韵。出示第1自然段，让学生发现本段的表达方式是先写时间再写花名最后写花开的姿态，不同的花开用词不一样。

3. 尝试练笔抒花情。关注省略号，拓展“世上还有什么花也会在整点开放”，出示相关图片资料，练习仿写。

4. 再读《花钟》探花因。用“抓关键语句”概括各段内容，落实“借助关键语句概括一段话的大意”这一语文要素。知识拓展“虫媒花”“风媒花”“鸟媒花”“水媒花”。

学习活动二：蜜蜂归家

1. 问题对对碰。

学生借助照片、小视频等多种资料，根据各自的生活体验，把自己观察自然现象中产生的问题在班级进行相互交流，布置提问墙。

2. 法布尔之问。

每个同学都有自己的问题，那么课文中法布尔的问题又是什么呢？引导学生读《蜜蜂》，明确法布尔的问题：蜜蜂是怎么回家的？即实验目的。

3. 实践出真知。

作者通过实验的叙述，逐步揭开了问题的答案。要引导学生对实验的几个要素（实验目的、实验过程、实验结论）进行学习，梳理课文脉络。

学习任务四：我是蜜蜂

学习活动一：圈一圈

找出《蜜蜂》中描写实验过程的句子，圈画动词，想一想实验分几个步骤进行。用上“先……再……接着……然后……”等表示先后顺序的词，以动作+事情的方式填写课后示意图，并根据示意图清楚、连贯地说一说实验目的、实验过程、实验结论三个要素。

学习活动二：比一比

1. 比较下面两组句子，思考这两句话表达的意思有什么不同，加点的词语能不能去掉。

a．那二十只左右被闷了好久的蜜蜂向四面飞散，好像在寻找回家的方向。

那二十只被闷了好久的蜜蜂向四面飞散，在寻找回家的方向。

b．蜜蜂飞得很低，几乎要触到地面，大概这样可以减少阻力。

蜜蜂飞得很低，要触到地面，这样可以减少阻力。

2．再从文中找出类似的词句，和同学交流这类模糊词语有什么作用。

3．练习表达：用生活中观察到的现象说一说。

4．小结："左右""好像"这类词语，在我们无法得出准确答案时可以使用。

5．请再读读文中带有这类词语的句子，体会作者用词的精准。

学习活动三：问一问

1．设置情境：法布尔的这个实验引起了广泛关注，许多人希望了解实验的具体情况。因此法布尔先生准备召开记者招待会，聘请部分同学担任他的代言人，而另一部分同学为本次招待会记者，各小组组长担任主持人。

2．各小组在主持人的组织下自由问答。代言人先介绍实验过程，记者认真倾听，可记下自己有疑问的地方。

3．记者交流自己存疑之处，评议代言人介绍的实验过程是否清楚、完整。

4．记者围绕"如果哪些细节没有做好，整个实验就会失败"的话题自由提问。

学习任务五：有趣小虾

学习活动一：读一读

自读课文《小虾》第 3 自然段，抓关键语句概括这一段的大意。

学习活动二：画一画

小组合作，自由选定某段文字来画一画，还可以想象小虾其他有趣的画面。给画想一个题目，用文字标注加以解读。最后各小组交流展示，拼成小虾生活连环画，体会到作者对小虾的喜爱之情。

学习活动三：抄一抄

摘抄有新鲜感的语句，摘录文中精彩语句，交流感受和体会。通过想象画面，感知作者养小鱼小虾的原因，体会作者对小虾的喜爱之情。

板块三：语文实践活动

学习任务一：做个有意思的实验

1．通过科学的阅读或视频材料，激发学生对科学的探求欲望。每个学生提出一个关于自然科学方面的问题，形成“问题墙”，为“做个有意思的实验”活动增加动机。

2．统一做小实验——真“巾”不怕火炼。老师演示，个别学生配合，其他学生现场观摩，在老师的引导下共同完成实验表格。关注“按一定的顺序写清楚小实验的过程，体会细心观察事物变化”。

学习任务二：记录实验过程中的主要信息

1．学生借助图表，整理小实验的主要信息。

2．学生相互交流、修改表格内容。学生相互交流，介绍各自实验中的具体环节和事物的变化，尤其是新的发现和体会。

板块四：表达创作交流

学习任务一：学生记录下自己做实验时的心理活动和心情变化。

学习任务二：学生从实验中获得的启示，根据实验报告，分享实验收获，并整理资料。

学习任务三：学生完成图表，结合教材设计的图表，包括“实验名称”“实验准备”“实验过程”“实验结果”等主要栏目，把实验过程写清楚。

学习任务四：撰写习作。

学习任务五：借助图表，修改完善习作。

学习任务六：开展评选活动，师生交流，共同评选“最成功的实验”“最成功的实验报告”。

板块五：知识梳理探究

学习任务一：借助“交流平台”掌握用关键语句概括一段话的内容。

学习任务二：学习词句段运用。

1．将本阶段学习实践中记录的问题与小组同学分享。

2．掌握修改符号“对调”和“移动”，尝试修改病句。

学习任务三：日积月累韵悠长。背诵《滁州西涧》，尝试讲讲古诗描写的情境。

◎ 板块六：整本书阅读

学习任务一：采访谈话，引出《昆虫记》，学会从书的封面、目录、插图、简介等方面了解整本书的内容。

学习任务二：了解名著，介绍作者法布尔及其创作名著的过程。

学习任务三：引导学生运用浏览、跳读等读书方法阅读《昆虫记》，领略昆虫的神奇世界，感受大自然的魅力。结合选文《红蚂蚁》片段，用提取关键句的方法，体会这种阅读方法的好处。

学习任务四：梳理并了解《昆虫记》整本书的内容。根据制定的阅读计划，分享阅读收获，提升阅读能力。

学习任务五：运用思维导图、图表等方式记录读书收获。分享自己的阅读收获，并学会自评和他评。

五、单元整体作业设计

（一）作业设计目标

1. 积累运用本单元所学的生字、新词。

2. 运用文字、思维导图等方式梳理本单元 3 篇课文的主要内容和写作思路。

3. 借助课文和课外阅读材料学习观察方法，记录观察所得。

4. 根据观察记录，撰写实验报告。

（二）作业设计内容

◎ 作业任务一：触摸大自然的新脉动

作业：花的世界也有钟

1. 识花钟。

在钟表之乡瑞士，能工巧匠别出心裁地创造出了“花钟”。只要看看什么花刚刚开放，就知道大致是几点钟。美丽的“花钟”上到底是有哪些花呢？自由朗读，找一找课文第 1 自然段。

2. 品花韵。

（1）默读第 1 、2 自然段，借助关键语句分别说说这两段话的大意。

（2）读《花钟》第 1 自然段，你有什么发现？

3. 抒花情。

仿写课文，写一写表达鲜花竞相开放的语句。

【设计意图：关键语句能帮助我们概括一段话的大意。根据不同位置，对关键语句做必要的修改。】

作业任务二：打开大自然的金钥匙

作业1：蜜蜂怎么回家的？

亲爱的小朋友，大自然充满了神奇与奥妙。你的心中有哪些问题呢？让我们跟随小蜜蜂，去解决心中的疑惑。

1. 问题对对碰。

根据各自的生活体验，把自己观察自然现象时产生的问题上传到交流平台，可以附上照片、小视频等。

2. 法布尔之问。

法布尔的问题是什么呢？用什么方法解决的？

3. 实验出真知。

实验目的	实验过程	实验结论

【设计意图：好奇心较强的同学，可以提出自己心中的疑惑。鼓励学生认真倾听其他同学的发言，并提出自己的问题。】

作业2：我是一只小蜜蜂

1. 圈一圈：想一想实验分几个步骤进行。

2. 说一说：用上“先……再……接着……然后……”等表示先后顺序的词，以动作+事情的方式填写课后示意图，并根据示意图说清实验过程。

实验目的	实验过程		实验结论
验证蜜蜂是否有辨别方向的能力	步骤1		
	步骤2		
	步骤3		
	步骤4		

3．比一比。

（1）比较下面两组句子，想一想每组中两句话表达的意思有什么不同，加点的词语能不能去掉？

a．那二十只左右被闷了好久的蜜蜂向四面飞散，好像在寻找回家的方向。
　　那二十只被闷了好久的蜜蜂向四面飞散，在寻找回家的方向。

b．蜜蜂飞得很低，几乎要触到地面，大概这样可以减少阻力。
　　蜜蜂飞得很低，要触到地面，这样可以减少阻力。

（2）找一找，文中还有类似的词句吗？想一想这些词语有什么作用？

【设计意图：学生要做到留心观察、细心观察，把实验过程写清楚。同时还要引导学生抓住关键词语，规范表达。】

作业任务三：探索大自然的小秘密

作业1：缸里的小虾真有趣

1．读出虾趣。第3自然段主要写了什么？你能用自己的方式读出小虾活动时的模样和生气后的情状吗？

2．画出虾趣。小组合作，选择文字画出小虾有趣的一个生活场景，也可以想象小虾其他有趣的画面，并给画起个合适的题目，配上精彩的一句话。

3．摘录虾趣。摘抄有新鲜感的语句，记一记。

作业2：撰写我的实验报告

自己做个感兴趣的实验，借助图表填表。

实验名称：

实验准备：

实验过程：

第一步，

第二步，

第三步，

……

实验结果：

【设计意图：相互学习，看看实验表格中的各要素是否有遗漏，特别是实验中的具体环节和事物的变化。在交流的基础上进一步修改完善。为习作打下基础。】

六、单元整体评价指标

（一）基本知识和技能评价指标

识字与写字：①通过本单元学习活动，学生认识24个生字，会写25个字。②能在阅读文本中发现自己不认识的字，并借助语境和工具书主动识字。③能根据具体语境辨析多音多义字的读音和字形。

阅读与鉴赏：①读懂课文内容，能借助关键语句概括一段话的大意。②比较三篇文章，感受观察和发现带来的乐趣。③能与他人分享阅读的收获。

表达与交流：①能仿照文中的例子，找出作者观察的内容和写法，写下自己的观察和思考。②能借助图表记录自己做过的一项小实验，学会观察事物的变化，按顺序将实验过程写清楚。

梳理与探究：①学习“对调”和“移动”两种修改符号，并注意运用的规范。②能分类梳理日常生活中学到的词语，愿意用自己喜欢的方式整理学习成果，参加集体展示活动。

（二）关键能力评价指标

1．通过本单元学习活动，学生能掌握初步把握材料的主要内容，并用表现事物特征的词语进行描述。

2．能言简意赅地描述观察的事物或画面，乐于书面表达。

3．能发现书面表达中不恰当的语句，并进行修改。

（三）必备品格与价值观念评价指标

通过本单元学习活动，学生能够体会法布尔等科学家仔细观察、认真思考的精神，从阅读的书籍中感受其成就。关注有新鲜感的词汇，乐于和他人分享阅读所得。

（四）学习兴趣与习惯评价指标

1．通过本单元的学习活动，学生能对科普类的作品产生阅读兴趣。

2．在开展语文实践活动中，学生学会观察、思考、记录和分享，养成良好的学习习惯。

第四章

统编语文教材四年级单元整体教学设计与实施例谈

第一节　四年级上册教材教学整体简析

一、四年级上册整体教学内容

本册教材安排了八个单元，其中六个单元是以人文主题和语文要素双线结构组成的单元，其人文主题分别是“自然之美”“连续观察”“神话故事”“成长故事”“家国情怀”“历史传说故事”。另外两个单元比较特殊：第二单元“提问”是一个阅读策略单元，是围绕阅读策略的学习编排的；第五单元“把一件事情写清楚”是一个习作单元，是围绕习作能力的培养编排的。本册教材安排了四次口语交际、七个语文园地的内容，以“快乐读书吧”栏目带动学生课外阅读，使课外阅读课程化。

二、四年级上册整体教学目标

（一）识字与写字

1. 对学习汉字产生浓厚的兴趣，养成主动识字的习惯。

2. 认识常用汉字209个，会写常用汉字249个。

3. 能掌握正确的运笔方式，用硬笔书写成段文字，做到具有一定的速度。

4. 写字姿势正确，有良好的书写习惯。

（二）阅读与鉴赏

1. 用普通话正确、流利、有感情地朗读课文。

2. 读文章能想象画面，能体会文章准确生动的表达。

3. 能初步感受人物形象，能通过人物的动作、语言、神态体会人物的心情。

4. 能把握由一件事或几件事构成的文章的主要内容。

5. 读文章能提出问题，能用批注的方法阅读。

6. 能简要复述课文。

7. 诵读优秀古诗文。能借助注释，了解古诗文大意。

8. 能积累课文中的优美词语、精彩句段，以及在课外阅读和生活中获得的语言材料。

9. 养成读书看报的习惯，收藏图书资料，乐于与同学交流。课外阅读总量不少于10万字。

（三）表达与交流

1. 能围绕话题发言，在讨论的时候不影响其他人。

2. 能在生活中安慰他人。

3. 讲故事时，能运用恰当的语气和肢体语言，把故事讲得更生动。

4. 乐于书面表达，增强习作的自信心。愿意与他人分享习作的快乐。

5. 观察周围世界，能不拘形式地写下自己的见闻、感受和想象。

6. 尝试在习作中运用自己平时积累的语言材料。

7. 能自己修改和与同学互相修改习作中存在的问题，养成修改的习惯。

（四）梳理与探究

1. 能结合自己的阅读体验，梳理、总结边读边想象画面的方法。

2. 能结合阅读体验，梳理学到的提问策略以及运用提问策略进行阅读的好处，知道在阅读中要自觉运用提问策略。

3. 能借助形声字的构字规律认识生字。

4. 能感受阅读神话故事的快乐，尝试用表格、图像等呈现自己的学习所得。

5. 能交流、总结把握文章主要内容的方法。

6. 能交流、总结简要复述的方法。

三、四年级上册整体教学建议

（一）识字与写字

四年级上册依然要重视识字写字教学，在鼓励学生自主识字写字的同时，依据学生的实际情况进行分类指导，特别是难字、易错字，要用恰当的方法加以点拨。本册教材的多音字数量较大，要引导学生读准字音，掌握学习多音字的方法，培养分辨多音字读音的能力，在阅读时遇到多音字能借助字义推断字音。

（二）阅读与鉴赏

1. 阅读教学，要通盘考虑课文的教育价值，兼顾几方面目标的实现：一是体现本单元的重点目标，落实单元语文要素；二是体现课文特点的个性化学习目标，基于文本的特殊性，挖掘有教学价值的学习内容；三是落实学段的常规性目标，完成本学段每篇课文都要完成的基本任务。教学时，应结合学生的实际情况，依据每篇课文的课后题确定教学内容。

2. 要准确把握略读课文、文言文等不同类型课文的目标定位，避免拔高要求。阅读策略单元中的课文和习作单元中的课文，各有用途，应避免定式思维，用好课文，指向核心目标的达成。

3. 要重视课外阅读，将课外阅读课程化落到实处。

4. 本册教材采用难字注音的方式，标注单字音，方便学生知道字的本音。朗读时，可读字的语流音。

（三）表达与交流

1. 要依据不同的口语交际类型，设计符合交际话题的情境，有侧重地培养学生的倾听、表达和应对能力。通过不同交际话题、不同交际情境，使学生有机会面对不同场合和不同交际对象，学习在不同情境下实现交际目标，发展口头表达能力，不断增强交际的勇气和自信心。

2. 准确把握习作的目标要求。四年级习作要求仍定位在“写清楚”，不要求“写具体”。每次习作话题，设定适当的目标要求，引导学生将自己想表达的内容表达清楚，尽力避免定位不准、拔高要求的问题。

3. 习作教学要重视引导学生作后修改，培养学生的修改意识。教学时要设置让学生每次习作后主动修改的环节，使之逐渐成为习惯。

4. 要特别重视习作单元的教学，准确把握习作单元的编排意图，紧紧围绕培养学生的习作能力这条主线开展教学。找准习作单元中精读课文、习作例文的定位，对单元中的“交流平台”“初试身手”等相关资源进行有效组合，使学生通过学习这个单元，在写清楚一件事的能力方面有较为明显的提升。

（四）梳理与探究

要引导学生重视自己的阅读体验，能梳理、会总结，且懂得尝试以不同的媒介来呈现自己的学习所得，如表格、图像、音频等。

能有目的地搜集资料。共同讨论，解决自己提出的学习和生活中的问题。

第二节　四年级上册单元语文要素有效落实评价指标序列表

单元	类型/人文主题	单元选文	单元语文要素达标评价指标			
			识字写字要素达标评价指标	阅读要素达标评价指标	口语交际要素达标评价指标	习作要素达标评价指标
第一单元	自然之美	《观潮》 《走月亮》 《现代诗二首》 《繁星》	认识29个生字，读准1个多音字，会写30个汉字，会写28个词语。	1. 能有感情地朗读课文，背诵指定段落。 2. 能一边读一边想象画面，并说出印象深刻的画面。 3. 初步了解课文的描写顺序。 4. 能从课文中找出优美生动的句子并抄写下来。 5. 能仿写课文中的相关段落，写一段自己经历过的某个月下情景。	1. 积极参与“我们与环境”话题交流，选出十项保护环境简单易行的做法。 2. 能围绕话题“我们与环境”发表看法，不跑题，并能判断别人的发言是否与话题相关。	推荐一个好地方 1. 能把推荐的某个地方介绍清楚。 2. 能把推荐的理由写充分。

（续表）

单元	类型 / 人文主题	单元选文	单元语文要素达标评价指标			
			识字写字要素达标评价指标	阅读要素达标评价指标	口语交际要素达标评价指标	习作要素达标评价指标
第二单元	阅读策略单元：提问	《一个豆荚里的五粒豆》《夜间飞行的秘密》《呼风唤雨的世纪》《蝴蝶的家》	认识35个生字，读准2个多音字，会写43个字，会写46个词语。	1. 阅读时，学习从不同角度提出问题。 2. 能筛选出对理解课文有帮助的问题。 3. 能自主运用提问策略进行阅读，尝试解决提出的问题，养成积极思考的习惯。		1. 能抓住家人与动物的相似之处，写出家人的特点。 2. 能主动与同学和家人分享习作，修改不通顺的语句，体验表达的乐趣。
第三单元	连续观察	《古诗三首》《爬山虎的脚》《蟋蟀的住宅》	认识22个生字，读准2个多音字，会写38个字，会写32个词语。	1. 能有感情地朗读课文。背诵三首古诗。默写《题西林壁》。 2. 能借助注释、插图理解诗句的意思，用自己的话说出想象到的景象。 3. 能通过文章准确生动的表达，感受作者连续细致的观察。 4. 能留心周围事物，养成连续细致观察的习惯。学习做好观察记录。 5. 能抄写表达准确形象的句子。	1. 能在小组谈论时注意音量大小适当。 2. 不重复别人说过的话，想法接近时，先认同再补充。	1. 能进行连续观察，用观察日记记录观察对象的变化。 2. 能在小组内分享观察日记，并进行评价。

（续表）

单元	类型/人文主题	单元选文	单元语文要素达标评价指标			
			识字写字要素达标评价指标	阅读要素达标评价指标	口语交际要素达标评价指标	习作要素达标评价指标
第四单元	神话故事	《盘古开天地》《精卫填海》《普罗米修斯》《女娲补天》	认识33个生字，读准2个多音字，会写33个生字，会写29个词语。	1. 能正确、流利地朗读课文。背诵《精卫填海》。 2. 能了解故事的起因、经过、结果，学习把握文章的主要内容。 3. 能感受神话中神奇的想象和鲜明的人物形象。 4. 对阅读中国神话和世界经典神话产生兴趣，感受阅读的快乐，乐于与大家分享课外阅读的成果。		1. 能选择一个自己喜欢的神话或童话人物，围绕“我和______过一天”展开想象，写一个故事。 2. 能根据同学的意见修改习作，并誊写清楚。
第五单元	习作单元：把一件事情写清楚	《麻雀》《爬天都峰》	认识11个生字，读准1个多音字，会写21个字，会写29个词语。			能按照一定顺序把事情写清楚，把事情发展过程中的重要内容写清楚。
第六单元	成长故事	《牛和鹅》《一只窝囊的大老虎》《陀螺》	认识28个生字，读准7个多音字，会写43个字，会写47个词语。	1. 能用批注的方法阅读。 2. 能结合课文相关语句体会人物心情。 3. 能理解关键句的意思。	1. 能设身处地地去想被安慰者的心情，选择合适的方式进行安慰。 2. 能借助语调、手势等恰当地表达自己的情感。	1. 能按顺序把游戏写清楚，写出想法和感受。 2. 能修改自己的习作，并把习作誊写清楚。

（续表）

单元	类型/人文主题	单元选文	单元语文要素达标评价指标			
			识字写字要素达标评价指标	阅读要素达标评价指标	口语交际要素达标评价指标	习作要素达标评价指标
第七单元	家国情怀	《古诗三首》 《为中华之崛起而读书》 《梅兰芳蓄须》 《延安，我把你追寻》	认识30个生字，读准3个多音字，会写21个字，会写15个词语。	1. 能正确、流利、有感情地朗读课文。背诵三首古诗。默写《出塞》《夏日绝句》。 2. 能关注主要人物和事件，把握文章主要内容。 3. 能查找资料，联系时代背景理解课文内容，感受人物的情怀。 4. 写自己读书的目的，做到理由清晰。		1. 能用正确的格式写一封信，做到内容清楚。 2. 能正确书写信封。
第八单元	历史传说故事	《王戎不取道旁李》 《西门豹治邺》 《故事二则》	认识21个生字，读准2个多音字，会写20个字，会写12个词语。	1. 能正确、流利地朗读文言文《王戎不取道旁李》，了解故事情节，简要复述课文。 2. 能用自己的话讲故事，并背诵课文。 3. 通过描写人物言行的句子，感受人物形象。	借助卡片提示的重要信息，讲自己最喜欢的历史人物故事。使用恰当的语气和肢体语言，把故事讲生动。	选取一件印象深刻的事，写清楚事情的经过和当时的感受。 能修改自己的习作，并誊写清楚。

第三节　四年级上册单元整体教学设计与实施典型案例分析

本节选取统编语文教材四年级上册第四单元进行分析。

一、单元内容整体解读

本单元以“神话故事为主题，编排了《盘古开天地》《精卫填海》《普罗米修斯》三篇精读课文和《女娲补天》一篇略读课文，其中《精卫填海》是文言文。这些神话是中国古代神话和古希腊神话中的经典，学生不仅可以从中体会古代劳动人民对自然、对世界的独特理解和神奇想象，还能感受故事中鲜明的人物形象。

本单元的习作要求是“展开想象，写一个故事”。关于想象类习作，学生并不陌生。三年级上册第三单元的习作要求是“根据词语发挥想象编童话”，三年级下册第五单元的习作要求是“大胆想象，创造属于自己的想象世界”；三年级下册第八单元的习作要求是“根据提示，选择一种动物作为主角，大胆想象，编一个童话故事”，学生已有创编故事的基础。本单元要求学生选择神话或童话中一个自己喜欢的人物，想象与他一起度过一天会发生什么故事。教师要鼓励学生进行大胆想象，并使他们乐于表达。

本单元各部分之间关联性较强，可以进行整体梳理、归整。

二、单元整体教学目标

（一）整体教学核心目标

1. 整体阅读本单元课文，认识“劈、隆、溺”等33个生字，读准“少、脏” 2个多音字，会写“翻、溺、悲”等33个生字，会写“精疲力竭、奔流不息”等29个词语。

2. 能正确、流利地朗读课文。能了解故事的起因、经过、结果，学习把握文章的主要内容。

3．能感受神话中神奇的想象和鲜明的人物形象，并产生阅读中国神话和世界其他经典神话的兴趣，乐于分享阅读成果。

4．能选择一个自己喜欢的神话或童话人物，以“我和______过一天”为题，展开想象，写一个故事。

（二）各项目任务分级目标

1．文本阅读欣赏教学目标

（1）认识33个生字，会写33个生字。用普通话正确、流利、有感情地朗读课文。

（2）能了解故事的起因、经过、结果，学习把握文章的主要内容。

（3）能感受神话神奇的想象和鲜明的人物形象，关心作品中人物的命运和喜怒哀乐。

2．表达创作交流教学目标

（1）乐于分享阅读成果。

（2）能选择一个自己喜欢的神话或童话人物，以“我和______过一天”为题，展开想象，写一个故事。

3．知识梳理探究教学目标

（1）尝试分类整理学过的字词。尝试发现所学汉字形、音、义和书写的特点，帮助自己识字、写字。

（2）参加有趣的神话故事分享会等实践活动，在活动中学习神话故事，学会合作。运用书面或口头方式，并可尝试用人物名片、表格、图画等，呈现自己的阅读与探究所得。

4．整本书阅读的教学目标

（1）读《中国古代神话》，有阅读兴趣。

（2）感受神话的特点。学习中国神话其中蕴含的中华智慧，口头或书面分享自己所获得的启示。

5．语文实践活动教学目标

在以“多彩神话”为主题的语文实践活动中，以小组为单位开展活动：制作神话故事人物名片、举办神话故事会等。

三、单元语文要素简析

本单元的第一个语文要素是“了解故事的起因、经过、结果，学习把握文章的主要内容”。这是在三年级“了解文章的主要内容”基础上的提升，也为本册第七单元“关注主要人物和事件，学习把握文章的主要内容”以及四年级下册第六单元“学习把握长文章的主要内容”做准备，编者这样编排，意在循序渐进地训练学生把握文章主要内容。

本单元的第二个语文要素是“感受神话中神奇的想象和鲜明的人物形象”。结合课后题及阅读提示可以看出，4 篇课文运用多种方式引导学生感受神话中神奇的想象和鲜明的人物形象。《盘古开天地》通过边读边想象画面，感受故事的神奇，感受盘古伟岸挺拔和勇于献身的形象。在《精卫填海》中，要求结合注释，用自己的话讲故事，从而感受精卫坚忍执着的品质。《普罗米修斯》通过交流故事中打动自己的情节的方式，感受故事的神奇，感受主人公勇敢不屈的品格。《女娲补天》则是通过发挥想象讲述女娲补天的过程，感受她不怕危险、甘于奉献的品质。

借助下表可以直观地看到关于“把握文章的主要内容”的编排：

<table>
<tr><th rowspan="2">册序</th><th rowspan="2">单元</th><th rowspan="2">出现位置</th><th colspan="2">语文要素</th></tr>
<tr><th>阅读要素</th><th>表达要素</th></tr>
<tr><td>一上</td><td>第八单元</td><td>《雪地里的小画家》课后练习</td><td>找出课文中明显的信息。</td><td></td></tr>
<tr><td>一下</td><td>第七单元</td><td>《小猴子下山》课后练习</td><td>根据课文的明显信息作简单判断。</td><td></td></tr>
<tr><td>二上</td><td>第六单元</td><td>《难忘的泼水节》课后练习</td><td>借助词句，了解课文内容。</td><td></td></tr>
<tr><td>二下</td><td>第六单元</td><td>《要是你在野外迷了路》课后练习</td><td>提取主要信息，了解课文内容。</td><td></td></tr>
<tr><td>三上</td><td>第六单元</td><td>单元导读页</td><td>借助关键语句理解一段话的意思。</td><td></td></tr>
<tr><td rowspan="3">三下</td><td>第三单元</td><td>单元导读页</td><td>了解课文是怎么围绕一个意思把一段话写清楚的。</td><td></td></tr>
<tr><td>第四单元</td><td>单元导读页</td><td>借助关键语句概括一段话的大意。</td><td></td></tr>
<tr><td>第七单元</td><td>单元导读页</td><td>了解课文是从哪几个方面把事情写清楚的。</td><td></td></tr>
</table>

（续表）

册序	单元	出现位置	语文要素	
			阅读要素	表达要素
三下	第八单元	单元导读页	了解故事的主要内容，复述故事。	
四上	第四单元	单元导读页	了解故事的起因、经过、结果，学习把握文章的主要内容。	
	第五单元	单元导读页		写一件事，把事情写清楚。
	第七单元	单元导读页	关注主要人物和事件，学习把握文章的主要内容。	
四下	第六单元	单元导读页	学习把握长文章的主要内容。	
五上	第三单元	单元导读页	了解课文内容，创造性地复述故事。	
	第八单元	单元导读页	阅读时注意梳理信息，把握内容要点。	
六上	第六单元	单元导读页	抓住关键语句，把握文章的主要内容。	
	第八单元	单元导读页	借助相关资料，理解课文主要内容。	
六下	第二单元	单元导读页	借助梗概，了解名著的主要内容，就印象深刻的人物和情节交流感受。	

借助下表可以直观地看到关于“想象”的编排：

册序	单元	出现位置	语文要素	
			阅读要素	表达要素
一上	第七单元	字词句运用	展开想象，获得初步的情感体验。	
二下	第二单元	《一匹出色的马》课后练习	读句子，想象画面。	
	第四单元	《彩色的梦》课后练习		运用学到的词语把想象的内容写下来。

（续表）

册序	单元	出现位置	语文要素	
			阅读要素	表达要素
二下	第八单元	《祖先的摇篮》课后练习	根据课文内容展开想象。	
三上	第三单元	单元导读页	感受童话丰富的想象。	
三下	第一单元	单元导读页	试着一边读一边想象画面。	
	第五单元	单元导读页		走进想象的世界，感受想象的神奇。 发挥想象写故事，创造自己的想象世界。
	第八单元	单元导读页		根据提示，展开想象，尝试编童话故事。
四上	第一单元	单元导读页	边读边想象画面，感受自然之美。	
	第四单元	单元导读页	感受神话中神奇的想象和鲜明的人物形象。	展开想象，写一个故事。
四下	第二单元	单元导读页		展开奇思妙想，写一写自己想发明的东西。
六上	第一单元	单元导读页		习作时发挥想象，把重点部分写得详细一些。
	第四单元	单元导读页		发挥想象，创编生活故事。
	第七单元	单元导读页	借助语言展开想象，体会艺术之美。	
六下	第五单元	单元导读页		展开想象，写科幻故事。

四、单元整体教学设计

（一）单元整体教学设计框架

1．紧扣语文要素，明确学习任务

（1）布置让学生浏览本单元学习内容的任务，帮助学生形成对神话这种文学体裁的初步认识，明确本单元学习目标。

（2）借助前置性学习任务单和核心任务群，组织学生通过一系列的活动，了解故事的起因、经过、结果，感受故事中神奇的想象和鲜明的人物形象，总结和梳理神话的特点。

（3）组织各小组交流分享自己制作的人物名片，推荐经典神话故事，激发学生阅读神话的兴趣。

2．通读单元课文，把握故事内容

（1）引导学生随文识字，在语境中理解字词义，能结合注释了解文言文的大意，正确、流利、有感情地朗读单元课文。

（2）引导学生细读课文，交流神话人物给自己留下的印象，提取出故事的起因、经过和结果，用自己的话连起来说一说，学习把握文章的主要内容。

（3）引导学生边读边想象画面，制作神话故事人物名片，并进行分享、交流、完善和作品展示。

3．体会神奇想象，感受人物形象

（1）引导学生组内合作探究，交流故事中神奇的地方，借助课文中的留白进行大胆想象，感受故事中人物的美好品质和鲜明的独特个性。

（2）引导学生落实核心任务群：通过朗读、想象、交流的有机融合感受人物鲜明形象，以制作神话故事人物名片为切入点贯穿单元教学，加深对人物形象的理解，交流从其他神话故事中读到的感到神奇的地方，进一步激发学生阅读神话的兴趣。

4．品读重点词句，迁移写作方法

（1）引导学生归类积累需要掌握的词语，在讲述故事时加以运用，在表达中感受故事的跌宕曲折，深刻体会人物独特魅力。

（2）引导学生用多种形式品读重点词句，边读边想象画面，借助生动形象的插图、联系上下文、联系生活经验等方式，用自己的话把故事内容表达清楚。

（3）引导学生模仿课文文段句式，描绘自己想象的画面，尝试创编女娲拣来五色石的故事情节，为单元习作做好铺垫。

（4）引导学生注重听说读写的有机结合，完成单元习作。

5．梳理学习收获，展示探究成果

（1）组织学生分组交流，结合课本，自主选择思维导图式、表格式、提纲式等多种形式梳理单元知识。

（2）以“多彩神话”为主题，引导学生在小组探究中完善神话故事人物名片，给神话英雄写颁奖词，展示探究成果。

（3）创设“神话故事会”，组织学生展示制作的人物名片，通过讲神话传说的评比活动，选出“神话宣传大使”。

（二）单元整体教学具体设计

本单元设置五大板块，需要10课时。安排如下：单元导引1课时，文本阅读欣赏4课时，表达创作交流2课时，语文实践活动2课时，整本书阅读交流1课时。

◎ 板块一：单元导引

学习任务一：走近神话单元，明确学习内容

1．学生说说本单元篇章页图案以及知道的神话故事。

2．了解单元人文主题和语文要素，明确学习内容。

学习任务二：了解创世神话

1．读通《盘古开天地》和《女娲补天》。检查识字读文情况。

2．小组合作。

（1）说说盘古和女娲给你留下的印象。

（2）讨论：这些故事是真实发生的吗？

3．学生汇报，教师作小结“创世神话”。

学习任务三：了解英雄神话

1. 读通《普罗米修斯》和《精卫填海》。检查识字读文情况。

2. 自主探究。

（1）说说这两个故事中给你留下深刻印象的情节。

（2）讨论：人类为什么要创作这样的故事呢？

3. 学生汇报，教师作小结“英雄神话”。

学习任务四：探讨制作人物名片

1. 梳理制作神话故事人物名片的流程。

（1）确定人物名片要介绍的一位具体的人物。

（2）将某一人物的样貌、动作、神态、性格、本领等信息进行分类和整理。

（3）关注人物发生的事件，认真寻找故事中神奇的情节并记录人物的经历。

2. 同桌交流神话故事人物名片的设计。

学习任务五：组织学生交流分享学习收获

◎ 板块二：文本阅读欣赏

——《盘古开天地》《女娲补天》

学习任务一：看图片，猜神话人物

学习任务二：展开想象，说“画面”

1. 出示两课中的重点词语，学生齐读。

2. 出示句子“轻而清的东西……变成了地”，找出其中包含的几组反义词，指导朗读，让学生想象画面。

3. 引导学生在两篇课文中，找出描写天与地的句子，边读边想象，说出想到的画面。

学习任务三：制作名片，明“大意”

1. 观察课文插图，找出与图画相对应的段落，用一句话或一两个词语概括这几个部分。

2. 组织学生自选人物填写名片。

<table>
<tr><th colspan="4">神话故事人物名片</th></tr>
<tr><td rowspan="5">神话人物照片</td><td>姓名：</td><td>国籍：</td><td>来源：</td></tr>
<tr><td colspan="3">人物简介：</td></tr>
<tr><td rowspan="3">主要事件：</td><td colspan="2">起因：</td></tr>
<tr><td colspan="2">经过：</td></tr>
<tr><td colspan="2">结果：</td></tr>
<tr><td colspan="2">神奇之处：</td><td colspan="2">神奇星级：☆☆☆☆☆</td></tr>
</table>

3. 小组代表进行汇报。

学习任务四：创设情境，说“神奇”

组织学生代入角色，展开想象。

（1）我是巨人盘古，在混沌中已沉睡了一万八千年，当我一觉醒来，我惊讶地发现自己的身体出现了神奇的变化：________________。

（2）我是女娲，眼见整个世界陷入了混乱和恐怖，决心走遍各地寻来赤、青、黄、白、黑这五种颜色的石头，用来炼浆补天。我首先来到________________________________。

学习任务五：畅谈收获，感“魅力”

1. 通过这节课的学习，你有什么收获呢？

2. 本课总结：中华文化博大精深，神话经典更是我们璀璨的明珠。

板块二：文本阅读欣赏

——《精卫填海》《神农尝百草》

学习任务一：联系已知，导入新课

1. 出示《山海经》的简介，板书课题。

2. 回忆古文《司马光》和《守株待兔》的学习方法。

学习任务二：初读课文，自主识字

1. 自由朗读课文《精卫填海》。

2. 同桌合作，学习生字词。

3. 小组读文，教师正音。

4. 听范读，小声跟读，并用笔在文中划出节奏。

①借助注释，理解“溺”。②观察插图，理解“衔”。

5. 《精卫填海》竖排版并去掉标点，分别请学生朗读。

6. 师生合作读文。

学习任务三：研读课文，感受精神

1. 借助课文注释和插图，交流句意。

2. 试着连起来说说句子的意思，同桌互相交流、补充。

3. 出示神话故事人物名片，学生独立完成名片信息的填写。

4. 组内利用人物名片，讲一讲精卫填海的故事。

5. 出示评价标准，小组成员互相评价。

《精卫填海》故事会评价表			
评价内容	吐字清晰、自然大方	能够把故事内容讲清楚	能展开想象讲故事
评价星级			

6. 小组比赛背诵《精卫填海》，比一比谁背得正确又流利。

7. 结合第59页《神农尝百草》，拓展关于炎帝的故事。

学习任务四：创设情境，情感升华

1. 情境小练笔：

面对狂风暴雨，精卫____________。面对炎炎烈日，精卫____________。

面对皑皑白雪，精卫____________。面对东海的嘲笑，精卫____________。

2. 教师总结：神话总是充满神奇的想象，神话中人物形象个性鲜明。

学习任务五：课外延伸，故事积累

1. 为神话人物绘制生动的图片，完善神话故事人物名片的制作。

2. 选做：阅读《山海经》中自己感兴趣的神话故事，填写阅读记录表。

板块二：文本阅读欣赏

——《普罗米修斯》《燧人钻木取火》《嫦娥》

学习任务一：初识人物关系

1. 简介希腊神话及普罗米修斯。

2. 组织学生汇报希腊其他天神的信息。

学习任务二：感受情节起伏

1. 自由朗读，认读生字，用示意图和关键词语梳理神与神之间的关系。

2. 合作探讨：普罗米修斯为了造福人类，做了什么事，之后遭遇了什么？

3. 小练笔：自从普罗米修斯冒着生命危险“盗”来火种，人类可以用火______，可以用火__________________，可以用火__________________……

4. 组织学生按照起因、经过、结果梳理脉络。

学习任务三：品读生动语言

1. 以小组为单位，合作填写普罗米修斯的名片信息。

2. 组内汇报，按顺序说说课文讲了一件什么事。

3. 交流：课文中的天神性格各异，你对哪位天神的言行印象深刻呢？说说理由。

4. 交流：你从课文的哪些地方感受到这个故事中神奇的想象呢？

学习任务四：对比阅读寻异同

1. 组织学生默读阅读链接的《燧人钻木取火》。

（1）用自己的话说说取火的故事。

（2）分享发现，感受神话中想象的神奇。

（3）思考：这两个神话故事有什么相同点和不同点呢？

2. 学习古诗《嫦娥》。

（1）出示李商隐的简介，交流字音和字词意思。

（2）介绍嫦娥和嫦娥奔月的传说。

（3）借助关键字词的意思，试着连起来说说古诗的意思。

板块二：文本阅读欣赏

——《盘古开天地》、《普罗米修斯》、语文园地之“词句段运用”第一题

学习任务一：游戏导入，检查预习

1．根据提示，猜神话人物。

2．组内交流前置性学习任务单（见作业设计板块），小组代表汇报。

学习任务二：对比阅读，寻觅异同

1．出示自己制作的英雄名片。

（1）展示名片，其他学生评议。

（2）代入想象：①如果自己是盘古，当天和地终于成型，自己精疲力竭，快要累倒时，最想做的是什么？②如果自己是普罗米修斯，还可以用哪些方法获得火种，造福人类？

2．细读两篇课文，各找出三处你印象最深刻的地方，进行圈画标注。

3．组织学生交流两篇文章的相同之处和不同之处。

4．出示语文园地之“词句段运用”中第一题的词语，组织学生说说想到了哪些人物或故事。

学习任务三：回顾单元，拓展知识

1．小练笔：

（1）世界的万物是从何而来的呢？中国古代的人们编出了＿＿＿＿＿＿的故事进行解释。

（2）为了提醒＿＿＿＿＿＿＿＿＿＿＿＿，人们编出了《精卫填海》的故事警示后人。

（3）为什么会有火呢？古希腊人编出了＿＿＿＿＿＿＿的故事进行解释。

（4）＿＿＿＿＿＿＿＿＿＿＿＿＿＿＿＿＿＿？人们编出了＿＿＿＿＿＿＿的故事进行解释。

2．出示航天图片，适时简介：中国载人飞船叫“神舟”，探月工程叫“嫦娥”，月球车叫“玉兔”……

3．总结本课重难点。

板块三：表达创作交流

习作：我和______过一天

学习任务一：激趣导入，聚焦主题

1. 回顾本单元神话人物特点。

2. 出示课本里三组词语，学生交流自己想到的一位神话或童话人物。

3. 快速默读习作要求，圈画出相关要求的关键语句，同桌交流，教师小结习作要点。

学习任务二：任务驱动，大胆想象

（一）我的故事我设计

1. 自主填写想象设计单。

<table>
<tr><th>想象内容</th><th colspan="2">具体设计</th></tr>
<tr><td>和谁（一个）</td><td colspan="2"></td></tr>
<tr><td>一起去哪里（可多个）</td><td colspan="2"></td></tr>
<tr><td>一起做什么？
（一件或多件事）</td><td>一件事：
起因：
经过：
结果：</td><td>多件事：
事件1：
事件2：
事件3：</td></tr>
</table>

2. 指名汇报想象设计单，其他同学说说吸引你的理由或修改的建议。

3. 全班共同提炼注意事项：

①按一定顺序讲清楚故事；②想象大胆有趣；③故事引人入胜。

（二）相处情节我会编

1. 单元回顾，梳理写作锦囊。

（1）抛砖引玉：

出示想象设计单，学生轮流讲述故事的过程，以及吸引自己的情节。

出示语文园地中的“词句段运用二”，学生谈阅读感受。

出示《普罗米修斯》第5段和第6段，抓住关键语句，感受人物形象。

（2）写法小结：

锦囊1：按起因、经过、结果把故事写清楚。

锦囊2：根据人物特点，大胆展开想象。

锦囊3：巧用语言和动作，介绍生动有趣。

2. 修改、完善想象设计单。

3. 与同桌交换设计单，分享交流，互提建议。

4. 小组交流：对比初稿与修改稿，谈谈构思的优化及自己的收获。

（三）情境指引共交流

1. 开头指引，齐想象。

示例：我和______来到______。突然不远处传来一阵巨响……

2. 出示标准，共评价。

习作评价单			
评价内容	自评星级	他评星级	修改建议
书写工整，错别字少			
语句通顺，想象神奇			
结构完整，情节有趣			
星级总和			

学习任务三：评价和建议，修改润色

1. 出示修改符号的使用方法，根据建议，自己修改片段，用红笔做好标记。

2. 点评表扬修改后片段的精彩之处。

3. 誊抄片段，对比初稿，谈谈自己的收获。

学习任务四：谋篇布局，关注始末

1. 组织学生说说与人物的奇特相遇以及不舍告别。

2. 学生创作习作开头和结尾。

学习任务五：欣赏佳文，合作探究

1. 组内交流分享习作，推选优秀习作。

2. 小组合作探究：请在学习单上把习作写得好的理由写下来，每组派一位同学发言。

优秀习作我来夸			
点赞内容	习作一 题目：	习作二 题目：	习作三 题目：
理由一			
理由二			
理由三			

3. 交流写法：谁来分享习作哪里写得好？理由是什么？

适时板书：语言生动、动作形象、想象大胆、感受真切。

4. 根据写法要点，完善自己的习作。

板块四：语文实践活动

学习任务一：识字小达人分享识字方法

图片再现，认读词语。

（1）出示图片指名读。

拓展：说说你还知道哪些花的名称，种植花草的地方除了花圃还有哪里。

除了花蕊，你还认识花的哪些部分？（补充科学课本三年级下册第37页：花瓣，花萼，花柱）

（2）比较词语，发现特点。

（3）交流识记生字的方法。

①加上形容词，认读词语。②自主识字：观察字形。③出示顺口溜，学生认读。

学习任务二：神话宣讲员讲演故事大比拼

1. 组内相互讲演神话故事。

2. 小组代表上台讲演神话故事。

3. 选出班级宣讲大使若干名。

学习任务三：小小颁奖员巧设颁奖词

1. 出示制作的人物名片，组内互相交流、展示。

2. 如果给神话人物举办颁奖典礼，可以设计哪些奖项呢？

3. 出示文字：你美丽、善良，为了拯救人类，你历经灭火、抗洪、炼石的困苦，带来天边五彩的云霞。百姓们爱你，你就是人们的守护神！

4．小结写颁奖词的方法：点明人物精神；精炼主要事迹，注意语言简洁。

5．请你在人物名片上，为自己喜欢的神话英雄写上一段颁奖词。

6．出示评价标准，组内评价颁奖词。

人物名片颁奖词 评价表			
评价内容	语句通顺，错别字少	符合神话人物特点	突出神话人物精神
评价等级	A（　）B（　）C（　）	A（　）B（　）C（　）	A（　）B（　）C（　）

学习任务四：神话创编家创编英雄故事

1．想象自己是远古的一个英雄之神，想象自己是什么样的，有怎样的本领，当时人世间正遭遇怎样的灾难，你如何利用特殊技能与自然搏斗，结果如何？把故事写下来。

2．学生创作，教师巡视。

3．学生互相评价。

4．将作品进行分类汇集，形成《班级神话》文集。

◎ 板块五：整本书阅读交流

——《中国神话传说》

学习任务一：猜故事，共分享

1．看图片，猜故事名，用自己的话说说故事。

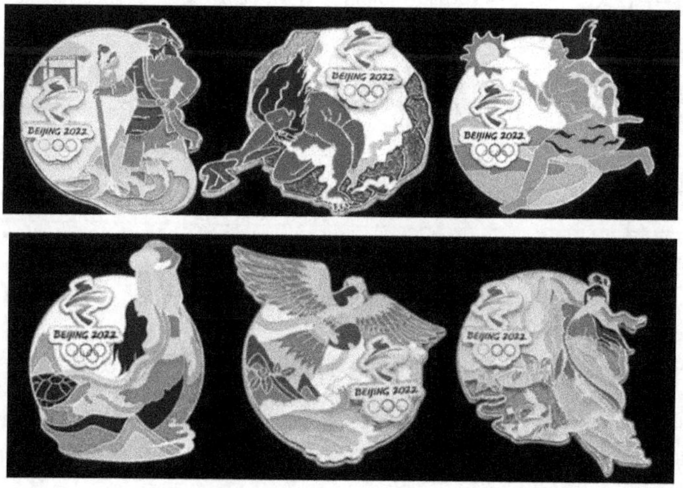

2. 教师总结：这是结合北京冬奥会会徽等元素设计的六枚精美的徽章，向世界展示中华文化瑰宝和优秀中华精神。

3. 请学生分享自己喜欢的神话故事。

学习任务二：说方法，巧读书

1. 出示书籍封面插图，师生共读《神农尝百草》。

（1）提问：《神农尝百草》讲的是什么样的故事，哪些地方令你感到神奇？

（2）重温阅读故事的方法，教师梳理归纳。

2. 学生汇报，教师引导养成圈画批注的好习惯。

学习任务三：读故事，谈体会

1. 出示前置性学习任务单（见作业设计板块），交流归类的故事名称。

2. 组内展示神话人物屏风书签、神话故事思维导图、神话故事人物名片，互相分享故事和读书体会。

3. 组内代表上台分享故事片段，任选一两项谈读书体会。

学习任务四：抓细节，悟精神

1. 你在其他故事中，也读到过让你感到神奇的地方吗？

（1）学生默读故事，把重点词句圈画出来，小组进行交流，互相评议、补充。

（2）教师引导学生想象画面，体会神奇。

2. 填一填，感悟精神。

（1）有一个人，他张弓搭箭，向那 9 个太阳射去，只为拯救人类。他就是______________。

（2）有一位老人，面对挡道的巨山，他愿意世世代代______________，他就是愚公。

3. 交流：通过这节课的学习，你有什么收获？

五、单元整体作业设计

（一）作业设计目标

1. 通过前置性学习任务单，培养自学能力，提高听课效率。

2. 制定阅读计划表，推动自主阅读，感受“多彩神话”的神奇。

3. 借助名片的制作，梳理故事的起因、经过、结果，同时巩固字词的掌握。

4．通过神话故事会，提高表达能力。

（二）作业设计内容

作业任务一：让预习真正发生

有些课在课前设置前置性学习任务单。

第1课时前置性学习任务单

1．将事情和对应的神话人物连起来。

采石补天　溺水身亡　巨斧劈开混沌　化作一只鸟　冒险盗火　身体化为万物

炎帝的小女儿　普罗米修斯　盘古　女娲

2．本单元中，我最喜欢《　　　　　》这个故事，其中最神奇的故事情节是________________________________。

第5课时前置性学习任务单

项目内容	《盘古开天地》	《普罗米修斯》
故事来源		
主人公有什么“神”本领		
遭受的磨难		
主人公的结局		
我发现		

第10课时前置性学习任务单

1．必做：仔细看看《中国神话传说》目录中的故事名称，照样子，找一找，填一填。

以人物命名	以事件命名	以“人物＋事件”命名
《了不起的炎帝》	《钻木取火》	《女娲造人》

2. 选做。

①请你照样子，用“人物+事件”的方式，为四个感兴趣的神话故事制作一张屏风书签。

人物：女娲 事件： 1. 感到寂寞 2. 捏出“人” 3. 藤条造人 4. 人类绵延	人物： 事件：	人物： 事件：	人物： 事件：	人物： 事件：

②《中国神话传说》这本书全书共有______个神话故事，我已经阅读了______个神话故事。其中，我最想和大家分享的故事是________________，故事讲的是____。

我喜欢的故事人物是________________。从________________________的故事情节可以看出这个人有__________的品质。

【设计意图：前置性学习任务单，让学生提前进入学习的状态。】

作业任务二：中国神话魅力大

请同学们阅读《中国神话传说》，并参考以下表格制定一份阅读计划吧！可以请家长见证你的阅读哦！

中国神话传说

故事名称	计划阅读起止时间	主要人物、事件	故事的神奇之处或最触动你的情节	家长签名

【设计意图：读书计划表，让阅读的进度显性化。家长签名，既是督促，更是鼓励，也是分享，一举多得。】

作业任务三：讲好故事有“章”可循

作业1： 为本单元的神话故事人物制作人物名片，并把对应课文的生字、好词积累在名片的背面。

<table>
<tr><th colspan="4">神话故事人物名片</th></tr>
<tr><td rowspan="5">神话人物图片</td><td>姓名：</td><td>国籍：</td><td>来源：</td></tr>
<tr><td colspan="3">人物简介：</td></tr>
<tr><td rowspan="3">主要事件：</td><td colspan="2">起因：</td></tr>
<tr><td colspan="2">经过：</td></tr>
<tr><td colspan="2">结果：</td></tr>
<tr><td colspan="3">神奇之处：</td><td>神奇星级：☆☆☆☆☆</td></tr>
</table>

【设计意图：借助人物名片，拆分事件，助力讲好故事。名片背面的字词积累，既丰富了名片的内容，又进一步巩固字词。】

作业2： 准备一个自己特别喜欢的神话故事，参加“多彩神话”故事会的讲演。

【设计意图：讲演不局限于课内的神话，这会大大激发他们多读别的神话的兴趣，毕竟，讲有“新鲜感”的故事，大家听得会更加仔细。】

作业任务四：神话人物真神奇

作业1： 能选择一个自己喜欢的神话或童话人物，围绕“我和____过一天”展开想象，大胆创作，写一个故事，表达清楚完整。

【设计意图：让学生充分发挥想象，与神话人物“近距离”接触，会碰撞出神奇的火花。】

作业2：想象自己是远古的一个英雄之神，想象自己是什么样的，有怎样的本领，当时人世间正遭遇怎样的灾难，你如何利用特殊技能与自然搏斗，结果如何？把故事写下来。

【设计意图：神奇的火花，体现在学生可以过一把英雄瘾。每个孩子都有英雄情结，做一回自己的神话英雄，这会让他们兴致盎然。】

六、单元整体评价指标

（一）基本知识和技能评价指标

识字与写字：①通过本单元的学习，能对学习汉字产生浓厚的兴趣，养成主动识字的习惯。②能根据具体语境辨析多音多义字，辨识、纠正常见的错别字。③能把具有相同或相似特征的汉字进行分类，愿意与他人交流分类的依据。

阅读与鉴赏：①通过本单元4篇课文的学习，能发现神话故事的共同特点。②能主动阅读神话故事，并做相应的读书笔记。③能积极地向他人讲述神话故事的主要内容，尤其是中国神话，积极学习其中蕴含的中华智慧。④能结合关键词句解释神话作品中人物的行为，从不同角度分析和评价神话人物。

表达与交流：①能积极地向他人讲述自己阅读的神话故事的主要内容。②愿意将自己整理的学习神话故事的成果在集体中展示。③能结合关键词句解释神话作品中人物的行为，从某个角度分析和评价神话人物。④能选择一个自己喜欢的神话或童话人物，想象自己与他过一天会发生的故事并写下来。

梳理与探究：①能根据自己兴趣主动搜集信息。②愿意用自己喜欢的方式整理学习神话故事的成果。③在感受、评价神话中的人物形象时，对为人类做出贡献的神话人物表达崇敬之情。④乐于参与学习活动，并通过多种形式呈现自己对神话人物的理解。

（二）关键能力评价指标

1. 能借用神话故事表达对世界的认识，总结、梳理出神话的特点。

2. 能够把握故事的主要内容并评价人物形象。

3. 能展开丰富的想象力，以第一人称写想象作文。

（三）必备品格与价值观念评价指标

1. 通过本单元的学习活动，感受神话的神奇和鲜明的人物形象，感受神话人物身上美好的品质。

2. 了解祖先在探索和认识世界过程中对大自然的独特解释、美好向往，进一步激发阅读神话的兴趣。

（四）学习兴趣与习惯评价指标

1. 能通过本单元多种形式的课文感受神话神奇的想象和鲜明的人物形象，产生阅读中国神话和世界经典神话的兴趣。

2. 在语文实践活动中，乐于与大家分享阅读神话故事的成果。

第四节　四年级下册教材教学整体简析

一、四年级下册整体教学内容

本册教材安排了八个单元，其中七个单元是以人文主题和语文要素双线结构组成的单元，其人文主题分别是“乡村生活”“自然、科技”“诗歌，让我们用美丽的眼睛看世界”“作家笔下的动物”“儿童成长”“人物品质”“童话照亮五彩梦”。另外一个单元比较特殊：第五单元“学习按游览的顺序写景物”是围绕习作能力的培养编排的一个习作单元。另外安排了四次口语交际、七个语文园地，并延续三年级的编排体例，以“快乐读书吧”带动学生课外阅读，促使课外阅读课程化。

其中，精读课文重在促进学生语文素养的发展，使学生受到潜移默化的情感熏陶，养成良好品质。略读课文指向“粗知文章大意”的教学目标，迁移运用从精读课文中学到的方法。文言文则安排学生相对熟悉的故事内容，调动学生的生活经验，激发学生学习文言文的兴趣。另外还编排专门的习作单元同步推进听说读写能力的发展。通过几个板块，形成习作单元的完整结构：“导语”点明语文要素（习作要求），“精读课文”学习表达方法，“交流平台”梳理总结表达方法，“初试身手”初步尝试运用表达方法，“习作例文”进一步感悟、积累经验，“单元习作”呈现本单元的学习成果。

二、四年级下册整体教学目标

（一）识字与写字

1. 对学习汉字产生浓厚的兴趣，养成主动识字的习惯。
2. 认识常用汉字218个，会写常用汉字250个。
3. 能掌握正确的运笔方式，用硬笔书写成段文字，做到书写美观。
4. 写字姿势正确，有良好的书写习惯。

（二）阅读与鉴赏

1. 能用普通话正确、流利、有感情地朗读课文。

2. 能抓住关键语句，初步体会课文表达的思想感情。

3. 阅读时能提出不懂的问题，并试着解决。

4. 能初步了解现代诗的一些特点，体会诗歌的情感。

5. 能学习作家是如何表达对动物的感情的。

6. 学习把握长文章的主要内容。

7. 能从人物的语言、动作等描写中感受人物的品质。

8. 能感受童话的奇妙，体会人物真善美的形象。

9. 诵读优秀古诗文。能借助注释，了解古诗文大意。

10. 能积累课文中的优美词语、精彩句段，以及在课外阅读和生活中获得的语言材料。

11. 养成读书看报的习惯，收藏图书资料，乐于与同学交流。课外阅读总量不少于10万字。

（三）表达与交流

1. 能在生活中转述事情。

2. 能准确传达信息，清楚、连贯地讲述。

3. 能根据讨论目的，记录重要信息并分类整理，有条理地汇报。

4. 能根据对象和目的进行自我介绍。

5. 能根据需要收集资料，初步学习整理资料的方法。

6. 能合作编小诗集。

7. 能在老师的帮助下举办诗歌朗诵会。

（四）梳理与探究

1. 尝试分类整理学过的字词。尝试发现所学汉字形、音、义和书写的特点，帮助自己识字、写字。

2. 学习组织有趣味的语文实践活动，在活动中学习语文，学会合作。结合语文学习观察大自然，观察社会，积极思考；运用书面或口头方式，也可尝试用表格、图像、音频等多种媒介，呈现自己的观察与探究所得。

3. 能提出学习和生活中的问题，有目的地搜集资料，与同学共同讨论，尝试运用语文知识并结合其他学科知识解决问题。

三、四年级下册整体教学建议

（一）识字与写字

1. 四年级下学期依然要重视识字写字教学。教学时，以学生自主交流识字方法为主，指导学生遇到不懂的字词不必停留太久，不要反复回读。在学生完成阅读方法的学习交流之后，用恰当的方法分类点拨。本册阅读策略单元的识字写字教学，应有别于常规单元，以确保学习方法的整体性和流畅性。

2. 写字教学应在指导学生写规范、端正、整洁的基础上，要求行款整齐，书写美观，并且有一定的速度。

3. 引导学生读准多音字的字音，帮助学生掌握学习多音字的方法，在阅读时遇到多音字能借助字义推断字音。

（二）阅读与鉴赏

1. 引导学生感受人物品质，落实立德树人根本任务。但也应该注意，教学时不要把语文课上成思想政治课，直接向学生灌输人物的品质，要抓住语文要素引导学生从语言、动作等描写中感受人物品质。

2. 引导学生借助关键语句体会课文表达的思想感情，在阅读中学习表达。教师要准确把握不同文体的阅读策略，如略读课文、文言文等不同类型课文的目标定位，避免拔高要求。教学要注意长文短教，不要面面俱到，应根据课后练习、交流平台、词句段运用来选择教学内容。

3. 要重视课外阅读，充分利用“快乐读书吧”促进学生主动进行课外阅读，定期组织阅读交流会，解决学生在阅读过程中遇到的问题，引导学生在阅读中感受语文学习的快乐，掌握一定的阅读方法，有一定的阅读收获。

（三）表达与交流

1. 重视交际方法、策略的学习，引导学生发展口头表达能力，设计不同交际话题、不同交际情境，如课前三分钟让学生轮流上台讲述，培养学生的倾听、表达或应对能力，增强交际的勇气和自信心。重视引导学生成段表达，在日常课堂教学中引导学生有意识地运用口语交际课中的学习成果。

2. 引导学生将自己想表达的内容写清楚，写出真情实感，尽力避免定位不准、拔高要求的问题。教师找准习作单元中精读课文、习作例文的定位，对单元中的“交流平台”“初试身手”等相关资源进行有效组合，使学生在轻松有趣的情境中学习，不怕习作，喜欢习作，体会书面表达在现实生活中的作用。

3. 从学生的习作成品中发现问题，将习作的具体指导放在学生习作之后，安排学生习作后自我修改和与他人互换修改的环节，引导学生作后充分交流。培养学生的修改意识和修改习惯。

4. 引导学生在与人交流、分享的过程中，通过读者反馈获知如何把自己想写的内容表达更具体。感受习作的乐趣，体验与人进行口头、书面交流的成就感。

（四）梳理与探究

1. 引导学生积累和运用词语表中的词语（识字表写字表供复习总结之用）。可以举办与汉字有关的活动，如“我的易错字清单”“我的新鲜词宝库”“我的书法作品集”等，展现识字与写字的成果，在整理中发现字词的规律、掌握语文知识，在活动中探究、感受汉字之美。

2. 重视对知识的沉浸式学习，在语文实践活动培养学生有目的地搜集、整理资料、运用资料的能力。引导将整理后的资料借助图片、表格等辅助形式进行表述、共同讨论、补充，提出问题，独立思考，合作解决，在资料的综合运用中发展学习能力、实践能力。

3. 引导学生在真实的生活情境与语言运用情境中，尝试通过分析、比较、归纳、评价等方法达成知识的获得、实现核心素养的综合提升，促进思维的发展。

第五节　四年级下册单元语文要素有效落实评价指标序列表

单元	类型/人文主题	单元选文	单元语文要素达标评价指标			
			识字写字要素达标评价指标	阅读要素达标评价指标	口语交际要素达标评价指标	习作要素达标评价指标
第一单元	乡村生活	《古诗词三首》 《乡下人家》 《天窗》 《三月桃花水》	认识20个生字，读准2个多音字。会写41个字，会写26个词语。	1. 有感情地朗读课文，能背诵和默写指定的课文。 2. 能抓住关键语句，初步体会课文表达的思想感情。 3. 积累本单元课文中生动形象的句子，能想象体会句中的画面和情境。 4. 推荐阅读蒙哥马利的《绿山墙的安妮》。	1. 能认真倾听，记录别人讲话的要点，并准确转述。 2. 能读懂书面通知要求，根据对象进行转述。	1. 回忆自己的生活乐园，借助表格提示写清楚乐园的样子和在乐园中的活动，表达自己快乐的感受。 2. 根据要求与同学交流、分享习作表达的快乐。

（续表）

单元	类型/人文主题	单元选文	单元语文要素达标评价指标			
			识字写字要素达标评价指标	阅读要素达标评价指标	口语交际要素达标评价指标	习作要素达标评价指标
第二单元	自然、科技	《琥珀》 《飞向蓝天的恐龙》 《纳米技术就在我们身边》 《千年梦圆在今朝》	认识43个生字，读准3个多音字，会写45个字，会写46个词语。	1. 阅读时能提出问题，并尝试通过不同的方式解决问题。 2. 能理解并说出课文的主要内容。 3. 热爱科学，关注科技发展。 4. 推荐阅读米·伊林的《十万个为什么》。	1. 能讲述一则新闻，准确传达信息。 2. 能把新闻说得清楚、连贯，并发表自己的看法。	1. 发挥想象，写出自己想要发明的事物。 2. 能够借助图示，清楚地介绍自己要发明的东西。
第三单元	诗歌，让我们用美丽的眼睛看世界	《短诗三首》 《绿》 《白桦》 《在天晴了的时候》	认识30个生字，会写23个字，会写17个词语。	1. 能通过朗读，体会诗歌的韵味。背诵指定课文。 2. 能借助关键词句，体会诗人情感和诗歌的韵味。 3. 能初步体会现代诗的一些特点。 4. 推荐阅读梅特林克的《青鸟》。	能和同学分工合作，举办班级诗歌朗诵会，用合适的语气朗读，表情、体态自然大方。	1. 初步学习整理资料的方法，能对自己收集的诗歌进行整理。 2. 能与同学交流自己收集或创作的小诗，合作编成小诗集。

（续表）

单元	类型/人文主题	单元选文	单元语文要素达标评价指标			
			识字写字要素达标评价指标	阅读要素达标评价指标	口语交际要素达标评价指标	习作要素达标评价指标
第四单元	作家笔下的动物	《猫》《母鸡》《白鹅》	认识27个生字，读准4个多音字，会写45个字，会写36个词语。	1. 正确、流利、有感情地朗读课文，了解动物的特点。 2. 体会作家是如何表达对动物的感情的，感受语言趣味。 3. 有热爱生活的情趣和观察动物的兴趣。 4. 推荐阅读华莱的《獾的礼物》。		1. 认真观察自己熟悉的动物，能发现它们各方面的特点。 2. 能根据需要，写出动物的特点。 3. 能与同桌相互评价习作。
第五单元	习作单元：学习按游览的顺序写景物	《海上日出》《记金华的双龙洞》	认识9个生字，读准1个多音字，会写24个字，会写24个词语。	1. 了解作者描写景物的顺序，体会作者是怎么抓住景物的特点写清楚的。 2. 能按顺序说出游览路线；能按顺序介绍一处景物并写下来。		1. 了解习作例文中写景物的顺序，并按游览顺序写一个地方。 2. 习作时能把印象深刻的景物作为重点，写出特点。 3. 能与同伴交换习作，交流评改，并提出修改意见。

（续表）

单元	类型/人文主题	单元选文	单元语文要素达标评价指标			
			识字写字要素达标评价指标	阅读要素达标评价指标	口语交际要素达标评价指标	习作要素达标评价指标
第六单元	儿童成长	《文言文二则》 《小英雄雨来（节选）》 《我们家的男子汉》 《芦花鞋》	认识37个生字，读准5个多音字，会写24个字，会写13个词语。	1. 正确、流利地朗读课文。背诵《囊萤夜读》。 2. 用较快的速度默读课文，学习把握长文章的主要内容。 3. 感受人物的美好品质。 4. 推荐阅读英诺森提的《铁丝网上的小花》，蒿根的《总有一天会长大》。	1. 能根据讨论的目的，记录重要的信息。 2. 能分类整理小组的意见，做到有条理地汇报。	1. 能按学习的顺序把自己学做事情的过程写清楚。 2. 能写出学习过程中遇到的困难或有趣的经历，把情感变化写下来。
第七单元	人物品质	《古诗三首》 《“诺曼底号”遇难记》 《黄继光》 《挑山工》	认识30个生字，读准2个多音字，会写22个字，会写10个词语。	1. 能正确、流利、有感情地朗读课文，背诵《古诗三首》，默写《芙蓉楼送辛渐》。 2. 能借助注释，理解诗句的意思。 3. 能从人物的语言、动作等描写中感受人物的品质。	1. 学会自我介绍，能根据对象和目的的不同，调整自我介绍的内容。 2. 能听取他人的意见，完善自己的介绍。	1. 能从外貌、主要性格、爱好和特长等方面写出自己的特点，并能用具体的事例说明。 2. 能主动与家人分享习作，再根据他们的建议修改习作。

（续表）

单元	类型/人文主题	单元选文	单元语文要素达标评价指标			
			识字写字要素达标评价指标	阅读要素达标评价指标	口语交际要素达标评价指标	习作要素达标评价指标
第八单元	童话 照亮五彩梦	《宝葫芦的秘密(节选)》 《巨人的花园》 《海的女儿》	认识22个生字，读准1个多音字，会写26个字，会写20个词语。	1. 能把握课文的主要内容，感受童话的奇妙，体会人物真善美的形象。 2. 能根据课文内容展开想象，创编故事。 3. 推荐阅读张天翼的《宝葫芦的秘密》、安徒生的《海的女儿》、罗琳的《哈利波特与魔法石》。		1. 能借助熟悉的故事展开丰富的想象，创编新故事。 2. 能给习作配图并与同学分享故事。

第六节　四年级下册单元整体教学设计与实施典型案例分析

本节选取统编语文教材四年级下册第三单元进行分析。

一、单元内容整体解读

本单元是现代诗单元，是统编教材中唯一一个以现代诗主题编排的单元，也是一个综合性学习单元，单元以“美好的大自然”为主题来感受诗歌的魅力。

本单元由四篇现代诗和一个综合性学习项目组成，呈现出体裁一致、主题鲜明、任务群穿插的特点。课文有冰心的《繁星》、艾青的《绿》、苏联作家叶赛宁的《白桦》、戴望舒的《在天晴了的时候》，前面三篇是精读课文，第四篇是略读课文；以及综合性学习“轻叩诗歌大门”。对标《义务教育语文课程标准（2022年版）》，本单元的学习内容可以归属于“文学阅读与创意表达学习任务群”。根据此学习任务群的定位和要求，本单元学习以“播下诗意的种子”为主题，设置“童心诗心，诗写我心”真实情境，引导学生“初步了解现代诗的一些特点，体会诗歌表达的情感”，帮助学生培养纯正的诗歌鉴赏力和创造力，为后续的收集诗歌、创作诗歌提供动力。

二、单元整体教学目标

（一）整体教学核心目标

1. 认识本单元30个生字，会写23个字，会写17个词语。能通过朗读体会诗歌的韵味。背诵指定课文。

2. 能借助关键词句，体会诗人情感和诗歌的韵味。

3. 能多途径收集现代诗，与同学交流自己收集的诗歌、尝试创作现代诗，与同学交流。能根据合作编写小诗集的分工要求，对自己收集或自己写的现代诗分类整理。

4．能和同学分工合作，举办班级诗歌朗诵会，用合适的语气朗读，表情、体态自然大方。

（二）各项目任务分级目标

1．文本阅读欣赏教学目标

（1）认识本单元30个生字，会写23个字，会写17个词语。能正确、流利、有感情地朗读现代诗，背诵指定课文。

（2）通过阅读，初步了解现代诗形式自由、想象丰富、富有音韵美等特点，体会诗歌所抒发的真挚情感，激发热爱自然、热爱生活的思想感情。

（3）能结合自己的观察和体验，感悟诗歌优美的语言和形象，用口头或书面方式表达自己的阅读感受。

2．表达创作交流教学目标

（1）能结合自己的生活体验，通过联想和想象感受诗歌的表现力，与同学交流。

（2）在阅读现代诗与查阅资料的过程中进一步了解现代诗的特点，进行迁移，尝试通过仿写、续写、改写、创写等方式写诗歌，表达自己的真情实感。

（3）积累关于诗歌的名言，并在积累的过程中加深对诗歌的认识。

3．知识梳理探究教学目标

（1）能结合自己的阅读体验，梳理、总结现代诗歌的特点。

（2）能通过多种途径阅读、收集、积累更多的诗歌。

（3）通过园地探究学习，能梳理总结提炼方法，并学以致用。

4．整本书阅读的教学目标

（1）在“轻叩诗歌大门”综合实践活动中，根据阅读目的和兴趣自主选择合适的诗集（诗歌）。

（2）制订阅读计划，综合运用学过的读书方法、读诗方法，通过成立诗社、班级共读课、记录等方式分享阅读心得，交流研讨阅读现代诗歌中的问题。

（3）积累诗歌的阅读经验，养成良好阅读习惯，提升对现代诗歌的整体认知能力，丰富精神世界。

5．语文实践活动教学目标

（1）举办诗歌朗诵会等，能通过班级商讨，制定方案，举办班级诗歌朗诵会，能用合适的语气朗读，表情、体态自然大方。

（2）能多渠道收集喜欢的诗歌并摘抄，通过阶段性交流，进一步丰富现代诗收集的渠道和类型，加深对诗歌的感受和体验。

（3）能对自己收集或创作的现代诗进行分类整理，与同学合作编写小诗集，享受诗意生活。

三、单元语文要素简析

本单元设置了三个语文要素，其中语文要素一是指向阅读的，“初步了解现代诗的一些特点，体会诗歌表达的情感”。

有关现代诗的课文，我们往前回溯可以发现，一、二、三年级的教材中侧重的是字词的积累，没有过多涉及情感的表达。到了三年级下册，现代诗歌的编排除了字词的积累之外，还要让学生回归到句子本身或者词语本身，理解词语的意思，感受新鲜的词语。本单元要求学生在原来的学习基础上，借助想象能力感受诗歌的自然之美，体会诗人所表达的独特情感，让学生能够用美的眼睛来看世界。因此，从学段目标的发展线索追溯，本单元的整体设计必须更加注重体会诗人情感的表达以及审美的培养，也勾勒出现代诗歌的教学是一个螺旋进阶式的样态。

语文要素二、三是指向综合性学习的，“根据需要收集资料，初步学习整理资料的方法”“合作编小诗集，举办诗歌朗诵会”。语文园地中的“交流平台”是对单元内容和目标的整理与提升。

从三年级开始，统编教材有意识地开始培养学生收集资料、整理资料的能力，通过梳理，我们不难发现，查找、运用资料贯穿了语文学习的全过程，渗透到了语文学习的方方面面。对不同年级语文要素的不同要求梳理如下：

册序	单元	出现位置	语文要素	
			阅读要素	表达要素
三上	第二单元	《听听，秋的声音》课前导语	一边读一边想象。	交流听到了秋天的哪些声音？

（续表）

册序	单元	出现位置	语文要素	
			阅读要素	表达要素
三下	第三单元	单元导读页、综合性学习	收集传统节日资料。	交流节日的风俗习惯，写一写节日的过程。
	第六单元	《童年的水墨画》课后练习	想象诗歌描绘的画面。	谈一谈自己的阅读感受。
	第七单元	单元导读页、习作	初步学习整合信息。	介绍一种事物。
四上	第一单元	《秋晚的江上》《花牛歌》课前导语	边读边想象画面，感受自然之美。	
四下	第三单元	《繁星》、《绿》、《白桦》、《在天晴了的时候》、《轻扣诗歌的大门》、交流平台	初步了解现代诗的特点，体会诗歌情感。	根据需要整理资料，合作编小诗集，举办诗歌朗诵会。
五上	第四单元	单元导读页、《少年中国说（节选）》课后练习、《圆明园的毁灭》、《小岛》课后练习	结合阅读资料，体会课文表达的思想感情。	
	第五单元	单元导读页、习作	搜集资料，用恰当的说明方法。	把某一种事物介绍清楚。
五下	第三单元	单元导读页、综合性学习	学习搜集资料的基本方法。	学写简单的研究报告。
	第七单元	单元导读页、口语交际、习作	搜集、记录、整理资料。	介绍一处中国的世界文化遗产。
六上	第八单元	单元导读页、《我的伯父鲁迅先生》讲前导语、《有的人——纪念鲁迅有感》课前导语	结合相关资料，理解课文内容。	
六下	第四单元	单元导读页、综合性学习	查阅相关资料，加深对课文的理解。	
	第六单元	单元导读页、综合性学习	运用学过的方法整理资料。	策划简单的校园活动，学写策划书。

四、单元整体教学设计

（一）单元整体教学设计框架

1．启动课，明确学习任务

（1）借助前置性学习任务单，布置学生浏览本单元学习内容，对本单元内容有一个初步认知，为研讨单元活动主题做好铺垫。

（2）组织各小组以“播下诗意的种子”为主题，在真实的任务情境“童心诗心，诗写我心”现代诗主题语文实践活动中都来做小诗人。明确本单元学习任务及小组成员分工。

（3）组织学生分诗社讨论制定小组活动方案；交流分享本组拟定的诗社主题和设计的活动方案，包括诗集汇编、诗歌朗诵会等。

2．读诗真快乐，发现诗歌的秘密

（1）阅读单元导读页，激发学习兴趣，走近现代诗。

（2）阅读单元导读页，明确本单元的阅读要素和表达要素，了解学完本单元后，还会合作编诗集，举办诗歌朗诵会活动，激发对学习现代诗的兴趣。

（3）品读诗歌，落实语文要素，要一篇一篇地阅读学习单元诗歌。

3．收集真有趣，编撰“大诗人”诗集

通过查阅报纸杂志、上网搜索等多种方式搜集资料，并能根据自己的需要分析、整理资料。推荐学生准备一个摘抄本，收集自己喜欢的现代诗，注意写清楚作者和出处。

4．写诗真好玩，创作、汇编“小诗人”诗集

5．诵诗真美妙，我们一起朗诵吧

（二）单元整体教学具体设计

本单元设置五大板块，需要12～16课时，安排如下：单元启动 1 ～ 2 课时；初赏探秘现代诗 4 ～ 5 课时，对比阅读 3 ～ 4 课时，成果展示 2 课时，举办诗歌朗诵会 2 ～ 3 课时。

◎ 板块一：单元启动

1．创设情境，明确任务：以“播下诗意的种子”为主题，“童心诗心，诗写我心”的真实情境，借助微课，整体感知了解现代诗。

2．梳理与修改预学单，初步探索现代诗的特点，对现代诗语言形式、内涵丰富等特点有初步的了解。

3. 链接课后并提前布置综合性学习任务，通过广泛阅读，诗海泛舟，收集资料，有意识地摘抄，并写清出处与作者，循序渐进了解现代诗歌。

板块二：初赏探秘现代诗，感受《短诗三首》之美

1. 自由朗读，发现这组短诗具有语言精练、篇幅短小、形式自由的特点。

2. 感受现代诗的音韵美。

（1）放声朗读，交流独特的感受，引导发现：

《繁星（七一）》“月明的园中，藤萝的叶下，母亲的膝上”三个短语结构相同，读起来朗朗上口、节奏感强。

《繁星（一三一）》由“光”“香”“响”三字同韵成韵，并运用排比，连用三个反问，结构相似，情感充沛，读起来朗朗上口、有韵律、有力量。

《繁星（一五九）》“天上的风雨来了，鸟儿躲到它的巢里；心中的风雨来了，我只躲到你的怀里”两句诗句式相同，并以两个“里”，同字成韵，读起来朗朗上口、有节奏、有韵律。

（2）引入语文园地中日积月累的朱光潜名言：“诗和音乐一样，生命全在节奏。”感受现代诗的音韵美。

3. 想象：读着这首诗，你的脑海中出现了怎样的画面？边读边想象诗歌描绘的场景。

4. 链接《繁星》整本书，结合冰心生平、创作背景等相关资料进行整本书共读。

（1）想象：冰心永不漫灭的回忆还有哪些？追问：什么时候冰心的思潮里总涌动波涛的清响？

（2）联想：冰心心中的风雨有哪些？带着想象与联想再次诵读诗文，读出自己的独特理解，感受现代诗想象丰富的特点。

（3）补充《繁星（三三）（八九）（一〇二）》，引导边诵读边想象，在品读、赏析中体会现代诗的韵味以及冰心对母亲的怀念与真挚的情感。

5. 梳理探究，仿写，感受诗意之美。

（1）结合语文园地中“词句段运用”内容，联系学生已有的生活经验，借助相同的句式，回忆自己内心深处的画面，尝试仿写。

（2）引入“日积月累”中华兹华斯的名言：“诗是强烈感情的自然流露，它源于宁静中回忆起来的情感。”从而感受现代诗情感真挚的特点。

板块三：对比阅读《绿》《白桦》《在天晴了的时候》

1．（链接宗璞《西湖漫笔》、杜利特尔的《梨树》、叶赛宁《我辞别了我出生的屋子》）朗读品悟，感受《绿》意。

2．学法迁移，对比阅读学习《白桦》。

3．自主阅读略读课文《在天晴了的时候》，持续体会现代诗的特点。自主阅读分为三个环节：情感诵读；分享感受；拓展资料，代入诗境。

4．牛刀小试，写出诗意。以多样的情境与方式引导学生进行诗歌创写。

板块四：成果展示课晒诗集

1．开展“播下诗意的种子”诗集展示会。

“大诗人”诗集是学生在本单元学习过程中收集、编撰的诗集，以个人为单位进行分享推介。学生分享编撰诗集的过程：诗海拾贝，大量收集、分类整理，编写目录，制作封面。

2．“诗的种子在发芽”小诗人诗集展示会。

“小诗人”展示的诗集为学生们的原创诗作，在本单元的学习过程中，学生仿写、改写、创写了多首现代诗，可以以小组的方式选定主题进行编撰，也可以以个人作品手抄报的方式呈现。

板块五：举办诗歌朗诵会

1．开展“我们一起读诗吧！”诗歌朗诵会，学生可以朗诵原创诗作或者分享交流自己最喜欢的现代诗。

2．将多元评价贯穿“播下诗意的种子”的活动全过程，利用评选“童心诗心，诗写我心”情境，设计各类评价量表，开展语文实践活动中的多元评价。

五、单元整体作业设计

（一）作业设计目标

1．通过“童心诗心，诗写我心”任务驱动展开“轻叩诗歌大门”项目化学习。借助比较阅读、情境诵读等方式初步体会现代诗的一些特点，借助关键词句体会诗人的情感，尝试仿写创作小诗。

2. 通过多种途径阅读、收集、积累更多的诗歌，能对自己收集的诗歌进行整理，与同学合作编成小诗集，合作举办诗歌朗诵会，用合适的语气朗读，表情、体态自然大方。

3. 能用口头或书面方式表达自己的阅读感受，表达自己的情感。通过合作编诗集、举办诗歌朗诵会等形式，享受诗意生活。

（二）作业设计内容

◎ 作业任务一：结社

以诗之名，与诗相遇，与诗相约。全班分组自由组建小诗社，以小组为单位完成表格。每位诗社成员确定一种分工，了解自己的主要任务，也可以请社长（小组长）帮忙协调分配（活动中，不同分工可轮换承担）。

诗社响亮的大名：	
诗社的标识：	成员姓名和分工：
	社长：
	编辑：
	美工：
	采编：
	……

【设计意图：学生自由组合、自选角色，组建诗社，定社名、绘标识。在活动中相互激发天赋潜能，在合作共进中增进协作能力，为后续开展项目化学习奠定良好的基础，培养学生人际交往等综合素养。】

◎ 作业任务二：赏诗

作业1：读《短诗三首》，抓住诗中的关键词句想象画面，完成填空，再有感情地读一读三首诗，走近诗人冰心的时光记忆。

这些事——
是永不漫灭的回忆：
月明的园中，
藤萝的叶下，
母亲的膝上。
边读边想象画面，诗歌表达了诗人的__________情感。

大海啊！
哪一颗星没有光？
哪一朵花没有香？
哪一次我的思潮里
没有你波涛的清响？
诗人连用三个问句，表达了________的情感。

母亲啊！
天上的风雨来了，
鸟儿躲到它的巢里；
心中的风雨来了，
我只躲到你的怀里。
诗句表达了诗人__________的情感。

作业2：搜集摘录：品读《短诗三首》之后，再读一读冰心的诗集《繁星》，选择一首诗工整地抄写下来。注意写出作者和出处。

作业3：仿写创作：朗读你摘录的冰心的诗，想一想诗人是怎样写出自己的感受的？请你仿照这首诗试着也创作一首小诗吧。

【设计意图：本组作业以“品读—摘录—仿写”的诗歌学习主线，让作业有机融入课堂学习中，引导学生捕捉诗中的画面，抓住关键字词体会诗人的内心，品味诗歌的情感。摘录诗歌与仿写小诗活动顺利开启了综合性学习，也为之后编诗集和开朗诵会打下基础。】

作业任务三：比较阅读“自然”组诗

作业1： 朗读《绿》《白桦》和《在天晴了的时候》这三首诗，比较它们在表达上的异同，完成填空。想一想这些词或短语让你联想到怎样的画面？和同学交流一下。

对比	《绿》	《白桦》	《在天晴了的时候》
相同之处			
不同之处			

作业2： 搜集摘录：你知道哪些与植物有关的或描写大自然的诗歌？挑选你最喜欢的一首诗，抄写到摘抄本中。你也可以和诗社小伙伴一起读读大家积累的诗歌，讨论可以从哪些角度给诗歌分类。

<table>
<tr><td colspan="2">我积累的诗歌</td></tr>
<tr><td>同主题诗歌1《　　　　》</td><td>同主题诗歌2《　　　　》</td></tr>
<tr><td colspan="2">我的发现</td></tr>
<tr><td>相同之处</td><td>不同之处</td></tr>
<tr><td></td><td></td></tr>
<tr><td colspan="2">我积累的其他同主题的诗歌（记得也写出作者和出处哦）</td></tr>
<tr><td></td><td></td></tr>
</table>

【设计意图：本组作业比较阅读同属于“自然”主题的诗歌，结合填空展开联想，品悟诗歌。同时引导学生将课内诗歌的比较延伸到课外，与综合性学习中摘录同题诗歌、收集同类诗歌活动相整合，让学生在比较、分析、归纳中逐渐获得分类的能力。】

◎ 作业任务四：写诗荐诗

作业 1：请你试着当个“小诗人”，先构思一下你想创作的小诗，为它配一幅生动的图画，再把小诗写下来，表达自己的感受。为合作合编小诗集做准备。（写的时候要注意分行）

诗中的画面

我想表达：

我的创作：

作业 2：荐诗：阅读诗社中其他小诗人的作品，和学习伙伴进行相互评价，如果你觉得写得不错，可以给他的诗写一段推荐词，也可以针对不足之处提出你的修改建议。

<table>
<tr><td colspan="2">我喜欢他写的这句诗：</td><td colspan="2">我想给这句诗提修改建议：</td></tr>
<tr><td colspan="2">原因：</td><td colspan="2">原因：</td></tr>
<tr><td colspan="4">“__________”诗社赏诗互评表</td></tr>
<tr><td>想象丰富</td><td>有画面感</td><td>书写认真</td><td>……</td></tr>
<tr><td>☆☆☆☆☆</td><td>☆☆☆☆☆</td><td>☆☆☆☆☆</td><td>☆☆☆☆☆</td></tr>
</table>

【设计意图：本组作业围绕写诗活动有梯度地展开，先结合课文中的诗歌进行仿写；再拓展到课外，以诗歌创作加配图描摹的方式构思创作；最后通过诗社成员之间互评互改、推荐诵读的方式激励创作，在交流中徜徉诗海。】

作业任务五：分类整理，制作诗集

“______”诗社汇编诗集任务单		
分工	负责社员姓名	完成时间
分类整理		
抄写录入		
封面插图		
校对信息		
准备工具		
其他		

作业任务六：诗歌朗诵会

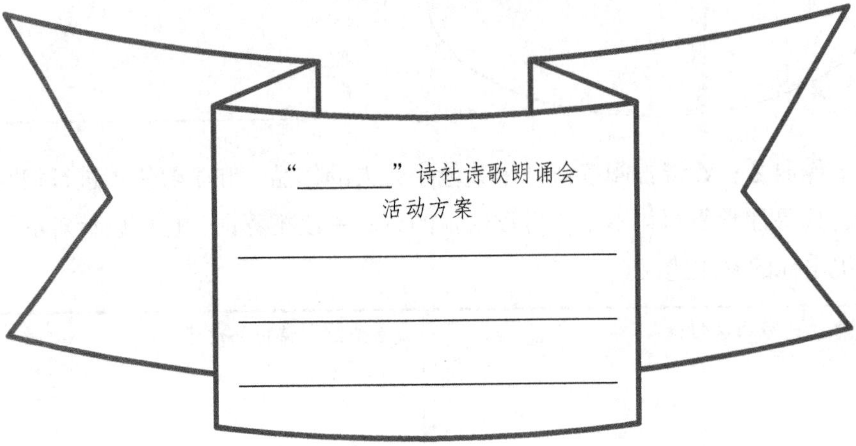

【设计意图：本组作业以记录表、任务表、活动方案等学习支架的形式出现，为学生编小诗集提供了筛选、整理的方法，在合作与互助中有效提升搜集处理信息、整理资料等多项能力。】

六、单元整体评价指标

（一）基本知识和技能评价指标

识字与写字：能正确认读三首诗歌中的生字词，会写其中的生字。

阅读与鉴赏：①能正确、流利、有感情地朗读诗歌，背诵诗歌《短诗三首》《绿》。②能通过品析语言，想象诗歌描绘的画面，借助资料，感受作者表达的情感。

表达与交流：通过举办诗歌朗诵会，学习组织班级活动，学写简单的策划书，锻炼与他人的合作、沟通等能力。

梳理与探究：以表格或者分条的形式列好习作提纲，能写现代诗。符合现代诗的特点，能在诗中表达自己的情感。

（二）关键能力评价指标

1. 通过阅读初步感受现代诗歌的特点，激发朗读诗歌和写现代诗的兴趣。

2. 能积累自己喜爱的诗歌，通过阅读、收集、分类整理现代诗，学会摘抄，学会与人合作创编诗集。

（三）必备品格与价值观念评价指标

团结协作，在活动中感受朗诵诗歌带来的乐趣，乐于欣赏同学创作的诗。

（四）学习兴趣与习惯评价指标

1. 初步掌握分类整理资料的方法，体验合作整理及分享资料的快乐。

2. 有自主收集、诵读、创作现代诗的兴趣。

第五章

统编语文教材五年级单元整体教学设计与实施例谈

第一节　五年级上册教材教学整体简析

一、五年级上册整体教学内容

本册教材安排了八个单元，其中六个单元是以人文主题和语文要素双线结构组成的单元，其人文主题分别是“万物有灵”“民间故事”“爱国情怀”“舐犊情深”“自然之趣”“读书明智”。还有两个特殊单元：第二单元“提高阅读的速度”是一个阅读策略单元，是围绕阅读策略的学习编排的；第五单元“说明性文章”是一个习作例文单元，是围绕培养习作能力编排的。这种单元类型，不以双线结构的方法来编排，而是完全以阅读策略为主线进行编排。本册教材安排了四次口语交际，一个“快乐读书吧”。除了习作单元没有安排语文园地，一共安排了七个语文园地。

二、五年级上册整体教学目标

（一）识字与写字

1. 有较强的独立识字能力。认识常用汉字200个，会写常用汉字220个。

2. 硬笔书写楷书，行款整齐，力求美观，有一定的速度。

3. 能用毛笔书写楷书，在书写中体会汉字的优美。

4. 写字姿势正确，有良好的书写习惯。

（二）阅读与鉴赏

1. 能用普通话正确、流利、有感情地朗读课文。

2. 默读有一定速度，一般每分钟不少于300字。能根据需要搜集信息。

3. 能联系上下文和自己的积累，推想课文中有关词句的意思，辨别词语的感情色彩，体会其表达效果。

4. 在阅读中了解文章的表达顺序，体会作者的思想感情，初步领悟文章的基本表达方法。在交流和讨论中，敢于提出看法，作出自己的判断。

5. 阅读叙事性作品，了解事件梗概，能简单描述自己印象最深的场景、人物、细节，说出自己的喜爱、憎恶、崇敬、向往、同情等感受。阅读诗歌，大体把握诗意，想象诗歌描述的情境，体会作品的情感。受到优秀作品的感染和激励，向往和追求美好的理想。阅读说明性文章，能抓住要点，了解文章的基本说明方法。

6. 诵读优秀诗文，注意通过语调、韵律、节奏等体味作品的内容和情感。背诵优秀诗文。

7. 扩展阅读面。课外阅读总量不少于25万字。

（三）表达与交流

1. 与人交流能尊重和理解对方，听人说话认真、耐心，能抓住要点，并能简要转述。

2. 乐于参与讨论，敢于发表自己的意见，且表达有条理，语气、语调适当，注意语言美。

3. 能根据对象和场合，稍作准备，作简单的发言。

4. 养成留心观察周围事物的习惯，有意识地丰富自己的见闻，珍视个人的独特感受，积累习作素材。

5. 能写简单的记实作文和想象作文，内容具体，感情真实。能根据内容表达的需要，分段表述。学写读书笔记，学写常见应用文。

6. 修改自己的习作，并主动与他人交换修改，做到语句通顺，行款正确，书写规范、整洁。根据表达需要，正确使用常用的标点符号。

（四）梳理与探究

1. 分类整理学过的字词，发现所学汉字音、形、义和书写的特点，发展独立识字和写字能力。

2. 初步总结交流课文借助具体事物抒发感情的方法。

3. 总结归纳提高阅读速度、创造性复述故事和体会作者表达感情的方法。

4. 初步了解查找资料、运用资料的基本方法，利用资料体会课文表达的思想感情。

5. 总结说明性文章的特点，体会恰当使用说明方法的好处。

6. 初步体会动态描写和静态描写的好处并主动积累。

7. 能结合自己的读书经历梳理总结选择好书的方法，和同伴交流自己找书读的经验，初步尝试制定阅读计划。

三、五年级上册整体教学建议

（一）识字与写字

在五年级的识字教学中，要鼓励学生运用学过的识字方法自主识字，继续培养学生独立识字的能力，特别是难字、容易出错的字，要用恰当的方法加以点拨。写字教学，应指导学生写规范、端正、整洁、行款整齐，书写美观，并且有一定的速度，给学生展示自己书写作品的机会，进一步激发书写的兴趣。帮助学生掌握学习多音字的方法，形成分辨多音字读音的能力，学会借助字义推断字音。

（二）阅读与鉴赏

本册有些课文篇幅较长，所表达的思想情感更加含蓄、深刻。教学时，要依据每篇课文的课后练习确定教学内容，留出充足时间让学生阅读，整体感知课文内容，不能只让学生关注某些词句、段落，避免阅读的“碎片化”。准确把握精读课文、略读课文、文言文等不同类型课文的目标定位，避免拔高要求。还要重视课外阅读，充分利用“快乐读书吧”，将课外阅读课程化落到实处。

（三）表达与交流

1. 依据不同的口语交际类型，设计符合交际话题的情境，有侧重地培养学生的倾听、表达或应对能力。重视交际方法、策略的学习，教学时应设置不同的话题和情境，引导学生在完成真实交际任务的同时，实践交际方法，学习运用交际技巧和交际策略，在不同情境下实现交际目标，发展口头表达能力，不断增强交际的勇气和自信心，懂得尊重对方。

2. 准确把握每次习作的目标要求，让学生进一步懂得习作是为了自我表达和与人交流，习作要写出真情实感，并且学会使用恰当的语言。继续重视引导学生修改自己的习作，并且能主动与他人交换修改，能参考同学提出的修改建议，发现自己习作的问题所在，保持修改习作的良好习惯。要准确把握习作单元的编排意图，紧紧围绕培养学生的习作能力开展教学。

（四）梳理与探究

1. 利用“识字表”“写字表”和“词语表”，整理出多音字、易错字、形近字、近义词，理解重点词语。

2. 结合课文，引导学生交流总结，落实每单元的语文要素：结合课文，引导学生交流总结“课文借助具体事物抒发感情的方法”，引导学生“归纳提高阅读速度的方法”并在课外阅读中加强提高阅读方法的运用，重视引导学生“总结说明性文章的特点，认识说明方法，体会恰当使用说明方法的好处”，交流总结体会作者表达感情的方法，体会动态描写和静态描写的好处并主动积累；利用“快乐读书吧”，加强整合，利用课后练习活动化设计，为学生创造创造性复述故事的情景，并引导“总结创造性复述故事的方法”；结合资料，引导学生体会课文表达的思想感情并能围绕“如何通过朗读表达课文的情感”展开交流；开展读书方法交流会，学生结合自己的读书经历和同伴交流自己找好书的经验，初步尝试制定阅读计划，拓展自主阅读的空间。

第二节　五年级上册单元语文要素有效落实评价指标序列表

单元	类型/人文主题	单元选文	单元语文要素达标评价指标			
			识字写字要素达标评价指标	阅读要素达标评价指标	口语交际要素达标评价指标	习作要素达标评价指标
第一单元	万物有灵	《白鹭》 《落花生》 《桂花雨》 《珍珠鸟》	会写24个生字，读准1个多音字，会写30个字，会写25个词语。	1. 能把握课文主要内容，体会作者表达的情感。 2. 能从自己的阅读体验出发，梳理和总结课文借助具体事物抒发情感或说明道理的方法。	能关注班级中当下存在的突出问题，表达个人观点，承担有实际意义的交际任务，能尊重不同见解，梳理、总结大家的意见，团结合作，文明沟通。	1. 能把自己心爱之物的样子、来历写清楚，表达自己的喜爱之情。 2. 乐于分享习作，与同学互相评价交流，提出修改建议。
第二单元	阅读策略单元：提高阅读的速度	《搭石》 《将相和》 《什么比猎豹的速度更快》 《冀中的地道战》	认识29个生字，读准6个多音字，会写43个字，会写55个词语。	1. 学习“集中注意力”“不要回读”“连词成句地读”“抓住关键词”“带着问题读”等提高阅读速度的方法，养成良好的阅读习惯。 2. 能够概括课文的主要内容。 3. 能够通过印象深刻的画面或具体的事例感受人物的特点和品质。		1. 能围绕“漫画形象”展开联想，关注人物外貌、性格、爱好等方面的特别之处，并结合一两件具体事例表现人物特点。 2. 能评价、修改同学和自己的习作。

（续表）

单元	类型/人文主题	单元选文	单元语文要素达标评价指标			
			识字写字要素达标评价指标	阅读要素达标评价指标	口语交际要素达标评价指标	习作要素达标评价指标
第三单元	民间故事	《猎人海力布》 《牛郎织女（一）》 《牛郎织女（二）》	认识24个字，读准1个多音字，会写25个字，会写30个词语。	1．能用较快的速度默读课文，了解课文主要内容。 2．熟悉故事情节，能创造性地复述故事；在尊重课文基本内容和价值取向的基础上，把故事讲得更有吸引力，发展创造性思维，培养丰富的想象力。	能运用本单元已学方法，添加人物对话，丰富故事情节，配上相应动作、表情等创造性地讲故事，把故事讲得更生动、更有吸引力。学会评价建议。	1．掌握“缩写故事”的基本方法，会把较长的故事缩写成简短的故事；能提高理解和概括能力。 2．能明确缩写后的故事要内容完整、情节连贯、语句通顺。
第四单元	爱国情怀	《古诗三首》 《少年中国说（节选）》 《圆明园的毁灭》 《小岛》	认识31个生字，读准1个多音字，会写30个字，会写23个词语。	能借助题目、注释和相关资料，了解课文大意，体会课文表达的思想感情。		1．能从现实生活体验出发，大胆想象二十年后家乡的样子，打开习作思路。 2．能列习作提纲，借助列提纲和修改提纲的过程厘清思路、组织材料。 3．在习作中能分段叙述，把重点部分写具体。 4．能根据同学的建议修改习作。

（续表）

单元	类型/人文主题	单元选文	单元语文要素达标评价指标			
			识字写字要素达标评价指标	阅读要素达标评价指标	口语交际要素达标评价指标	习作要素达标评价指标
第五单元	习作例文单元：说明性文章	《太阳》《松鼠》	认识12个生字，会写20个字，会写22个词语。	1. 能阅读简单的说明性文章，了解基本的说明方法，结合具体语句体会使用说明方法的好处。 2. 初步体会说明性文章不同的语言风格。		1. 能有针对性积累习作素材，收集相关资料。 2. 能用恰当的说明方法，分段介绍事物的不同方面，写清楚事物的主要特点。 3. 能在小组互评和推荐，切实感受说明性文章的作用。
第六单元	舐犊情深	《慈母情深》《父爱之舟》《“精彩极了”和“糟糕透了”》	认识32个生字，会写28个字，会写39个词语。	1. 能通过品读交流印象深刻的场景、细节，并联系生活实际，体会作者的情感。 2. 能理解文本中含义深刻的句子，体会文中反复出现的词语的表达效果。	1. 能选择恰当的材料支持自己的观点。 2. 能尊重别人的观点，对别人的发言给予积极回应，注意使用恰当的语气。	能回忆生活经历，找准倾诉心声的切入点，选择倾诉对象，通过书信的方式，用恰当的语言表达自己的看法和感受。

（续表）

单元	类型 / 人文主题	单元选文	单元语文要素达标评价指标			
			识字写字要素达标评价指标	阅读要素达标评价指标	口语交际要素达标评价指标	习作要素达标评价指标
第七单元	自然之趣	《古诗词三首》 《四季之美》 《鸟的天堂》 《月迹》	认识16个生字，读准3个多音字，会写26个字，会写23个词语。	1. 能联系上下文，想象课文中所描绘的景象，初步体会静态描写和动态描写的作用。 2. 能在反复朗读中体会景致独特的韵味，品味、积累课文中的静态描写和动态描写的优美语句。		1. 能理解半命题“______即景”的意思，补充完整题目。 2. 能观察景物的变化，打开习作思路，按照一定的顺序描写，写出景物的动态变化，写下观察所得，并对不满意的地方进行修改。
第八单元	读书明智	《古人谈读书》 《忆读书》 《我的“长生果”》	认识32个生字，读准5个多音字，会写18个字，会写15个词语。	1. 能借助注释理解课文大意。 2. 能联系自己的读书体会，说出课文内容带来的启发。 3. 能梳理作者的读书经历，说出作者对“好书”的看法，体会作者在读书中悟出的道理。	1. 能分条讲述，把介绍人物形象的理由说清楚。 2. 听人说话能抓重点。	能从内容、语言、情节、人物个性、思想启迪等不同角度，分段介绍清楚自己推荐的一本书的基本信息；能把重要的理由写清楚。

第三节　五年级上册单元整体教学设计与实施典型案例分析

本节选取统编语文教材五年级上册第八单元进行分析。

一、单元内容整体解读

本单元以“读书明智”为主题，编排了精读课文《古人谈读书》《忆读书》和略读课文《我的“长生果”》。《古人谈读书》选取古人关于读书学习的文言文片段，告诉我们读书的态度和方法。《忆读书》和《我的“长生果”》通过回忆自己的读书经历，总结读书、作文的方法，告诉我们应该读什么样的书，怎样读书，阐明从读书、作文中悟出的道理。本单元口语交际训练的内容是“我最喜欢的人物形象”，习作要求是“根据表达的需要，分段表述，突出重点”，习作话题为“推荐一本书”。口语交际和习作衔接紧密，从口头表达到书面表达，从分条到分段，有梯度地引导学生条理清楚、重点突出地表达。

本单元三篇课文从不同角度分别介绍了从古至今人们读书的态度、方法、经历与感悟，结合本单元的语文要素是“根据要求梳理信息，把握内容要点”。本单元的教学重点是引导学生在阅读实践中，借助圈画关键词句、列提纲、画表格或结构图等形式，根据需要对提取的信息进行归纳、整理，把握主要内容。难点是让学生根据习作要求，对材料有所选择，并有条理地表述，把重要的内容写具体。

二、单元整体教学目标

（一）整体教学核心目标

1. 通读本单元课文，自学生字词，借助注释，抓住关键词，了解课文大意，能够概括主要内容。

2. 学习在阅读时梳理信息，把握读好书的要点，体会作者悟出的道理。

3. 通过本单元学习，能联系自己的读书经历，说出课文内容带来的启发。

（二）各项目任务分级目标

1. 文本阅读欣赏教学目标

（1）运用快速默读的方法，能借助注释，抓住关键词句，捕捉和梳理相关信息，把握相关内容的要点。

（2）结合自身的读书经历，理解课文中谈到的读书、选书方法和作者悟出的道理等，思考并学习选书、读书。

2. 表达创作交流教学目标

（1）能分条讲述，把喜欢的人物形象的特点说清楚。

（2）懂得推荐一本书的价值，明确习作要求，结合自己的表达需要，能借助表格、思维导图等梳理信息，列出提纲；习作时注意分段表述，重要的推荐理由写清楚、写具体。

（3）以推荐效果来评价自己和同学的习作，并从中习得更有效的推荐策略。

3. 知识梳理探究教学目标

（1）整合本单元各课的字词，学会重点字词的音、形、义，初步感知文章内容。

（2）能联系自己的读书经历，说出从课文内容得到的启发。

（3）欣赏书法作品，初步了解欧楷的用笔、结构等特点，通过对欧体楷书艺术风格和表现形式的欣赏，感受汉字和书法的魅力。

（4）能梳理总结如何找书读的方法。借助比喻句表达自己对书的看法。

4. 整本书阅读的教学目标

（1）尝试运用多种阅读策略阅读自己喜欢的一本书，大致了解全书的内容，体会作者在阅读、写作中的感悟。

（2）制定阅读计划，能按照学到的梳理信息的方法梳理所读之书的内容。

5. 语文实践活动教学目标

（1）根据学习单，分条讲述自己喜爱的人物，把理由说清楚。

（2）围绕“读书”主题开展实践活动，积极向同学推荐一本书并说明理由，根据表达内容需要，分段表述，突出重点。

（3）听别人说话要能抓住要点。

三、单元语文要素简析

本单元安排的课文均与读书有关，所涉及的作家读书经历、读书感悟、阅读方法等内容和学生的学习生活密切相关，在教学时，首先要引导学生结合自己的学习和生活实际，根据要求梳理出信息，学习一些读书和写作的方法，并且明白阅读的重要意义，激发他们对阅读的兴趣，逐步养成阅读的习惯，从而受益终身。其次，要注重单元间的整合，可以把三篇课文作为一组进行教学，组织指向“根据要求梳理信息，把握内容要点”这一目标的学习活动。如，可以让学生从多篇文章中梳理作家的读书经历，梳理关于读书方法的信息，可以提取、整合文章中介绍的书目信息。

对于本单元的语文要素，教材从低年级就开始有意识地涉及“梳理信息，把握要点”，有的直接作为单元的语文要素强调，有的则出现在语文园地的写话或习作中。从以下表格可以看出不同年级对“梳理信息，把握要点”的编排层次。

册序	单元	出现位置	语文要素	
			阅读要素	表达要素
二上	第一单元	单元导读页	借助图片，了解课文内容。	
二下	第六单元	单元导读页	提取主要信息，了解课文内容。	
	第七单元	语文园地（写话）		写清楚自己想养小动物的理由。
三上	第八单元	单元导读页	学习带着问题默读，理解课文的意思。	
三下	第六单元	单元导读页、习作		写一个身边的人，尝试写出他的特点。
	第七单元	单元导读页		初步学习整合信息，介绍一种事物。
四上	第一单元	单元导读页、习作		向同学推荐一个好地方，写清楚推荐的理由。

（续表）

册序	单元	出现位置	语文要素	
			阅读要素	表达要素
四上	第四单元	单元导读页	了解故事的起因、经过、结果，学习把握文章的主要内容。	
	第七单元	单元导读页	关注主要人物和事件，学习把握文章的主要内容。	
四下	第四单元	单元导读页、习作		写自己喜欢的动物，试着写出动物的特点。
	第六单元	单元导读页	学习怎样把握长文章的主要内容。	
五上	第四单元	单元导读页		学习列提纲，分段叙述。
	第八单元	单元导读页	阅读时注意梳理信息，把握内容要点。	根据表达的需要，分段表述，突出重点。
五下	第一单元	单元导读页		把一件事的重点部分写具体。
	第七单元	单元导读页、习作		搜集资料，介绍一个地方。
六上	第一单元	单元导读页、习作		习作时发挥想象，把重点部分写得详细一些。
	第六单元	单元导读页	抓住关键句，把握文章的主要观点。	
	第八单元	单元导读页	借助相关资料，理解课文主要内容。	
六下	第一单元	单元导读页、习作		习作时注意抓住重点，写出特点。

四、单元整体教学设计

（一）单元整体教学设计框架

1．研讨活动主题，明确学习任务

（1）借助前置性学习任务单，布置学生通读本单元的学习内容，对本单元有初步认知，为研讨单元活动主题做好铺垫。

（2）组织学生分小组制定本单元学习主题“推荐一本书”的活动方案。

（3）小组交流“推荐一本书”活动细节，确定最有效的活动方案，明确本单元学习任务和小组成员的分工。

2．通读单元课文，了解文本大意

（1）通读单元课文，自学各课生字词，读准字音，读通句子。

（2）小组合作，检测达标学文，全班过关。

（3）小组合作，概括本单元各课的主要内容。

3．探究文本语言，梳理读书信息

（1）小组合作，交流学习难懂语句，从中梳理出从古至今，人们读书的态度、方法、经历和感悟。

（2）实施大任务：组学辨思，运用表格、思维导图等形式来梳理古人、作家的读书经历、读书方法等信息，可以提取、整合文章中介绍的信息，把握内容要点。

4．实施单元活动，开展“好书漂流”实践活动

（1）利用学习单，梳理交流相关内容。

（2）实践活动：开展“好书漂流”活动，交流分享自己的读书经历和方法。

5．探讨读写要素，迁移运用读写方法

（1）运用迁移梳理信息，把握要点的方法，能借助表格、思维导图等梳理信息，梳理自己喜欢的人物形象信息，条理清晰地向别人讲述自己喜欢这个人物形象的理由。

（2）探讨推荐一本书的方法：运用迁移梳理信息，把握要点的方法，结合自己的表达需要，梳理自己最喜欢的一本书的书名、作者、出版社等基本信息，重点列出推荐理由；分段表述，重要的推荐理由写清楚、写具体，重点突出。

6．总结归纳收获，展示学习成果

（1）分小组结合本单元学习情况讨论学习收获与困惑，并做记录。

（2）结合本单元的实践活动，自主选择不同形式展示交流学习成果。

（3）对照单元整体评价指标，采取多元评价方式（师评、自评、互评、他评），有效评价学生在本单元学习中的具体表现。

（二）单元整体教学具体设计

本单元设置六大板块，需要12～13课时，安排如下：单元导读1课时，文本阅读欣赏4课时，表达创作交流3课时，知识梳理探究1课时，整本书阅读2课时，语文实践活动1～2课时。

◎ 板块一：单元导读

学习任务一：阅读单元导读页，了解本单元人文主题与语文要素，明确学习任务。

学习任务二：快速浏览整个单元的学习内容，知道本单元以“读书明智”为主题，大致了解三篇课文的内容。

学习任务三：结合预习单，了解本单元这三篇课文的作者资料。

◎ 板块二：文本阅读欣赏

学习任务一：同伴互助，自主识字

1. 借助本单元的生字表、词语表，完成预习单的“字词”部分，学生在小组中互相检查本单元生字的掌握情况，从音、形、义展开重点交流。

课 题	生字词我会认读	我新学会的词语	易错字词	多音字
《古人谈读书》				
《忆读书》				
《我的“长生果”》				

2. 多种形式评测学生对生字新词的掌握情况，重点教难字、特殊字。

3. 结合课文内容检测学生对本单元生字新词的读音、词义的掌握程度。

学习任务二：通读文本，整体感知

1. 通读文本：小组合作，通读本单元三篇课文，说说三篇课文的大意。

2. 了解大意：结合注释、课后题和导学单，交流三篇课文的主要内容，想想从古至今人们为什么重视读书？读书有什么好处呢？请试着填一填。

<table>
<tr><th>主 题</th><th>课 题</th><th>读书的好处</th></tr>
<tr><td rowspan="3">读书明智</td><td></td><td></td></tr>
<tr><td></td><td></td></tr>
<tr><td></td><td></td></tr>
</table>

3. 展示朗读：小组成员各自选读自己喜欢的篇章语段，朗读给全班听，师生评价。

4. 分享感受：说说课文中令自己最难忘的读书故事。

学习任务三：博采众长学读书

学习活动一：学习古人的读书智慧

1. 梳理学法：借助注释、结合资料、猜测、借助工具书、联系上下文……

2. 疏通文意：用自己的话说说《古人谈读书》的意思。

3. 梳理观点：借助表格梳理古人的读书方法。

古人谈读书		
孔子		朱熹
学习态度		
学习方法		

4. 指导背诵：借助上表，指导背诵。

5. 联读日积月累《观书有感》：借助注释理解意思，梳理景物和书的关系。

学习活动二：学习名家的读书故事

1. 明确梳理要求。

●用较快的速度默读课文，说说冰心回忆了自己读书的哪些经历，她认为什么样的书才是好书。

用较快的速度默读课文，说说作者读过哪些类型的书，从童年读书、作文中悟出了哪些道理。

2．深入阅读，梳理信息。

（1）时间轴式梳理信息。

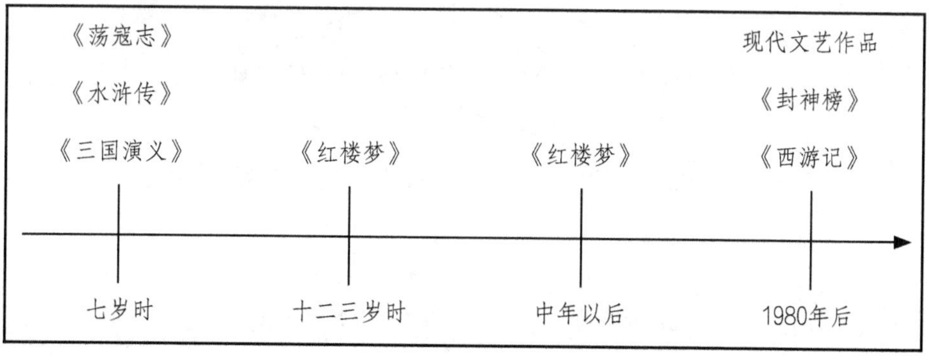

（2）表格式梳理信息。

小组合作，用较快的速度默读课文，并用圈画关键词语、批注等方法自学课文，完成表格后研读讨论。

读书经历		对这些书的感受或评价	好书的标准
阅读时间	阅读书目 / 类型		
七岁	《三国演义》	听得津津有味，引起对章回体小说的兴趣。	能引发人阅读期待，激发阅读兴趣。
	《水浒传》	尤其欣赏，人物描写生动。	人物形象生动、栩栩如生、个性鲜明。
	《荡寇志》	没有人物个性，索然无味。	
十二三岁/中年以后	《红楼梦》	十二三岁，兴趣不大，人物使人厌烦；中年后再读，尝到其中滋味。	耐人寻味。
1980年后	《西游记》	精彩。	故事情节精彩，不烦琐。
	《封神榜》	烦琐。	
	现代文艺作品	有的堆砌华丽词句，无病呻吟；有的满带感情，质朴浅显，使人心动神移，不能自已。	满带真情实感，质朴浅显，使人心动神移，不能自已。

（3）结构图式梳理信息。

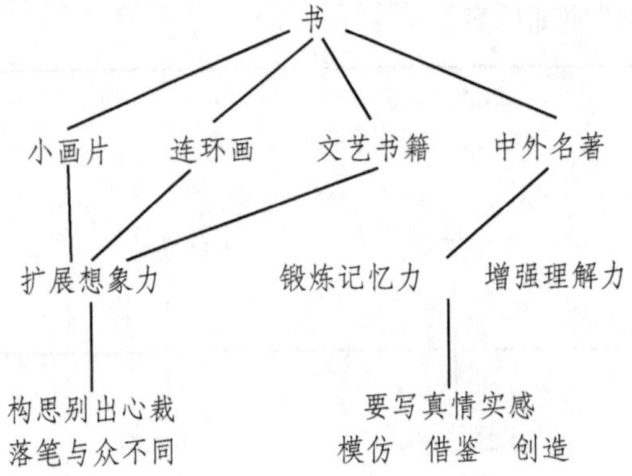

3．整合信息，梳理发现。

（1）联系自己阅读的经历，辨析讨论读书的好处，选书的方法。

（2）联系自己阅读的经历，谈谈读书和写作之间的关系。

4．总结方法，拓展延伸。

（1）阅读文章，按照作者记叙的顺序抓住要点，梳理文章内容。

（2）梳理信息的方式：分条目、思维导图、图表、结构图等等。

（3）拓展延伸：说说自己的读书故事。

板块三：表达创作交流

学习任务一：创设情境，明确交际要求

1．游戏：你来表演，我来猜。

2．分组交流：学生介绍自己本学期看过的书或影视作品，说说最喜欢其中的哪个人物，并说明理由。

3．借助导学单，构建交际语言支架：观察导学单，说说表格除了介绍人物外，还介绍了什么。

4．阅读“小贴士”，明确要求：说话条理要清楚，要介绍出处和喜欢的理由。

学习任务二：合作探究，尝试交际

1．分小组，填表，介绍自己喜欢的人物形象，要分条讲述，把理由说清楚。

2．推优展示，同伴评价。

口语交际评价表

姓名：	表达		倾听	
	有条理 说清楚	有礼貌 音量适中	抓重点 听明白	认真听 有回应
评价	☆☆☆	☆☆☆	☆☆☆	☆☆☆

学习任务三：交流展示，及时点评

学习任务四：细读提示，明确任务

读习作要求，明确推荐一本书要介绍清楚推荐理由，把握习作重点。

学习任务五：小组合作，交流选材

1．明确推荐书籍，要介绍清楚书名、内容，要说清楚推荐理由。

2．同伴评价，注意推荐的理由是否表述清楚。

学习任务六：例文引路，打开思路

1．回顾单元课文，迁移写法：推荐理由可以从内容、语言、情节、人物形象、思想启迪、实用价值等不同角度推荐。

2．根据课文中的典型事例，确定选材。

学习任务七：独立思考，自主习作

学生再次默读习作要求，独立思考，完成习作。

学习任务八：展示交流，互评互改

1．展示交流，同伴互评。

2．互改互评，优化习作。

◎ 板块四：知识梳理探究

学习任务一：查缺补漏，夯实基础

1．生字分类。

按结构分类	易读错字	易写错字	多音字
左右结构			
上下结构			
半包围结构			

2．词语梳理。

学习任务二：交流方法，制定计划

1. 细读“交流平台”内容，梳理找书读的方法。

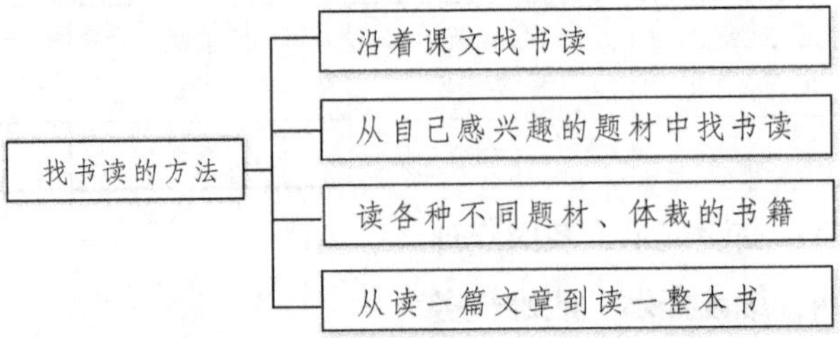

2. 寒假即将来到，制定自己读书的计划。

学习任务三：学习“词句段运用”，强化运用

1. 学习用比喻句来表达自己对书的理解。

2. 学习排列句子的顺序，体会阅读和写作的关系。

学习任务四：欣赏碑帖，了解特点

欣赏碑帖，了解欧阳询的书法特点及代表作。

学习任务五：背诵古诗，日积月累

◎ 板块五：整本书阅读

学习任务一：细听片段，猜整书名

听故事片段《桃园三结义》，猜整本书书名。

学习任务二：引导阅读，发现信息

1. 看封面，知作者，猜情节。

2. 知文体，初识章回体小说。

3. 读回目，了解章回体小说回目特点。

学习任务三：共同研讨，制定计划

1. 每天至少阅读 2 章，2 周左右读完整本书。

2. 用自己喜欢的方式梳理一个主要人物的生平。

学习任务四：阅读小说，梳理脉络

1. 利用时间轴，梳理小说的情节与脉络。

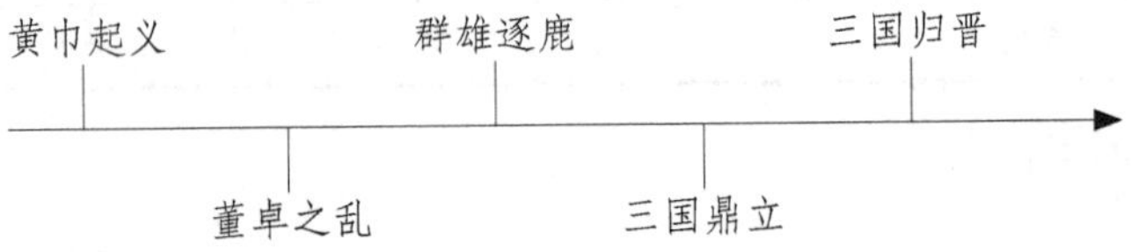

2．理清小说中的主要人物。

学习任务五：研读题目，赏析情节

1．分小组，读题目，猜精彩情节。

2．小组合作，赏析精彩片段。

学习任务六：众说纷纭，论英雄

滚滚长江东逝水，浪花淘尽英雄。《三国演义》中英雄众多，你最欣赏的是哪一个，又对哪一个人物有自己与众不同的看法呢？

1．你讲我猜：听故事猜人物，听片段猜人物。

2．介绍人物卡片，交流分享自己眼中的“三国英雄”。

3．评选最受欢迎的“三国英雄”，并说说理由。

板块六：语文实践活动

学习任务一：确立主题，明确任务

书香伴随我们健康成长，让“好书漂流”，请你向大家推荐一本好书。

学习任务二：组织活动，合作完成

1．学生交流自己读整本书的方法，并梳理归纳。

介绍书名→说说主要内容→积累的好词好句→学到的写作方法→明白的道理→分享诵读精彩片段……

2．小组合作，介绍自己读整本书的内容。

3．利用思维导图，梳理自己推荐的书籍的脉络。

学习任务三：交流分享，展示汇报

1．“好书漂流”：分小组，推选分享者按顺序上台分享推荐自己喜欢的一本书。

2．当好“听众”：认真聆听，能够评价分享的优点，还能委婉地提出存在的不足。

项目	评价
推荐理由充分	☆ ☆ ☆ ☆ ☆
语言具有感染力	☆ ☆ ☆ ☆ ☆
推荐成功	☆ ☆ ☆ ☆ ☆

3．结合评价表，师生评选最佳推荐人。

五、单元整体作业设计

（一）作业设计目标

1. 积累运用本单元所学的生字、新词。

2. 掌握梳理信息的方法，借助各种符号圈画并利用图表梳理、整合信息，并且分条写清楚理由，对提取的信息进行归纳、整理，把握主要内容。

3. 抓住本单元课文关键词句，结合自己的读书经历，运用梳理的信息，对读书方法发表自己的看法，并选择适合的读书方法。

4. 学会有条理地归纳信息，运用“特点+事例”的方法介绍人物形象；能分段表述自己喜欢的一本好书推荐理由，抓住要点把重要的理由写具体。

（二）作业设计内容

◎ 作业任务一：走进名人的读书世界

作业 1：《古人谈读书》选取了古人关于读书学习的文言文片段，告诉我们读书的态度、经历与感悟。结合注释，理解文言文，完成下表。

古人谈读书		
人物	孔子	朱熹
学习态度		
学习方法		

【设计意图：借此表格引导学生通过阅读文本，梳理出孔子和朱熹两位古人的读书态度和读书方法，有利于学生了解文言文的大意。】

作业 2：《忆读书》写了作家冰心回忆自己童年时期的读书经历、经验、选书标准及读书方法。请用图表的方式展示对课文内容的理解。

读书经历		对这些书的感受或评价	好书的标准
阅读时间	阅读书目 / 类型		
七岁	《三国演义》	听得津津有味，引起对章回体小说的兴趣。	
	《水浒传》		人物形象生动、栩栩如生、个性鲜明。
	《荡寇志》		
十二三岁/中年以后	《红楼梦》		耐人寻味。
1980年后	《西游记》	精彩。	
	《封神榜》	烦琐。	
	现代文艺作品		满带真情实感，质朴浅显，使人心动神移，不能自已。

【设计意图：通过该项作业引导学生借助表格，抓住要点梳理信息，培养学生梳理信息的能力。】

作业3：请阅读《我的“长生果”》，借助表格，梳理作者读过哪些类型的书，体会作者从读书、作文中悟出来的道理。

时间脉络	书的类型	获得的道理			
最早		阅　读		作　文	
后来		扩展了我的想象力。		构思别出心裁，落笔与众不同。	
渐渐地					
再后来					

【设计意图：借助该项作业，引导学生学会运用合适的方法梳理文本信息，把握课文内容，初步感知作者表达的大意。】

作业4：“旧书不厌百回读，熟读深思子自知”，古今中外，很多名人都爱读书，更有他们的读书方法。除了课文介绍的之外，还有很多名人的读书故事，让我们一起去他们的读书世界，找找他们的读书方法。

人物	出处	读书方法	受到的启发

【设计意图：拓展课外阅读，此项作业紧扣单元语文要素，引导学生根据要求梳理信息，补充了解古今中外名人们的读书方法。】

作业5：很多名人都对书进行了巧妙的比喻。高尔基说："书籍是人类进步的阶梯。"你还知道哪些名人对书的比喻？你又会把书比喻成什么？让我们把自己最喜欢的比喻作成书签，藏进自己喜欢的书本里。

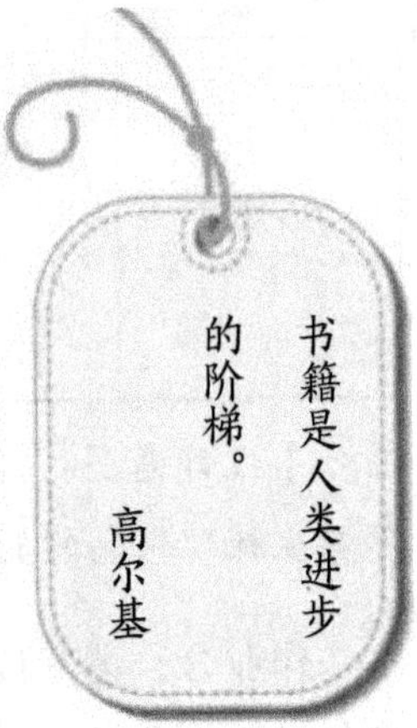

【设计意图：书签设计与语文园地中的"词句段运用"巧妙结合起来，带领学生走近名人的读书世界，学习名人们的读书方法。】

作业任务二：回忆我的读书经历

作业1：作家冰心回忆了她的读书经历，她永远觉得读书是她"生命中最大的快乐！"你读过哪些书呢？你是怎么想到要去找这些书读的呢？让我们把自己的找书小妙招用思维导图记录下来，和同学分享吧。

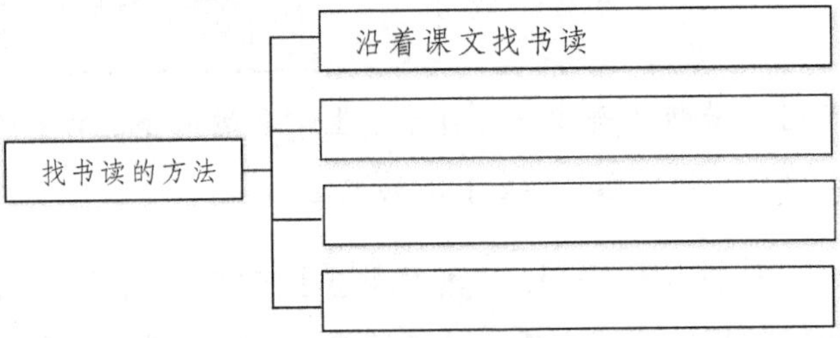

【设计意图：结合语文园地中的"交流平台"，引导学生用思维导图的形式交流和分享自己找书读的方法，也是对课文的梳理与总结。】

作业2：读书就像交朋友，读着读着我们常常会被书中一些人物吸引和感动。哪本书中的哪个人物最让你喜欢呢？请你搜集并整理这个人物形象的相关信息，完成人物卡。

阅读者		阅读时间	
书　名		作　者	
我最喜欢的人物			
我喜欢的理由			

【设计意图：要求学生制作人物读书卡是在课文基础上的延伸与拓展，是为本单元口语交际“我最喜欢的人物形象”做好准备。】

作业任务三：分享读过的好书

作业1： 读书是一件快乐的事，哪本书哪些内容会让你浮想联翩，请用绘画或者文字留住精彩瞬间。

【设计意图：这项作业旨在进一步激发学生的阅读欲望。回忆并用恰当的方法记录在阅读过程中充满趣味的联想。】

作业2： “我是小小讲书人”，跟家人介绍自己读书时最喜欢的片段或者自己的读书收获。

【设计意图：开展真实、生动的语言实践活动，借此提升孩子的语言表达能力。】

作业3： 你最喜欢哪本书？请你根据要求把它设计成一张海报吧。海报内容包含书名、作者、出版社等基本信息。最重要的是写清楚你推荐这本书的理由。

【设计意图：本单元习作内容是“推荐一本书”，要求学生写具体推荐这本书的理由。此项作业意在引导学生将习作内容进行分块梳理，为习作做好铺垫。】

六、单元整体评价指标

（一）基本知识和技能评价指标

识字与写字： ①通过本单元的学习，学生认识32个生字，读准 5 个多音字，会写18个字，会写15个词语。②能借助注释，联系语境理解相关词语的意思。③在学习本单元文本时遇到不认识的字，能根据字形推断字音字义。

阅读与鉴赏：①能借助注释理解课文大意。②能联系自己的读书体会，说出课文内容带来的启发。③能用表格、思维导图等方法梳理作者的读书经历，说出作者对“好书”的看法，体会作者在读书中悟出的道理。

表达与交流：①能分条讲述，把介绍人物形象的理由说清楚。②听人说话能抓重点。③能从内容、语言、情节、人物个性、思想主题等不同角度，分段介绍清楚自己推荐的一本书的基本信息。④能把重要的推荐理由写清楚。⑤能积极参加实践活动，提高语言表达能力。

梳理与探究：①通过本单元的学习，能用表格、思维导图等方法梳理信息，把握内容要点。②能结合自己的读书经历说说读书方法。③能分段清楚地介绍自己推荐的一本书的基本信息，并把重要的理由写清楚。④能积极参加实践活动，制定阅读计划。

（二）关键能力评价指标

1. 通过本单元的学习，学生能借助圈画关键词句、列提纲、思维导图等方法整理、归纳信息，把握内容要点。

2. 能掌握“分段叙述”“把重点部分写具体”，有条理地推荐一本书。

（三）必备品格与价值观念评价指标

通过本单元的学习活动，了解从古至今名人们读书的态度、方法、经历和感悟，明确该读什么样的书，该怎样读书。

（四）学习兴趣与习惯评价指标

1. 通过本单元的学习，学生能用列提纲、画思维导图等方法梳理读书的信息。

2. 在以“读书”为主题的实践活动中，学生能条理清晰地推荐自己喜欢的一本书，其他学生能仔细倾听，当好评委，培养良好的人际交往能力。

第四节　五年级下册教材教学整体简析

一、五年级下册整体教学内容

本册教材安排了八个单元，其中六个单元是以人文主题和语文要素双线结构组成的，其人文主题分别是“童年往事”“走进中国古典名著”“责任”“思维的火花”“世界各地”“幽默和风趣”，还有两个特殊单元：第三单元“遨游汉字王国”是综合性学习单元，是围绕汉字和汉字文化编排的；第五单元“描写人物的方法”是一个习作单元，是围绕习作能力的培养来编排的。本册教材安排了四次口语交际，一个“快乐读书吧”。除了综合性学习单元和习作单元，其他六个单元都安排了语文园地。

二、五年级下册整体教学目标

（一）识字与写字

1．有较强的独立识字能力。会写常用汉字180个。

2．硬笔书写楷书，能做到行款整齐，比较美观，有一定的速度。

3．能用毛笔书写楷书，并体会汉字的优美。

4．写字姿势正确，有良好的书写习惯。

（二）阅读与鉴赏

1．能用普通话正确、流利、有感情地朗读课文。

2．默读有一定的速度，一般每分钟不少于300字。能根据需要搜集信息。

3．能联系上下文和自己的积累，推想课文中有关词句的意思，体会其表达效果。

4．在阅读中了解文章的表达顺序，体会作者的思想感情，初步领悟文章的基本表达方法。在交流和讨论中，敢于提出看法，作出自己的判断。

5．阅读叙事性作品，了解情节梗概，能简单描述自己印象最深的内容，说出自己的感受。阅读诗歌，能大体把握诗意，想象情境，体会情感。阅读说明性文章，能抓住要点，了解文章的基本说明方法。阅读简单的非连续性文本，能从材料中找出有价值的信息。

6．诵读优秀诗文，通过语调、韵律、节奏等体味作品的内容和情感。背诵优秀诗文。

7．扩展阅读面。课外阅读总量不少于25万字。

（三）表达与交流

1．与人交流能尊重和理解对方，听人说话要认真、耐心，能抓住要点，并能简要转述。

2．乐于参与讨论，敢于发表自己的意见，且表达有条理，语气、语调适当。

3．能根据对象和场合，稍作准备，作简单的发言。

4．养成留心观察周围事物的习惯，丰富自己的见闻，珍视个人的独特感受，积累习作素材。

5．能写简单的记实作文和想象作文，内容具体，感情真实。能根据内容表达的需要，分段表述。学写读书笔记，学写常见应用文。

6．修改自己的习作，并主动与他人交换修改，做到语句通顺，行款正确，书写规范、整洁。根据表达需要，正确使用常用的标点符号。

（四）梳理与探究

1．按照一定的标准分类整理学过的字词句篇等语言材料，梳理、反思自己语文学习的经验，努力提高语言文字运用能力，增强表达效果。

2．初步交流总结课文抓住关键语句、借助具体事物、描写场景和细节抒发感情的方法；了解阅读古典名著的方法；掌握描写人物特点的基本方法，初步体会动态描写和静态描写的表达效果，并主动积累。

3．能提出学习和生活中感兴趣的问题，共同讨论，选出研究主题，制订简单的研究计划。能从书刊或其他媒体中获取有关资料，讨论分析问题，独立或合作写出简单的研究报告。掌握查找资料、引用资料的基本方法，分清原始资料与间接资料的主要差别，学会注明所援引资料的出处。

三、五年级下册整体教学建议

（一）识字与写字

在教学中，鼓励学生运用学过的识字方法自主识字，继续培养学生独立识字的能力。写字教学，在指导学生写规范、端正、整洁的基础上，进一步要求行款整齐，书写美观，并且有一定的速度。对于多音字，要引导学生读准字音，并帮助学生掌握学习多音字的方法，形成分辨多音字读音的能力，在阅读时遇到多音字能借助字义推断字音。另外，古典名著单元的识字写字教学，要灵活运用识字方法，确保阅读的整体性和流畅性，可在学生大致理解课文内容之后，再进行识字写字的教学。

（二）阅读与鉴赏

对于本册篇幅较长课文，教学时应留出充足的时间让学生阅读，深入感知课文内容，避免阅读的碎片化；鼓励学生大胆发表自己的感受和看法，引导学生关注课文中描述的场景、人物、细节，体会作者蕴含在其中的感情，避免对课文的解读标签化，脱离文本；引导学生能够初步了解文章的基本表达方法；准确把握略读课文、文言文等不同类型课文的目标定位，避免拔高要求。综合性学习单元的教学，要让学生先明确“活动建议”中的任务，然后根据任务的需要开展活动。习作单元的精读课文教学重点要指向表达方法，让学生学习具体表现人物特点的基本方法；习作例文作为范例，但不可以限制学生的习作，防止机械模仿。重视课外阅读，将课外阅读课程化落到实处。

（三）表达与交流

1. 依据不同的口语交际类型，设计符合交际话题的情境，有侧重地培养学生的倾听、表达或应对能力。要重视交际方法、策略的学习，引导学生在完成真实交际任务的同时，实践交际方法，学习运用交际技巧和交际策略。让学生学习在不同情境下实现交际目标，发展口头表达能力，在交际过程中既能清楚表达自己的想法又能尊重对方的方法，不断增强交际的勇气和自信心。

2. 习作教学时要准确设定每次习作话题的目标要求，引导学生将自己想表达的内容写具体，写出真情实感。要重视学生习作修改能力的培养，保持良好的修改习作的习惯。要强化习作的交际功能，重视培养学生的交际意识、对象意识，感受习作的乐趣，体验书面交流的成就感。要特别重视习作单元的教学，准确把握习作单元的编排意图，紧紧围绕培养学生的习作能力这条主线开展教学。

（四）梳理与探究

1. 引导学生利用“识字表”“写字表”和“词语表”，整理出多音字、易错字、形近字、近义词，理解重点词语，并会在实际语境中正确运用。

2. 引导学生把握课文选取的典型事例，从描写人物语言、动作、外貌、神态、心理等的语句中感受人物的特点，发现、提炼具体表现人物特点的方法。

3. 引导学生和同学交流习作存在的问题，尝试根据同学提出的意见修改习作。

第五节　五年级下册单元语文要素有效落实评价指标序列表

单元	类型/人文主题	单元选文	单元语文要素达标评价指标			
			识字写字要素达标评价指标	阅读要素达标评价指标	口语交际要素达标评价指标	习作要素达标评价指标
第一单元	童年往事	《古诗三首》 《祖父的园子》 《月是故乡明》 《梅花魂》	1. 借助识字学习经验，自主识字，查字典、联系上下文猜读、借助熟字识字等多种方法识字。 2. 写字时注意观察字的结构和笔画，根据字的特点确定起笔位置，安排间架结构。	能体会课文表达的思想感情。能结合具体的语言文字、运用已经掌握的方法体会课文表达的思想感情，获得丰富的阅读体验并练习仿写。	1. 了解关于大人们童年的生活信息以及不同年代童年的生活特点，感知时代的变迁。 2. 学会“听别人的话能抓重点”“根据整理的记录有条理地表达”，学会以记录内容为依托，合理有序地发言。	1. 能把一件事的重点部分写具体。能将成长过程中印象最深刻的一件事写清楚，把受到触动、感到长大的“那一刻”写具体，表达自己的真情实感。 2. 乐于分享，与同学互相评价交流，提出修改建议。

（续表）

单元	类型/人文主题	单元选文	单元语文要素达标评价指标			
			识字写字要素达标评价指标	阅读要素达标评价指标	口语交际要素达标评价指标	习作要素达标评价指标
第二单元	走近中国古典名著	《草船借箭》《景阳冈》《猴王出世》《红楼春趣》	联系上下文猜测词语大意，在学习过程中不断熟悉并记住这些生字的音形。书写美观，注意间架结构。	1. 走近中国古典名著，初步学习阅读古典名著的方法，产生阅读的兴趣。 2. 回忆运用多种方法猜测语句意思的经验，巩固古典名著的阅读方法，激发阅读古典名著的兴趣。	1. 能积极参与小组讨论，发表意见，在集体讨论中认真听取别人的意见，尊重大家的共同决定。 2. “快乐读书吧”延伸、拓展与单元语文要素，能在自主完成的基础上组织交流，更加深入地进行阅读。	1. 能回顾读过的文章或书籍，关注阅读过程中产生的思考与感受，并清楚地表达出来，实现阅读能力和表达能力的双重提升。 2. 完成习作后自评及互评，有针对性地修改，使表达更清晰。
第三单元	综合性学习单元：遨游汉字王国	《汉字真有趣》《我爱你，汉字》		1. 感受汉字的趣味，了解汉字文化。 2. 学习搜集资料的基本方法。 3. 培养热爱汉字、热爱祖国文化的情感，提高整理资料、理性化思考和书面表达的能力。		1. 能在搜集、调查的基础上撰写研究报告，目的在于利用撰写报告的任务带动活动的开展。 2. 能独立完成研究报告，并在小组内分享彼此搜集的资料和调查的结果。

（续表）

单元	类型/人文主题	单元选文	单元语文要素达标评价指标			
			识字写字要素达标评价指标	阅读要素达标评价指标	口语交际要素达标评价指标	习作要素达标评价指标
第四单元	责任	《古诗三首》 《青山处处埋忠骨》 《军神》 《清贫》	1. 结合语境理解词语，反复识记，读准字音、认清字形。 2. 采用形近字辨析等方式记忆字形。 3. 注意文章书写格式，标题和作者要写在醒目的位置，段落要分明。学会自评及赏析。	1. 能结合具体语句，通过课文中对人物动作、语言、神态的描写体会人物的内心。 2. 能对阅读方法进行梳理，选择情境进行仿写。		1. 写一件事，能把人物的表现写具体，反映人物的内心，能把阅读中学习到的方法运用到习作中，尝试从多个角度具体描绘人物的形象。 2. 实现由读到写的迁移，进一步提高写人记事的能力。 3. 根据同学的意见和老师的提示修改习作，并读给自己所写的人听，听取意见后再次修改。

（续表）

单元	类型 / 人文主题	单元选文	单元语文要素达标评价指标			
			识字写字要素达标评价指标	阅读要素达标评价指标	口语交际要素达标评价指标	习作要素达标评价指标
第五单元	习作单元：描写人物的方法	《人物描写一组》《刷子李》习作例文（《我的朋友容容》《小守门员和他的观众们》）	1. 通过形近字辨析、形声字的特点或者结合生活经验来识记字形。 2. 处理好笔画穿插避让的关系。	学习描写人物的基本方法，能结合具体事例写出人物的特点，能选择典型事例，通过对人物语言、动作、外貌、神态、心理等细致描写，具体表现人物特点。		1. 能选择一个人并运用描写人物的基本方法来写作。 2. 能充分发挥例文的引导作用，优化习作前指导和习作后评析。 3. 能与同学交流习作素材，选取表现人物特点的典型事例，延续“初试身手”练笔的成果，将人物写得形象生动。 4. 习作后开展小组互评，修改、完善习作。

（续表）

单元	类型/人文主题	单元选文	单元语文要素达标评价指标			
			识字写字要素达标评价指标	阅读要素达标评价指标	口语交际要素达标评价指标	习作要素达标评价指标
第六单元	思维的火花	《自相矛盾》 《田忌赛马》 《跳水》	1. 运用已有识字经验识字学词，或结合语境或随文识记。 2. 注意单音节词与现代汉语中一些双音节词意思相对。 3. 注意古今义相同或不同的词语。	1. 能在把握课文内容的基础上，进一步了解人物的思维过程，加深对课文内容的理解，从而培养整体把握文章的能力和根据实际情况思考问题、解决问题的意识。 2. 能梳理课文中人物分析问题、解决问题的思维过程，遇到问题时，要先分析具体情况，再选择合适的办法解决问题。		1. 能根据情境编写故事，把事情发展变化的过程写具体，能根据探险的情境，围绕探险的目的，把遇到的困难和求生的方法写具体，丰富想象的内容，体会想象的乐趣。 2. 学习语文园地中叶圣陶先生的方法，修改自己的习作。

（续表）

单元	类型/人文主题	单元选文	单元语文要素达标评价指标			
			识字写字要素达标评价指标	阅读要素达标评价指标	口语交际要素达标评价指标	习作要素达标评价指标
第七单元	世界各地	《威尼斯的小艇》《牧场之国》《金字塔》	1. 运用已有识字经验识字学词，或结合语境识字，借助形近字对比、结合语境、偏旁识记等方法理解词语。 2. 笔画较多的字强调各部分写得稍扁、紧凑。	1. 体会静态描写和动态描写的表达效果，感受静动态描写所体现的景物描写的魅力。 2. 学习、了解课文的写法，结合具体语句感受表达效果，并在充分朗读中品味、积累课文生动的语句。 3. 关注首次出现的非连续性文本，能对信息进行有效的整合、概括，加深对事物的认识与理解。	小组确定讲解内容、搜集资料、列出提纲、试讲四个步骤，能迁移运用从本单元课文中学到的介绍地方或事物的方法，提高在实际生活中口头介绍地方或事物的能力。同时注意条理性，懂得对讲解内容进行取舍，会根据听众的反应灵活调整讲解内容。	1. 关注中国傲人的文化成就，明白什么是“文化遗产”，增强民族自豪感，并把一处文化遗产介绍清楚。 2. 能根据目的搜集、整理资料，再清楚地介绍事物，并能围绕重点内容展开描写，提高运用资料的能力。 3. 习作后进行交流评析，修改习作。

（续表）

单元	类型/人文主题	单元选文	单元语文要素达标评价指标			
			识字写字要素达标评价指标	阅读要素达标评价指标	口语交际要素达标评价指标	习作要素达标评价指标
第八单元	幽默和风趣	《杨氏之子》《手指》《童年的发现》	1. 能借助注释、工具书或对比组词的方法强化记忆容易混淆的生字。注意字的间架结构以及关键笔画的书写。 2. 关注语文园地的“书写提示”，欣赏名家书法作品，初步感受“颜体”书法的魅力。	1. 在已关注“有新鲜感”以及“生动语言”的基础上，再次聚焦语言，感受语言的风趣幽默，进一步提升语言感受能力。 2. 能仿写，学习把事物比作人或把人比作事物来写的方法，提高表达的趣味性。	1. 能搜集、讲述内容健康积极向上的笑话，进一步感知风趣的语言所富有的感染力和表现力，感受笑话给生活带来的欢乐。 2. 养成良好的讲述与倾听的习惯，避免不良的口语习惯，会发表自己的感受，乐于分享。	1. 能观察漫画，读懂图意，结合联想、想象分析画面，看清事物之间的联系，能发现漫画的夸张之处。能联系生活实际思考漫画的含义，打开习作思路。 2. 要写清楚漫画的内容和自己的思考，习作后进行交流互评，并修改习作。

第六节　五年级下册单元整体教学设计与实施典型案例分析

本节选取统编语文教材五年级下册第五单元进行分析。

一、单元内容整体解读

本单元是习作单元，围绕“把一个人写具体”编排了《人物描写一组》《刷子李》两篇精读课文。《人物描写一组》一课由三个片段组成，《摔跤》通过动作描写，表现了小嘎子的机灵；《他像一棵挺脱的树》通过外貌描写，表现了祥子的生命力；《两茎灯草》通过动作描写，表现了严监生的吝啬。《刷子李》一文通过描写主人公刷子李的动作、外貌、语言，以及徒弟曹小三的举止和心理活动，表现了刷子李高超的技艺。

“交流平台”主要分析了“如何具体地表现人物的特点”，帮助学生梳理、总结具体表现人物特点的基本方法。“初试身手”意在引导学生实践，为单元习作的撰写做好准备。

习作例文《我的朋友容容》《小守门员和他的观众们》，从不同的角度示范了写人的方法。单元习作引导学生选择典型事例，通过描写语言、动作、外貌、神态、心理等，具体地表现一个人的特点。

基于此，本单元整体教学重点要紧紧围绕培养学生写人的能力这条主线，以“具体地表现一个人的特点”作为任务来驱动学生的学习。难点是引导学生选择典型事例，通过描写语言、动作、外貌、神态、心理等，具体地表现一个人的特点。

二、单元整体教学目标

（一）整体教学核心目标

1. 整体阅读本单元课文，自学生字词，能抓住关键词句，概括课文主要内容。

2. 通过对本单元两篇精读课文和两篇习作例文的学习，体会描写人物的基本方法。

3. 通过阅读与鉴赏、表达与交流、梳理与探究等多种学习方法，初步运用描写人物的基本方法，具体地表现一个人的特点。

（二）各项目任务分级目标

1. 文本阅读欣赏教学目标

（1）认识18个生字，会写29个字，会写26个词语。

（2）能快速阅读课文，抓住关键词句，体会人物的特点。

2. 知识梳理探究教学目标

（1）能联系之前的学习经历，总结已学描写人物的方法。

（2）借助“交流平台”学会交流和总结本单元课文描写人物的基本方法。

（3）能通过观察与梳理，运用本单元所学方法，具体表现人物的特点，并学会根据同学的意见对习作进行修改。

3. 整本书阅读的教学目标

（1）尝试运用多种阅读策略阅读《俗世奇人》一书，大致了解全书内容，体会作者刻画人物形象的方法。

（2）选读交流《小兵张嘎》《骆驼祥子》等有关写人作品的精彩片段，进一步体会人物形象和作者描写人物的基本方法。

4. 表达创作交流教学目标

（1）能通过观察，运用描写人物的基本方法，具体地表现一个人的特点。

（2）能选择最能表现人物特点的典型事例，并叙述具体。

5. 语文实践活动教学目标

（1）通过观察与梳理，运用描写人物的基本方法，选择具体事例，表现一个人的特点。

（2）通过“聚焦闪光之处，学习塑造人物”的展览活动，学习别人的长处，积累解决问题的经验。

三、单元语文要素简析

本单元是一个习作单元，阅读训练要素是学习描写人物的基本方法，写作训练要素是初步运用描写人物的基本方法，具体地表现一个人的特点。由此可见，本单元的习作目标是“运用描写人物的基本方法，写出人物的特点”。对于学习写人的习作，统编小学语文教材中有着完整的编排体系，具体如下。

册序	单元	出现位置	语文要素	
			阅读要素	表达要素
二下	第二单元	写话		根据提示写自己的一个好朋友。
三上	第一单元	习作		体会习作的乐趣；从外貌、性格、品质、爱好等角度，选择一两点特别的地方，写几句话或一段话介绍自己的同学。
三下	第六单元	单元导读页、习作	运用多种方法理解难懂的句子。	写一个身边的人，尝试写出他的特点。
四上	第二单元	单元导读页、习作		写一个人，注意把印象最深的地方写出来。
四下	第七单元	单元导读页、口语交际、习作	从人物的语言、动作等描写中感受人物的品质。	学习从多个方面写出人物的特点。
五上	第二单元	单元导读页、习作		结合具体事例写出人物的特点。
五下	第四单元	单元导读页、习作	通过动作、语言、神态的描写，体会人物的内心。	尝试运用动作、语言、神态描写，表现人物的内心。
	第五单元	单元导读页、习作	学习描写人物的基本方法。	初步运用描写人物的基本方法，具体地表现一个人的特点。
六上	第八单元	单元导读页、习作		通过事件写一个人，表达出自己的情感。

四、单元整体教学设计

（一）单元整体教学设计框架

1．文本阅读欣赏：发布学习任务，整体感知，回顾以往写人方法

（1）明确任务，激发学生兴趣。

（2）整体读文，学习课文字词。

（3）初识标准，布置阅读任务。

2．知识梳理探究：准备学习任务，结合文本，学习选材和表达方法

（1）结合文本，学习选材。

（2）运用方法，初试身手。

（3）结合问题，指导表达。

3．整本书阅读：延伸学习任务，体会奇人奇事

（1）整体感知，理清主要内容。

（2）品读故事，领悟奇人奇事。

（3）回归整体，体会表达特点。

4．表达创作交流：完成学习任务，内外关联，综合运用方法表达

（1）交流奇事，体会文化。

（2）结合标准，完成习作。

（3）对标例文，交流修改。

5．语文实践活动：深化学习任务，活动实践，深化理解能力

（1）设计美化，完善作品。

（2）班级展示，交流提升。

（3）依据评价，推荐参展。

（二）单元整体教学具体设计

本单元设置五大板块，需要 8 ～10课时，安排如下：文本阅读欣赏 2 ～ 3 课时，知识梳理探究 2 课时，整本书阅读 1 ～ 2 课时，表达创作交流 2 课时，语文实践活动 1 课时。

◎ 板块一：文本阅读欣赏

学习任务一：明确任务，体会闪光之处

1. 联系身边榜样式的人物谈感受，体会每个人都有自己的优点，通过自己的努力都能闪闪发光。

2. 观看发布“闪闪发光的我们”人物展的校园电视台视频，明确单元学习任务。

3. 讨论完成参展任务的途径和方法，如发现哪些人有什么特点，写他的事迹，写完后要进行修改，美化展品、贴人物照片等。

学习任务二：借助预习，学习字词

1. 课前结合单元预习单，自主预习单元课文。

单元预习单

1. 我能认：结合认字表读课文，不认识的字查字典，注明拼音，摘抄在下面横线上。

2. 我能写：自学本单元写字表和词语表，圈出容易写错的字，摘抄在下面的横线上。

3. 我能理解：浏览单元文章，填写表格。

文章		主要人物	特点	事件	描写人物的基本方法
人物描写一组	《摔跤》				
	《他像一颗挺脱的树》				
	《两茎灯草》				
《刷子李》					
《我的朋友蓉蓉》					
《小守门员和他的观众们》					

2. 交流预习，通过借助工具书、请教同学等方法自主学习字词。

3. 练习正确、流利地朗读课文。

学习任务三：交流讨论，感知内容

1. 交流单元预习单，认识每篇课文的人物、特点和具体事例。

2. 正确、流利地朗读课文。

3. 借助表格说说每篇课文讲了什么内容；小组交流，说说让自己印象深刻的部分。

学习任务四：作业与拓展学习设计

1. 留意身边的人，寻找并确定自己的写作对象，发现能反映人物特点的事件。

2. 推荐阅读《俗世奇人》。建议阅读时把自己的收获和思考随时记录下来，可以仿照单元学习单，梳理书中的人物特点、典型事件及写作方法。

板块二：知识梳理探究

学习任务一：选材指导

1. 承上启下，交流习作素材。

（1）回顾单元学习任务，交流准备的习作素材。

（2）发现“人不离事，事不离人”，深入体会通过具体事例表现人物特点的方法。

2. 读中悟法，认识典型事例。

（1）再读课文，借助预习时梳理的表格，聚焦人物与事件之间的关系谈体会。

严监生视钱如命，临死前为了两茎灯草不肯咽气。

刷子李刷墙时身着一身黑衣，却不落一个白点。

（2）读“交流平台”，明确什么是“典型事例”。

（3）回忆以前学过的人物和事例，如《梅兰芳蓄须》中的梅兰芳、《军神》中的刘伯承等，进一步认识人物与典型事例的关系。

（4）结合学习体会，讨论、修改写人文章的评价。

描述	评价
能根据表达需要，选择典型事例，具体表现人物特点。	☆☆☆☆☆
能根据表达需要，选择与表达目的较为贴切的事例，表现人物特点。	☆☆☆☆☆
能根据表达需要，选择与表达目的相关的事例，写出人物特点。	☆☆☆☆☆

3. 运用方法，收集典型事例。

（1）班级“疯”神榜：说出下列“疯”神是谁，并说说他“疯”在哪里。

①学习“疯”。

②玩得“疯”。

（2）“初试身手”：你的家人有什么特点？想一想可以用哪些典型事例

表现他们的特点，如爱看书的爸爸等。

4．自主设计，完成练笔构思。

（1）了解“初试身手”的要求：写同学或家人。

（2）填写构思表格，与同学们交流，看看是不是突出了人物特点。

题目	主要人物	特点	事件

学习任务二：交流“初试身手”，综合运用方法

1．同伴间互读“初试身手”文稿，依据标准评价选材是否突出了人物的特点。聚焦写作难点——表达不够具体，特点不够突出。

2．再读课文，品读多篇文本中动作描写的片段，总结归纳；体会动作描写要关注具体情境，符合人物特点，表达人物情感。

3．继续交流课文中写人的片段，并结合《刷子李》学习通过侧面描写来衬托人物特点的方法。

4．比较几篇课文，在内容梳理表格中增加“描写人物的主要方法”，引导学生发现，写人力求写具体，描写要恰到好处。

学习任务三：作业与拓展学习设计

1．与好朋友共读“初试身手”，结合标准进行评价。

2．继续阅读《俗世奇人》，选择自己最喜欢的人物和片段进行批注或摘录，准备下节课交流。

◎ 板块三：整本书阅读

学习任务一：借助目录，理清内容

1．读序言。

在《俗世奇人》的序言中，作者这样写道：“诸多奇人妙事，闻所未闻，倘若废置，岂不可惜？近日忽生一念，何不笔录下来，供后世赏玩之中。故而随想随记，始作于今；每人一篇，各不相关。冠之总名《俗世奇人》。”

通过序言，我们了解到，原来这些故事早就藏在作者的脑海中，随想随记，逐渐成书。

2. 看目录。

这本书的目录都是人名，如果你已经读完这本书，请根据目录，仔细回想：哪些人物的故事被牢牢地记在了你的脑海中？还没读完的同学，也可以大胆地猜测一下，每个人物都有哪些奇特的本领？

学习任务二：根据插图，猜测人物

接下来，让我们先来做一个小小的测试：看图识人。

1. 出示第一组：这三个人物分别是谁？（酒婆、刷子李、张大力）

2. 出示第二组：他们又是谁？（苏七块、泥人张、黄七爷）

3. 出示第三组：这三幅图上的人物又有怎样的故事，他们都是谁呢？（贺道台、杨七杨八、华大夫）

读这本书的过程中，我们会发现一个特别有趣的地方，那就是文中人物的名字很有特点，我们一起来看，你发现规律了吗？

原来他们的名字和他们的职业、性格、模样、爱好等有密切的联系，就像人们给他们起的绰号，有了这样响亮的名字，一来二去，估计他们的真名反倒被大家忘记了。这就是作者创作人物时的一个亮点。

学习任务三：再读故事，领悟奇人奇事

1. 走进人物。

奇人必有奇事，在《俗世奇人》这本书中，作者试图告诉我们：原来小人物才是那个时代的主角，他要为这些小人物代言，同时也告诉我们，在那个时代“不强活不成，一强就生出了各样空前绝后的人物来”。比如——

酒婆：她是个女人，很爱喝酒。她喝酒从不就菜，喜欢一饮而尽。

苏七块：他是一个医生，他每次帮人看病的时候都要人家交七块银钱，才肯出手相助。

蓝眼：他很厉害，是个古画鉴定专家，他戴了一副蓝色的眼镜，看假画，两眼无神；看真画，眼镜上就会有一道蓝光出来。

2. 了解特点。

读了《俗世奇人》这本书，你一定对这些小人物印象深刻，他们各有各的特点，各有各的生活，请选择自己最喜欢的人物和片段进行交流。

“奇人奇事”——力大无穷的张大力、钓鱼能手大回、能说会道的杨巴、擅长捏泥的泥人张、经商无门的冯五爷、擅长偷盗却被偷的小达子、活出殡的刘道元、雅号“死鸟”的贺道台……

学习任务四：回归整体，领悟表达特点

冯骥才生于天津，写作善用天津方言，被誉为“津味小说家”。他的小说语言幽默风趣、干脆利落，善用比喻、夸张，体现了天津人的独特个性。津味语言写天津奇人。《俗世奇人》是他津味小说的巅峰之作。在书中，作者通过人物的外貌特征、神情特点、言行举止等方面，把人物形象表现得活灵活现，堪称写人作品的典范。

板块四：表达创作交流

学习任务一：复习总结，进一步感悟写法

交流“我最喜欢的奇人”，感受人物身份虽然不同，但都有对高超技艺的追求，对正义、公平、尊重的渴望，感悟作家刻画人物的方法。

学习任务二：依据评价标准，自主完成习作

1. 讨论、总结学到的写人方法，回顾评价标准。

2. 运用课前收集的素材，构思并完成习作“写一个感动自己的人”。

学习任务三：对照评价标准，修改习作初稿

1. 结合习作例文，围绕文稿的评价标准，自主修改习作，让人物特点更鲜明、人物形象更具体。

2. 习作漂流。小组内、组与组之间按照学号流水传递习作、每人阅读至少三篇习作，以批注或便利贴的形式发现优点，并提出修改建议。

3. 依据同学的建议再次修改、完善自己的习作。

学习任务四：作业与拓展学习设计

1. 将习作读给写作对象或他熟悉的人听，倾听评价和建议，看看是否体现了对应人物的特点。

2. 誊抄习作，初步设计美化、构思展品方案。

板块五：语文实践活动

学习任务一：依据标准，美化、设计展品

学生自由组成小组，依据作品标准讨论设计方案，发挥特长，互相帮忙美化作品。

作品评价标准	
描述	评价
能根据人物展要求完成作品，主题突出，图文并茂，构思独特。	☆☆☆☆☆
能根据人物展要求完成作品，符合主题，图文相符，布局工整。	☆☆☆☆☆
能根据人物展要求完成作品，符合主题，有图片装饰，干净整洁。	☆☆☆☆☆

学习任务二：班级展览，参观学习，提升自己

1．在班级里举办“聚焦闪光之处，学习塑造人物”的展览，展示学生作品。

2．参观中，学习别人的作品，并回顾自己的学习、创作过程，积累解决问题的经验，围绕标准对自己喜欢的作品进行评价。

学习任务三：运用标准，推荐优秀作品参展

1．收集、整理学生的评价，将评分最高的作品推荐到学校进行展览。

2．参与学校展览的同学介绍自己的经验。

学习任务四：作业与拓展学习设计

在参观学校“闪闪发光的我们”人物展的过程中学习别人的作品，并进行交流反思。

五、单元整体作业设计

（一）作业设计目标

1．能结合课文内容感知课本人物的整体形象，说出人物的特点。

2．能进一步了解并运用通过描写人物的语言、动作、外貌、神态、心理等细节表现人物的特点。

3．能初步了解并尝试运用通过描写他人的反应表现主要人物的特点的方法。

4．能主动观察身边的人物，并提炼人物特点，选择典型事例来展开描写。

5．能有主动分享、修改习作的意愿，并掌握一定的方法，具有“习作即生活”的初步意识。

（二）作业设计内容

◎ 作业任务一："风云人物征集令"

同学们，号外号外，"字里行间众生相，大千世界你我他"，我们要以班级为单位出刊一本《风云人物集》，需要向每一个同学征集稿件。下面是我们的"风云人物征集令"：

风云人物征集令

各位同学：

"字里行间众生相，大千世界你我他"，同学、家人、邻居……相遇皆缘分。为了记录下出现在我们生命中的形形色色的人，我们要编撰《风云人物集》。现向每一个同学发出征集令：

1. 每人至少投稿一篇；
2. 所撰写的人物要特点鲜明，"雅号"响亮；
3. 人物特点不虚构，有典型事例；
4. 事例要有可读性，文笔优美，吸引读者；
5. 征集时间:即日起至5月21日

五年级五班编辑部

2023年4月20日

为了更好地完成专集，我们要一起行动！相信跟着大家的步伐，咱们的《风云人物集》一定能精彩出刊。

【设计意图：本单元语文要素是"学习描写人物的基本方法"，习作要求是"初步运用描写人物的基本方法，具体地表现一个人的特点"。本次作业设计打破单篇课文的局限性，着眼于单元统整。将单元的精读课文、交流平台、初试身手、习作例文看作一个整体来设计作业。】

◎ 作业任务二：跟着书本阅"字里行间风云人物相"

怎样叫"特点鲜明"呢？大作家给了我们启发，本单元的两篇精读课文《人物描写一组》和《刷子李》中就有特点鲜明的人物，试着完成下面的人物名片吧！

1. 根据简介，先将三位人物的名字填在横线上。

字里行间众生相，大千世界你我他		
人物：______ 特点：__（1）__ 简介：争强好胜绊对手，眼__（4）__手快用巧劲。	人物：______ 特点：__（2）__ 简介：身体挺脱一棵树，精神抖擞神飞扬。	人物：______ 特点：__（3）__ 简介：派头十足有讲究，专干粉刷本领强。

2. 下列依次能填入（1）（2）（3）处最合适的词语是（　　）。

A. 技艺高超　机智敏捷　健壮活力

B. 健壮活力　技艺高超　机智敏捷

C. 机智敏捷　健壮活力　技艺高超

D. 健壮活力　机智敏捷　技艺高超

3. 根据字典里的意思，最适合填在（4）处的是（　　）。

A.

及 jí ㄐㄧˊ ❶到。1. 从后头跟上：来得～｜赶不～。㊀比得上：我不～他。2. 达到：由表～里｜将～十载｜～格。㊀牵涉到，推广到：言不～义｜不～其余。❷趁着，乘：～时｜～早。❸连词，和，跟（通常主要成分在“及”字前）：给老人买了烟、酒～其他一些东西。［以及］连词，连接并列

B.

急 jí ㄐㄧˊ ❶焦躁（㊀焦一）：真～死人了｜着～。㊀气恼，发怒：他一听就～了。❷匆促：～～忙忙｜～就｜～于完成任务。㊀迅速，又快又猛：水流得～｜～病。❸迫切，要紧：～事｜不～之务｜～件。㊀严重：情况紧～｜告～｜病～乱投医（喻临事慌乱）。❹对大家的事或别人的困难赶快帮助：～公好义｜～难（nàn）。

C.

极（極） jí ㄐㄧˊ ❶顶端，最高点，尽头处：登峰造～。❷指地球的南北两端，磁体的两端或电路的正负两端：南～｜北～｜阳～｜阴～。［南极洲］世界七大洲之一。❸副词，最，表示达到顶点：大～了｜～好｜穷凶～恶。❹竭尽：～力｜～目远眺（tiào）。

D.

疾 jí ㄐㄧˊ ❶病，身体不舒适（㊀一病）：目～｜积劳成～。㊀痛苦：～苦。❷恨：～恶如仇。❸快，迅速，猛烈：～走｜～风知劲草｜～言厉色（形容发怒的样子）。❹疼痛：痛心～首。

4. 在本单元还出现了哪些人物，请为他们做做人物名片。

作业任务三：观察“身边的风云人物”，初试身手

“高手在民间”，除了《俗世奇人》中的奇人，我们身边也有很多有特长的人，让我们去发现他们的与众不同吧！

作业1： 同学是我们朝夕相处的人，课间十分钟、体育课上、音乐课上……每位同学都展示着自己的特长，快快环顾四周，观察观察，发现他们的与众不同，并给他们一个有意思的雅号吧，用思维导图的形式记录下来，可以小组合作一起完成哦！

作业2： 看着“我们班的风云人物”思维导图，你是不是感叹于班级的藏龙卧虎！为了让风云人物更有说服力，请同学们根据提示，选取典型事例，跟着徐光耀、老舍两位大师学习写法，再去读读《小守门员和他的观众们》，尝试运用多种描写人物的基本方法来写一写他们吧！

（1）他真是个灌篮高手。______________________________

____

____

（2）____

____

____

作业3： 在大家的笔下，一个个风云人物活生生地呈现在我们眼前。再告诉你一个写人的绝招：学习了《刷子李》，我们知道在写作时，还可以通过描写周围人的反应来间接写出人物的特点。请你根据下面的提示，将段落补充完整。

他的歌声时而低缓温柔，时而高亢嘹亮……台下的观众____。他的表情也很丰富，时而面带微笑，时而深情款款，时而悲伤含泪。观众们______________

____。
当他终于表演结束，在舞台站定，面朝观众，深深地鞠躬时，观众们________
____。

作业4： 哇，大家真了不起！班级中的风云人物组成了独一无二的班集体，下面我们将视线移到给予我们成长力量的家庭成员，观察观察他们，点亮他们的雅号，找找典型事例。

家庭成员	雅号	典型事例
爷爷	戏曲迷	1. 每天起床第一件事情就是打开手机播放戏曲。 2. 平时省吃俭用，却愿意花大价钱购买戏票。 3. 有一次去买菜，听到戏曲着了迷，错过了买菜时间。
奶奶		
爸爸		
妈妈		

【设计意图：本单元是习作单元，是“读写双向奔赴”的特殊单元，整个单元紧扣习作成果。在设计作业的时候，围绕关键词“鲜明特点”“典型事例”“多种描写方法”，帮助学生习得写人方法并迁移运用。】

作业任务四：撰写“风云人物故事”，集结成册

同学们，我们观察了身边的同学和家人，找到了许多的风云人物，为了让这些风云人物被更多的人认识，咱们学着冯骥才先生的做法，也为他们撰写“风云人物故事”，集结成《风云人物集》吧！

作业1： 完成《风云人物集》可是一项大工程，咱们每一个人都要积极投稿，快快拿起你的笔，根据“风云人物征集令”，选择身边你认为最有风云气质的一个人写下来。

作业2： 每位同学都完成了自己的作品，那么每一份作品符不符合征集

要求呢？这一次，咱们来做做“小编辑”，为同伴的作品审稿，并让他根据你的审稿意见进行修改吧。

《风云人物集》审稿单

审稿内容		审稿星级	修改意见
特点鲜明		☆☆☆☆☆	
雅号响亮		☆☆☆☆☆	
事例典型		☆☆☆☆☆	
文笔优美	运用多种描写人物的方法	☆☆☆☆☆	
	其他精彩之处	☆☆☆☆☆	

作业3：完成了稿件的征集，最后让大家群策群力，设计一个封面，制作好目录，还可以请老师作序哦！期待着你们的《风云人物集》大热！

【设计意图：《风云人物集》“审稿单”既让这一任务融合在具体项目中有情景感，又关注学生习作成果的评价，整个“审稿单”的设计紧紧扣住本单元习作要素和学习目标，从“特点鲜明”“雅号响亮”“事例典型”“文笔优美”等角度进行评改。这样的设计关注闭环式管理，努力实现学评一致。】

六、单元整体评价指标

（一）基本知识和技能评价指标

识字与写字：①通过本单元的学习活动，能掌握29个生字和26个词语。②能联系具体语境理解关键字词的含义，并体会课文中人物的特点。③在学习过程中，能发现富有表现力的词句和段落，主动记录、整理，并与他人分享自己的学习经验，尝试在实际表达交流中运用。

阅读与鉴赏：①通过本单元的学习，能借助与文本相关的材料，结合文章关键语句评价文章中的主要事件和人物形象，提出自己的看法。②能体会本单元课文的语言特色和结构方式，采用多种形式的阅读方式，抓住课文关键语句，体会描写人物的基本方法。③能用文字、简单的思维导图等方式梳理本单元课文的主要内容和写作脉络；能围绕发现的问题，搜集资料并加以整理，结合以往的学习经验，初步形成自己的独特见解。

表达与交流：①能通过描写人物的语言、动作、神态、心理等细节表现人物的特点。②能选取典型事例，具体叙述，表现人物特点。③初步尝试描写周围人的反应，间接写出人物的特点。

梳理与探究：①通过本单元的学习，懂得通过人物的语言、动作、神态、心理等细节体会人物形象。②能结合已学经验，小结描写人物的基本方法。③能积极参加实践活动，总结。

（二）关键能力评价指标

1. 通过本单元的学习，学生能借助抓关键词句、列提纲、画思维导图等方法整理、归纳信息，把握主要内容。

2. 能通过观察与梳理、阅读与鉴赏等方法，运用描写人物的基本方法，具体地表现一个人的特点。

（三）必备品格与价值观念评价指标

通过本单元的学习活动，从文本中人物的身上发现闪光点，取其精华去其糟粕，树立正确的人生观。

（四）学习兴趣与习惯评价指标

1. 通过本单元的学习，学生能对写人文章产生阅读兴趣，并懂得如何体会人物形象。

2. 在开展语文实践活动中，学会与人合作，培养良好的人际交往能力，慢慢养成善于观察、积极思考、主动交流的好习惯。

第六章

统编语文教材六年级单元整体教学设计与实施例谈

第一节　六年级上册教材教学整体简析

一、六年级上册整体教学内容

本册教材安排了八个单元，其中五个单元是以人文主题和语文要素双线结构组成的单元，其人文主题分别是“触摸自然”“革命岁月”“美好品质”“保护环境”“艺术之美”“走近鲁迅”。两个特殊单元：第三单元“有目的地阅读”是一个阅读策略单元，是围绕阅读策略的学习编排的；第五单元“围绕中心意思写”是一个习作单元，是围绕习作能力的培养编排的。本册教材安排了四次口语交际，一个“快乐读书吧”的内容。除了习作单元没有安排语文园地，一共安排了七个语文园地。

二、六年级上册整体教学目标

（一）识字与写字

1. 有较强的独立识字能力。会写常用汉字180个。
2. 硬笔书写楷书，行款整齐，力求美观，有一定速度。
3. 能用毛笔字写楷书，在书写中体会汉字的优美。
4. 写字姿势正确，有良好的书写习惯。

（二）阅读与鉴赏

1. 能用普通话正确、流利、有感情地朗读课文。
2. 默读有一定的速度，默读一般读物每分钟不少于300字。学会浏览，根据需要搜集信息。
3. 能联系上下文和自己的积累，推想课文中有关词句意思，体会词语的表达效果。
4. 在阅读中了解文章的表达顺序，体会作者的思想感情，初步领悟文章的基本表达方法。在交流和讨论中，敢于提出看法，作出自己的判断。
5. 阅读叙事性作品，了解主要内容，通过情节、环境、心理等体会人物形象，并说出自己的感受。阅读诗歌，大体把握诗意，想象诗歌描述的情境，体会作者的情感。受到优秀作品的感染和激励，有向往和追求美好的理想。阅读说明性文章，能把握文章的要点。

6. 诵读优秀诗文，把握语调和节奏，能够通过注释和想象体味作品的内容和情感。背诵优秀诗文。

7. 扩展阅读面。课外阅读总量不少于25万字。

（三）表达与交流

1. 与人交流能尊重和理解对方，听人说话认真、耐心，能抓住要点，恰当应对。

2. 乐于参与讨论，敢于发表自己的意见，且表达有条理，语气、语调适当。

3. 能根据对象和场合，稍作准备，作简单的发言。

4. 养成留心观察周围事物的习惯，有意识地丰富自己的见闻，珍视个人的独特感受，主动积累习作素材。

5. 能写简单的记实作文和想象作文，内容具体，感情真实。能根据内容表达的需要分段表述。学写常见应用文。

6. 修改自己的习作，并主动与他人交换修改，做到语句通顺，行款正确，书写规范整洁。根据表达需要，正确使用常用的标点符号。

（四）梳理与探究

1. 能自主学习、掌握本册180个生字，能根据字形推断字音字义，并借助具体语境和工具书验证自己的推断。

2. 能借助文字、图示等方式梳理作品的行文思路；能自主品味作品中的关键语言材料，并通过圈点批注的方式记录自己的阅读心得体会。

3. 能积极参与各单元语文实践活动的策划与组织工作，围绕学习任务搜集材料，与人合作制定简单的活动设计方案。

4. 能积极阅读各类文学作品，并主动探究文本写作特色的关键性问题。

三、六年级上册整体教学建议

（一）识字与写字

在六年级的教学中，依然要重视利用学过的识字方法，继续培养学生的自主识字能力。写字教学，应指导学生做到规范、工整、美观，并且有一定的速度。本册教材的多音字都标注了拼音，要引导学生读准字音，并帮助学生掌握学习多音字的方法，形成分辨多音字读音的能力，在阅读时遇到多音字能借助字义推断字音。

（二）阅读与鉴赏

本册有些课文篇幅较长，所表达的思想情感含蓄、深刻。教学时，应重视引导学生整体感知课文内容，避免阅读的“碎片化”；鼓励学生敢于发表自己的感受和看法，引导学生关注课文中描述的场景、人物、细节，从中体会作者蕴含的情感；引导学生能够初步了解文章的基本表达方法；注意根据不同类型课文确定教学目标。阅读策略单元中的课文和习作单元中的课文，各有用途，应避免定势思维，用好课文，指向核心目标的达成。还要重视课外阅读，将课外阅读课程化落到实处。

（三）表达与交流

1. 要依据不同的口语交际类型，设计符合交际话题的情境，有侧重地培养学生的倾听表达或应对能力。要重视交际方法、策略的学习，引导学生在完成真实交际任务的同时，实践交际方法，学习运用交际技巧和交际策略。注重培养学生的对象意识，要求学生与人交流时能尊重和理解对方。

2. 习作教学时要准确把握习作的目标要求，引导学生学会使用恰当的语言表达自己的真情实感。要继续重视引导学生修改习作，并且能主动与他人交换修改。要强化习作的交际功能，使学生在与人交流的过程中提高习作能力。要特别重视习作单元的教学，准确把握习作单元的编排意图，紧紧围绕培养学生的习作能力这条主线开展教学。

（四）梳理与探究

首先在教学中要引导学生结合学习经验回顾梳理识字的方法，注重结合具体语境识字、写字、理解字义，避免机械化识字。其次引导学生在熟读文本的基础上，通过不同视角的阅读，不同表达手法的品悟，不同资料的运用，从多维度、多层面了解文章中事物的样态与特点。再者在开展各单元语文实践活动中，要着重引导学生学会整理、筛选所搜集的资料，并运用相关资料为学习提供有力支撑。

第二节　六年级上册单元语文要素有效落实评价指标序列表

单元	类型/人文主题	单元选文	单元语文要素达标评价指标			
			识字写字要素达标评价指标	阅读要素达标评价指标	口语交际要素达标评价指标	习作要素达标评价指标
第一单元	走进自然	《草原》 《丁香结》 《古诗词三首》 《花之歌》	会写23个字，会写36个词语。	1. 能想象课文所描述的景色，体会表达的情感，读出自己的感受。 2. 能联系生活经验理解课文中含义深刻的句子，并说出自己由此所想到的人、事或人生思考等。		1. 能有条理地记叙变形后的经历、生活，把重点部分写详细。 2. 习作时能发挥想象，把重点部分写得详细一些。
第二单元	革命岁月	《七律·长征》 《狼牙山五壮士》 《开国大典》 《灯光》 《我的战友邱少云》	1. 会写32个字，会写40个词语。 2. 欣赏作品，能做到规范书写，养成自我检视的习惯。	1. 了解文章是怎样点面结合写场面的。 2. 体会课文点面结合写场面的方法。	1. 能理解什么是演讲，并围绕话题拟定演讲题目，根据要求写好演讲稿。 2. 会用适当的语气、语调进行演讲，态度大方。	1. 会用点面结合的方法写清楚活动过程，将重点部分写具体。 2. 会用点面结合的方法写场面，既关注整个场景，又注意人物的动作、语言、神态等细节描写。 3. 能写出活动中的体会。

（续表）

单元	类型/人文主题	单元选文	单元语文要素达标评价指标			
			识字写字要素达标评价指标	阅读要素达标评价指标	口语交际要素达标评价指标	习作要素达标评价指标
第三单元	阅读策略单元：有目的地阅读	《竹节人》《宇宙生命之谜》《故宫博物院》	会写28个字，会写39个词语。	1. 了解什么是“有目的地阅读”。 2. 学习根据不同的阅读目的，选择合适的阅读材料。 3. 能运用适当的阅读方法，完成阅读任务。		1. 能写清楚某种事物让生活变美好的经历，并把原因写具体。 2. 试着在写事物时，融入感情，表达看法。 3. 能认真修改自己的习作，分享习作。
第四单元	美好品质	《桥》《穷人》《金色的鱼钩》	会写22个字，会写29个词语。	1. 读小说，能整体把握小说的主要情节。 2. 能紧扣文章中人物的语言、动作、心理描写，感受人物形象。 3. 能留意环境描写，体会其对表现人物的作用。	1. 能根据对象，把说服别人的具体理由讲清楚。 2. 能设想对方可能的反应，恰当应对，获得对方支持。	1. 能展开想象，根据提供的环境和人物创编生活故事。 2. 能把故事情节写完整，通过环境或心理描写人物形象。

（续表）

单元	类型/人文主题	单元选文	单元语文要素达标评价指标			
			识字写字要素达标评价指标	阅读要素达标评价指标	口语交际要素达标评价指标	习作要素达标评价指标
第五单元	习作单元：围绕中心意思	《夏天里的成长》、《盼》习作例文（《爸爸的计划》《小站》）	会写22个字，会写24个词语。	1. 学习课文，能把握文章的中心意思。 2. 能联系课文内容，体会文章是怎样围绕中心意思来写的。		1. 能自主阅读习作例文，了解作者围绕中心选择了哪些材料，是怎样把重点部分写具体的。 2. 能围绕一个意思选择不同的事例或从不同的方面写。 3. 能将重要的部分写详细、写具体。 4. 与同伴交换习作，针对是否写清中心意思作出评价、修改习作。
第六单元	保护环境	《古诗三首》《只有一个地球》《青山不老》《三黑和土地》	会写14个字，会写20个词语。	1. 能抓住关键句，把握文章的主要观点。 2. 感受珍惜资源，保护环境的重要意义。 3. 能阅读非连续性文本，提取有价值的信息。	1. 能准确把握别人的观点，不歪曲，不断章取义。 2. 尊重不同意见，讨论问题时，态度平和，以理服人。 3. 表达观点时，简洁明了，有根据。	能就自己关心的问题写一份倡议书；写倡议书能做到格式正确，内容清楚。

（续表）

单元	类型/人文主题	单元选文	单元语文要素达标评价指标			
			识字写字要素达标评价指标	阅读要素达标评价指标	口语交际要素达标评价指标	习作要素达标评价指标
第七单元	艺术之美	《文言文二则》 《月光曲》 《京剧趣谈》	会写14个字，会写12个词语。	能借助语言文字展开想象，体会艺术之美。	1. 能围绕有关书法的话题展开交流，分点说明，有条理地表达。 2. 能对感兴趣的话题深入交谈。	1. 能写自己的拿手好戏，学习列提纲，把重点部分写具体。 2. 修改习作时，能做到语句通顺，重点清楚。
第八单元	走近鲁迅	《少年闰土》 《好的故事》 《我的伯父鲁迅先生》 《有的人——纪念鲁迅有感》	1. 会写25个字，会写29个词语。 2. 欣赏柳公权的书法作品《玄秘塔碑》，了解其楷书特点。	1. 能借助相关资料，理解课文主要内容。 2. 能借助课文和资料，初步感受鲁迅的人物形象。		1. 能选择一个人，表达自己对这个人的情感。 2. 能通过对印象深刻场景的描述，把事情写具体。

第三节　六年级上册单元整体教学设计与实施典型案例分析

本节选取统编语文教材六年级上册第八单元进行分析。

一、单元内容整体解读

本单元以“走近鲁迅”为主题，编排了四篇各具特色的文章：《少年闰土》是小说，节选自《故乡》，刻画了鲁迅先生少年时的伙伴闰土的形象；《好的故事》选自鲁迅先生的散文诗集《野草》，描绘了一个美好的梦境；《我的伯父鲁迅先生》是鲁迅侄女周晔写的回忆性散文，选择生活中的几件小事展现了鲁迅先生“为别人想得多，为自己写想得少”的特点；《有的人——纪念鲁迅有感》是臧克家为纪念鲁迅先生逝世13周年所写的现代诗歌，赞扬了鲁迅先生为人民无私奉献的高尚品质。前两篇精读课文是鲁迅先生的作品，后两篇略读课文是别人回忆或纪念鲁迅先生的作品。本单元习作训练为“有你，真好”，即写一个人，表达自己的真情实感。

本单元是一个人物单元，内容是“走近鲁迅，致敬伟人”，本单元选用一组与鲁迅相关的文章，主要目的是想通过不同的视角、运用不同的表现手法，多维度展现他的形象，使学生初步了解他的文学成就，感知他的性格特点，体会他的精神境界。基于此，本单元整体教学重点是借助本单元四篇课文和相关资料，理解课文主要内容，通过品读文本、解读人物，体会人物内心世界，初步感受鲁迅先生的人物形象。难点是借助具体事例写出自己对某个人的情感，并通过对印象深刻的场景的描述，把事情写具体。

二、单元整体教学目标

（一）整体教学核心目标

1. 整体阅读本单元课文，自学生字词，能够概括文章的主要内容。
2. 阅读中，理解每篇文章的语言含义，从中领会文章的思想感情和表达方式。

3. 通过对本单元四篇课文的学习，并围绕单元主题搜集资料，进一步了解鲁迅，对鲁迅的人物形象有深刻认识。

4. 通过本单元学习，从中习得描写人物和场景的方法，把事情写具体。

（二）各项目任务分级目标

1. 文本阅读欣赏教学目标

（1）会写25个生字，会写29个词语。

（2）能用较快的速度默读课文，能有感情地朗读课文，背诵相关段落。

（3）能借助课文和相关资料，理解课文主要内容，初步感受鲁迅的人物形象。

2. 表达创作交流教学目标

（1）能选择合适的对象，结合自己熟悉的素材，运用第二人称叙事，写出自己的真情实感以及对生活的体验。

（2）能通过描写印象深刻的场景，把事情写具体。

3. 知识梳理探究教学目标

（1）能正确理解并准确运用词语，从所给的词语中展开合理的想象，写一段生动连贯的话。

（2）借助“交流平台”学会交流和总结本单元所学文本主要内容的方法。

（3）学习给文章拟题的方法，并能尝试修改自己习作的题目。

4. 整本书阅读的教学目标

（1）尝试运用多种阅读策略阅读《朝花夕拾》一书，大致了解全书内容，体会作者的情感，多维度感受鲁迅的形象和品格。

（2）选读交流有关鲁迅先生其他作品中自己喜欢的片段，全面感受鲁迅的高尚品格和伟大成就。

5. 语文实践活动教学目标

（1）在以“走近鲁迅，致敬伟人”为主题的语文实践活动中，结合搜集的材料，各小组以不同形式呈现活动成果，从中感受鲁迅先生的高尚品格和伟大成就。

（2）通过本次语文实践活动，培养学生搜集、处理材料信息以及与人合作交流等能力。

三、单元语文要素简析

本单元以人物为中心组织学习内容，旨在引导学生透过鲁迅的笔触和别人眼中的鲁迅，初步认识和了解鲁迅，感受鲁迅的高尚品格和伟大成就。本单元的语文要素是“借助相关资料，理解课文主要内容”，所选编的四篇课文，都与鲁迅先生有关。因为鲁迅先生生活的时代距离现在较远，当时的语言表达习惯也与现在有差异，所以必须借助资料，才能真正读懂课文。教学时，要注意介绍时代背景，引导学生对黑暗的旧社会有初步的认识；并通过以想促悟，读中悟情的方法，体会关键语句的深刻含义，从而理解课文主要内容。本单元的习作紧扣本单元的习作要素“通过事情写一个人，表达出自己的情感”，旨在引导学生把事情写具体，写出真情实感。

对于本单元语文要素，其实统编教材从第二学段就开始有意识地涉及资料的搜集查阅，有的是直接作为单元语文要素强调，有的则出现在交流平台以及课后习题中。借助下表可以直观地看到关于“查阅资料”的编排层次：

册序	单元	出现位置	语文要素	
			阅读要素	表达要素
三下	第三单元	单元导读页		收集传统节日的资料，交流节日的风俗习惯，写一写过节的过程。
	第六单元	交流平台	运用多种方法理解难懂的句子，还可以查阅资料，或者向别人请教。	
	第七单元	单元导读页、习作		初步学习整合信息，介绍一种事物。
四上	第七单元	《为中华之崛起而读书》课后练习	课文多次出现“中华不振”这个词语，查阅资料了解当时的社会状况，结合下面周恩来写的诗，理解他立下如此志向的原因。	
四下	第三单元	单元导读页		根据需要收集资料，初步学习整理资料的方法。

（续表）

册序	单元	出现位置	语文要素	
			阅读要素	表达要素
五上	第四单元	单元导读页	结合资料，体会课文表达的思想感情。	
	第五单元	单元导读页、初试身手、习作		搜集资料，用恰当的说明方法，把某一种事物介绍清楚。
五下	第三单元	单元导读页	感受汉字的趣味，了解汉字文化，学习搜集资料的基本方法。	
	第四单元	《青山处处埋忠骨》课后练习	在抗美援朝战争中，无数英雄儿女为了保家卫国浴血奋战，他们被称为“最可爱的人”。查找资料，结合这些人物的故事，说说你对“青山处处埋忠骨，何须马革裹尸还”的理解。	
	第六单元	《田忌赛马》课后选做题		历史上有许多运用谋略取得胜利的故事，找一找相关资料，和同学交流。
	第七单元	单元导读页、习作		搜集资料，介绍一地方。
六上	第七单元	交流平台	阅读时有了疑问，需要继续思考，或者查找资料的，我会认真记下来。	
	第八单元	单元导读页	借助相关资料，理解课文主要内容。	
六下	第一单元	《古诗三首》课后选做题	这三首古诗分别与哪些传统节日有关？还有一些古诗也写到了传统节日和习俗，查找资料了解一下。	

（续表）

册序	单元	出现位置	语文要素	
			阅读要素	表达要素
六下	第一单元	习作		如果是介绍一种风俗，写作之前，先查阅资料或问问长辈，深入了解这种风俗，想一想这种风俗的主要特点是什么，可以分几个方面介绍，重点介绍什么。
	第四单元	单元导读页	查阅相关资料，加深对课文的理解。	
	第五单元	口语交际		有针对性地搜集材料。既要搜集能证明自己观点的材料，也要搜集能反对观点的材料。
	第六单元	单元导读页		运用学过的方法整理资料。

四、单元整体教学设计

（一）单元整体教学设计框架

1．研讨活动主题，明确学习任务

（1）借助前置性学习任务单，布置学生浏览本单元学习内容的任务，对本单元内容有一个初步认知，为研讨单元活动主题做好铺垫。

（2）组织学生分小组讨论制定本单元学习主题和简单的活动方案（提纲式草案）。

（3）组织各小组交流分享本组拟定的学习主题和设计的活动方案，全班确定最感兴趣的学习主题和最有效的活动方案，明确本单元学习任务及小组成员分工。

2．通读单元课文，了解文本大意

（1）独立自主，通读单元课文，自学生字词，做到准确流利、有感情地朗读课文。

（2）小组合作，检测读文达标情况，保证全班过关。

（3）独立默读课文，分别概括四篇文章的主要内容，并写下来，与同学交流，补充、完善。

3．探究文本语言，初步认识鲁迅

（1）小组合作，针对难懂的语句，交流学习，理解每篇文章的语言含义，从中领会每篇文章的思想感情和表达方式，并在全班交流，达成共识。

（2）实施大任务：独立思考，从每篇文章中提炼出鲁迅先生的一个品质特点，四篇文章整合起来，对鲁迅先生形成一个初步的认识，制作思维导图，全班交流分享。

4．实施单元活动，探究人物品质

（1）围绕单元主题搜集资料。（包括鲁迅的生平、时代背景及鲁迅的代表作品，以及别人对他的评价……）

（2）结合搜集的资料，全班交流“我们眼中之鲁迅”，进一步了解鲁迅先生。

（3）即兴演讲或讲故事：“我们口中之鲁迅”。（给学有余力的学生一个展示交流的机会）

（4）完成手抄报或人物海报：“我们笔下之鲁迅”。（结合搜集的材料小组合作编辑小报，并交流展示）

5．探讨读写要素，迁移运用写法

（1）探讨一种写人的方法：从《少年闰土》和《我的伯父鲁迅先生》中，探讨写人的方法，特别关注人物描写方法与场景描写烘托的写法运用。为本单元习作做好铺垫。

（2）落实读写结合，完成单元习作。

6．总结归纳收获，展示学习成果

（1）组织学生分组，结合本单元学习情况讨论学习收获与困惑，及时做好记录。

（2）结合本单元整本书阅读活动和语文实践活动，组织学生自主选择不同形式展示交流学习成果。

（3）对照单元整体评价指标，采取多元评价方式（师评、自评、互评、他评）有效评价学生在本单元学习中的具体表现。

7. 梳理知识要点，落实检测目的

（1）对照本单元生字表、词语表设计达标练习，学以致用。

（2）对照语文园地、学生自主学习单，查漏补缺，巩固练习，并对照评价标准进行测评。

（二）单元整体教学具体设计

本单元设置六大板块，需要10～13课时，安排如下：单元导读1课时，文本阅读欣赏4～5课时，表达创作交流2课时，知识梳理探究1课时，整本书阅读1～2课时，语文实践活动1～2课时。

◎ 板块一：单元导读

学习任务一：借助前置性学习任务单交流鲁迅先生生平及作品的相关资料。

学习任务二：阅读单元导读页，了解本单元人文主题与语文要素，明确学习任务。

学习任务三：快速浏览整个单元学习内容，大致了解本单元4篇课文内容及习作内容。

学习任务四：分小组讨论制定本单元学习主题和简单的学习活动方案，明确本单元学习任务及小组成员分工。

◎ 板块二：文本阅读欣赏

学习任务一：自主识字，扫清障碍

1. 对照本单元生字表、词语表，结合预习学习单，小组成员互相检查本单元生字新词掌握情况。

2. 采用多种形式评测学习生字新词的情况。

3. 结合课文内容检测对本单元生字新词读音、词义的掌握程度。

学习任务二：通读文本，整体感知

1. 四人小组合作朗读本单元4篇课文，大致说说4篇课文的最大区别。

2. 结合课后思考题以及课前预习提示，简要交流4篇课文主要内容，以及读后最深刻的感受。

3. 每小组展示朗读：小组中每位成员各自选读对应篇目中自己最欣赏的语段，朗读给同学们听，师生评价。

4．全班交流，共同分享：说一说课文中令自己最难忘的事件。

学习任务三：欣赏鲁迅眼中之人与事

学习活动一：欣赏鲁迅眼中之人

1．初识闰土：由课外阅读《故乡》一书引出《少年闰土》一文主人公，说说鲁迅是在什么情况下认识闰土的，闰土给鲁迅留下的第一印象是什么。

2．了解闰土：默读课文，结合课文中具体事例，讨论交流闰土是个怎样的少年。

3．品味语言：组织学生结合具体语段品读欣赏闰土的人物形象以及体会课文中环境描写和细节描写的表达效果。

4．重点点拨：课文中“我”对哪件事印象特别深刻？为什么？（引导品读“看瓜刺猹”情景）

5．拓展理解：读了鲁迅先生的文章，你有哪些地方不大理解？请提出来与同学交流。

6．组织思辨：在当时，如果要你选择，你想做闰土还是做文中的“我”？请罗列几点理由，与同学交流。

学习活动二：欣赏鲁迅眼中之事

1．研读文本：“好的故事”其实是一个梦境。请结合课文内容说一说这个故事的美丽、幽雅、有趣体现在哪里。

2．深究根源：如此美好的人事景物，鲁迅为什么要把它们写进一场梦境中？请结合课前搜集的材料，谈谈你的理解。

3．深度思考：既然“我”总记得见过这一篇好的故事，为什么文章的结尾却写“在昏沉的夜”呢？结合“阅读链接”中的材料，想想作者要表达什么。

4．拓展阅读：尝试阅读鲁迅先生的作品《野草》，大致了解作品的创作背景、作者的生活经历以及别人对《野草》一书的评论。

学习任务四：欣赏他人眼中之鲁迅

1．借助前置性学习任务单，交流预习本单元两篇略读课文时不理解的问题。

2．根据学生的质疑，组织学生根据课前预习提示自主阅读《我的伯父鲁迅先生》《有的人——纪念鲁迅有感》。

3. 引导学生自主学习、自主发现、自主探究。

（1）快速默读《我的伯父鲁迅先生》，尝试用小标题的形式概括文中所写的关于鲁迅先生的五件事。

（2）结合课文中的具体事例和相关资料与同学交流：课文中的鲁迅先生给你留下了怎样的印象？

（3）结合本单元所学的课文和你查找的资料，说说鲁迅先生属于诗人臧克家笔下《有的人——纪念鲁迅有感》中的哪一种人。

（4）采用多种形式朗读诗歌《有的人——纪念鲁迅有感》，体会诗人臧克家对鲁迅先生的敬佩之情，同时表达自己对鲁迅先生的怀念和崇敬。

4. 对比阅读《少年闰土》《我的伯父鲁迅先生》，想想这两篇课文在写法上哪些地方有相似之处。

5. 模仿《少年闰土》“看瓜刺猹”或《我的伯父鲁迅先生》“救助车夫”的片段，选择一个自己熟悉的场景写一写。

板块三：表达创作交流

学习任务一：创设情境，明确任务

认真审题，明确“有你，真好”中的“你”是谁？

学习任务二：再现原型，筛选素材

1. 看到“有你，真好”这个题目，你首先想到的是谁？为什么觉得有他真好？

2. 小组交流讨论。

3. 拓展思路，筛选素材。

学习任务三：例文引路，确定选材

1. 回顾单元课文，迁移写法：通过外貌、语言、行动、神态等以及环境的刻画，抓住典型事例进行描写。

2. 根据课本中的典型事例和自己的选材说一说在选材时要注意哪些问题。

3. 根据选材的要求，再次筛选自己的材料，确定自己要写的素材。

学习任务四：独立思考，自主练习

1. 默读习作要求，思考：平时习作时，该如何表达自己的真实情感？

2. 自主完成习作。

学习任务五：展示交流，互评互改

1．互读评价，第一次优化习作。

2．发现问题，交流点评，第二次优化习作。

板块四：知识梳理探究

学习任务一：掌握本单元所学的生字新词。

1．对照本单元生字表、词语表完成基础知识达标练习，学以致用。

2．对照语文园地和单元复习单，查漏补缺，巩固练习，并对照评价标准进行测评。

学习任务二：细读“交流平台”，归纳总结把握文章主要内容的方法。

学习任务三：学习词句段运用部分，第一学习文章题目的妙处，练习给文章起标题的技巧，第二通过词语展开联想并写话。

学习任务四：学习书写提示部分，了解柳公权的书法特点及代表作。

学习任务五：积累鲁迅先生的名言警句，并能正确书写。

板块五：整本书阅读

学习任务一：学习《少年闰土》《我的伯父鲁迅先生》时，向学生推荐阅读鲁迅先生的作品《朝花夕拾》。

学习任务二：从书的封面、序言、目录、小引、后记等方面整体阅读《朝花夕拾》，多角度了解整本书大概内容，多维度了解鲁迅先生，激发阅读兴趣。

学习任务三：细读《朝花夕拾》中的经典片段，精心设计一张读书推荐卡，并借助这张推荐卡在课外阅读交流课上向同学推荐这本书。

学习任务四：以“欣赏《朝花夕拾》中鲁迅笔下的那些人物”为主题，制作“人物名片”，向同学介绍自己欣赏的一个人物。

学习任务五：开展《朝花夕拾》整本书阅读的主题展示会，让学生交流自己阅读的方法，交流自己阅读过程中的收获、感悟或困惑等。

板块六：语文实践活动

学习任务一：确立主题，明确任务

结合本单元文本学习，确立以“走近鲁迅，致敬伟人”为活动主题，组织相关实践活动，明确学习任务。

学习任务二：组织活动，合作完成

1. 结合本单元四篇课文和搜集的资料，利用思维导图的方式，小组合作梳理有关鲁迅先生生平事迹、相关作品等，先在小组中练说，再派代表在全班交流“我们眼中之鲁迅”，进一步了解鲁迅先生。

2. 组织学生结合本单元学习内容与活动要求，围绕“我们口中之鲁迅”这一主题开展即兴演讲或讲故事。

3. 结合搜集的材料，小组合作编辑手抄报或人物海报：“我们笔下之鲁迅”，并展示汇报。

4. 通过线上云游绍兴鲁迅纪念馆、百草园、三味书屋等，再结合搜集的材料，挑选自己最感兴趣的内容讲给同学听，并分享你自己线上参观的感受。

学习任务三：交流分享，展示汇报

结合本单元语文实践活动，组织学生自主选择不同形式展示交流实践活动成果。

五、单元整体作业设计

（一）作业设计目标

1. 积累运用本单元所学的生字新词。

2. 运用文字、思维导图等方式梳理本单元四篇课文的主要内容和写作思路。

3. 借助课文和课外阅读材料加深对鲁迅先生的全面认识，感受鲁迅先生的人物形象和高尚品质。

4. 运用场景描写和人物描写的方法，通过具体事例或印象深刻的场景，写出自己对某个印象深刻的人的情感。

（二）作业设计内容

作业任务一：鲁迅眼中之人

作业 1：《少年闰土》一课写了月下看瓜刺猹的闰土、初次相识时的闰土、给“我”讲新鲜事的闰土。结合以上相关内容，完善“少年闰土”人物形象思维导图。

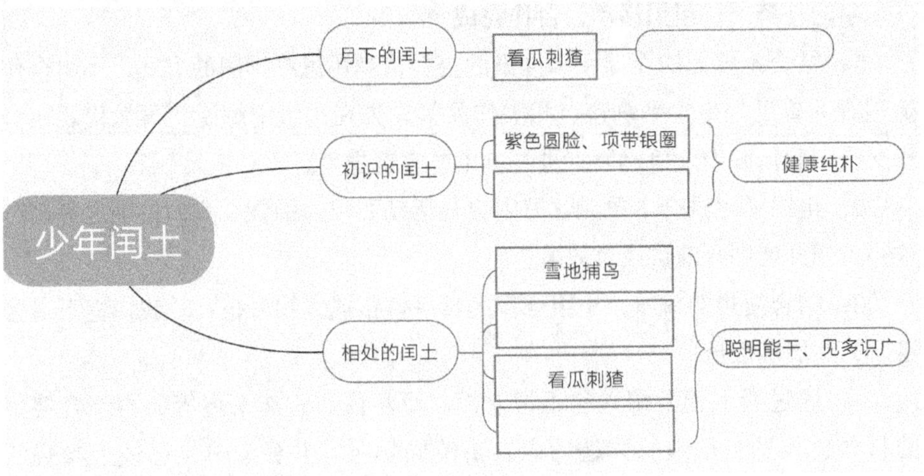

【设计意图：借此引导学生通过阅读文本内容，梳理写作内容与思路，完善人物形象思维导图，有利于学生深刻体会少年闰土勇敢机智、聪明能干、见多识广、健康纯朴的农村少年形象。】

作业2：根据《少年闰土》一文中凸显人物特点的片段，体会描写人物时的场景以及描写场景运用到的写法，深刻感受人物形象。

作者笔下的人物	描写的场景	运用的描写方法	人物形象
少年闰土			

【设计意图：借助该项作业引领学生走进人物的生活场景和内心世界，充分领悟课文的主题，而且还训练了学生的表达能力，达到深度学习的目的。】

作业3：请阅读鲁迅先生的小说《故乡》，思考：回到阔别二十余年的故乡，再次见到闰土，与记忆中的少年闰土相比，中年闰土发生了哪些巨大变化？请结合课文和所搜集的资料完成下表内容。

变化	少年闰土	中年闰土
外貌	健康纯朴：紫色的圆脸，戴小毡帽，戴银项圈	
性格	活泼勇敢：会给我讲许多故事，敢在月下刺猹	
生活状态		

【设计意图：拓展课外阅读，借助该作业指导学生学会通过抓住人物描写，比较人物前后变化，进一步了解人物形象，初步感知作者表达的主旨。】

作业任务二：他人眼中之鲁迅

作业1：用较快的速度默读《我的伯父鲁迅先生》一文，想想课文写了关于鲁迅先生的哪几件事情，给每件事情加个小标题，并摘抄关键语句，感受鲁迅先生的品质特点。

小标题	从对应事件中摘抄关键语句	鲁迅的品质特点	课文中的鲁迅给你留下了怎样的印象？

【设计意图：以此检阅学生对课文内容阅读理解与概括的效果，进一步感受鲁迅先生的品质精神。】

作业2：认真阅读《有的人——纪念鲁迅有感》一诗，根据你的理解，完成下面的填空。

《有的人——纪念鲁迅有感》本文的作者是__________，文章的副标题是____，本诗主要采用________的表现手法，诗中阐述了两种人，第一种是____；第二种是____。

【设计意图：以此检查学生对文本内容阅读的效果以及对所学知识理解的深度。】

作业任务三：我们眼中之鲁迅

作业1：认真阅读《好的故事》，深入理解文本内容，小组成员进行合作探究，并完成以下图表内容。

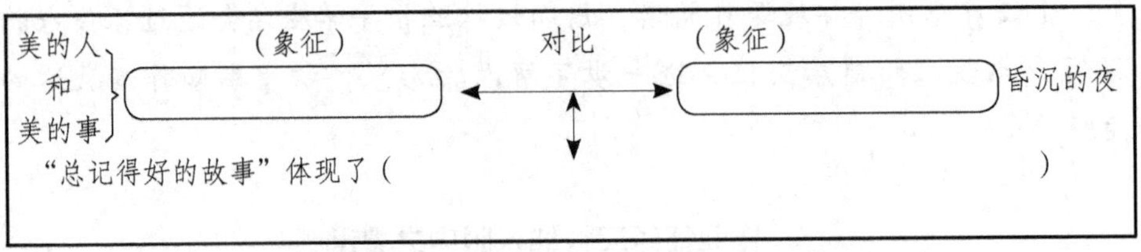

【设计意图：采用图像化策略，更形象，更有效地帮助学生进一步理解课文内容。】

作业2：通过本课的学习、搜集有关鲁迅先生的资料以及阅读《野草》等作品后，相信同学们对鲁迅先生有了更全面的了解，自己对于鲁迅先生的评价也更客观、全面，请你绘制一幅关于鲁迅先生成长经历或者鲁迅先生作品的思维导图，届时将同学们的作品集合成册，举办一个“我们眼中之鲁迅人物展”。

【设计意图：通过开展实践性活动，激发学生学习兴趣，让学习真正发生，同时开阔学生的视野，加深学生对人物的认知。】

作业任务四：我们口中之鲁迅

作业1：请利用课余时间认真阅读鲁迅先生的《朝花夕拾》这本书，精心设计一张读书推荐卡，并借助这张推荐卡在课外阅读交流课上向同学推荐这本书。推荐卡参考样式如下（你也可以根据阅读需要再增删相关项目）：

阅读者		阅读时间	
书　名		作　者	
推荐理由			

（续表）

我喜欢的人物			
我喜欢的精彩片段		作者采用的写法	
我读后的收获或感想			

【设计意图：通过设计读书推荐卡这样的实践性作业，让每一位学生能深度阅读《朝花夕拾》这本书，进一步认识鲁迅先生。】

作业2： 请结合课外阅读和所搜集的材料，跟家人或同学分享你的收获或感受。

（1）我是小小广播员：课外阅读鲁迅先生的其他作品或有关鲁迅先生的故事，了解鲁迅先生的感人事迹，并把你了解到的故事讲给你的家人或同学听。

（2）我是小小解说员：你可以通过线上云游绍兴鲁迅纪念馆、百草园、三味书屋等，并结合搜集的材料，挑选你最感兴趣的内容讲给同学听并分享你自己参观后的感受。

【设计意图：首先由课内延伸到课外，拓展阅读相关作品，丰富学生的视野，加深对人物形象的感知；其次借助各种网络资源，参观虚拟的场馆，开展真实、生动的言语实践活动，借此考核学生对资料的整理和运用能力，提升学生语言表达能力。】

作业任务五：我们笔下之鲁迅

作业1： “有你，真好”是一句让人感到温暖的话。凝视着它，那人、那事、那场景……就会慢慢浮现在眼前。拿起笔，表达你真挚的情感吧！写的时候，可以假想这个“你”就在眼前，你在用文字和他对话。写完后读一读，看看是不是把事情写具体了，是不是融入了自己的情感。如果有可能，把这篇习作与文中的“你”分享。

【设计意图：本单元习作旨在引导学生通过具体事例写出题目中“你”的“好”，表达出自己的真实情感，以习作训练巩固本单元语文要素。】

作业2：上网查阅有关鲁迅先生的资料或者阅读鲁迅先生的作品，结合本单元学习的内容，以“走近鲁迅，致敬伟人”为主题，办一期手抄报或人物海报。

具体要求：用A4纸或者大图画纸制作一份手抄报或设计一张精美的鲁迅人物海报，要包括鲁迅形象和不少于四方面的相关资料，注意整合本单元所搜集的材料，注意人物形象、边框、色彩、文字等的运用，尽量增加作业的观赏性，做到图文并茂，版面美观；内容丰富，形式多样；布局巧妙，排版合理。

【设计意图：借助实践性作业，以图文并茂的方式，对有关鲁迅先生的资料进行整合，从而激起学生了解鲁迅、学习鲁迅相关文章的兴趣，进而降低本单元的学习难度，同时打破学科边界，使语文、美术和信息技术等学科实现相互渗透、交融，培养学生跨学科进行探究解决问题的能力。】

六、单元整体评价指标

（一）基本知识和技能评价指标

识字与写字：①通过本单元学习活动，学生能掌握25个生字和29个词语。②能联系具体语境理解相关词语的含义，并体会阅读材料中“我”的内心世界。③在学习本单元文本和进行课外阅读中发现自己不认识的字，能根据字形推断字音字义，并借助语境和工具书验证自己的推断。④在学习中，能发现富有表现力的词句和段落，自觉记录、整理，乐于与他人分享积累的经验，并尝试在自己的表达交流中运用。

阅读与鉴赏：①通过本单元学习活动，能借助与文本相关的材料，结合作品关键语句评价文本中的主要事件和人物，提出自己的观点或看法。②能发现本单元4篇文章的结构方式和语言特点，感受作品内容、表现形式上的不同，积极向他人推荐，并有条理地说明推荐理由。③能与他人分享阅读鲁迅先生作品获得的有益启示，有意识地运用积累的语言进行口头或书面表达。④能采用多种朗读方式，从文本中获取相关语言材料，并在反复朗读中加深对本单元4篇课文内容的理解。⑤能用文字、思维导图等方式梳理本单元4篇课文的主要内容和写作思路。⑥能主动阅读有关鲁迅先生的其他作品，在整本书阅读活动中，结合精彩选段的交流分享加深对作品内涵的理解，并用多种方式记录、分享阅读的心得体会。⑦在开展本单元语文学习活动中，能够围绕发现的问题，搜集资料、整理相关的观点与看法，结合学习积累和经验，初步形成自己的理解和认识。

表达与交流：①乐于参与本单元语文学习活动讨论，敢于发表自己的意见。②能积极参与本单元语文学习活动的策划与组织工作，围绕活动主题搜集材料，提供简单的活动设计方案。③能围绕活动主题开展语文实践活动，从多方面获取活动各阶段的材料，并用多种方式有条理地记录学习活动过程，表达参与活动的感受。④能掌握采用具体事例表现人物形象的写法。⑤在活动中积累素材，撰写本单元习作，内容具体、感情真实。

梳理与探究：①能根据本单元语文学习活动需要，结合自己的知识积累和生活经验提出要探究、解决的主要问题。②能借助跨学科知识和相关材料，与同学合作探索解决问题的具体方法，运用相关知识解释自己的想法，记录探究的过程及结论。③能组织讨论和专题演讲，发表自己的观点，在交流反思中辨别是非、善恶和美丑。④能根据学习活动的需要，自己或与同学合作撰写活动计划、实施方案或活动总结。

（二）关键能力评价指标

1. 通过本单元学习活动，学生能掌握人物单元阅读策略，如精读与略读、默读与速读、理解与分析、想象与思考等。

2. 能掌握以事表人的写作能力，如运用不同人称叙事，特别是第二人称直抒胸臆。

3. 能通过对印象深刻场景的描述，把事情写具体。

4. 能逐步形成搜集与筛选材料、处理与加工信息的能力。

（三）必备品格与价值观念评价指标

通过本单元学习活动，体会鲁迅先生忧国忧民的爱国情怀，从典型事例中深度感受其身上的高尚品质，从所搜集的资料和阅读的书籍中感受其伟大成就。

（四）学习兴趣与习惯评价指标

1．通过本单元的学习活动，学生能对鲁迅先生的作品产生阅读兴趣。

2．在开展语文实践活动中，学生学会与人合作，培养良好的人际交往能力，逐步形成主动学习、勤于思考、乐于表达的良好习惯。

第四节　六年级下册教材教学整体简析

一、六年级下册整体教学内容

本册教材安排了六个单元。其中三个单元是以人文主题和语文要素双线结构组成的单元，人文主题分别是“民风民俗”“理想和信念”“科学精神”。第二单元是以题材来组成的“外国文学名著”单元。第三单元“表达真情实感”是一个习作单元，是围绕习作能力的培养编排的。第六单元“难忘小学生活”是综合性学习单元。本册教材安排了四个语文园地，三个口语交际，两个综合性学习，一个“快乐读书吧”的内容。

二、六年级下册整体教学目标

（一）识字与写字

1. 有较强的独立识字能力。累计认识常用汉字3000个左右，其中会写汉字2500个。

2. 会写常用汉字120个。

3. 硬笔书写楷书，行款整齐，力求美观，有一定速度。

4. 能用毛笔写楷书，在书写中体会汉字的优美。

5. 写字姿势正确，有良好的书写习惯。

（二）阅读与鉴赏

1. 能正确、流利、有感情地朗读课文。

2. 默读有一定的速度，默读一般读物每分钟不少于300字。学习浏览，根据需要搜集信息。

3. 能联系上下文和自己的积累，推想课文中有关词句的意思，辨别词语的感情色彩，体会其表达效果。

4. 在阅读中了解文章的表达顺序，体会作者的思想感情，初步领悟文章的基本表达方法。在交流和讨论中，敢于提出看法，作出自己的判断。

5. 阅读叙事性作品，了解事件梗概，能简单描述自己印象最深的情节，说出自己的感受。受到优秀作品的感染和激励，向往和追求美好的理想。阅读简单的非连续性文本，能从图文等组合材料中找出有价值的信息。

6. 诵读优秀诗文。能够通过注释和想象，体味作品的内容和情感。背诵优秀诗文。

7. 扩展阅读面。课外阅读总量不少于25万字。

（三）表达与交流

1. 乐于参与讨论，敢于发表自己的意见，与人交流能尊重和理解对方。

2. 表达有条理，语气、语调适当，听人说话认真、耐心，能抓住要点，恰当应对。

3. 能根据对象和场合，作简单的发言，注意语言优美。

4. 养成留心观察周围事物的习惯，有意识地丰富自己的见闻，珍视个人的独特感受，积累习作素材。

5. 能写简单的记实作文和想象作文，内容具体，感情真实。能根据内容表达的需要分段表述。

6. 修改自己的习作，并主动与他人交换修改，做到语句通顺，行款正确，书写规范整洁。根据表达需要，正确使用常用的标点符号。

（四）梳理与探究

1. 分类整理学过的字词，发展独立识字能力和写字能力。

2. 感受不同媒介的表达效果，学习跨媒介阅读与运用，初步运用多种方法整理、呈现信息。

3. 初步了解查找资料、运用资料的基本方法。借助图书馆、网络等渠道获取资料，解决与学习和生活相关的问题。尝试写简单的研究报告。

4. 策划简单的校园活动和社会活动，对所策划的主题进行讨论和分析，学写活动计划和活动总结。对自己身边的、大家共同关注的问题，或影视作品中的故事和形象，通过调查访问、讨论演讲等方式，开展专题探究活动，学习辨别是非、善恶、美丑的能力。

三、六年级下册整体教学建议

（一）识字与写字

1. 感受汉字的构字特点，体会汉字蕴含的智慧。写字表供复习总结之用，教师可根据自己教学的需要灵活使用。

2. 引导学生养成良好的书写习惯，在书写中体会汉字的优美，培养文化自信。

3. 开展多形式教学活动。不断丰富学生的语言积累，强化语言运用的意识。

（二）阅读与鉴赏

1. 引导学生把握不同类型课文的特点，找准目标定位。掌握浏览的读书方法，扩大知识面，根据需要搜集信息。

2. 找到同类要素的提升点，避免简单重复。能联系上下文和自己的积累，推想课文中有关词句的意思，辨别词语的感情色彩，体会其表达效果。在理解课文的过程中体会标点符号的不同用法。应留出充分时间让学生阅读，把握课文主要内容，引导学生体会课文的主旨，让学生结合课文内容进行充分的交流。鼓励学生大胆发表自己的感受和看法，再根据学生交流的情况进行总结。

3. 引导学生在阅读中了解文章的表达顺序，体会作者的思想感情，初步领悟文章的基本表达方法。在交流和讨论中，敢于提出看法，作出判断。

4. 引导学生加强篇章意识，培养整体阅读的能力，并由篇章向整本书阅读延伸，积极向同学推荐并说明理由。把握主要内容要求的提升点，结合课后练习，帮助学生梳理梗概，把握一部名著的主要内容。依然关注非连续性文本的阅读指导，指导学生在图文等组合材料中找出有价值的信息。

5. 创设真实情境，引导学生综合运用语文知识与技能，体现学科整合，促进学生语文核心素养的发展。

（三）表达与交流

1. 关注表达方法，从阅读中学习表达。教师要善于发现和挖掘教材的训练点，引导学生在阅读中不断体会写法，获得不同角度、不同层面的感悟和启发，能够迁移运用到自己的习作当中。

2. 创设生活化的情境，满足学生的表达需要。通过情境的创设来进行写作，实现学生的交往需求。

3．有理有据地表达观点看法。教材从二年级就开始培养学生的说理能力，这种能力螺旋式上升，整体推进，六年级下册，口语交际“同读一本书”“辩论”都是对这种能力的培养。指导学生根据表达的内容，选择合适的表达方式。

4．修改自己的习作，并主动与他人交换修改。

（四）梳理与探究

1．利用写字表和词语表，运用所学的理解字词的方法理解重点词语，丰富学生的语言积累，强化语言运用的意识。

2．聚焦学习方法，围绕单元语文要素，从学生的学习实践中提取可迁移运用的方法。

3．找准体现六年级下册综合运用与衔接过渡的特点。引导学生分清文章内容主次，如何详写主要部分的方法；总结归纳阅读名著、评价名著人物的方法，品析不同译者的译文；总结学习文章表达情感的方法；总结、交流文章的开头与结尾的表达特点。

4．引导学生回顾、交流小学阶段养成良好的语文学习习惯，具有梳理、总结、复习的意识。

5．引导学生有意识地学习合理规划学习活动进程，尝试制作成长纪念册，综合运用语文知识与技能，体现学科整合，促进核心素养的发展。

第五节　六年级下册单元语文要素有效落实评价指标序列表

单元	类型/人文主题	单元选文	单元语文要素达标评价指标			
			识字写字要素达标评价指标	阅读要素达标评价指标	口语交际要素达标评价指标	习作要素达标评价指标
第一单元	民风民俗	《北京的春节》 《腊八粥》 《古诗三首》 《藏戏》	会写36个字，会写38个词语。	1. 能分清课文内容的主次，体会详写主要内容的好处。 2. 有感情地朗读课文。背诵古诗。 3. 体会语言风格，感受丰富的民俗文化。	能根据场合、对象，作即兴发言。	1. 能介绍一种风俗或写自己参加一次风俗活动的经历。 2. 能抓住重点，突出特点。
第二单元	外国文学名著	《鲁滨逊漂流记（节选）》 《骑鹅旅行记（节选）》 《汤姆·索亚历险记（节选）》	会写15个字，会写22个词语。	1. 借助梗概，了解名著的主要内容。 2. 能就印象深刻的人物和情节交流感受，作简单的人物评价。 3. 产生阅读原著的兴趣。	1. 能引用原文说明观点，增强说服力。 2. 能分辨观点是否有道理，理由是否充分。	1. 选择自己读过的一本书，写作品梗概。 2. 分享习作，并根据反馈进行修改。

（续表）

单元	类型/人文主题	单元选文	单元语文要素达标评价指标			
			识字写字要素达标评价指标	阅读要素达标评价指标	口语交际要素达标评价指标	习作要素达标评价指标
第三单元	习作单元：表达真情实感	《匆匆》 《那个星期天》 习作例文 （《别了，国语课》 《阳光的两种用法》）	会写19个字，会写29个词语。	1. 了解课文内容，体会作者表达的情感。 2. 能联系课文内容，感悟作者表达情感的方法。	能结合课文内容，交流表达真情实感的方法。	1. 能选择合适的内容写具体。 2. 能真实自然地表达自己的情感。
第四单元	理想和信念	《古诗三首》 《十六年前的回忆》 《为人民服务》 《董存瑞舍身炸暗堡》	会写28个字，会写37个词语。	1. 把握课文的主要内容，关注人物描写，体会人物的品质，受到革命文化教育。 2. 能借助相关资料，加深对课文的理解。	能综合运用学过的方法阅读“阅读材料”，和同学分享自己的阅读收获。	1. 能选择适合的材料和方式表达自己的心愿。 2. 能用修改符号自主修改习作。
第五单元	科学精神	《文言文二则》 《真理诞生于一百个问号之后》 《表里的生物》 《他们那时候多有趣啊》	会写22个字，会写25个词语。	1. 体会课文用具体事例说明观点的方法。 2. 能根据相关语句体会人物形象，感受探索精神。	1. 能搜集、整理材料，清晰地表达观点。 2. 能抓住对方讲话中的漏洞进行反驳，用语文明。	能展开想象，写出奇特而又令人信服的科幻故事。
第六单元	综合性学习单元：难忘小学生活	板块：“回忆往事”“依依惜别”			围绕单元及板块主题，与同学交流，制订阶段活动计划。	1. 策划毕业联欢会，写出策划书。 2. 用书信等形式表达情感，与人交流。

第六节　六年级下册单元整体教学设计与实施典型案例分析

本节选取统编语文教材六年级下册第二单元进行分析。

一、单元内容整体解读

本单元围绕“外国文学名著”编排，选编的三篇课文都是节选自长篇小说。《鲁滨逊漂流记》是英国作家丹尼尔·笛福的经典之作。《骑鹅旅行记》是1909年诺贝尔文学奖获得者塞尔玛·拉格洛芙的作品。《汤姆·索亚历险记》是美国著名作家马克·吐温的儿童文学作品。

本单元的第一个语文要素是“借助作品梗概，了解名著的主要内容”，旨在引导学生通过阅读梗概，把握整部小说的主要内容。第二个语文要素是“就印象深刻的人物和情节交流感受”，旨在培养学生能针对人物和情节表达自己的感受和体会。“交流平台”围绕人物评价展开交流。

本单元的习作要求是“学习写作品梗概”。借助教材，给学生提供了梗概的范例，培养学生的概括能力。

“快乐读书吧”推荐阅读的世界名著主题都是游历和冒险故事，贴近学生的阅读心理，能激发学生阅读名著的兴趣，阅读方法紧扣本单元的语文要素。

基于单元语文要素及教材内容，本单元的教学重点是借助作品梗概了解名著主要内容，把握人物形象，并就印象深刻的情节交流感受，对人物作简单的评价，运用多种方法激发学生阅读名著的兴趣。难点是关联整本书内容，猜想故事情节，围绕名著中的人物形象交流阅读感受。

二、单元整体教学目标

（一）整体教学核心目标

1. 整体阅读本单元课文，自学生字词，能借助作品梗概把握名著主要内容。

2. 阅读中，留意描写人物的句子，把握人物形象，立体、多元地评价人物。

3. 通过对本单元课文的学习，迁移运用课内阅读学到的方法，能够做读书笔记，与同学交流阅读收获，获得更好的阅读体验。

4. 通过本单元学习，激发阅读整本书的兴趣，会写作品梗概，进一步培养学生的概括能力。

（二）各项目任务分级目标

1. 文本阅读欣赏教学目标

（1）会写15个生字，会写22个词语。

（2）能借助作品梗概，了解名著主要内容。

（3）能就印象深刻的人物和情节交流感受，对人物作出简单的评价。

（4）能产生阅读原著的兴趣。

2. 表达创作交流教学目标

能选择自己读过的一本书，把握主要脉络，筛选概括，锤炼语言，连贯表达，写作品梗概。

3. 知识梳理探究教学目标

（1）能围绕如何对人物进行评价发表自己的看法，学会立体、多元评价人物。

（2）借助语文园地体会夸张手法的表达效果；感受不同译者对相同内容的不同表达，增强译本意识。

（3）能与同学分享自己写的梗概，并根据反馈进行修改。

4. 整本书阅读的教学目标

（1）尝试运用多种阅读策略阅读三部名著，了解名著主要内容，感受人物特点，多维度感受世界名著的魅力。

（2）将课内学到的阅读方法迁移到课外阅读，获得更好的阅读感受。

5. 语文实践活动教学目标

（1）在以“漫步世界名著花园”为主题的语文实践活动中，分享阅读名著乐趣，各小组以不同形式呈现活动成果，从中感受世界名著的阅读价值。

（2）通过本次语文实践活动，培养学生综合运用语文知识与技能，体现学科整合，促进核心素养的发展。

三、单元语文要素简析

本单元以“外国文学名著”为中心组织学习内容，单元的语文要素是“借助作品梗概，了解名著的主要内容；就印象深刻的人物和情节交流感受；学习写作品梗概”，旨在引导学生通过阅读梗概，把握整部小说的主要内容。培养学生把握故事的重要内容，针对人物和情节表达自己的感受和体会的能力。习作要求是“学习写作品梗概”，借助梗概给学生提供范例，进一步培养学生的概括能力。

借助下表可以直观地看到关于“整本书阅读”的编排层次：

学段	册序	整本书阅读内容	整本书阅读目标
第一学段	一上	各种绘本和简短的图文故事	阅读自己喜欢的绘本和图文故事，尝试对读过的故事作出自己的评价；乐于把故事读给别人听或讲述读过的故事。
	一下	童谣和儿歌（《读读童谣和儿歌》等）	诵读童谣和儿歌，初步感受童谣和儿歌的语言韵味、内容趣味；乐于交换分享，能尝试说清楚喜欢的理由。
	二上	童话故事（《没头脑和不高兴》《小鲤鱼跳龙门》《一只想飞的猫》《孤独的小螃蟹》《小狗的房子》等）	学会看封面，识别书名和作者，养成爱护图书的习惯；能根据图文关系和关键字词把握童话基本内容，乐于分享；尝试有理由地说出自己对故事人物的看法。
	二下	儿童故事（《神笔马良》《七色花》《一起长大的玩具》《愿望的实现》等）	学会通过目录了解大致内容，快速找到有关内容所在位置；能根据关键信息把握故事情节，运用联结策略，结合生活体验，理解故事内容，乐于分享。
第二学段	三上	童话故事（《安徒生童话》《稻草人》《格林童话》等）	发挥想象，体会童话传达的美好情感；尝试制定阅读计划，学习读书方法，梳理故事情节，理解童话故事主人公的行为和想法，积极分享自己的阅读感受。尝试创作自己的童话故事。
	三下	寓言故事（《中国古代寓言》《伊索寓言》《克雷洛夫寓言》等）	运用阅读策略读懂故事，体会道理，并能联系生活中的人和事，更加深入理解寓意；提升阅读水平，体验阅读的快乐。

（续表）

学段	册序	整本书阅读内容	整本书阅读目标
第二学段	四上	神话故事（《中国古代神话故事选编》《希腊神话故事》《北欧神话故事》等）	发挥想象感受神话的神奇，产生浓厚兴趣；迁移想象和表达；了解神话的诞生和精神传承的价值。
	四下	科普读物（《十万个为什么》《看看我们的地球》《灰尘的旅行》《人类起源的演化过程》等）	运用阅读策略梳理文本的关键信息，查询相关资料，联结生活体验读懂文本；将文本阅读与探究现实问题相结合，学会思考、表达。
第三学段	五上	民间故事（《中国民间故事》《欧洲民间故事》《非洲民间故事》《天方夜谭》等）	对比阅读，了解民间故事的内容和结构特点，探讨民间故事主题和人物形象特点，体会民间故事的历史和现实价值；创造性地讲述民间故事。
	五下	古典名著（《西游记》《三国演义》《水浒传》《红楼梦》等）	探索阅读方法；利用章回体小说的结构特点把握故事情节内容；聚焦自己感兴趣的人物形象，学习做读书笔记，能有理有据地评价人物；品读小说语言，丰富语言体验。
	六上	成长小说（《童年》《小英雄雨来》《爱的教育》等，主要是以儿童为主角的成长小说）	了解成长小说的内容和主题特点，梳理人物关系和故事情节，有理有据地分析人物形象，做读书笔记，撰写简评，积极交流分享阅读收获。
	六下	外国名著（《鲁滨逊漂流记》《骑鹅旅行记》《汤姆·索亚历险记》《爱丽丝漫游奇境》等，主要是儿童文学名著）	能熟练运用读书方法梳理文本内容；能写简评，积极与他人交流阅读外国名著的方法，学习鉴赏语言和选择自己喜欢的译本进行阅读。

四、单元整体教学设计

（一）单元整体教学设计框架

1．联结原著，明确阅读主题，制订阅读目标

（1）借助前置学习任务单，浏览本单元学习内容，对单元内容有初步的认知，确定阅读主题。

（2）分小组阅读，讨论并制订小组阅读目标和简单的活动方案。

（3）各小组交流分享本组拟定的阅读主题和活动方案，明确单元学习任务及小组成员分工。

2．梳理作品，通读单元课文，概括故事情节

（1）通读课文，自学字词，达到读准确、通顺、流利的要求。

（2）小组合作，检测读文达标情况，保证全班过关。

（3）独立默读课文，与同学交流，补充、完善。

3．依托梗概，探究文本，关注名著人物

（1）小组合作，交流读书心得，把握人物特点，理解名著中立体、多元的人物形象，全班交流，达成共识。

（2）实施大任务：独立思考，针对感兴趣的人物与情节，尝试评价人物。将单元课文进行整合，用思维导图梳理人物关系，探究人物活动轨迹。

4．实施单元阅读活动，对话名著人物，激发读整本书的兴趣

（1）围绕单元主题。结合已有阅读经验，阅读整本书。

（2）规划项目时间轴，制订阅读日历。

（3）细化阅读任务，绘制情节地图。

（4）完成手抄报或人物海报，撰写成长日记。（结合搜集的材料小组合作编辑小报，并交流展示）

5．项目驱动，巧借支架写梗概，体现学法迁移

（1）选择自己读过的一本书，借助示例，运用“三步法”写作品梗概。

（2）与老师、同学分享自己写的梗概，并根据反馈进行修改。

6．总结归纳收获，展示学习成果，感受阅读的乐趣

（1）组织学生结合本单元学习情况分组讨论学习收获与困惑，及时做好记录。

（2）结合本单元实践活动，组织学生自主选择不同形式，展示交流学习成果。

（3）对照单元整体评价指标，采取多元评价方式有效评价学生在本单元学习中的具体表现。

7．梳理知识要点，落实检测目的，体现教学评一体化

（1）对照单元基础任务设计达标练习，学以致用。

（2）对照语文园地、学生自主学习单，查漏补缺，巩固练习，并对照评价标准进行测评。

（二）单元整体教学具体设计

本单元设置六大板块，需要7～12课时，安排如下：单元导读1课时；揭示课题，了解作家作品2～5课时；激发兴趣，走进整本书1课时；知识梳理探究1课时；读书展示活动1～2课时；语文实践活动1～2课时。

板块一：单元导读

学习任务一：组织学生借助前置性学习任务单学习交流名著创作背景。

学习任务二：阅读单元导读页，了解本单元人文主题与语文要素，明确学习任务。

学习任务三：阅读整个单元学习内容，了解本单元三篇课文内容。

学习任务四：分小组讨论制定阅读目标和简单的阅读活动设计，明确本单元学习任务及小组分工。

板块二：揭示课题，了解作家作品

学习任务一：自主识字，扫清障碍

1. 对照本单元生字表、词语表，结合前置性学习任务单，小组成员互相检查生字新词掌握情况，重点指导难字、特殊字。

2. 结合语境，运用已有策略、方法理解名著词句。

3. 采用多种形式测评学生对生字新词的掌握情况。

学习任务二：联结梗概，批注主要事件

1. 借助梗概，结合课后练习及任务单，用概括小标题的方式批注，简练介绍名著。

2. 习得方法，根据课前任务单及名著目录，交流另外两部名著梗概。

3. 六人小组合作简要交流本单元三篇课文（名著节选）主要内容，对应名著主要章节。

4. 全班交流，共同分享：给自己留下深刻印象的事件。

学习任务三：阅读节选，评价人物形象

学习活动一：故事里“寻”人物

1. 初识鲁滨逊：借助名著《鲁滨逊漂流记》，简要说说鲁滨逊的经历以及给自己的第一印象。

2. 走近鲁滨逊：默读课文，结合节选中的具体事例，初识人物。

3．细究表格悟人物：组织学生结合具体语段欣赏鲁滨逊的人物形象以及体会课文中细节描写的表达效果。

4．拓展理解：读梗概及节选，与同学交流。

5．思辨探究：《鲁滨逊漂流记》被誉为“每个男孩子成长必读的一本书”，罗列阅读价值，与同学交流。

学习活动二：故事里“看”人物

1．围绕变化，了解尼尔斯的调皮，小组设置表格，关注小动物的态度，厘清主次。

2．品析比较，揣摩小动物态度，品名著精彩语言。

3．知“客串”角色，明旅行“诱因”，初步感受作者构思的巧妙。对“唯一一部获得诺贝尔文学奖的童话作品”产生阅读兴趣。

学习活动三：故事里“品”人物

1．研读节选，圈画人物：根据节选，绘制汤姆·索亚相关的人物关系图。

2．提炼标题，聚焦脱险。

3．品析比较，揣摩语言：借助句式，全班交流，小组推选代表发言。

4．前后勾连，提出疑问：激励思考，鼓励质疑，回到原著，激发阅读原著兴趣，推荐不同版本。

学习任务四：名著人物“一堂说”

1．借助前置性学习任务单，交流名著对人物的巧妙刻画。

2．小组交流，整合领悟到的描写人物的方法，进一步体会人物特点。

3．引导学生自主学习探究，分享阅读感受。

（1）快速浏览名著梗概，猜想它们讲述的神奇之处。

（2）结合两部作品的梗概，再谈对鲁滨逊、尼尔斯、汤姆·索亚的认识。

（3）借助创作背景，走近原著。

4．写一写小说人物形象，勾勒人物活动情景。

◎ 板块三：激发兴趣，走进整本书

学习任务一：阅读主题的明确

借助图式，把握名著人物形象，了解人物活动路径。

学习任务二：阅读任务的制订

1．梳理人物活动相关情节，抓住情节梗概，多元评价人物。

2．拓展思路，筛选素材。

学习任务三：阅读活动设计

1．分组“档案袋”，梳理故事情节。

2．设计“阅读卡”，规划每天阅读内容，指导阅读整本书。

3．交流阅读感受，组内补充。

学习任务四：同读一本书

围绕话题交流读书心得，选择感兴趣的话题，再深入交流，产生新的想法。

板块四：知识梳理探究

学习任务一：掌握本单元所学的生字新词。

1．对照本单元生字表、词语表完成基础知识达标练习，学以致用。

2．对照语文园地和单元复习单，查漏补缺，巩固练习，并对照评价标准进行测评。

学习任务二：细读“交流平台”，归纳总结品析人物的主要方法。

学习任务三：阅读不同的译本，简单描述自己喜欢某译本的理由。

学习任务四：运用有效的阅读方法阅读整本书。

板块五：读书展示活动

学习任务一：推荐阅读三部名著。

学习任务二：指导学生从书的封面、序言、目录、小引、后记等方面整体阅读，多角度了解整本书大概内容，多元评价人物，激发阅读兴趣。

学习任务三：指导学生精选细读名著中经典片段，精心设计一张读书推荐卡，并借助这张推荐卡在课外阅读交流课上向同学推荐这本书。

学习任务四：以“名著人物排行榜”为主题任务，制作“人物名片”，向同学介绍自己欣赏的一个人物。

学习任务五：开展整本书阅读主题展示会，学生推荐读书方法，交流自己在阅读过程中的收获、感悟或困惑等。

◎ 板块六：语文实践活动

学习任务一：确立主题，明确任务

结合本单元文本学习，确立以“走进名著花园”为活动主题，组织相关实践活动，明确学习任务。

学习任务二：组织活动，合作完成

1. 结合本单元课文和搜集的资料，利用思维导图，小组合作完成名著阅读思维导图，展示阅读效果。

2. 组织学生结合本单元学习内容与活动要求，围绕“我最喜欢的名著”这一主题开展即兴演讲或讲故事。

3. 结合搜集的材料，小组合作编辑手抄报或人物海报“走进世界名著花园”，并展示汇报。

4. 编辑“朋友圈”，聚焦人物形象。

学习任务三：交流分享，展示汇报

结合本单元语文实践活动，组织学生自主选择不同形式展示交流。

五、单元整体作业设计

（一）作业设计目标

1. 积累运用本单元所学的生字新词。

2. 运用文字、思维导图等方式梳理课文内容（原著内容），评价人物形象。

3. 借助资料或阅读同类作品，加深对名著的认识，领悟作者巧妙的构思、精彩的语言，感受名著的魅力，激发阅读兴趣。

（二）作业设计内容

◎ 作业任务一：故事里“寻”人物

作业 1：读懂《鲁滨逊漂流记》梗概，概括这部小说写了鲁滨逊流落荒岛的哪些事，用小标题形式列出来。

流落荒岛→（　　　　　　）→（　　　　　　）→（　　　　　　）→（　　　　　　）

【设计意图：借助梗概理清小说脉络，引导学生阅读梗概，把握名著的

主要内容，培养学生概括的能力。】

作业2： 结合《鲁滨逊漂流记》梗概及节选，根据相关事例设计一份人物形象图。

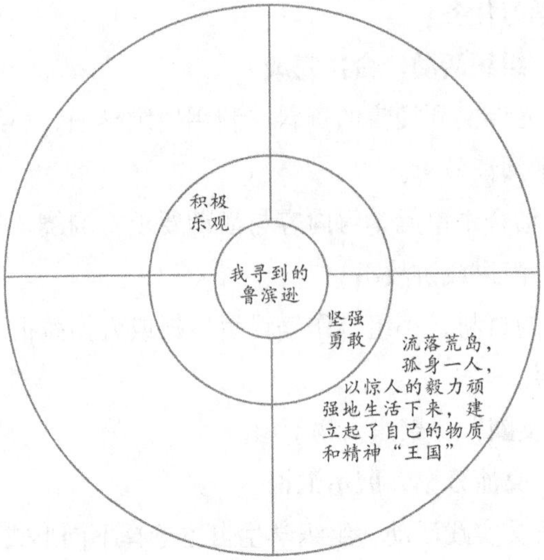

【设计意图：聚焦人物形象，拓宽思维广度。借助人物形象图，联结相关事例帮助学生整体感知主人公，通过“一张图”全面、清晰地感受鲁滨逊的人物形象。】

作业任务二：故事里“看”人物

作业1： 尼尔斯变成小狐仙，他的世界会发生怎样的改变呢？完成“好戏连台”，进行角色体验。

第一幕：尼尔斯被麻雀奚落　　角色提问：小麻雀，尼尔斯变成小人儿，你怎么这么高兴？

第二幕：________　　角色提问：____________

第三幕：________　　角色提问：____________

第四幕：________　　角色提问：____________

【设计意图：角色体验，感受故事情节的有趣；由今观昔，由果溯因，由此及彼，读懂生命之关联；借“口”数“罪”，体会侧面描写之巧妙。】

作业2： 尼尔斯经历了从调皮捣蛋到勤劳懂事、乐于助人的转变，这个转变正是尼尔斯的成长。对于这个转变的过程，你想对尼尔斯说些什么，可以写在“尼尔斯成长留言板”。

【设计意图：设置“留言板”，引导学生针对尼尔斯行为进行评论，目的在于点拨学生自主感悟成长，同时学会多元评价人物。】

◎ 作业任务三：故事里“品”人物

读《汤姆·索亚历险记》会不由自主地被书的情节所吸引，同主人公汤姆·索亚一样喜怒哀乐，请完成下面“山形图”，填写“故事情节”及“人物心情”。

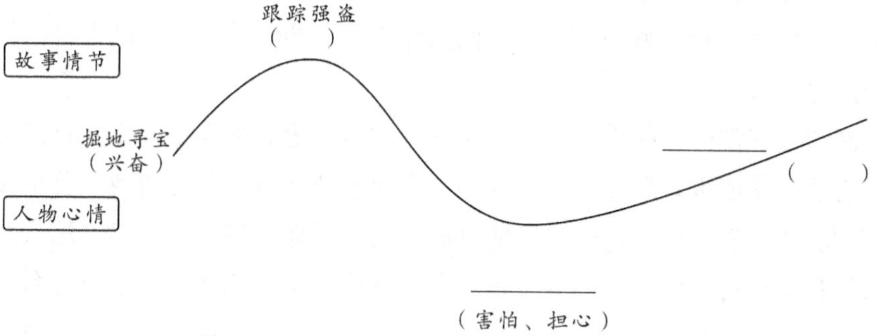

【设计意图：以山形图为导航，形成较完整的情节线索链，帮助学生明晰事情发展的脉络，感知情节的变化规律。让整本书阅读变得轻松简单。】

六、单元整体评价指标

探险小说单元评价图示

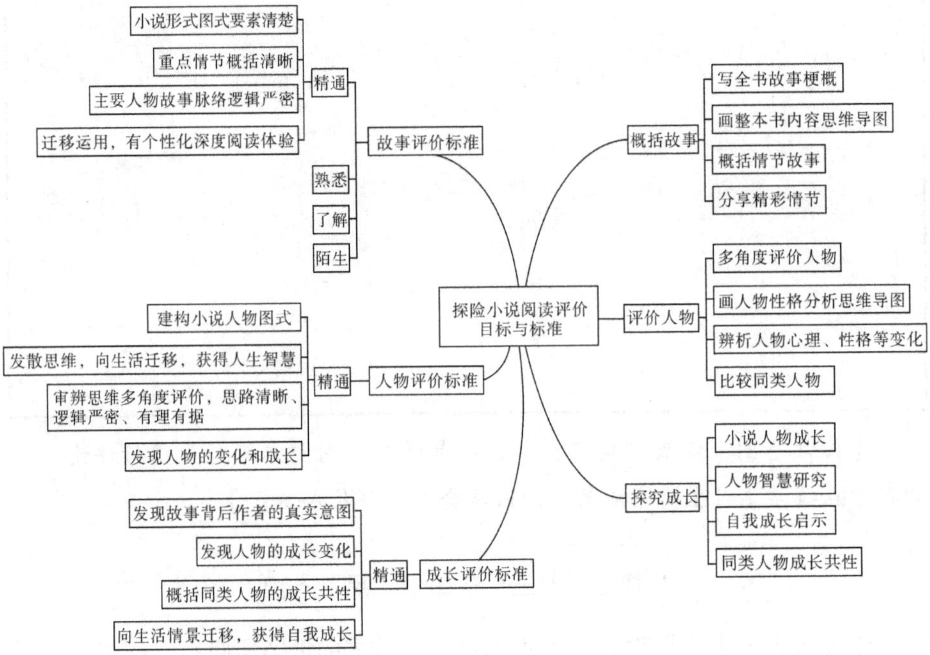

（一）基本知识和技能评价指标

识字与写字：①能掌握15个生字和22个词语。②能联系具体语境理解相关词语，自觉记录、整理，乐于与他人分享积累的经验，并尝试在自己的表达交流中运用。

阅读与鉴赏：①能借助与文本相关的材料评价名著人物，提出自己的观点或看法。②能推荐名著，并有条理地说明推荐理由。③能与他人分享阅读名著的收获，有意识地进行口头或书面表达。④能采用多种阅读方法从文本中获取相关语言材料，提炼阅读整本书的有效方法。⑤能梳理本单元名著人物关系图，感受名著布局谋篇的巧妙。⑥能主动阅读并用多种方式记录、分享阅读的心得体会。⑦在开展本单元语文学习活动中，能够围绕发现的问题，搜集资料、整理相关的观点与看法，结合学习积累和经验，初步形成自己的理解和认识。

表达与交流：①乐于参与语文学习活动讨论，敢于发表自己的意见。②能积极参与学习活动的策划与组织工作，围绕活动主题搜集材料，提供简单的活动设计方案。③能围绕活动主题开展语文实践活动，多方面获取活动各阶段的材料，并用多种方式有条理地记录学习活动过程，表达参与活动的感受。④能掌握基本的评价人物形象的方法，多元评价人物。

梳理与探究：①能根据学习活动需要，结合自己的知识积累和生活经验提出要探究、解决的主要问题。②能借助跨学科知识和相关材料，与同学合作探索解决问题的具体方法，运用相关知识解释自己的想法，记录探究的过程及结论。③能组织和参与讨论专题活动，发表自己的观点，在交流中思辨。④能根据学习活动的需要，撰写活动计划、实施方案或活动总结。

（二）关键能力评价指标

1．学生能掌握名著单元阅读策略，如精读（重读）与略读、默读与速读等。

2．能掌握描写人物的方法，从不同角度表现人物的特点。

3．能描述印象深刻的情节，感受名著的魅力。

4．能逐步形成搜集与筛选材料、处理与加工信息的能力。

（三）必备品格与价值观念评价指标

通过本单元学习活动，感受名著的魅力，体会人类智慧的结晶赠予的收获。从故事情节中感受作者的匠心独运，从细节描写中感受人物形象，培养阅读兴趣和阅读能力。

（四）学习兴趣与习惯评价指标

1．通过本单元的学习活动，学生能对名著产生阅读兴趣。

2．学会合作，培养良好的人际交往能力，逐步形成主动学习、勤于思考、乐于表达、明辨是非的良好习惯。

后 记

2021年立项的广东省基础教育教研基地项目“学科核心素养导向的小学语文教学改革研究与实践”系列成果之一《统编教材小学语文单元整体教学设计与实施例谈》终于出版了。这是项目组各位成员、参加研究的基地学校成员、区域研究学校成员以及参与广东省教育科学研究重点课题“小学语文统编教材单元整体教学设计与实施的研究”实验全体成员，共同努力、智慧凝聚的结果。

特别感谢项目组和课题组所有成员及汕头市蓝天小学和新乡小学两所基地学校所有参与子项目研究的领导、老师近三年来的积极参与与大力支持，才使得研究工作顺利推进，收获丰硕成果。

我们还要感谢本册参编人员，大家既要完成学校日常教学工作，为本书积累了大量的典型教学案例，还要边实践边研究，付出大量时间与精力撰写本书的相关章节。

本书各部分组稿与主要撰写者如下：绪论，庄晓珊、卓细弟、谢蓉；第一章，陈佳、杨映双；第二章，刘力红、杨晓虹；第三章，袁纯、李菲；第四章，姚少真、张瑛；第五章，李晓华、林秀苗；第六章，卓细弟、庄晓珊、林秀玲。本成果是团队合作攻关的产物，实际上还有其他未署名成员的贡献。

在本书付梓之际，除了有如释重负的欣喜之外，更多的是感谢！感谢所有对本子项目研究工作给予无私指导的专家以及参加本子项目研究的老师们！

庄晓珊　卓细弟

2023 年 6 月

2021年度立项广东省基础教育教研基地项目建设成果

学科核心素养导向的小学语文教学改革研究与实践

基于小学语文学科核心素养的课堂教学评价研究

庄晓珊 ⊙主编

SPM 南方传媒
全国优秀出版社
全国百佳图书出版单位
广东教育出版社
·广 州·

图书在版编目（CIP）数据

基于小学语文学科核心素养的课堂教学评价研究 / 庄晓珊主编. — 广州 ：广东教育出版社，2023. 12

（学科核心素养导向的小学语文教学改革研究与实践）

ISBN 978-7-5548-5648-2

Ⅰ.①基… Ⅱ.①庄… Ⅲ.①小学语文课—课堂教学—教学研究 Ⅳ.①G623. 202

中国国家版本馆CIP数据核字（2023）第237664号

出 版 人：朱文清
选题策划：王泽冰
责任编辑：要亚楠
责任校对：林晓珊
责任技编：余志军
装帧设计：喻悠然
插画设计：李旭城

基于小学语文学科核心素养的课堂教学评价研究
JIYU XIAOXUE YUWEN XUEKE HEXIN SUYANG DE KETANG JIAOXUE PINGJIA YANJIU
广东教育出版社　出版
（广州市环市东路472号12—15楼）
邮政编码：510075
网址：http://www.gjs.cn
广东虎彩云印刷有限公司印刷
（东莞市虎门镇黄村社区厚虎路20号C幢一楼）
787毫米 × 1092 毫米　16 开本　15.25 印张　250 000 字
2023年12月第1版　2023年12月第1次印刷
ISBN 978-7-5548-5648-2
定价：120.00元（全2册）

质量监督电话：020-87613102　邮箱：gjs-quality@nfcb.com.cn
购书咨询电话：020-87615809

“学科核心素养导向的小学语文教学改革研究与实践”系列建设成果

编 委 会

主 任 委 员：庄晓珊

委　　　员：（排名不分先后）

黄丽华　林继文　陈爱香　陈　祥　陈慎瑜
黄静华　钟良城　倪加欣　杜丹燕　吴友群
卓细弟　秦世进　张晓煌　翁文菁　谢　蓉
杨毅聪　陈　嘉　刘迎春　陈静莉

本 册 主 编：庄晓珊

本册副主编：秦世进

本册编写人员：庄晓珊　秦世进　刘迎春　马海英　陈梦霞
颜英姿　陈静莉　许蓉淳　刘礼兵　朱　娜
郑植燃

前　言

“学科核心素养导向的小学语文教学改革研究与实践”是2021年广东省基础教育小学语文学科教研基地（汕头）建设项目，项目建设年限为三年。

一、项目建设情况

（一）项目建设背景

中共中央、国务院及广东省委、广东省政府做出关于全面深化新时代教师队伍建设改革和推进基础教育高质量发展的有关部署，教育要落实立德树人根本任务，树立科学的教育质量观。随着教育改革的深入，我们的教育从“双基”走向“三维目标”，再走向“核心素养”。2016年9月，中国学生发展核心素养研究成果发布，2017年，教育部明确提出学科核心素养的概念：“学科核心素养是学科育人价值的集中体现，是学生通过学科学习而逐步形成的正确价值观、必备品格和关键能力。”我们要充分发挥教研工作对保障基础教育质量的重要支撑作用，开展学科核心素养导向的课程教学改革研究与实践。

1. 发挥统编教材育人功能的实际需要

现在使用的小学语文统编教材创新了单元编排体例，以“人文主题”和“语文要素”双线并行结构组织单元。每一个语文要素的落实，需要教师对教材整个单元进行研读、分析，准确把握每个语文要素内部的序列性，以及语文要素和其他要素之间的关联性，根据学习规律和学生的学习能力，循序渐进地开展教学活动。针对每一单元的语文要素，进行阶梯式分解，找到单元内每篇课文在相应的语文要素上的培养目标，再对单元进行整体教学设计。以小学语文统编教材为研究媒介，以单元整体开发建构为切入点，梳理整合课程目标，融通课内外语文内容，开展教材教学实践，能充分发挥统编教材的育人功能，培养学生语文学科核心素养。

2. 开展教学评价改革的必然选择

2020年10月，中共中央、国务院印发《深化新时代教育评价改革总体方案》，旨在完善立德树人体制机制，扭转不科学的教育评价导向。其首次提出"改进结果评价，强化过程评价，探索增值评价，健全综合评价"等四个评价。科学且有针对性的评价体系，可以让师生进一步明确教与学的目标，进一步明白评价的策略与过程，让课堂教学评价可观可学。目前，全国统一施行《义务教育语文课程标准（2022年版）》，统一使用语文统编教材，但由于小学语文学科核心素养有特定的背景，其相关的课堂教学评价目前仍处于探索阶段。对小学语文学科核心素养的落地提出具体建议，让师生明白教学评价的内涵与要求，转变教与学的观念，改变教与学的形态，是学科教研亟待研究和探索的问题。

3. 实现教育现代化的迫切需要

信息技术迅猛发展，为教育现代化提供了技术支撑。网络环境为教师的教学提供更为广阔的平台，也极大丰富了教学资源；信息技术为教师的备课和上课带来了更加实用的辅助，使教学更好地为学生的终身发展服务，更好实现素质教育的目标。针对目前信息技术与学科教学整合中存在的问题，在教师的"主导"方面，探索有效整合先进的信息技术和学科教学的路径，优化课堂结构；在学生的"主体"方面，为学生创设独有的广阔的学习活动环境，提供充分的观察、思考和实践的机会，提高学生的创新能力和实践能力。深度整合是实现信息技术与学科教学有机融合，相互渗透，有效促进并构成一个整体的活动或过程，在课程教学过程中把信息技术、信息资源、信息方法、人力资源和课程内容有机结合，共同圆满完成课程教学任务。这些都是项目建设追求的美好愿景，是促进学生语文学科核心素养发展的有力保障。

（二）项目建设目标

1. 开展语文教材教学研究与实践

对小学语文统编教材有更全面、更科学、更深入的了解，引领和推进统编教材视域下的单元整体教学设计与实施，构建高效课堂，发挥统编教材的育人功能，促进学生语文学科核心素养的发展。

2. 开展基于小学语文学科核心素养的课堂教学评价研究

完成基于小学语文学科核心素养的课堂教学评价研究的理论探索，制定基于小学语文学科核心素养的课堂教学评价的各项标准，实施基于小学语文学科核心素养的课堂教学评价，形成有效的评价模式与体系，建立案例引导示范性评价模式。

3. 开展信息技术与语文教学深度融合研究和实践

变革传统的课堂教学结构，将以教师为中心的传统课堂教学结构变为师生“主导—主体相结合”的教学结构；探索信息技术与小学语文教学有效融合的路径与方法，总结归纳信息技术条件下小学语文教学的模式与评价方式，切实转变教与学的方式，实现学生语文学科核心素养的全面发展。

（三）项目建设任务

1. 研究项目

紧紧围绕“小学语文学科核心素养”这一核心，从“课程教材教学研究与实践”“基于小学语文学科核心素养的课堂教学评价研究”“信息技术与学科教学深度融合研究和实践”三个维度进行多向度研究，体现“教—学—评”一体化。

2. 要解决的关键问题

（1）引领和推进小学语文统编教材视域下的单元整体教学设计与实施，对统编教材体系深入研究，确保单元整体教学的正确方向、科学设计与具体落实。

（2）解决基于小学语文学科核心素养的课堂教学评价的模糊性和课堂教学评价的单一性等亟待解决的问题。

（3）对传统的课堂教学结构进行改革，真正发挥“主导—主体相结合”的教学结构优势；利用信息技术在线协同教研，完成“空中课堂”的教学设计；以公众号为载体，开设专栏，展示学习成果，培养学生语文学科核心素养。

3. 具体举措

（1）建立基地学校和基地区域，组建强有力的学科研究骨干团队。采用双向选择方式，精心遴选汕头市 4 所基地学校和 2 所参与学校。基地学校和参与学校的特点是教研支持力度大、学科骨干教师多、教研氛围好、研究能力强。在此基础上，以点带面，发展汕头市六区一县和市直学校共 8 个基地区域一起开展研究。星星之火，可以燎原，最终实现研究成效的最大化。团队成员由三部分人员构成：区、县小学语文教研员9位，4所基地学校的负责人，优秀的教学骨干若干。其中，省、市、区小学语文工作室主持人各1名，省特级教师4名，省“百千万人才培养工程”培养对象1名，省南粤优秀教师4名以上。成员均有丰富的教研、科研经验，研究、写作、活动策划与组织等能力均较强。

（2）制订清晰具体的研究计划。项目申请及启动阶段，项目主持人联合基地学校负责人和骨干成员，开展多场研讨活动，最终制订具体的三年研究计划，并反复论证，不断修改、完善。

（3）按项目实施方案科学开展学科教研基地项目建设。在项目实施阶段，我们将理论学习与实践研究紧密结合，及时跟进，总结、调整、修改研究计划和实施方案，定期组织交流汇报活动，通过项目公众号发布相关活动信息，确保研究过程科学有效。

4．创新之处

（1）研究内容属于前沿。课程教材教学、课堂评价等项目一直有人研究，但小学语文统编教材教学研究，基于小学语文学科核心素养的课堂教学评价研究，信息技术与语文学科教学深度融合，进行课堂教学结构改革等研究非常少。在小学语文统编教材视域下，探索从“单篇教学”走向“单元整体教学”，从“散点目标”走向“整体目标”，从“低阶思维”走向“高阶思维”。探索基于学科核心素养的课堂教学评价的理论，形成相关评价理念，清晰界定小学语文学科核心素养各维度的评价要点；构建基于小学语文学科核心素养的立体多样的课堂教学评价体系；创建案例引导示范性评价模式。在信息技术环境下，利用网络平台、科技手段等培养学生自主、合作、探究的学习能力和科学的思维方法；探索信息技术与小学语文教学相融合的路径与方法，切实转变教与学的方式，提升教师的科研素养与水平。在现阶段，对以上三个方面的研究具有创新性的研究意义。

（2）研究成果有一定创新。本研究，我们将从实践成效、示范效应和物化成果三方面汇总项目建设成效。其中包括小学语文统编教材视域下单元整体设计案例集萃，小学语文统编教材单元语文要素实施教学操作手册；引导示范性评价案例集（侧重过程研究的成功案例），基于小学语文学科核心素养的课堂教学评价标准，基于小学语文学科核心素养的课堂教学实录、案例集，基于信息技术与语文学科教学相融合的翻转课堂课例、微课例和开放式语文学科展示活动。以上物化成果和实践示范成效将有力促进教与学方式的变革，促进小学语文学科核心素养和小学语文统编教材在课堂教学中的落地，给教研员及一线教师更多实践层面的参考和借鉴。

（四）项目建设进度安排

1. 准备阶段

（1）完善项目管理。持续充实教研基地项目组成员和基地学校，对项目组成员进行分工；策划子项目群落，成立子项目研究组并进行工作分工。建立“项目领导组—子项目研究组—研究成员”的管理体系，制订一整套制度和措施，保障项目的顺利、按时、优质完成。

（2）举行项目论证会。认真查阅文献资料，学习相关理论，规划研究路径，完善项目总体实施方案和三个子项目具体研究方案。举行项目论证会，并根据专家建议，修正实施方案。

2. 实施阶段

（1）加强理论学习。在抓好常态性的项目组成员集体理论学习之外，要求项目组成员利用业余时间自主学习相关理论，做好学习笔记，并充分利用学校教研网络，进行互动、交流，为本项目研究积累扎实的理论基础知识。

（2）加强研讨课观摩评议。为使研究过程规范、科学，各项目标得到落实，我们开展常态化项目研讨课，要求项目组每位成员必须参加研讨课的观摩、评议活动，分析研讨课的得失、今后努力方向等，做到项目组成员人人参与，畅所欲言。

（3）加强基地教研活动的联动。为促进基地项目建设主要任务之间的深度融合和有效落实，促进区域共同发展，我们加强汕头市基地学校和基地区域的交互联动教研，同时加强市际小学语文基地项目活动的交流互动。

（4）加强资料积累和理论提炼。项目研究中始终坚持做好原始资料的积累，做到计划总结齐全，活动记录翔实。同时，及时总结实践成果，进行理论提炼，为实现预期目标做好准备。

（5）进行项目研究阶段总结。做好项目研究年度报告和中期评估，对各子项目建设情况进行评估。

3. 总结阶段

（1）项目研究成果汇总。形成项目研究报告和子项目研究报告，编辑教学案例集、教学论文集、活动剪影集及其他成果手册和视频资料，整理、完善教育、教学、教研资源包。

（2）出版专著。

（3）召开项目研究总结交流会，总结、推广研究成果。

（五）项目组人员分工

1. 项目总负责人

庄晓珊

工作职责：项目统筹策划，人员安排，活动安排与实施，成果转化等。

2. 总助理

吴友群、杨毅聪、陈嘉、刘迎春、陈静莉

工作职责：子项目统筹，人员分工，计划安排，项目推进，成果收集整理，活动报道等。

3. 基地区域及负责人

金平区（黄丽华） 龙湖区（林继文、陈爱香） 濠江区（陈祥）

澄海区（陈慎瑜） 潮阳区（黄静华） 潮南区（钟良城）

南澳县（倪加欣） 市直学校（杜丹燕）

工作职责：配合总项目组做好所在区域的项目活动统筹，项目推进，活动安排与实施，成果转化等。

4. 基地学校及负责人

汕头市新乡小学（卓细弟、翁文菁）

汕头市金平区蓝天小学（谢蓉）

汕头市潮阳实验学校（秦世进）

汕头市龙湖区丹霞小学（张晓煌）

工作职责：子项目策划与落实，人员分工，计划安排，项目推进，成果汇总、转化等。

5. 各子项目组主要参与人员

“课程教材教学研究与实践”子项目组：卓细弟（负责人）、谢蓉、翁文

菁、杨晓虹、杨映双、郑若莎、罗晓纯、汤小冰、袁纯、陈婷、胡梓瑗、靳英、林秀玲、张漫、冯菲、黄銮娟

“基于小学语文学科核心素养的课堂教学评价研究”子项目组：秦世进（负责人）、陈静莉、陈嘉、刘迎春、郑彦娜、张小春、颜英姿、陈怡颖、许蓉淳、陈梦霞、郑植燃、蔡晓佳

“信息技术与学科教学深度融合研究和实践”子项目组：张晓煌（负责人）、陈健英、陈秋玲、黄珊（1983年出生）、林雨涵、黄珊（1981年出生）、吴友群、杨毅聪

工作职责：领会项目实施精神，在子项目负责人的领导组织下具体实施各项研究活动，完成研究任务。

（六）项目建设成效和成果

1. 实践成效

（1）课程教材教学：开展单元整体教学，提升语文教师的课程实施能力，促进学生掌握语文要素，提升语文核心素养。在统编教材视域下，引导教师进行单元整体教学的设计与实施，确定单元目标，分解落实语文要素，组织具有逻辑关联的学习活动有效展开，实现学生语文素养的全面提升。这个过程中，教师提升教材解读能力、单元整体教学设计能力、课程实施能力、课堂组织能力、测评组织能力，转变观念，形成探究性教学行为，解决课时少和教学内容多之间的矛盾，实现高效课堂，促进学生语文素养的提升。

（2）课堂教学评价：在语文核心素养导向下形成新的课堂教学评价体系与模式。研究前期参考高中语文核心素养提到的语言建构与运用、思维发展与提升、审美鉴赏与创造、文化传承与理解四个维度，遵照全国小学语文专业委员会（以下简称“小语会”）理事长陈先云提出的“小学语文核心素养清单”，从语言理解能力、语言运用能力、思维能力、初步审美能力四个维度开展研究。进入研究中期，根据《义务教育语文课程标准（2022年版）》，我们对语文核心素养的表述确定为文化自信、语言运用、思维能力和审美创造四方面，并以此构建多样的评价方式，以形成新的评价体系与模式。从整体与个人、过程与结果、现实与潜在相结合等方面进行教学评价，重视学科核心素养的落实，重视学生的真实发展，实现《深化新时代教育评价改革总体方案》提出的“改进结果评价，强化

过程评价，探索增值评价，健全综合评价”。通过教学评价改革促进教学内容的革新和教学方式的改革，实现“教—学—评”一体化。

（3）信息技术与学科教学融合：提升语文教师的现代教育技术水平，改变传统的课堂教学结构，实现高效、智慧课堂，形成大语文观，培养学生综合素养。提升教师教学软件应用能力，提升教师“翻转课堂”设计能力，提升教师在线教育设计与实施能力；将以教师为中心的传统课堂教学结构，改变为既充分发挥教师主导作用，又能突出体现学生主体地位的“主导—主体相结合”教学结构；形成信息技术条件下小学语文新的教学模式与评价方式，在培养学生语文素养的同时培养学生的信息素养。

2. 示范效应

（1）展示交流：每年基地学校以“开放周”形式搭建教学交流与研究的平台，邀请本区域内教师和外地教师参与交流研究。

（2）送教下乡：定期送教交流，实现教育资源共享，促进城乡均衡发展。

（3）主动承办广东省、粤东地区和跨市教研、培训、展示交流等活动。

（4）孵化一批课题：如广东省教育科学研究课题（含重点课题）“基于小学语文学科核心素养的课堂教学评价研究”（课题立项编号：2021ZQJK049）、“小学语文统编教材单元整体教学设计与实施的研究”（课题立项编号：2022ZQJK031）、“信息技术与小学阅读教学的深度融合研究与实践”（课题立项编号：2022YQJK153），汕头市重点课题“信息技术与小学语文学科教学的深度融合研究和实践”（课题批准号：2022GHB005）等。

3. 物化成果

（1）形成系列研究报告《课程教材教学研究与实践》《基于小学语文学科核心素养的课堂教学评价研究》《信息技术与学科教学深度融合研究和实践》《学科核心素养导向的课程教学改革研究与实践》等。

（2）整理一批优质教育、教学、教研资源包。

（3）撰写并发表一批研究论文、教学设计与案例、教学随笔、读书心得，录制一批微课例、课堂教学视频、开放式语文学科展示活动的视频。

（4）出版系列专著，将其他系列成果整理、结集成册。

二、成果出版情况

春天播种，秋天收获。关于成果的结集与出版，基于本研究项目“一核三维多向度”的特点，项目负责人带领全体项目组成员分工合作，既强强联手又各司其职，对成果进行梳理。专著“学科核心素养导向的小学语文教学改革研究与实践” 系列（包括《统编教材小学语文单元整体教学设计与实施例谈》《基于小学语文学科核心素养的课堂教学评价研究》《信息技术与小学语文学科教学深度融合研究和实践》），由项目负责人庄晓珊牵头，各子项目负责人卓细弟、秦世进、张晓煌组织各子项目组教师进行编写。编写过程历时一年。三册书自成体例又互有照应，体现“一核三维多向度”特点。

《统编教材小学语文单元整体教学设计与实施例谈》（主编庄晓珊，副主编卓细弟）强调以语文核心素养为导向的单元整体教学设计与实施以“单元教学”为核心，以“联动整合”为思路，以“学习任务”为驱动，让教师用统整的思维来分析教材，挖掘知识背后的素养目标，设计达成素养目标的策略与学习任务，在提升语文核心素养时更注重整体性和系统性。本研究有利于引导学生在学习过程中构建完整的知识与能力等方面的结构体系，实现人全面系统的发展；强调系统、整合、联动、协同的小学语文单元教学内容，能够有效促进学生语文核心素养的发展。

《基于小学语文学科核心素养的课堂教学评价研究》（主编庄晓珊，副主编秦世进）本着所实施的评价要有科学性、指导性和实操性特点，提出了“引导示范性案例”这个开创性的方式：采用标准化的、多种形式的案例及细致的评价步骤去引导教师评价，直观地帮助教师培养评价的思维，让教师懂得评价的原则与方法，熟练掌握评价的步骤，从而让教师学会评价和评判评价。著作力求呈现项目研究的主体成果。书中所阐述的“理想形态”“语文三问”“引导示范性案例”都是原生发理论。整本书采用追本溯源的演绎方式呈现，先讲追求的形态，再讲依形态所拟定的标准，最后呈现实施的过程。

《信息技术与小学语文学科教学深度融合研究和实践》（主编庄晓珊，副主编张晓煌）追求课堂教学结构的改革，将以教师为中心的传统课堂教学结构，改变为既充分发挥教师主导作用，又突出体现学生主体地位的“主导—主体相结合”的教学结构。研究语文学科翻转课堂模式：课前，研究如何建设资源库，录制翻转教学视频，运用工具进行学情分析，组织学生进行自主学习，并提问交流、讨论反馈；课中，研究如何高效利用课堂，促进学生更深入语文学科学习，进一步将课程知识内化吸收，并以问题设计为核心，学习方法为导向，引导学生自主探究、协作学习、交流成果；课后，研究阅读作业设计及阅读评价方式，拓展阅读渠道，开展线上线下双线互动的阅读成果展示。

此次出版包括《统编教材小学语文单元整体教学设计与实施例谈》《基于小学语文学科核心素养的课堂教学评价研究》两册，《信息技术与小学语文学科教学深度融合研究和实践》待出版。

三、我们的感谢

本项目建设论证评议专家有全国小语会常务理事、广东省教育研究院教学教材研究室教研员、广东省小语会理事长杨建国，上海师范大学教育学院副院长、教育学博士、教授丁炜，汕头市教师发展中心语文中学正高级教师、广东省特级教师林荣秋，汕头市金龙小学教育集团校长、市小语会原理事长林嘉琳，汕头市龙湖区教师发展中心原小学语文教研员、市小语会原副理事长郑列勤。各位专家对本项目建设提出宝贵意见，寄予厚望。研究过程中还得到华南师范大学博士生导师、教授谢幼如，华东师范大学副教授刘竑波，福建教育学院教授于文安，福州教育研究院教研员肖永琴等近十位专家的指导。汕头市教师发展中心主任林惜平和各位分管领导均对本项目建设给予大力支持。广东教育出版社编辑王泽冰、要亚楠对专著出版给予宝贵建议和帮助。谨在此一并致谢！专著“学科核心素养导向的小学语文教学改革研究与实践”系列，是本项目建设团队在理论和实践中的结晶，成果来之不易，希望能带给广大教师启发与思考。因编写时间仓促，本书或有纰漏，恳请方家不吝赐教。

庄晓珊

2023年6月于鮀岛

目 录

绪 论

2020年12月27日，广东省教育厅发布《关于组织申报广东省基础教育教研基地项目的通知》，旨在贯彻落实全面深化新时代教师队伍建设改革和教育教学改革有关部署，落实立德树人根本任务，推动基础教育高质量发展。

2021年4月6日，广东省教育厅公布了145个教研基地为2021年广东省基础教育教研基地项目。“基于小学语文学科核心素养的课堂教学评价研究”是广东省基础教育学科教研基地（汕头市小学语文）子项目二。该项目来源于“8个学科教研基地项目内容”的第 4 个内容——“基于学科核心素养的课堂教学评价与学业质量评价研究”。与其相比，本书在内容上少了“学业质量评价”的内容，在关键词上增加了“小学语文”这个定语。减少研究内容，主要原因是课堂教学评价体系体量较大，在有限时间内无法兼顾完成其他内容。添加关键词，主要用来说明与高中语文学科核心素养的区别，同时突显小学阶段的特性，着力表现小学语文课堂教学评价这一方面的内容。

语文学科核心素养于2017年在《普通高中语文课程标准》中正式提出，2022年3月，教育部正式发布新版的《义务教育语文课程标准》。在此课标发布前，我们只能依据高中的课程标准去推测小学语文学科核心素养的内容，坚信其有一脉相承的特性，在学科核心素养四个方面只是由于学段的不同，培养的侧重点不同。于是我们构想了小学语文学科核心素养的内容与要求，提出了“小学语文学科核心素养”这个关键词。这既是对研究范围的限定，也是对概念的重新界定。

在申报项目、选择研究内容时，为何选择这一个内容呢？ 8 项学科教研基地项目内容中有几个内容我们已开展研究并取得了一定的研究成果，如“课程教材教学研究与实践”“优化作业设计的研究与实践”“学科教师成长规律与培养路径研究与实践”等。我们选择“小学语文学科核心素养”作为研究内容的主要原因还在于我们想要在教学教研上有所突破。这个项目中提到的“学科核心素养”是当时最热门的话题，但对于一线教师来讲，对其内涵的理解还处于摸索、探讨的阶段，实践更是亟待具体的指导性内容，而且其课堂评价指向还处于一个真空状态，更具有可为的空间。正是带着服务教师、服务教学、有所建树的想法，我们选定了它。

如何做？如何与别人做出不同？这些成了我们确定项目后思量的重要内容。除本着实施评价要有科学性、指导性原则外，我们还努力想让教师在评价上比以往要更易于上手操作实施。于是，我们提出了“引导示范性案例”这个开创性的方式：采用标准化的、多种形式的案例，以及细致的评价步骤引导教师评价，帮助教师培养评价的思维，让教师理解评价的原则与方法，熟练掌握评价的步骤，从而让教师学会评价和评判评价。

本书力求呈现项目研究的主体成果。书中所阐述的“理想形态”“语文三问”“引导示范性案例”都是原生发理论。整本书采用追本溯源的演绎方式呈现，先讲追求的形态，再讲依形态所拟定的标准，最后呈现实施的过程。第一、二章主要以“理论+小事例”的方式，边阐述，边论证；第三、四章主要以实践成果进行论证。本书着力体现指导性与操作性，希望能在学科核心素养的理解上给予教师们启发，呈现的相关成果被教师们借鉴，从而达到服务教学与教师的初衷。

2023年 6 月26日

第一章

学科核心素养课堂教学的理想形态

第一节 教育形态变化

“形态”指事物的形状或表现形式。“教育形态”是指教育这一社会现象存在的形式和状态。教育自产生之日起，就有着不同的表现形式。依据教育活动的组织程度和制度化程度，可以将教育分为正规教育和非正规教育；依据教育系统赖以运行的场所划分，教育形态可以划分为学校教育、家庭教育和社会教育。

一、教育形态变化

原始社会时期，教育是在劳动和生活实践中进行的，没有专门的组织形态，表现为自然形态。据文献考证，原始社会末期，成均、庠可能是中国古代学校的萌芽。夏朝可能已经有了庠、序、校三种尚未完全发展成为学校形式的非专门教育机关。商代贵族设立了贵族学校——序、庠、学、瞽宗，是中国最早的官学的雏形。西周继承了夏商的学校教育制度，建立了典型的政教合一的奴隶制官学体系，形成了文武兼备的“六艺”教育。[①]春秋时期，孔子兴办私学，突破了官府对文化教育的垄断。西汉武帝时期，推行儒学教育，在长安兴办太学，还令天下郡国设立学校，初步建立起了地方教育系统。隋唐科举制度开始完备，建立了一整套学校体制。宋代书院大兴，官学与私学兴盛，学习方式多样化，讨论、辨析盛行，学风活跃。至明清，官府加强思想控制与文化专制，官学、书院、私塾成为封建社会教育的主体形式。

1949年12月，新中国成立后第一次全国教育工作会议召开，会议确定了全国教育工作的总方针，标志着我国从半殖民地半封建教育向新民主主义教育转变。根据教育总方针，1951年颁布的新中国第一个学制文件《关于改革学制的决定》，对各级各类学校的地位、年限和互相衔接的关系做了新的规

① 郭家齐．中国古代学校［M］．北京：商务印刷馆，1998：2-17.

定，专业化教师队伍初步形成。1952年，《小学暂行规程（草案）》和《中学暂行规程（草案）》正式颁布，全面规范了我国中小学教育教学，形成了我国中小学学校课程设置的基本框架。根据这两份文件，教育部制定了新的小学、中学各科教学大纲，新中国初步建立起了新的基础教育课程体系。1986年，九年制义务教育写入了新颁布的《中华人民共和国义务教育法》，从而使普及义务教育有了专门的法律保障，我国基础教育走上了法制化的轨道。

二、教育的对象与作用的变化

在古代，接受教育的主要是士族阶层，教育也是为了家族更好地发展。官学兴办的学校，主要也是培养士人，为统治阶层服务。新中国的教育从改革学制，到普及义务教育，发展素质教育，再到进入核心素养时代，教育与国家发展的方略紧紧联系在一起，与民众的素质发展紧紧联系在一起，教育对人的发展更为关注。

2018年9月10日，在全国教育大会上，习近平总书记发表重要讲话，指出要在加强品德修养上下功夫，教育引导学生培育和践行社会主义核心价值观，踏踏实实修好品德，成为有大爱大德大情怀的人。基础教育关系到每一个人，是提高国民素质、实现国家富强的基础性工程。2019年，中共中央、国务院印发了关于义务教育改革发展的文件《关于深化教育教学改革全面提高义务教育质量的意见》，对新时代基础教育改革做出了系统设计，标志着我国基础教育迈入全面提高育人质量的新阶段。

三、课程改革变化

新中国成立以来，共经历八次基础教育课程改革，每次课程改革呈现出不同的特点与特色。1949年至1952年，新中国迎着朝阳对旧有的教育制度、教育内容和教学方法进行改革，第一次制定了全国统一的教育政策，开启了以“新”换“旧”的课程改革之旅。第一次课程改革之后，我国步入了过渡时期社会发展的关键阶段，主动适应该时期社会主义经济建设和文化建设的要求，服务党的教育方针，建构较为全面的中小学课程体系。1953年至1957年，以“师法”苏联服务课程体系建设为主题的第二次课程改革顺势而来。1957年，受毛泽东《关于正确处理人民内部矛盾的问题》报告的影响，全国各地在教育部统一部署之下进行了第三次课程改革。1961年，为纠正“教育革命”带来的严重后果，国家又以“调整、巩固、充实、提高”八字方针为指导，对中小学课程改革进行再调整、再统一。1978—1980年的第五次课程改革，开始了课程领域内的拨乱反正。1981—1985年进行了第六次课程改革，以适应国内国际形势发生的巨大变化。1986—1996年进行了第七次课程改革，以期解决普及义务教育、教育体制僵化等问题。

20世纪90年代以来，我国提出并开始实施素质教育，素质教育要求有别于应试教育的课程。为了全面实施素质教育，更好地解决前七次课程改革遗留的课程问题，顺应世界课程改革的潮流，中国又开始了一场广泛、全面、深入持久的第八次课程系统改革。1999年召开的全国教育工作会议和2001年召开的全国基础教育工作会议先后提出了转变人才培养模式，建立新的基础教育课程体系的建设任务。2001年，在党中央、国务院的领导下，教育部正式启动了新一轮基础教育课程改革，印发了《基础教育课程改革纲要（试行）》等一系列政策文件，初步构建了符合时代要求、具有中国特色的基础教育课程体系。改变课程过于注重知识传授的倾向，强调形成积极主动的学习态度，使获得基础知识与基本技能的过程同时成为学会学习和形成正确价值观的过程。改变课程结构过于强调学科本位、科目过多和缺乏整合的现状，整体设置九年一贯的课程门类和课时比例，并设置综合课程，以适应不同地区和学生发展的需求，体现课程结构的均衡性、综合性和选择性。改变课程内容“难、繁、偏、旧”和过于注重书本知识的现状，加强课程内容与学生生活以及现代社会和科技发展的联系，关注学生的学习兴趣和经验，精选终身学习必备的基础知识和技能。改变课程实施过于强调接受学习、死记硬背、机械训练的现状，倡导学生主动参与、乐于探究、勤于动手，培养学生搜集和处理信息的能力、获取新知识的能力、分析和解决问题的能力以及交流与合作的能力。改变课程评价过分强调甄别与选拔的功能，发挥评价促进学生发展、教师提高教学实践能力的功能。改变课程管理过于集中的状况，实行国家、地方、学校三级课程管理，增强课程对地方、学校及学生的适应性。

2001年，课程标准实施以来，我们的教育从“双基”走向“三维目标”，再走向“核心素养”。党的十八大和党的十八届三中全会提出要把立德树人的要求落到实处。2014年，教育部印发《关于全面深化课程改革落实立德树人根本任务的意见》，提出“教育部将组织研究提出各学段学生发展核心素养体系，明确学生应具备的适应终身发展和社会发展需要的必备品格和关键能力”。2016年9月13日上午，中国学生发展核心素养研究成果发布会在北京师范大学举行。2017年，教育部颁布各学科普通高中课程标准，其中就明确提出学科核心素养的概念：学科核心素养是学科育人价值的集中体现，是学生通过学科学习而逐步形成的正确价值观、必备品格和关键能力。2020年10月，中共中央、国务院印发《深化新时代教育评价改革总体方案》，旨在深入贯彻落实习近平总书记关于教育的重要论述和全国教育大会精神，完善立德树人体制机制，扭转不科学的教育评价导向，坚决克服唯分数、唯升学、唯文凭、唯论文、唯帽子的顽瘴痼疾，提高教育治理能力和水平，加快推进教育现代化，建设教育强国，办好人民满意的教育。

四、课堂教学形态的变化

“课堂教学形态”指课堂呈现出的整体或个体、普遍或独特的表现形式，具有某些鲜明的特征，涵盖了课堂中呈现的学习内容、学习方式、学习状态、学习历程、学习境界等方面。“双基”时代，“听说读写”是语文的重要技能目标，是语文学习的重要活动，也是语文课堂的常态。其典型的教学模式就是以教师为中心的“讲授式”。到了“三维目标”时代，强调过程与方法，“思”便成为重要的活动。“听说读写思”成为目标，也成为完成目标的手段，其典型的教学模式就是以教师为引导的“学生感悟式”。到了现今的“核心素养”时代，课程目标明确——全面提升核心素养，课堂教学目标也更加明确——单元与单课的教学直指语文要素，同时也提出了课堂教学要以学生为中心，那课堂教学形态会出现哪些变化呢？“听说读写思”又转变成什么呢？

第二节　学科核心素养课堂教学的理想形态

一、“形散而神不散”的学习内容

学科核心素养的课堂是中心突出，多层次、多维度的课堂。这里“形散而神不散”的“神”指整个课堂教学的核心内容，或为某方面的核心素养，或为某个大概念；“形”指其他能力素养或小概念。这里的“神”具有“灵性”，内容不是单一的、死板的，而是开放的、综合的。这里的“形”是多样的、立体的。有“神”的课堂，指向才更明确、集中，教学才更有深度。有“形”的课堂，表达才更丰富，教学才更有广度。有深度与广度是核心素养课堂的必然要求。

“在语文课程中，学生的思维能力、审美创造、文化自信都以语言运用为基础，并在学生个体语言经验发展过程中得以实现。”[①]对于以核心素养为最终目标的语文课堂而言，“语言运用”就是“神”，“思维能力”“审美创造”“文化自信”就是“形”。当然，如果就某一方面来讲，例如思维能力，也可以确定某个点为“神”，其他点为“形”，如确定本节教学“形象思维”为“神”，“直觉思维”“逻辑思维”“辩证思维”“创造思维”等则可以为“形”。

二、“我思故我在”的学习状态

核心素养课堂是以学生为中心的课堂，学生是主体。如何体现主体？如何体现自我？唯有“思”！“我思故我在”，通过思考而意识到自我的存在。核心素养课堂应该是一种一直处于思考状态的课堂：通过教师的启发来思考，通过学生的交流来思考，通过自主的探究来思考，通过认知的矛盾冲突来思考，通过对比来思考，通过梳理、评判来思考，通过实践运用与反思

① 中华人民共和国教育部．义务教育语文课程标准：2022年版［M］．北京：北京师范大学出版社，2022：5.

来思考，等等。课堂表现为思维活跃，个性张扬，问答有价值，教学有深度。总之，学生处于一种时刻思考的状态，而不是置身事外的“看客”或者“听客”。

三、“柳暗花明”的学习历程

“跌倒的地方”记忆才更深刻，“跳一跳才能摘到的苹果”才更甘甜。核心素养课堂的学习不是按既定的路线走完就行的，要让学生在多种学习情境或项目学习中自主地去摸索前行，要让学生在多种实践活动中来回体味，真正体会到“山重水复疑无路，柳暗花明又一村”的学习历程。“柳暗花明”的课堂讲究过程的体验性、曲折性、拓展性、顿悟性。

四、“秋水共长天一色”的学习意境

教师、学生、内容（教材）、环境是课堂教学四元素，只有这些元素同频共振，产生良好的化学反应，形成愉悦与美的氛围，课堂才会更高效。教师与学生是共同成长的学习伙伴，双方都要让思想与行为统一起来，“共长天一色”，并在学习的天空中“齐飞”，去俯瞰、寻觅“内容”这片沃土的秘密。

五、“惊起一滩鸥鹭”的学习觉醒

核心素养的课堂拒绝原地踏步，拒绝自我迷失，拒绝随性成长。核心素养课堂的学习要有“沉醉不知归路”的兴致，要有“误入藕花深处”的惊喜，要有“争渡，争渡”的拼劲，更有要“惊起一滩鸥鹭”的觉醒。会玩会学才会有发现，互相比拼才会有干劲，互相争鸣才能惊醒自我。核心素养的课堂就是比拼的课堂，就是争鸣的课堂，就是自我不断觉醒的课堂，就是自我的下一刻要比上一刻更好的课堂。学习觉醒体现为学习的自觉性、求真性、求原性。

六、“行到水穷处，坐看云起时”的学习境界

路有尽，而道却无穷，学习也是如此。学习如剥笋，层层剖析，追求本原，追求真谛。学习如登山，脚踏实地，步步登攀，“会当凌绝顶，一览众山小”。学习如探洞，一片漆黑，一路未知，却又充满期待，充满惊喜。学习境界可以分为三层：第一层为“孤帆远影碧空尽”的穷尽境；第

二层为“领异标新二月花”的生发境；第三层为“行到水穷处，坐看云起时”的无限境。某处的终点，或许就是另一处的起点。学习无穷尽，全在自我本心。

第三节　理想形态内容与模式的构建

课堂教学的理念、内容、方式决定了课堂的形态。核心素养课堂教学理想形态的表象，就是核心素养课堂教学理念的体现。可以说，理念决定内容与方式，内容与方式也决定了理念的形成与落实。

一、多维构建落实语文要素的项目内容

统编语文教材提出了核心概念——语文要素，解决了“教什么”的问题。可以说，单元中的语文要素就是课堂教学“形散而神不散”之中的“神”。一个单元的语文要素一般包含阅读要素与写作要素，阅读要素一般通过多篇课文从不同角度或层面进行落实。而写作要素一般是在阅读要素的基础上进行落实的。“多维构建落实语文要素的项目内容”是指通过一篇又一篇的课文从不同角度来落实语文要素，或反复从不同角度来落实语文要素。

如四年级上册第一单元语文要素是“边读边想象画面，感受自然之美”与“推荐一个好地方，写清楚推荐理由”，第一个是阅读要素，第二个是写作要素。这个单元共有四篇课文：《观潮》、《走月亮》、《现代诗二首》（《秋晚的江上》《花牛歌》）、《繁星》。“边读边想象画面”隐藏了一个命题——如何想。根据此命题，这个单元可以这样去构建，如《观潮》可以从声、形、势三个方面去想象，《走月亮》可以从整体画面的构建去想象，《秋晚的江上》可以从空间感去想象，《花牛歌》可以从形态上去想象，《繁星》可以从感受上去想象。这些不同的角度是需要教师发现并构建的。只有通过这样的构建，才能更好落实“边读边想象画面，感受自然之美”的语文要素，让学生真正形成想象的能力和学习的能力。而这一单元写作要素是“推荐一个好地方，写清楚推荐理由”，如果把以上几种想象的角度掌握了，不是就把写景的角度掌握了吗？那将推荐一个地方的理由表达清

楚还难吗?

二、构建自主探究、合作交流、实践运用的多样时空模式

要实现自主的发展，实现个性的发展，就要给予学生更多自主的学习时间与空间。语言学习存在三个阶段，一是感知语言阶段，二是语言转化构建阶段，三是语言运用阶段。感知是自主的过程，当然这个过程也可用合作的方式来完成，但最终目的是要培养学生独立的感知能力。在学生初次接触语言的时候，就要紧紧围绕语言文字来展开教学，要让学生充分去探究，充分发挥想象力和感知力；要让学生有“写了什么”“怎样写的”“为什么这样写”这三问的思想与意识。

在自主探究基础上，我们要给予学生一定的时间去进行交流。只有在丰富充实的合作交流的语言实践活动中，思维才能得到启迪，语言才能得到实践运用与发展。

在自主探究或合作交流后，可让学生进行语言的实践或语言的创新活动。在教学中要让学生紧紧抓住词、句、段与篇，有词不离句、句不离段、段在篇中的思想与意识，充分比较，探究发现语言运用是否准确、恰当、具有艺术性，并依此标准去反思实践。

“自主探究”“合作交流”“实践运用”的模式不是固定的，可以多样构建，甚至可以先“实践运用”，在实践运用中自主发现问题，再进行合作交流，如图1。

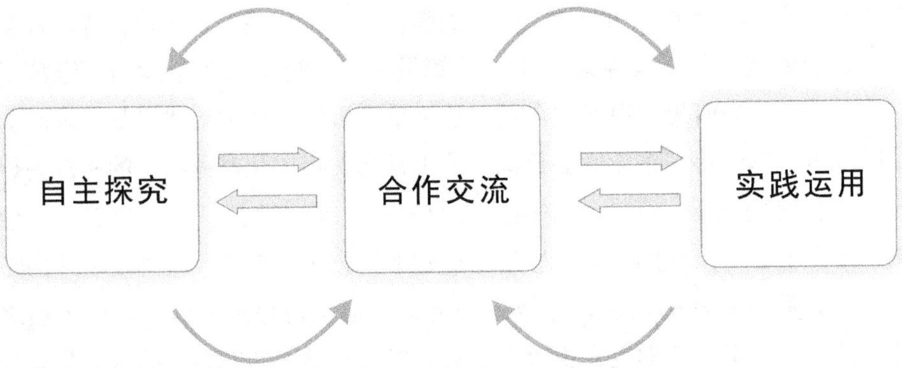

图1

在这三个阶段的学习中，学生要动静结合。自主探究要静得下心，要有目标与突破的意志，要争取学有所得。合作交流要充分参与，学会准确、精要地表达自己的想法，要学会聆听，要善于联想与总结。教师要善于把握关键问题，把控时间，有步骤、有方法地让学生进行自主探究学习与合作交流。在此过程中，教师还要善于穿针引线，发挥自身语言的示范作用，有效调动学生的学习激情。实践运用要注意运用的内容与理解的内容一致，运用的方法与所学的方法一致。

三、拓展课堂思想的自由度与深度

“言语学习的课堂伴随着的必然是思维的课堂，它贯穿课堂始终。语言的发展促使思维的内涵更加细腻和系统。”[①]在这样的课堂上，学生心灵是自由的、深邃的，它犹如音符在曲谱上跳跃，落地，声惊四座。思考时，要有如“空山不见人，但闻人语响”的静默与空灵；探讨时，要有如“心有灵犀一点通”的默契，要有“惊起一滩鸥鹭”“激起千层浪”的醒悟与睿智；表达时，要如“滚滚长江东逝水”般滔滔不绝。当然，“这种思维的课堂需要老师对学生少一些规矩的约束，多一些心灵的放飞；少一些统一的指令，多一些自主的选择；少一些知识的灌输，多一些方法的引导。”[②]教师要让学生善待彼此张扬的个性，尊重彼此独特的感受，包容彼此的瑕疵和错误；要充分激发学生探究的欲望，引导学生发现并生成问题，并在问题的指向上有广度与深度；要多给予思想方法上的指导，让学生有迹可循，不失掉信心；要多给予学生静思默想的时间，让学生学习与思考；要多创设多元开放的对话空间，让学生真正自由地交流，要让学生在充满挑战的学习活动中去自觉地实现情感品性的自我升华。

四、创设丰富的情境式的语言实践活动

义务教育语文课程培养的核心素养，是学生在积极的语文实践活动中积累、建构并在真实的语言运用情境中表现出来的。语言建构、思维发展、审美鉴赏的实现不是靠说教，而是通过让学生真正参与语言实践活动。语言实

---

① 马建军. 从言语到语言形成过程看思维发展［J］. 黑河学院学报，2013.（3）：28–30.

② 潘文彬. 走向充满思维挑战的学习［J］. 江苏教育，2017（1）：1.

践活动要给予学生丰富的情境，要唤醒学生丰富的生活体验、感官体验、问题意识；要让学生在探究中去发现，在鉴赏式的阅读中去了解、感受，在交流中去触发，在表达中去提升，在梳理中去总结，在这些多样的实践活动中实现听、说、读、写、思能力的发展及学习品质的形成。

语言的建构既是认知过程，也是综合思维过程。面对语言文字，学习者要经历基本的认知过程，即整体的感知、形象的建构，对语言进行比较、分析、评价，再与自己的已知相结合，内化成新的图式，从而建构起新的语言认知，再运用这种新的认知进行实践。这一过程周而复始，不断丰富更新，以获得知识与能力的增长，思想情感的提升。在这一过程中，直观思维、形象思维、想象思维、对比思维、逻辑思维、辩证思维、创新思维等不断交替运行，这是实现思维的发展与提升的必要途径。教学中，学生是在充分感受、发现、交流、表达中真正经历语言学习与建构的过程。

第四节　理想形态教学策略的构建

一、自主探究合作学习

（一）自主探究合作学习的含义

自主探究合作学习是以思辨性为主导的自主学习形式。这既是一种学习方式，也是一种教与学的理念。自主探究合作学习由自主、探究、合作、学习四个概念组成，同时延伸出自主探究、合作学习、合作探究三个概念。先让学生进行自主探究式学习，以学生的基础为起点，充分尊重学生的学情，再以合作学习的形式，让学生组建学习共同体，在以合作学习为主体的学习形式下，进行自主的、合作的探究式学习。自主探究合作学习要求遵循认知发展规律，让学生真正经历感知、思维和内化的过程，让学习从简单到复杂，由具象到抽象，由无意识到有意识，由笼统到分化；要求通过自主探究合作学习的理念与形式，抓住学科的本身性质，进行专项训练，让学生思维能力更突出，自主学习能力更强，学习更有主动性，学习更自信。

自主探究合作学习的追求：让学生在语文实践活动中，在语文基本素养的形成上，实现语言表达、思维、自主合作能力的提升与发展。

（二）自主探究合作学习的教学方式

自主探究合作学习的教学方式包含四阶段，即自主探究，质疑初识—交流探究，整体感知—合作探究，得言得法—自主合作，总结拓展。以语文阅读教学为例，它有这四个环节：

第一环节：自主学文探究，读文识字质疑。

第二环节：合作探究学习，整体感知悟情。

第三环节：深度合作探究，得言得法运用。

第四环节：拓展延伸总结，练习巩固知识。

为了适应教学，可以对教材进行较大胆的处理，充分进行单元整体教学，可以设计“自主探究课”“整体识字课”“整体感知课”“以文带文课”“读写联动课”等基本的单元整体课型。

自主探究合作学习是以自主学习为经，以探究为纬，突出自主与探究这两个核心点。教学思路以学习方法、培养思维为明线，以内容、知识为暗线；以学习语言文字运用为中心，开展自主探讨式的学习，在落实语文必备知识的学习中，重点推进探究课型，以探究课型为纽带开展学习研究。在自主探究合作学习过程中要重视学生在基础课上的自悟自学，重视学生在言语学习课中能力的训练，开发探究课型的多种样式，并把它作为主要课型去搭建教学结构。在此基础上，要深入把握预习的可行性与落实程度，坚定地把略读课文作为学生能力实践的资源，在“以文带文”“读写联动”上提升探究问题的科学性与实践性，以探究的思路让学生感受到，理解清，能分析，会整合并主动建构。还要加大课程资源的整合力度，准确把握核心目标，放手让学生去实践。

（三）自主探究合作学习与讲授学习之间的关系

内容决定形式，形式决定成效。自主探究合作学习是以自主探究为前提的学习形式，在这种形式下可就某问题进行再探究，对比较难解决的问题进行以合作式为主的探究学习。这种学习形式不排斥讲授，但要求教学中的点拨、梳理、总结更具艺术性，对于问题的呈现、铺陈更加讲究精要与渲染。合作前的自主探究与合作中的组内探究要占据课堂的重要地位，花费较多的课堂时间。

二、“语文三问”

（一）“语文三问”内涵

在教学研究与实践中，提问、发问、追问是常见的教学现象，我们在综合实践与分析之后，发现所有问题追根溯源，可归为三个问题，即“写了什么”“怎样写的”“为什么这样写”，于是就提出了“语文三问”的概念及思想。“语文三问”发问者是语言的学习者，发问对象可以是语言表现出的“句”“段”“篇”“本”等所有内容与形式。“语文三问”涵盖了阅读与写作上所探究的内容、形式与思想。“写了什么”主要指向具体内容，“怎样写的”主要指向表达形式，“为什么这样写”主要指向思想情感。阅读时，其思维方式先是“写了什么”，其次是“为什么这样写”或“怎样写的”；写作时，其思维方式先是“为什么写”，其次是“写什么”与“怎样写”。它们互相独立，又相互联系，形成整体，是互为因果的关系。

（二）“语文三问”理论价值

1．应用价值

“语文三问”指向内容、形式、思想，即包含了语言学习的全部。特别是加强了三者之间的关系，让语言学习更有深度。

“语文三问”既适用于教师的文本研读与自主学习，也适用于学生的自主学习与交流，在教与学上适用的范围非常广泛。

2．思维价值

“语文三问”是一种思维方式，一种由无疑到有疑，由有疑到无疑的思维方式。这种思维方式是教与学的起点，也是教与学的终点，并贯彻整个教与学的过程，是教与学的思维线索。有了这种思维方式，教师、学生的目标会更明确，教与学的任务会更清晰；有了这种思维方式，教师能更精准地把握内容，让教学更高效；有了这种思维方式，学生更趋向自主学习，学生的学习状态更加积极。

3．实践方法价值

“语文三问”是一种实践方法，是教师与学生不断深化问题，追求本质的分析工具。它是学习语言的关键。它既可以针对概念问题，也可以针对具体问题；既可以针对全本、全篇，也可以针对段、句，它能适用于任何语言情境。

（三）“语文三问”教学应用

1．“语文三问”学生意识的培养

思维是一种意识方式，“语文三问”的应用，首先要培养学生发问的意识。意识培养可经过三个阶段。一是告知阶段，直白地告诉学生要养成发问的习惯，直到学生能脱口而出。二是训练阶段，可通过自主探究、课堂学习、自主复习等方式培养训练，让学生养成思考的习惯。大体来讲，学生经过一两个单元的学习即可达成。三是自主实践阶段，这是意识的巩固与深化阶段。

2．“语文三问”学生应用情境

“语文三问”的应用主要有两种情境，一是独立思考情境，二是交流情境。独立思考情境主要发生于自主探究和自主实践，它是学生静思默想的思考过程，是学生独立学习发生的场景。交流情境主要发生在课堂教学上，其目的在于拓展思考的面与点、思考的深度与宽度，学习准确表达的技巧等。

3．“语文三问”学生应用技能培养

“写了什么”思维探究点与能力培养路径：“写了什么”指向内容，其探究点，对于句子来说，主要在于句子主体；对于段落来讲，主要在于句意的整合；对于篇章或整本书来讲，主要在于主要人物的事件或主要事物的特点等。对于把握“写了什么”这一能力，可逐层进行培养，如先训练学生对句子的把握能力，让其掌握句子的中心词，即主体与主体动作词。在句子把握达到基本准确并能掌握句子的特点时，再进行段意的把握训练。段意把握训练主要是辨析句子，了解句子之间的关系。通过辨析，找到主体，然后把握段意。辨析、对比、论证是其主要方法和手段。在篇章把握上，主要进行段意整合训练。整合前，先采用分析句段的方式分割、分析文章，然后再整合。

“怎样写的”思维探究点与能力培养路径：“怎样写的”指向表达形式。句子来说，其探究点在于句型句式，词语搭配与修饰，句式的修辞手法等。对于段来讲，其探究点在于句子之间的关系、段的结构方式。对于篇来讲，其探究点在于篇的结构，整体的表现手法，如顺序、线索、主要表现形式与特点等。在能力培养上，首先要让学生接触，在实践中逐步掌握相关的文法知识，再通过自主实践与交流探讨逐步提升其能力，以达到自如运用的境界。

“为什么这样写”思维探究点与能力培养路径：“为什么这样写”指向思想情感，其探究点主要在于内容与形式的作用及写作的缘由。在能力培养上，要以文本表达的中心为思考的原点，明白各种表达手法的作用，再经过由浅及深的训练，让学生理解把握，并形成自由言说的能力。

三、对比

（一）教学中对比的产生与意义

面对文本，在初步接触阶段是不存在对比的，除非作品内容、情感本身有较强的对比性，能让学生不由自主地进入对比的情境。在教学中，要引导学生靠教师的营造来产生对比。对比教学策略可以说是深度学习过程中的策略。运用对比的思维方式，学生理解的深度、审美鉴赏的效度会随之提升。

（二）教学中对比的形式

1．语言对比

语言对比一般指句子或段落对比，这也是教学中常用的对比，可以体现文本表达的准确性、艺术性。当学生进入文本自然的情境时，学生一般难以再跳出语言所构建的形象或其设定的思维方式，只有出现相关的不一样的语言情境，学生才会容易发现两者之间的差别，才会运用对比的思维，才会发现该语言表达的方式以及缘由，从而理解语言，理解表达形式。

2．篇目对比

篇目对比，指让学生同时学习两篇或两篇以上的文章，来发现其相同点或不同点，从而达到教学目标。这种对比有比较强的目标性。学生往往会有对比的先导意识，会更容易进入对比的情境，其探究意识也更强。例如《白鹭》与《珍珠鸟》的教学，可运用对比的策略让学生体悟“借助具体事物来抒发感情的方法”是可以不同的。两篇文章都是写动物，都表达了对动物的喜爱之情，但叙述方式以及表达内容都不尽相同。通过比较，学生会发现《白鹭》是通过描绘动物本身特点以及生活场景来表达，《珍珠鸟》是通过人与动物相处的具体过程中发生的事件来表达。在这种对比中，学生的思辨能力、鉴赏能力会比学习单篇文章时的提升更明显。

3．学生对比

学生对比主要在教学方式上进行，让学生面对同样或不一样的教学内容，进行对比学习，以充分调动学生的积极性与参与性，激起他们的竞争意识，激发学习潜能。在这种对比中，要让学生就学习内容进行多角度、深入的学习，以获得更广阔的思维，从而提升思维能力与创造能力。例如，在《“精彩极了”和“糟糕透了”》教学时体悟舒尔伯格面对父母的评价所产生的情绪情感，教学时提出论题：父母当时的做法你认为对不对？并让学生分组进行辩论。这个学习要求犹如散文的“神”，学生的答问就是“形”，让学生在形散而神不散中体悟文本的思想与语言的形式，在对比中，激活思维。

学生对比，也包括自主对比。要让学生充分运用联想与想象的思维，将文本的语言与自己的想象进行对比，将自己的实践经验与文本的创作思路进行对比。如琦君的《桂花雨》，作者描写了桂花的香及摇桂花时的情景，但没有去渲染。可以让学生去想象桂花的香或者思考：如果是自己，又会怎样去描写？再把自己的描写与作者的描写进行比较，在这种对比中体悟作者这样表达的原因及表达的情感，从而深入领悟情感与语言文字的表达形式。

4．情境个性对比

这种对比主要运用换位思考的方法，让学生假设自己是文本作品中的人物，想象在当时的情境下自己会如何抉择，并与原人物做法对比，从而体会人物精神，体会文本表达的思想情感，甚至形成自己的价值观。如陈慧瑛《梅花魂》中描绘了外祖父因“我”弄脏了墨梅图而训斥了“我”妈妈的情境。在理解时，可以设置情境对比，让学生设身处地地想象：如果自己是外公，会怎样做？让学生在对比的过程中，深入理解文本中人物或作者的观点、思想和情感。

（三）教学中对比教学的时机

教学中什么时候适合采用对比策略？对比教学策略是探究型教学的首选。探究型教学讲究以学生为主，让学生主动去发现问题，探究问题，主动思考。在教学中，首先要培养学生对比的意识，实现自主对比、联想对比、假想对比。其次，要注意在关键之处实施对比。好钢用在刀刃上，学生的学习激情有限，时间有限，集中思考的能力有限，对比要在关键语言、情感突显、价值思辨等环节上进行。再次，要牢牢抓住语言学习与实践，不要让对比成为一种空谈、空论。

四、矛盾

事物在矛盾中发展，思维在矛盾中提升。矛盾与思维相依相存。一个人的成长是从接纳开始的，但不管是知识还是思想意识，随着年龄的增长，全盘接纳的现象只会越来越少，而从认识的矛盾式的辨析中成长则是越来越多。可以说，知识及思维在很大程度上都是通过与已知产生矛盾冲突才得以发展的。在教学中恰当地运用矛盾教学策略，会让语文教学更灵动、深邃，会让学生更激情飞扬，会让教学走向艺术的境界。

那矛盾如何产生？按部就班，惯性操作，不可能有效激活思维，产生矛盾认识。教学中的矛盾就像文学中故事、小说的矛盾一样，来源于思想、环境、变化。语文教学中矛盾要从“学习语文的意识”“课堂教学模式与方式的变化”“教学中的对比性”“学生的自主性”等方面去制造。

（一）要培养多问“为什么这样写”的意识

学习语文，要让学生自主地产生“语文三问”的意识：写了什么？怎样写的？为什么这样写？这三问都处于矛盾状态，特别是第三问，因为学生还没形成一眼就瞧破真知的能力，必须要让学生依语言特点，反复斟酌，反复自问，直到在已知中找到线索，找到解决问题的思路，能论证自己的认识，才达到第三问的目的。“为什么这样写”这种意识就是语文学习矛盾产生的根源。

如六年级上册《草原》一文的教学，让学生在感受草原风光美时，思考：这段话写了什么？是怎样写的？作者为什么这样写呢？学生能发现文段写了“天空、小丘、羊群、骏马、大牛”。草原只有这些景吗？当然不是，还有高飞的雄鹰，还有野花，还有蒙古包，还有草丛里的昆虫等等，但作者为什么不写？由此便产生了矛盾，解决这一矛盾，就能让学生理解景物的代表性。在怎样写上，学生也能发现作者开门见山，运用比喻、拟人等手法来写。作者又为什么这样写呢？可能学生就没有多少感悟了。然而这恰恰就是教学的关键点、重点，是需要进行重点探究学习的内容，如果学生先有了提问意识，那课堂的效率与探究的深度就会不断提高。

（二）教学模式与方式力求变化，倡导发散性结构教学

变化容易产生新鲜感，也很容易产生矛盾。教学模式与方式不要总是一成不变，要多变化。如在六年级上册《丁香结》一课，学生平时理解可能都是从前往后，从浅到深，如果我们抓住文章最后一句，让学生逆推，再读文去发现，教学效果可能就会不一样。教师在开课前，提问：“每个人一辈子都有许多不顺心的事，一件完了一件又来。所以丁香结年年都有。结，是解不完的；人生中的问题也是解不完的，不然，岂不太平淡无味了吗？”并请学生说一说文段写了什么，进一步提出：是写人还是写丁香结？再提问：文章前面到底写了什么？作者为什么会有这样的感悟？通过这一变化让学生感知矛盾，从而激发学生的探究欲望，让学生深入走进文本。

教学的变化特别要注意教学结构的变化。目前，线性结构、板块性结构是主要教学结构，但这两种教学结构在矛盾的产生上还存在一定的限制性，

而发散性结构更有利于矛盾的产生。

发散性结构主要由“一问四点”构成：要求在中心问题下，让学生自主发现，充分交流，自主论证，自主拓展。自主发现，要求学生在没有老师引导前，在没有同伴的帮助下，能依自身经验与能力去自主参悟，且形成最初的原认知或原观点并记录下来。充分交流，要求学生用自己的原认知或原观点与同伴进行初步交流，从而产生新的认知冲突，让学生自己发现矛盾点，如：为什么我的想法与他们的不同？为什么他们的是这样的，是我不对吗？让学生更有兴趣地去探究发现，再去深入交流。自主论证，指在教师中心问题的引导下，学生多角度、多层次地去论证，在已知与矛盾中提升拓展自己的认识，这是学习的主体。自主拓展，要求有自主实践运用的机会与能力，要在实践过程中产生新的矛盾，并通过不断修正，产生新的稳定图式，以达到真正提升的目的。

发散性结构教学要不拘泥于单篇，要有“形散而神不散”的特点，要牢牢抓住语言学习点，在矛盾下展开多重思维训练。如六年级上册第一单元，语文要素是“阅读时能从所读的内容想开去”。教师围绕这一语文要素构建两个大层次的矛盾点。一是该单元有现代文《草原》《丁香结》《花之歌》，有古诗《宿建德江》《六月二十七日望湖楼醉书》《西江月·夜行黄沙道中》，它们为什么编排在一起，它们有什么共同点。二是这几篇文章在想象上，有什么侧重点。通过交流探讨，深入学习，学生感悟到想象有如下侧重点：《草原》重景物整体想象，入情入境；《丁香结》重事物细微想象，动静结合；《花之歌》偏重从花的角度、形态想象，丰富多样又饱满；《宿建德江》《六月二十七日望湖楼醉书》《西江月·夜行黄沙道中》偏重用简单情境丰富想象，以及情境、意境想象。最后达到培养学生丰富想象能力与思维能力的目标。

（三）充分运用对比性的方式

语文教学中的矛盾大都是隐性矛盾，学生较难发现。教师要充分运用对比，让学生找出不同，在比较中产生矛盾认识。这种对比方式可以运用到语文教学的各环节，如对语段精要表达的理解，学习者不同状态与思想的对比，等等。

例如叶圣陶《爬山虎的脚》中：“爬山虎就是这样一脚一脚地往上爬。”

第一次读，学生可能未必会注意“一脚一脚”如此准确的用词。为了让学生领悟“一脚一脚”用词的准确性，教师把句子改为：“爬山虎就是这样一步一步地往上爬。”然后让学生思考：哪个句子好？为什么？这样就产生了矛盾——表达上的矛盾。这种对比交流让学生明白，“一步一步”是像人一样，两脚交替前行，而爬山虎“一脚一脚”，却是多只脚一只一只延伸向上爬。学生的理解、思维、鉴赏能力也在这样的矛盾认知中得到了提升。

（四）给予学生充分的时间与空间，激发自主性

矛盾在压迫中产生。思维的压迫是对未知的迷茫，是未知与已知产生的冲突。也可以说，矛盾与压迫两者相依相存。学习语言，主要在“发现与感悟”“实践与运用”的过程。而这两个过程都是不可替代的，因此，在教学过程中要给予学生充分的时间与空间，让他们有时间去发现，有时间去思考，有时间去交流，有时间去实践，在这些过程中充分产生学习的压迫，并通过解决这些矛盾得到知识并提升能力。

五、单元整体性教学

（一）单元整体性教学的含义

语文要素的提出，给单元整体性教学提供了核心目标，解决了以往课文解读不一、众说纷纭、目标不明确的问题，让单元整体性教学的指向更加明确、清晰。

单元整体性教学是以语言运用能力训练为经，以思维训练为纬，结合学生的年龄特点、学习能力，学段目标，教材本身的特点，以语文要素的落实以及核心素养的培养为训练目标，并以学生学习实践为主，通过多种课型，按照认知规律、发展规律来集中突破的一种教学形式。

（二）单元整体性教学设计思路

（1）学习思路：熟读文本—识字解词—整体感知—学习语言文字运用—梳理并展示积累。

（2）学习思路对应的基本课型：探究课—整体识字课—整体感知课—以文带文课和读写联动课—复习巩固课。

（3）单元整体性教学时间：12～14课时。

（三）单元整体性教学的特点

（1）每个单元在整个训练体系中都有自己独特的地位和作用。除落实核心目标——语文要素外，单元其他的目标要经过商讨，甚至要经过实验才能确定。教师在教学中可适当调整方法和策略，或增减相关课型。但确定的基本目标一定要落实。

（2）目标训练点的突出性、集中性、深入性。单元整体性教学主要针对以前教学能力目标过浅或过泛的问题，通过突显训练点，用多种形式强化训练点，从多角度深化训练点，让学生学习一个知识点，就能深入了解这一点，运用这一点。

（3）教材的自主处理性。教材只是个例子，我们要深入研究教材文本的特点、思想内涵，要用好教材。如果文本与我们的单元目标关联不大，我们可让学生自主略读文本，不必每篇精读都教读。我们也要有增补素材的意识，除了教材文本，我们还可借助其他文本进行语言运用的训练。总之，适合目标就精读，不适合就略读。

（4）内容的丰富性。丰富的内容主要来源于以文带文。以文带文训练要坚持三个带文的思路：一是主题思想的深入拓展，二是方法能力的训练延伸，三是语言表达特点的相似或相对性。不要牵强，不要拼凑，宁缺毋滥。以文带文自主阅读可不受限制。

（四）单元整体性教学各课型的基本要求

（1）探究课：学生能把课文读通、读熟，能自主学习生字词，能思考课文的内容，并提出自己的疑问。

（2）整体识字课：掌握本单元的字词。教师对本单元重点字词进行书写及意思理解的指导。学生能找到词所在的语句，能自主扩词。第三学段教学要采用不同的策略与教学形式进行识字。

（3）整体感知课：一是对文本内容的框架式理解，对文本表达的情感进行初步领会；二是培养学生的整体感知能力。

（4）以文带文课：单元整体性教学核心课，要围绕三个“以文带文”的思路进行专项训练。以文带文教学要根据学生的年龄特点分阶段、分要求，让学生掌握对比阅读的方法，训练学生的默读与速读的能力。

（5）读写联动课：单元整体性教学核心课。针对语言表达进行语言运用或思维的训练，进行段或篇的训练（可与单元习作相结合）。要突出语文的实践性，学生要有动笔，教师要有讲评。

（6）复习巩固课：对单元教学进行回顾，对单元知识点进行梳理，对语文知识点进行训练，要有相应的练习单。口语交际专题课可以设计在内。

六、设计学习任务群

“语文学习任务群由相互关联的系列学习任务组成，共同指向学生的核心素养，具有情景性、实践性、综合性。”[①]学习任务群从层次上可分为“基础型——语言文字积累与梳理”“发展型——实用性阅读与交流、文学性阅读与创意表达、思辨性阅读与表达”“拓展型——整本书阅读、跨学科学习”。每个学段，各种层次的学习任务群都有涉及，只是在目标与要求上有不同。在教学中以什么标准与内容建构学习任务群，学习任务群又以何种形态呈现，是当前亟须解决的问题。

（一）学习任务群的建构

1．学习任务群建构的准则与形式

学习任务群指向核心素养，每个层次的学习任务群应该有明确的核心素养指向。每个学习任务都应该是某种素养的分解要求或层次的递进。以素养为纲是学习任务群建构的第一准则。

学习任务群由相关的学习任务组成，“任务”指的是有目的的活动。这些活动是在素养目标下演绎出的内容。这些学习任务要求学习主体主动参与完成。因而建构学习任务群的第二准则，则是活动要有目的性。

学习任务群建构的是一个综合性的生活情境。情境的趣味性与驱动性则是建构的重要准则。学习任务群是多种层次、多种类型的结合，以体现学习的丰富性与深度，达到全面提升素养的目标。

学习任务的主体在活动中主要通过倾听、阅读、感知、联想、观察、分析、整理、比较、推断、质疑、讨论、欣赏、评价、表达等方式来实践，来完成学习任务，故而以上方式就是学习任务群建构的具体活动形式。

---

① 中华人民共和国教育部．义务教育语文课程标准：2022 年版［M］．北京：北京师范大学出版社，2022：19.

2．学习任务群的类型

学习任务群从教学时长角度可以分为“大型”“微型”“中型”。“大型”一般指10个课时以上的学习任务群，“微型”指1～2课时的学习任务群。“中型”则介于“大型”与“微型”之间。

3．学习任务群的内容

语文学习的根本任务是学习国家通用语言文字的运用。学习要有材料，要有可学习的范式，要给予学生实践创造的机会。学习任务群的内容如果是多样的材料，其相互之间要有一定的内在联系，要有共同点或相似点。如果是单一材料，要有学习、实践的空间。

4．学习任务群的结构

学习任务群一般包含学习主题与内容、学习目标与课时安排、学习情境、学习任务与活动、活动评价与测评、资源与工具等。学习任务与活动是内容的分步与细化，是学习任务主体实施的过程，活动的形式要多样化，并能激发学生的兴趣，过程要符合认知的过程、学习的规律，难易程度要符合学生实际能力。

（二）学习任务群的形态

1．发现梳理型

情境任务以发现梳理为主，在发现中识字交流，在梳理中发现表达技巧，主要是基础型与发展型学习任务群的结合。如二年级下册识字《中国美食》，通过认读菜名，让学生分别圈画烹饪方式与食材，引导学生发现、交流，梳理汉字，发现烹饪方式的字很多与“火”有关，如煎、烤、烧、煮、爆、炖、蒸、炸。可再围绕这些汉字进行拓展学习，以完成主题学习。

2．问题解决型

问题解决型大体与项目式学习相似，情境呈现的是问题，学习任务是问题的追溯与探讨，通过解决一个又一个分解问题，从而解决主体问题。如在六年级下册为名作家（如鲁迅）写一个简评。这个任务要弄清何为简评，可以通过简评范例来学习简评的形式，再通过人物的生平事迹、自传，相关文学作品、影视作品等来了解人物，通过创作、交流来提升认识，最后通过展示来完成学习任务。

3．赏析创造型

赏析创造型主要围绕内容中的文字表达、人物形象等进行赏析、评论，并运用所学知识进行创造。如在四年级可设计“巧妙的童话”学习主题，通过阅读各童话篇目，了解童话；通过对比，了解童话的特点；通过展开想象，续写、创编童话；通过角色演绎，理解、评论童话；通过作品展览会，展示、介绍自己创编的童话。

4．创新拓展型

创新拓展型主要指跳出语言的发现与学习这个主要任务，转向综合性学习运用后展现的学习任务群，如“整本书阅读”“跨学科学习”的拓展型学习任务。创新体现为主题的创新、学习任务形式的创新。拓展主要体现为学科的跨越、生活实际表现与需求的介入等。如在六年级设计“校园印象”学习主题。可设计“我心目中的校园”“校园名片”“校园宣传片”等学习任务。这些任务需要学生去调研，去发现校园特点，了解校园历史，制作创意名片，需要学生利用多媒体信息技术来拍摄、剪辑视频，并且完成宣传工作。

第二章

学科核心素养课堂教学的评价指向

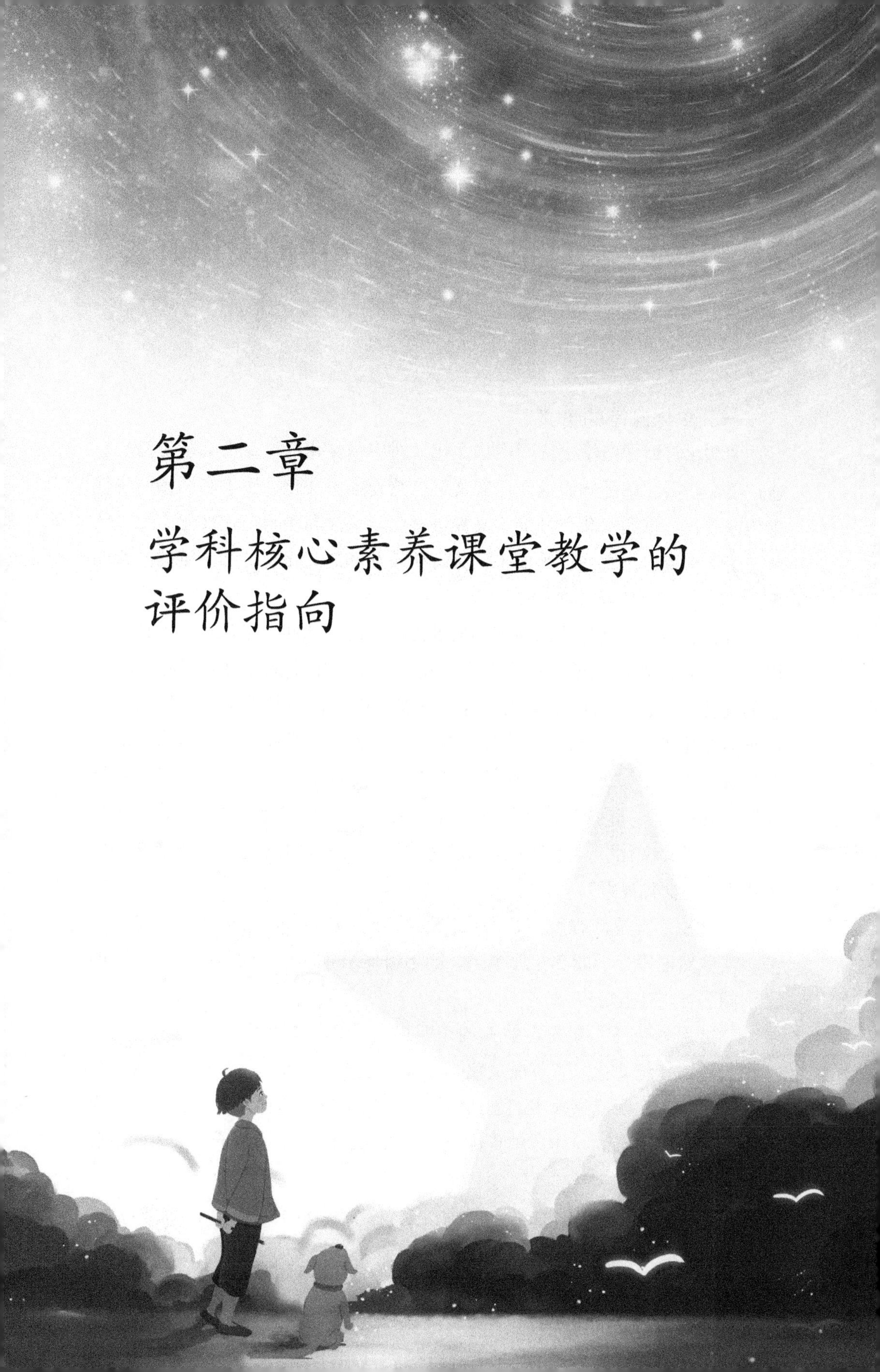

第一节　文化自信在课堂教学中的表现方式

一、文化自信的含义

“文化自信是指学生认同中华文化，对中华文化的生命力有坚定信心。通过语文学习，热爱国家通用语言文字，热爱中华文化，继承和弘扬中华优秀传统文化、革命文化、社会主义先进文化，关注和参与当代文化生活，初步了解和借鉴人类文明优秀成果，具有比较开阔的文化视野和一定的文化底蕴。”①

概念的第一句是从认知与情感角度提出来的。认同，指认可、承认，认同中华文化，就是认可、承认中华文化，学生对中华文化有归属感，承认它的地位、价值，对中华文化自身的发展，以及在与其他文化的比较中，能抱有坚定的、不可动摇的信心。第二句是从语文课程目标中提出来的。其目标关键词有“热爱”“继承和弘扬”“关注和参与”“初步了解和借鉴”“具有”，其内容关键词有“语言文字”“中华文化”“中华优秀传统文化”“革命文化”“社会主义先进文化”“当代文化生活”“人类文明优秀成果”“文化视野”“文化底蕴”。

“热爱”指爱的程度深，对国家通用语言文字以及中华文化有深度的爱，能欣然地接受，能自觉地维护，能不悔地坚守，从而达到第一句提出的“认同”与“有坚定信心”。

“继承和弘扬”就是把前人的东西接过来并发扬光大。这里指向的是“中华优秀传统文化”“革命文化”“社会主义先进文化”。中华优秀传统文化，是中华文明成果根本的创造力，是民族历史上道德传承、各种文化思想、精神观念形态的总体。中华优秀传统文化是以老子、孔子为代表的道儒

① 中华人民共和国教育部．义务教育语文课程标准：2022年版［M］．北京：北京师范大学出版社，2022：4.

文化为主体，中国约5000年历史中延绵不断的政治、经济、思想、艺术等各类物质和非物质文化的总和，主要包括神话传说、符号图腾、哲学思想、宗教、服饰、汉字、文学、纪元与史学、教育、建筑、艺术、经济、著作、科技与学术、饮食、体育和竞技、医学、社会、风俗、礼仪等。革命文化，是中国共产党领导中国人民在伟大斗争中构建的文化，主要包括老一辈无产阶级革命家和革命英雄人物的代表性作品及反映他们生平事迹的传记、故事等作品，反映党领导人民革命的伟大历程和重要事件的作品，有关革命传统人物、事件、节日、纪念日活动等方面的作品，阐发革命精神的作品，革命圣地、革命旧址和革命文物等。社会主义先进文化，是指以马克思主义为指导，以培养有理想、有道德、有文化、有纪律的“四有”公民为目标的面向现代化、面向世界、面向未来的，民族的科学的大众的社会健康积极向上的具有特色社会主义的文化，主要包括反映社会主义建设事业中取得的重大成就、涌现出来的模范人物及其先进事迹的作品，反映当代中国从站起来、富起来到强起来的奋斗历程和重大事件，以及体现中国式现代化新道路和人类文明新形态的作品，反映和谐互助、共同富裕、改革创新、劳动创造美好生活等方面的作品。

“关注和参与”和“初步了解和借鉴”，主要指向对当代文化生活、人类文明优秀成果的了解、认知的程度以及实践的方式，既能体验当下，又能了解过往，还要向往未来。这是学生提升语言实践能力的重要途径与方式。

“具有”，就是拥有，指向“文化视野”与“文化底蕴”。文化视野，指人们从社会历史文化的角度考察、分析和总结现实中的各类问题所涉及的认知范围。这是个体思维方式与认知能力的问题，需要不断启迪、实践，加强对文化的认识。文化底蕴，指人类精神成就的广度和深度，即人或群体所秉持的道德观念、人生理念等文化特征，也是人或群体学识的修养和精神的修养。在语文课堂教学中，主要指向学生个体具有比较积极的世界观、人生观、价值观，对应课堂教学中所体现出的人文性。这种拥有是从初步感知，到逐步加深体验，到最后形成坚定信念，是一个逐步加深的过程，是一个螺旋上升的过程。

二、文化自信在课堂教学中的表现方式

文化无处不在，又似乎难以捕捉，它到底以怎样的方式呈现在课堂中？从其表现的特性来看，大体可以分为显性表现方式、隐性表现方式、混合性表现方式。

（一）显性表现方式

文化自信显性表现方式就是把文化的要点在课堂中直观地呈现，能让学生清晰地感觉到内容或者感觉到内容背后蕴含的文化，培养学生的文化自信。教材主要是以中华优秀传统文化、革命文化、社会主义先进文化进行组编的，内容本身就是文化自信显性的表达，教师在教学时要有意识地进行点拨、渗透，从而引起学生对文化的感知。

1. 语言文字及相关内容的呈现

中国汉字，是音、形、义的结合，本身具有文化内涵，是文化的直接体现。学习汉字，就是了解文化，学习文化。这在第一学段识字教学中表现明显。

如《动物儿歌》教学中，学习“食”“网”“藏”字，借助字理、字理故事、儿歌等，引导学生识记“食”“网”“藏”字，激发学生对语言文字的热爱。

出示图片（如图2），让学生了解字理。“食”的本意是“食物”，字形像装满食物的器皿，“人”就像器皿上的盖子。

图2

“网”的故事：古时候的人们为填饱肚子，要四处去狩猎。那么，最初狩猎的网是怎么编织出来的呢？这个问题难不倒聪明的古人，他们立起两根木桩，把绳线来来回回地编织起来，不仅能捕到各种动物，还顺便造出了一个“网”字呢。

“藏”的儿歌：一臣被追踪，躲进茅屋中，床后来躲藏，刀戈握手中。

这些字理、故事、儿歌，就是文化的传承与创造。学生积累、内化之后，就会对文字产生兴趣，激起对文字的热爱，建立起文化自信。

2. 中华优秀传统文化的呈现

中华优秀传统文化主要以弘扬仁爱、重民本、守诚信、崇正义、尚和合、求大同等核心思想理念，弘扬有利于促进社会和谐、鼓励人们向上向善的中华

人文精神，弘扬自强不息、敬业乐群、扶危济困、见义勇为、孝老爱亲等中华传统美德为主题而构建的。可以从文学文化、艺术文化等方面呈现。

（1）文学文化的呈现——诗词文化

选入教材中的诗词都是诗词里的精华，是传统文学文化的精粹。其本身就是文化的体现，激发学生对诗词的热爱就是建立文化自信。此外，在教学时，适时进行拓展，也是文化自信显性的表现。如教师在教六年级下册《古诗三首》（《寒食》《迢迢牵牛星》《十五夜望月》）时，这样拓展学生的诗词文化：

开课前创设情境让学生猜节日

猜猜老师展示的这些古诗分别写的是哪个传统节日。（提示：抓关键词句，联系传统节日的习俗、来历等）

人有悲欢离合，月有阴晴圆缺，此事古难全。但愿人长久，千里共婵娟。（中秋）

今朝佛粥更相馈，更觉江村节物新。（腊八）

画作飞凫艇，双双竞拂流。低装山变色，急棹水华浮。（端午）

东风夜放花千树，更吹落，星如雨。宝马雕车香满路。凤箫声动，玉壶光转，一夜鱼龙舞。蛾儿雪柳黄金缕，笑语盈盈暗香去。众里寻他千百度，蓦然回首，那人却在，灯火阑珊处。（元宵）

归穿细荇船头滑，醉踏残花屐齿香。（清明）

柔情似水，佳期如梦，忍顾鹊桥归路。两情若是久长时，又岂在朝朝暮暮。（七夕）

（2）艺术文化的呈现——戏剧文化

教材中如《京剧趣谈》（六年级上册）、《藏戏》（六年级下册）本身就涉及传统的戏剧文化。在教学中展示其介绍，拓展相关内容就是让学生认识与理解文化，在认知基础上建立文化自信。如有教师在教《藏戏》一课时这样导入：

中国的戏曲历史悠久，不同的地方有各自独具特色的艺术样式，安徽的黄梅戏明快抒情，江苏的昆曲细腻婉转，河南的豫剧铿锵大气……让我们一起来感受一下吧！（播放视频）

今天，我们要学习的课文写的是藏族的传统剧种——藏戏。藏戏是藏族地区普遍流行的在祖国百花艺苑中独具特色的一个剧种。这种艺术历史悠久，被称为藏文化的“活化石”，你们想知道这是为什么吗？让我们走进课文一探究竟。（板书：藏戏）

3．革命文化的呈现

革命文化主要反映爱国情怀、艰苦奋斗、无私奉献、顽强斗争和英勇无畏等革命精神。

教材中有专门的革命文化主题单元。如六年级上册第二单元，有《七律·长征》《狼牙山五壮士》《开国大典》《灯光》《我的战友邱少云》五篇文章。单元主题思想明确，教师在教学时只要抓住人物与故事，让学生了解故事，感受精神，就能让学生潜移默化地感受到革命文化的内涵，建立文化自信。

如教师在教《狼牙山五壮士》时设计了这样几个学习任务：

1. 学习任务一——聚焦革命岁月，创设学习情境

播放《长津湖》主题曲视频，提醒学生关注歌词。让学生说说歌词中最可爱的人指谁，会想到哪些人。

2. 学习任务二——走近革命英雄，了解红色基因

让学生回顾课文主要内容、写作顺序，利用课后提示简单讲述狼牙山五壮士的故事，感受英雄形象，初步了解“点面结合”。

3. 学习任务三——读懂红色基因，讲好英雄故事

小组合作学习，进一步感受英雄形象，学习“点面结合” 。理解“红色基因”，知道用“点面结合”讲英雄故事。

4. 学习任务四——讲好当代英雄故事，传承红色基因

展示图片“重庆战山火”，让学生谈谈自己课前所了解的这个故事中涌现的英雄群体和英雄个人，说一说自己认为什么样的人可以称为英雄。

5. 学习任务五——开展“讲好英雄故事，传承红色基因”演讲会

这五个学习任务，突显了革命英雄，突出了革命文化，让学生对革命文化的内涵有了更深刻的了解，并因此建立文化自信。

4．社会主义先进文化的呈现

社会主义先进文化突出了爱党、爱国、爱社会主义相统一的思想。

如教师教四年级下册《千年梦圆在今朝》时，设计了如下的环节：

1. 梦想成真，追根溯源。中华民族千年的飞天梦是怎样逐步实现的？了解中国追寻飞天梦的历程。

2. 回顾“神舟五号”，点燃激情。播放“神舟五号”升空视频，让学生谈谈感受。

3. 感受辉煌，培养自信。继“神舟五号”之后，中国的航天事业又有哪些喜讯呢？了解航天新成就。（依次展示“神舟六号”“神舟七号”“神舟八号”“神舟九号”“神舟十号”“神舟十一号”的相关图片）

教师直观展示后，将这篇课文的主题思想与当下我国的航天精神结合起来，讲明正是通过几代人的坚持不懈、锲而不舍的奋斗，终于实现了中国航天一个又一个里程碑式的重大胜利。让学生通过身边发生的事情，切身感受到学好科学知识不仅仅为建设祖国、保卫祖国奠定基础，也可以造福全人类。

5. 当代文化生活的呈现

当代文化生活指学生参与的各类文化生活实践活动，可以指纯文学性的活动，如文学社、阅读交流活动等，也可指民风民俗活动，如吃粽子、赏花灯等。教师在教《端午粽》一课时，明确布置了两个任务：一是收集端午节的相关资料，进行交流；二是包一次粽子，写感受。这两个任务直接指向民风民俗文化，学生了解文化背后的故事，自然建立起文化自信。

6. 文化视野的呈现

文化视野可以指向学生的文化认知水平的提高，如教师在教识字课《中国美食》时，设计了如下的环节。

1. 观看视频（视频是中国美食介绍），引出《中国美食》。

2. 在了解火字旁和四点底的联系时播放视频（视频是“火”字的来源与变化），并用火字旁与四点底的字组词，再用字理识字“煎”，最后观察火的不同位置，感受汉字形体美。

3. 在学习了解烹饪方法后，运用所学烹饪方法，介绍潮汕美食。

该教师主要针对学生的文化认知的不足，通过直观的视频介绍来拓宽学生的文化视野。

7. 文化底蕴的呈现

（1）世界观的呈现

世界观，指一个人对整个世界的根本看法，它是人对事物的判断的反映。教师在教五年级上册第六单元“我想对您说”习作时，拓展了“您”的含义，把它延伸到自然、世界、未来等，让学生写“我想对自然说”“我想对世界说”“我想对未来说”等，在学生完成习作后再分享交流，并适时引导，给学生树立正确的世界观。

（2）人生观、价值观的呈现

人生观，是人们在实践中形成的对人生目的和意义，对人生道路、生活方式的总的看法和根本观点。价值观，是基于人的一定的思维感官之上的认知、理解、判断或抉择。两者在教材中有时直观地呈现出来。如六年级下册第四单元，单元导语就引用文天祥的诗“人生自古谁无死？留取丹心照汗青”指出人生观，并揭示单元主题“人生要拥有理想和信念”。选用的课文也直接点明人生观与价值观，如《为人民服务》。教师在教《为人民服务》时设计了如下环节：

1. 在理解司马迁“人固有一死，或重于泰山，或轻于鸿毛”这个语句时提出了如下的问题：为人民而死是不是重于泰山？

2. 在学完之后，联系实际谈生死观。提出问题：你的生死观是什么？

这些直扣心灵的提问，就是直观的文化渗透，学生在学习过程中不自觉地受到感染与熏陶，从而萌发自己的人生观、价值观，建立起文化自信。

（二）隐性表现方式

文化自信隐性表现方式，是指教师把单个或多个文化要点隐藏在某个内容或某种形式之中。文化自信隐性表现润物无声，需要学生自己去体悟。

1. 教材内容中文化隐性的表现

人生观、价值观有时蕴含在文章的思想情感之中。如六年级下册第四单元，选用的诗歌是《马诗》《石灰吟》《竹石》，这些诗歌托物言志，分别表达出“报效国家，要建功立业”“不怕牺牲，品行高洁”“正直倔强，高风亮节”志向。《董存瑞舍身炸暗堡》也暗含了“舍身取义”的价值观。教学中如果教师能挖掘其中的内涵，进行相应的教学，就能指向文化自信。

2. 教学过程中文化隐性的表现

有时在教学过程中教师没有在任何一处提出文化，强调文化，但处处透着文化。如教师在执教四年级下册《绿》这篇诗歌时设计了如下环节：

1. 借经验想象“绿”的画面。

2. 用对比感受“绿”的表达。

3. 用想象体会“绿”的情感。

最后这样结课：这首诗是诗人对绿、对自然的喜爱和赞美，你们所讲的，这所有的属于春天的各种各样绿色的事物，诗人都见到了，但这些事物消失了，只剩下绿色的感觉，这感觉就“好像绿色的墨水瓶倒翻了”。同学们，这就是诗。

整个过程没有“世界观、人生观、价值观”的渗透，也没有中华优秀传统文化、革命文化、社会主义先进文化的渗透，有的只是对诗歌内容的品味，却让学生感受到了诗的魅力，作者情感、观点的表达，让学生对文字充满了向往。

3. 教学行为与符号中文化隐性的表现

在教学过程中，教师或学生的某些行为，或者教学中所使用的符号也暗含文化意义，是无声的教育。如教师在教一年级上册《升国旗》时，要求学生戴红领巾，他的这个要求就让学生无声地感受到红领巾所蕴含的革命文化。又如，教师在教六年级上册《京剧趣谈》时，在课件每一页中放一个不同的脸谱当标识，无形中让学生感受到京剧脸谱文化，感受到传统文化的魅力。

（三）混合性表现方式

混合性表现方式指教师在教学中设计了多种文化内涵的渗透，把文字、文化、人文精神糅合在一起，整体推进，达到多重目的。混合性表现具有显性与隐性的双重特性。如下面的两个例子：

1.《墨梅》教学设计片段

教师在教《墨梅》时，采用了这样综合的方式。下面是其设计的片段：

1. 引经据典，品“梅花”。

研读第一句诗：这是谁家的梅花？它种在哪儿？理解典故“洗砚池”。先提问：为什么王冕家的梅花种在洗砚池边呢？再讲述洗砚池的传说：传说会稽（今浙江绍兴）蕺山下晋代大书法家王羲之的洗砚池由于经常洗笔砚，池塘的水都染黑了。王冕说他家也有洗砚池，意思是自己也像王羲之那样勤奋刻苦。接着再提问：你读懂了什么？然后让学生集体交流。最后教师小结：这方洗砚池，是王冕立志向书圣王羲之学习的象征；这方洗砚池，是王冕立志学画并最终成为“画梅圣手”的见证。而王冕家中的梅花，就种在洗砚池边。这梅花，同样见证了王冕学画的志向和刻苦。

借用传说与教师的小结，悄无声息地培养文化精神：只有心中有明确的目标，勤学苦练，才能有所成就。这里没有明确要求学生或指向学生，而是在学习古诗过程中，用教学过程和素材达成文化精神的渗透。

2. 借助历史，品“淡墨”。

研读第二句诗：古诗是凝练的，寥寥数语常常给我们丰富的想象空间，正如王维所说：“诗中有画，画中有诗。”那王冕画中的梅花又是怎样的呢？仔细观察《墨梅图》，看看这一朵朵梅花是什么颜色。（展示图片：王冕的《墨梅图》）把王冕的《墨梅图》与实景梅花图片进行比较，让学生形成对墨梅的感知。

结合王冕生平，理解“淡墨痕”。让我们一起走近王冕这个人，先了解历史背景资料——（课件展示）

史书记载，朋友李孝光想推荐王冕去做府吏，被他拒绝了。

史书记载，老友泰不华多次举荐王冕为官，被他拒绝了。

史书记载，老师王艮劝王冕做官，被他拒绝了。

史书记载，元朝的达官贵人不惜重金向王冕求画，被王冕拒绝了。

史书记载，明朝开国皇帝朱元璋要重用王冕，王冕以出家为由也拒绝了。

提问：王冕拒绝过哪些人？他为什么要拒绝这些人？他拒绝了这些人，同时意味着他拒绝了什么？

思考：读懂了这些之后，你觉得王冕是个怎样的人？诗句中有个字透露了王冕的人格，谁能结合王冕的为人，给“淡”组个词？（平淡、清淡、淡雅、淡泊、淡定、淡然）

小结：“淡墨痕”真正画的不是梅花，而是王冕内心的品格和志向。梅花的质朴，乃是品格的质朴；梅花的淡然，乃是志向的淡然。

这里除了加强学生对梅花的认知，也加强了学生对王冕这个人的认知，在角色理解与互换中进一步理解人物的精神，感受人物的品质，从而受到人格的熏陶。

3. 吟咏感悟，品“清气”。

引入：在《墨梅》中，诗人王冕很明确地说出了自己的态度——不要人夸好颜色，只留清气满乾坤。他是这么说的，也是这么做的。

（课件展示第三、四句）研读第三、四句诗。请学生反复听一听第三、四句的吟咏录音，引导学生思考：你从吟咏声里感受了什么样的梅花？请在第三、四句旁边批注一下。（学生吟咏感悟并批注）

提问：此时此刻，你眼中的“清气”，还仅仅是梅花的香气吗？

点拨：“气”是气节、气度、骨气。“清气”是怎样的气节？（淡泊名利）

小结：王冕一生清贫，靠卖画为生，他不向世俗献媚，不愿与贪官污吏同流合污。

在情境中传承“梅文化”：如果你是王冕，在你一贫如洗的时候，有亲朋好友举荐你去做官，你将如何回答？请你用《墨梅》来回答。（学生背）如果你是王冕，在你穷困潦倒的时候，有达官贵人出重金购买你的画，你将如何回答？ 请你用《墨梅》来回答。（学生背）如果你是王冕，在你风烛残年的时候，别人依然把你当作怪人，嘲笑你，蔑视你，你将如何回答？ 请你用《墨梅》来回答。（学生背）正所谓“画梅须具梅骨气，人与梅花一样清”。

在这一教学环节中，通过逐层的加深理解，明确提出“梅花精神”，传承“梅文化”，并通过情境朗读来深化学生对“梅文化”的认知。

在整个教学中，教师充分挖掘了文本所蕴含的文化——诗的文化、梅的文化、人物的气节，并通过故事、情境问答、引述朗读等让学生从多角度综合地体悟这些文化内涵。

2.《神州谣》教学设计

教师在教二年级下册《神州谣》时也通过这种混合性方式表现文化自信。

《神州谣》是一首童谣，文本处处体现文化的特点。除了童谣本身特点，其中的每一句都蕴含文化内容。教师很好地把握并挖掘了文化的特点，在教学中混合性地表现出来。在识字过程中，展示“州”“涌”二字发展过程，显性地表现文字文化。在学到“我神州，称中华，山川美，可入画”时，拓展“神州”的历史与称呼，这是历史文化的显性表现。在学到“黄河奔，长江涌，长城长，珠峰耸”时，呈现视频与资料，这是自然历史文化的显性表现。在学到“台湾岛，隔海峡，与大陆，是一家”时，渗透国家统一思想，这是爱国思想的隐性表现。在学到“各民族，情谊浓，齐奋发，共繁荣”时，展示各民族手拉手的图片，并介绍各民族文化，共唱《爱我中华》，这是隐性与显性的混合表现。板书中画出长江、黄河，这也是隐性地表现历史自然文化的方式。

第二节 语言运用在课堂教学中的表现方式

一、语言运用的含义

“语言运用是指学生在丰富的语言实践中，通过主动的积累、梳理和整合，初步具有良好语感；了解国家通用语言文字的特点和运用规律，形成个体语言经验；具有正确、规范运用语言文字的意识和能力，能在具体语言情境中有效交流沟通；感受语言文字的丰富内涵，对国家通用语言文字具有深厚感情。”①

语言运用从实践出发，又落于实践。所谓实践，是指人们能动地探索和改造现实世界一切客观物质的社会性活动，其基本形式包括经济、政治、军事、教育、科学技术、文化、卫生、体育、司法、社会管理、劳动就业与社会保障公共服务等活动。这就构成了语言运用的多样性。

语言运用的能力是分层次的：

第一层是“积累、梳理和整合→初步具有良好语感”。所谓语感，简单来说包括两个方面的能力，一是对遵循或背离某一语言的既定用法（如形式上或习惯用语上）的敏感性，二是对语言的有效性或合适性的感觉。从心理学角度来讲，语感是比较直接、迅速地感悟语言文字的能力，是语文水平的重要组成部分。它是对语言文字分析、理解、体会吸收全过程的高度浓缩。语感是一种经验色彩很浓的能力，其中涉及学习经验、生活经验、心理经验、情感经验，包含理解能力、判断能力、联想能力等诸多因素。

第二层是“了解国家通用语言文字的特点和运用规律→形成个体语言经验”。经验，指从多次实践中得到的知识或技能。依据认知语言学的观点，人的语言能力是从结构式的不断习得中形成的。简单来讲，就是能够在适当

① 中华人民共和国教育部. 义务教育语文课程标准：2022 年版［M］. 北京：北京师范大学出版社，2022：4-5.

的语境中选用适当的语言文字表达和交流的方法。

第三层是“具有正确、规范运用语言文字的意识和能力→在具体语言情境中有效交流沟通”。这针对的就是实践形式的多样性。不同的实践形式形成了不同的、丰富的语言情境（语境），不同的语境有不同的交流表达方式。

第四层是“感受语言文字的丰富内涵→对国家通用语言文字具有深厚感情”。内涵就是概念的内容，即构成概念的要素总和，多指抽象性的本质，用来确定所指的概念。语言文字的内涵非常丰富，例如，汉字有80%以上的形声字，有声旁和形旁；汉语有方言，但文字只有汉字一种，语言的地域性可能影响写作的语言风格，但文字受地域影响不大；口语不同于书面语，简短灵活，甚至可配合手势表意；汉字的书写形式多样化，甚至成为一门书法艺术。通过对语言文字丰富特性的不断了解，让学生热爱语言文字。

二、语言运用在课堂教学中的表现方式

根据《义务教育语文课程标准（2022年版）》中对语言运用的表述，语言运用主要包括语料积累、语感建构、语理习得、语言表现等几个部分。

（一）语料积累的语言运用表现方式

“所谓语料积累，是指在语言文字的阅读过程中，识记、储备并整理文质兼美、丰富多样的语言材料，这是语言运用的基础。俗话说，‘巧妇难为无米之炊’。从语言运用的角度看，这里的‘米’，既指表达素材的储备，也指语言材料的收藏，两者缺一不可。没有足够数量、相当质量并且结构化的语料储存，语言运用能力的培养就会失去基础，成为无本之木、空中楼阁。”[①]如教师在教学《自相矛盾》时，先指导学生朗读难读的句子：“夫不可陷之盾与无不陷之矛，不可同世而立。”提示学生联系校本教材《古诗文诵读》中学过的古文《诫子书》以及《望岳》中的句子“夫君子之行，静以修身，俭以养德”“岱宗夫如何？齐鲁青未了”。了解两处“夫”的字音、意思一样。拓展知识：“夫”放在句尾作助词，也读“fú”，如“逝者如斯夫”（《论语》）。然后指导学生大声读，把自己的理解用声音恰当地展现

① 王崧舟.《义务教育语文课程标准（2022年版）》“核心素养”解读：之二［EB/OL］.［2022-05-20］. https://mp.weixin.qq.com/s/6vV1HjK03luTtmxPhRZ8mQ.

出来，在诵读中进一步理解和积累“夫”在文言文中的虚词含义。

又如教师在教一年级下册的《我多想去看看》的第 1 自然段时，设计了如下教学：

1. 学习第 1 句，理解“弯弯的”一词。

①拿出词语条“弯弯的”，问：怎样的小路？学生答：弯弯的小路。

②指导学生将助词“的”读得轻又短，并读好短语的节奏。相机拓展短语：弯弯的（　　）。

2. 学习第 2 句，走进北京，感受北京之美。

①请学生根据自己的了解，介绍北京。

②理解“遥远”一词。

③拓展：我们祖国的大好河山中，可不只有天安门是雄伟的，不信你们看（展示故宫、泰山图片）。请学生试着用完整的短语来说一说。（预设：雄伟的故宫、雄伟的高山）

3. 联系生活，走近天安门广场，感受升旗仪式之壮观。

播放升旗仪式视频。

①创设情境采访：同学们，看你们这么入神、严肃和激动的样子，不禁让老师回想起我们上学期学习的《升国旗》这篇课文，你们还能背出来吗？那现在谁愿意分享一下观看天安门升旗仪式后的感受呢？（预设：十分震撼，心情特别激动，场面非常壮观）

②拓展：你在生活中还见到过哪些壮观的场面呢？（相机出示图片，预设：壮观的大海、壮观的瀑布）

大量的语言积累能丰富学生的语感体验，帮助学生熟悉掌握汉语的语言规则，逐步掌握国家通用语言文字的特点及运用规律，从而形成个体的语言经验，在具体的语言情境中正确有效地运用语言文字进行交流沟通。没有丰富、鲜活、生动的语言材料的积累，语言文字的阅读理解力就是无源之水、无本之木。因此，日常教学中，既要重视课内阅读，又要重视课外阅读，始终将培养语言积累能力摆在首要地位。

（二）语感建构的语言运用表现方式

语感建构就是在丰富的语言实践过程中，强化语言直觉和感受，积淀语言的感性图式，敏化优化语言的生成品质。语感建构，包括输入型（听与读）与输出型（说与写）两大类，这是语言运用的核心。根据王尚文等人的研究，语感是个体的人与言语世界的直接联系，“是思维并不直接参与作用而由无意识替代的在感觉层面进行言语活动的能力”。语文课程的教学目的，就是培养学生的语用能力，而语用能力的核心就是语感。[①]

如教师教学《彩色的梦》时，先配乐朗读高洪波儿童诗《森林里的小路》，帮助学生回忆读好儿童诗的方法，然后引导学生发现排比句式，让学生感受运用排比句式的诗歌读起来更有节奏和韵味。语言是客观情境的反映，学生通过朗读、联想，对文本语言有了一定的理解后，教师顺势引导学生根据情境展开想象，仿照课文第二小节，把自己想画的内容说出来，让学生在语言实践中积累语言，提升语感的建构。

又如教师教五年级上册《白鹭》一文，在赏析白鹭形象时，设计了如下教学：

展示句子“那雪白的蓑毛，那全身的流线型结构，那铁色的长喙，那青色的脚，增之一分则嫌长，减之一分则嫌短，素之一忽则嫌白，黛之一忽则嫌黑”。

1. 请一名学生读并说说对句子的发现。（学生汇报）

2. 尝试表达。

教师：学着课文的表达句式说一说自己心中的一个人或事物。

展示句式：那__________，那__________________，那__________，那__________，__________则__________，__________则__________……

教师先让学生读，初步领会句子特点，从而建立起句子的语感，然后通过运用，在实践中进一步深化对句子的认识，从而建立语感的稳定图式。

（三）语理习得的语言运用表现方式

“所谓语理习得，就是在丰富的语言实践过程中，感受并发现国家通用语言文字的运用规律，在具体语境中体验语用知识的生成过程，并逐渐融入个体的语用知识结构中，这是语言运用的必要补充。需要强调的是，这里所谓的‘语理’，不是指一般意义上的语言知识，而是对语言现象的理性认

① 王崧舟.《义务教育语文课程标准（2022 年版）》“核心素养”解读：之二［EB/OL］.［2022-05-20］. https://mp.weixin.qq.com/s/6vV1HjK03luTtmxPhRZ8mQ.

识，是对语言运用规律的自觉把握。”①

如教师教学《真理诞生于一百个问号之后》时，让学生先重点学习论述类文章怎样用具体事例证明观点，然后结合课后小练笔，以“有志者事竟成”为例，尝试用具体事例证明这个观点。学生通过实践明确事例在证明观点时要与观点的表述顺序一致，同时初步学习写论述类文章的方法，并在具体的语言情景中学习语言，习得语理。

又如教师教学《猫》时，有如下设计：

感受表达，体会情感

1. 借修辞和事例悟“喜爱”。

（1）遗弃动物者为了开脱自己的行为，说：“谁叫它们那么古怪呢？”你们同意吗？

（2）自主探究，小组合作。

自主探究：偷跑出去玩，影响工作，捣乱，这些是遗弃动物者的抱怨，老舍先生在文中也同样提到了这些事，你能在文中找到相对应的句子吗？请圈画下来，想想你从这些句子中感受到了什么情感。

学生通过自主探究，对比遗弃动物者和老舍先生对同一件事的不同态度，感受作者对猫的喜爱之情，提高思辨能力。

2. 小组合作：思考作者是如何表达喜爱之情的，猜猜作者运用什么写法，并在组内相互读一读。

教师相机引导学生学习文中比喻、拟人的修辞手法。

3. 感受独特表达。

（1）初识“明贬实褒”悟“喜爱”。

展示词语：古怪、贪玩、胆小。虽然这些词说的都是猫的性格缺点，但字里行间表达出作者对猫的喜爱之情。这样的表达方式就叫做明贬实褒。

（2）借语气词悟“喜爱”。

①出示两组句子，对比表达效果。

说它老实吧，它的确有时候很乖。

它老实，的确有时候很乖。

---

① 王崧舟.《义务教育语文课程标准（2022年版）》“核心素养”解读：之二［EB/OL］.［2022-05-20］. https://mp.weixin.qq.com/s/6vV1HjK03luTtmxPhRZ8mQ.

说它贪玩吧，的确是啊，要不怎么会一天一夜不回家呢？

它的确贪玩，不然不会一天一夜不回家。

总结：这是老舍先生的独特表达，跟他是北京人的关系很大，运用语气词能更拉近与猫的距离，显得更亲密。

②填空，选择自己喜欢的句子介绍自己的动物朋友。

a.我家的__________（动物名称）真是__________（性格）啊！

b.谁会不喜欢这样__________（性格 + 动物名称）呢？

c.可是，我家的____________（动物名称）吧，有时也很____________________（性格）。

③观察句子顺序，引出第二自然段，发现规律。

教师通过对比让学生直观体会口语化表达的效果，再通过观察句子顺序，引出第二自然段，让学生找规律，进行由句到段的训练，帮助学生组织语言，进行语言的有效建构。

写法迁移，片段练习

1. 学习了这些写法后，你想怎么介绍你的动物朋友？它们身上是否也有矛盾的性格？你会用什么事例介绍这些性格？

2. 配乐练笔，完成学习单。

我家的______________（动物名称）真是________________（性格）啊！____（事例）。

可是，我家的__________（动物名称）吧，有时也很____________（与上一个特点相反的性格）。

____（事例）

谁会不喜欢这样______________（性格 + 动物名称）呢？

3. 汇报，评价，出示评价表。

教师配乐让学生练笔，进行写法的迁移，出示评价表，让学生能有表可依，进行准确的评价；在丰富的语言实践过程中，感受并发现国家通用语言文字的运用规律。

（四）语言表现的语言运用表现方式

“所谓语言表现，就是在真实的语言交际环境中，学会用口头语言文明地进行人际沟通和社会交往。能根据需要，用书面语具体明确、文从字顺地表达自己的见闻、体验和想法。在日常生活过程中，不断增强自身的语言意识，提高语言表现力和创造力。这是语言运用的终极指向，是语文课程核心素养的集中体现。”①

如教师在教学习作“故事新编”时，借助思维导图——四格图让学生发现《龟兔赛跑》写法上的秘密，引导学生从不同的角度、不同的情况，设想四种结局：乌龟和兔子都赢了，乌龟和兔子都没赢，兔子赢了，乌龟又赢了。运用由果探因法变换结局，畅想故事的情节，以此来突出故事的新意。同样的故事结局，也可能会有不一样的故事情节。教师出示教材中提供的情节，请学生大胆想象，选择这些情节中比较喜欢的情节，想想还可以再增添什么情节，并说说理由。学生在接下来的小组合作交流中选择自己喜欢的经典故事，借助方法展开想象的翅膀，合作创编一个情节曲折有趣的新奇故事。在整个过程中，学生的语言表现能力和运用能力都得到了提升。

又如教师在教《田忌赛马》时，有如下设计：

献上计策，对话说思维过程

1. 揣摩语气，读好对话。自由读读第 3～7 自然段的对话，揣摩一下他们的语气。

2. 化身孙膑，说思维过程。

哪位同学愿意说说你心中的取胜方法？请试着用“之所以……是因为……”“虽然……但是……”“如果……就……”的句式说说。

教师指导学生分角色朗读课文，要求读出人物说话时的语气，学生通过揣摩语气，更加深入了解人物思维过程，在运用关联词说思维过程中，提高语言表现力和创造力。

① 王崧舟．《义务教育语文课程标准（2022 年版）》“核心素养”解读：之二［EB/OL］．［2022-05-20］．https://mp.weixin.qq.com/s/6vV1HjK03luTtmxPhRZ8mQ.

第三节 思维能力在课堂教学中的表现方式

一、思维能力的含义

“思维是人类特有的一种精神活动，是在表象、概念的基础上进行分析、综合、判断、推理等认识活动的过程。思维能力是指学生在语文学习过程中的联想想象、分析比较、归纳判断等认知表现，主要包括直觉思维、形象思维、逻辑思维、辩证思维和创造思维。思维具有一定的敏捷性、灵活性、深刻性、独创性、批判性。有好奇心、求知欲，崇尚真知，勇于探索创新，养成积极思考的好习惯。”①

作为语文课程培养的核心素养之一，思维能力的内涵主要包括思维方式、思维品质和目标达成三部分。

（一）思维方式

根据教育心理学的相关研究成果和语文课程的特点，思维方式主要体现为：直觉思维、形象思维、逻辑思维、辩证思维和创造思维。思维能力就是个体运用各种思维方式的熟练程度。

1. 直觉思维

直觉思维是根据对事物现象及其变化的直接感触，没有经过分析推理而直接做判断的思维方式。它具有快捷性、直指性、本能意识等特征。所谓快捷性，就是直觉思维的速度要远远高于一般思维，它往往是不假思索的。例如，我们看到一个句子，立马觉得这是个病句，这时候我们可能还说不出理由。所谓直指性，就是直觉思维没有推导过程，直接指向结论。直觉思维表面上是非逻辑的，其实也与经验积累、心理素质等相关。如《两小儿辩日》中两个小孩凭着自己的直觉思维，一个认为太阳在早晨距离人近，一个认为太阳在中午

① 中华人民共和国教育部．义务教育语文课程标准：2022 年版［M］．北京：北京师范大学出版社，2022：5.

距离人近，为此各执一词，争执不下，连博学多闻的孔子也不能做出判断。所以，发展学生的直觉思维，还是要从观察、体验、积累等方面入手。

2．形象思维

形象思维也叫艺术思维，是文学艺术创作过程中的主要思维方式。形象思维借助形象反映生活，运用典型化和想象的方法塑造艺术形象，表达作者的思想感情。形象思维的核心是具象化、实例化。它的主要心理成分有联想、表象、想象和情感。在语文学习过程中，鉴赏、创作文学作品都经常运用形象思维。如学习四年级下册《天窗》这一课，在品读第五段天窗给小孩慰藉时，可以先让学生细读文字，抓住文字中表现出的景象，如“小小的玻璃”“卜落卜落的雨脚”“闪电”等，然后让学生联系生活中的事物去想象其形、其声、其景，并构建出一幅在天窗下听风雨的情趣图。这一过程运用了形象思维。

3．逻辑思维

逻辑思维也叫抽象思维，是利用用已有的词语或符号表示的概念进行判断推理的思维方式，是人类思维的核心和主要方式。它以抽象性为特征，撇开具体形象，揭示事物的本质属性。逻辑思维能力的培养并不是进入小学中、高学段之后才开始，即使在小学低学段也需要培养逻辑思维。例如在教《树和喜鹊》时，可以利用上文的“只有”“一颗”“一个”“一只”等词让学生完全理解“孤单”一词，这就能帮助学生梳理课文，利用词与词之间的关系架起句与句之间的桥梁，初步培养学生的逻辑思维。

4．辩证思维

辩证思维是指运用辩证逻辑来思考问题的思维方式，即必须研究、把握事物的总和，从事物本身矛盾的发展、运动、变化来观察把握它，承认矛盾，分析矛盾，解决矛盾，善于抓住关键，找准重点，洞察事物发展规律。辩证思维对培养学生的问题意识非常重要，能先发现问题，才能分析和解决问题。

5．创造思维

创造思维是指应用独特的、新颖的方式解决问题的思维方式。一般来说，人的直觉思维、形象思维、逻辑思维和辩证思维等能力发展得越好，就越容易发展出创造思维。

学生的思维能力是综合发展的，尤其是在小学教育阶段，思维能力的各个方面都应该得到充分关注。

（二）思维品质

思维品质是思维结果的评价依据，其成分和表现形式很多，主要归纳为敏捷性、灵活性、深刻性、独创性和批判性五个方面。

敏捷性是指思维活动的速度。灵活性是指思维活动的灵动程度，思维灵活的人倾向于在各个向度之间游转，会从不同角度、方向、方面去思考问题，用多种方法去解决问题。深刻性是指思维活动的抽象程度、逻辑水平、广度、深度和难度。独创性是指思维活动的创新性，是独立思考并创造出有社会或个人价值的具有新颖性成分的智力品质。批判性是指思维活动中善于严格地估计思维材料和精细地检查思维过程的智力品质，它指独立分析和批判的程度，有意识并自觉地思辨现有的概念和结论，辨识支持这些知识信念和结果理论的理由与证据等。

（三）目标达成

思维发展和提升的目标达成是指有好奇心、求知欲，崇尚真知，勇于探索创新，养成积极思考的习惯。对万事万物喜欢问个“为什么”，对自己不了解的东西想努力去了解，这是人类探索世界的动力，也是学习最重要的原动力。罗素说过，从学生的观点来看，教学的目的部分是满足他的好奇心，部分是使之获得所需技能，以便他能自行使好奇心得到满足。从教师来看，教学的目的必须是刺激某种能产生丰硕成果的好奇心。但是，即使学生的好奇心所趋方向与校内课程毫不相干，也决不可加以阻挠。并不是说学校的课程应受干扰，而是说这种好奇心理应受到称赞，并应告诉学生如何在课外时间去获得满足，如借助图书馆的书籍。在好奇和求知的过程中发现真相和真理，与被告知一个结论是完全不同的，探索的过程会对学生的价值观产生深刻影响，有助于学生养成积极思考的习惯，达成崇尚求真创新的目标。

二、思维能力在课堂教学中的表现

（一）思维能力在课堂中的表象特征

学生的思维能力在小学语文课堂中有什么具体的体现呢？小学语文名师孙双金曾说过：“一堂好课应上得学生小脸通红、小眼发光、小手直举、小嘴常开。” 学生学会学习，学会思考至关重要。思维是课堂教学的靶心，课堂是学生思维能力拔节的地方，教学是锻炼学生思维能力的体操，教师要让课堂成为学生思维触摸的平台，成为思想碰撞的游乐场。在小学语文课堂中，学生的思维能力的表象特征主要表现在四个方面：

1．积极思考

思考是思维的一种探索活动，一般指“分析、综合、推理、判断”等思维活动。思维过程中所产生的具有积极性和创造性的能力是提升学生思维水平的重要能力——思考力。学生在课堂上如果能够在老师的指导下，在与同伴的合作中，精心、主动思考，思考过程是积极的，思考成果是有深度的，那么学生的思维水平也就有所发展和提升。

2．主动表达

语言发展的过程也是思维发展的过程。怀特海说：“如果没有语言，思维的维持、思维的从容恢复、思维的交织为更为复杂的东西、思维的交换，都要大大地受到限制。”教师要引导学生在课堂上积极主动地质疑问难，认真思考老师或同学提出的问题，形成自己的观点，并清晰有条理地把自己的思维过程讲出来，使课堂成为学生充分表达自己思想和展示思维过程的舞台，实现思维的自我涌现。

3．互动交流

互动交流是价值信息的互换，是双向的，是引起思维活动的一种重要方式。正是师生之间、学生与学生之间的相互交流、讨论使得思维活动始终处于一个亢奋的状态，这为思维深化和创新创造了良好的条件。思维的交流不仅让师生大脑内部的信息得到交换，促使思维不断地调整，更让学生的思维更趋于系统化、具体化，从已知的判断推出新的判断的能力增强，同时促使学生的思维系统由封闭性转向开放性。在语文课堂教学中，学生通过辩论、鉴别、思考、验证等，积极调整自己的思维方向、范围、内容和进度，同时对教师反馈的信息进行变通和创新，从而迈入更高、更深的认识阶段。有思考、有讨论、有批判、有辩驳的课堂才是有活力、有深度的课堂。

4．书面表达

一切运用语言文字写成的语言作品，都是作者思维活动的成果。语言是思维的物质载体，思维能帮助我们构成语言词汇和语法逻辑，使我们的表达能被人理解和接受。因为书面语言是经过作者反复思考、推敲之后形成的思维成果，所以它比口头表达更能体现人的思维深度和广度。学生的习作表达就是学生思维能力的体现，因此，语文课堂要重视学生书面表达的训练。

（二）课堂教学中的思维能力的主要表现方式

1．直觉思维的表现方式

直觉思维就是人们对事物的一种直接认识与看法。在语文教学中，直觉思维可以帮助学生迅速对事物现象做出判断、优化选择等，极大地节省教学时间，提升学习质量。直觉思维的获得不是靠机遇，不是靠凭空臆想，而是以扎实的知识为基础。虽有着一定的偶然性，但可以被逐渐培养与发展。在小学语文教学中，直觉思维主要表现在以下几个方面：

（1）朗读中的直觉思维

朗读是学习语文的有效方法，也是一种语言艺术。“读书百遍，其义自见。”这句话说的就是书要熟读才能真正领会。同样，如果学生在阅读过程中能把文本熟读成诵，就会自然而然形成一定的直觉思维。学生在朗读中的收获主要来自直觉，也正是这种直觉反过来让学生的朗读更有滋味。凭借朗读来培养学生的直觉思维，能为学生的深入阅读奠定基础。

有感情地朗读是统编语文教材对学生朗读的基本要求，也是学生的感官在朗读中能够得到强烈冲击的一种方式。对于统编语文教材中选编的一些情丰文美的课文，教师要鼓励学生有感情地朗读，这可以使学生在有感情的朗读中锻炼自己的直觉思维，并形成理性认知。如三年级下册《燕子》一文主要表达了作者对燕子的喜爱和对春天的赞美之情。教学这篇课文的时候，在学生熟读课文的基础上，教师可以采用配乐朗诵的形式让学生有感情地朗读课文，丰富学生的直觉思维，让学生在有感情的朗读中真正与作者产生共鸣，真切感受到燕子的机灵活泼以及春天的美丽。这样的朗读润物无声，符合学生认知事物的规律，可以使学生的直觉思维在潜移默化中得到培养与发展。

（2）词句品析中的直觉思维

鉴赏文学作品的语言、表达技巧，是一种层次较高的审美活动。它把学生的阅读上升到了鉴赏的层次，对学生的阅读要求也更高。教师可以利用学生的直觉思维引领学生进入文本，逐步提升学生的阅读品质。如教学《花的学校》一课时，在学生学习第一自然段之后，教师可以让学生先凭借阅读直觉说说自己的阅读感受。有学生说：“我从‘湿润的东风走过荒野’中的‘走过’一词感受到了东风的轻松和自由自在。”有学生说：“我从‘在竹林中吹着口笛’中感觉到东风的调皮、可爱。”从学生的回答中，我们可以发现这时候学生对语言的赏析品味凭借的是直觉思维，而不是从语文知识“拟人句”的学习中获得的知识。教师可及时利用学生的这些直觉思维引导其了解和掌握拟人的表达手法，促进学生把直觉思维转换成语感。在这篇课文中，像这样的句子还有许多，如“树枝在林中互相碰触着……雷云拍着大手”“花孩子们便穿了紫的、黄的、白的衣裳，冲了出来”等，教师应该引导学生继续赏析品味这些句子，以深化学生对拟人手法的认识。这样对学生进行阅读指导，不但有效培养了学生的直觉思维，还提升了学生的阅读质量。

（3）读写综合训练中的直觉思维

读写结合是训练学生直觉思维的有效途径之一，教师应找准读写结合点，让学生在仿写中运用直觉思维，提升阅读品质。如在教学《胡萝卜先生的长胡子》一课时，课文结尾处写的是“胡萝卜先生的长胡子刚好在风中飘动着……”当学生读到这里时，教师可以趁机询问学生：“你们觉得故事结束了吗？”凭借直觉思维，学生觉得后面还会有事情发生。这时，教师就可以引导学生凭借直觉思维说一说后边可能会发生什么事情，实际上就是引导学生续写故事。这时候学生的写话训练并不是毫无依据地乱写，而是有文本知识作为支撑的写话。这样的读写结合训练可以满足学生的阅读期待，同时使学生的直觉思维在语言运用中逐步得到提升。

（4）语文实践活动中的直觉思维

语文是一门实践性很强的学科，教师可以借助学生的学习直觉引领学生进行实践训练，如收集信息、鉴赏美文、复述课文等，这些都与学生的直觉思维有关，教师如果善于引导学生在实践中运用直觉思维，就能让学生的学习品质得到提升。如《剃头大师》一文讲的是作者童年的趣事，文章语言活泼，充满着童真童趣，很容易引起学生对童年生活的回忆与共鸣，因此，在学生读懂课文内容的基础上，教师应趁热打铁，让学生把自己心里面突然冒出的童年趣事或者“出丑、尴尬”的事情与大家分享。这突然冒出的，就是内心中的一种直觉。在这样的学习氛围中，学生的参与意识浓厚，分享的故事也是充满真情实意的，比起有意的或者搜肠刮肚的编造要有意思得多。可见，在语文教学中，教师善于为学生提供实践运用的机会，鼓励学生运用直觉思维进行表达，可以使语文课堂更加精彩。

2. 形象思维的表现方式

形象思维的能力往往决定一个人的审美水平。三年级下册和四年级上册的第一单元的语文要素都要求“边读边想象画面，感受自然之美”。四年级下册童话、神话单元要求学生“体会想象的魅力”，六年级上册第七单元要求“借助语言文字展开想象，体会艺术之美”。其实，这都是在明确地要求语文课堂上要体现学生的形象思维能力。

（1）合理利用直观的内容，如借助图片、实物等来促进形象思维的发展。形象思维，重在想象。想象是人类对头脑中已有的表象进行加工、改造，创造出新形象的过程。小学生的生活经验不足，许多课文中描述的自然景观和社会现象他们并没有直观感受过，无法进行合理想象，所以教师在课堂上应该合理利用图片、视频资料、实物等帮助学生建立想象基础，再通过适当的引导促进学生想象力的发展，从而促进形象思维的发展。

（2）指导学生根据生活经验展开联想，发展形象思维。教师在课堂中可以挑选典型的例句，从声音、颜色、形状等细微处切入，引导学生逐渐扩大视野，培养学生的联想能力。比如学习《走月亮》一文，教师可以通过朗读，引导学生根据文字描述的内容“阿妈牵着我走过月光闪闪的溪岸，细细的流水……”展开联想，说说在这个情境中看到了什么，听到了什么，闻到了什么，想做点什么，说点什么……这时就要引导学生根据自己的生活经验、阅读经验联想描述的画面，引导学生放飞想象，去想生活中体验过的而文字中没有描述的内容。实际上学生并不缺乏这一思维能力，只要教师进行有效的训练，就能将潜在的形象思维能力运用到语文学习上来，推动形象思维能力发展。

（3）结合生活和学习活动发展形象思维。比如五年级上册第三单元要求学生“创造性复述故事”，要把自己想象成故事中的人物，加上恰当的语言、动作、心理等描述；又比如学习《西门豹》，让学生将课文情节表演出来，尤其是人物的动作和眼神要体现出来……这些都是要求学生从自己本身的体会出发，结合自己的生活和本次学习活动展开想象，培养形象思维能力。发展形象思维，其最终的目的还是加强学生对文字的感知力，让他们感受文学的魅力。

3．逻辑思维的表现方式

逻辑思维与直觉思维最大的不同就是逻辑思维按照一定的思维程序进行正确、合理的思考。它要求对事物进行观察、比较、分析、综合、抽象、概括、判断、推理等。在小学语文教学中，培养学生的逻辑思维是一项重要的任务。逻辑思维的培养在语文课堂上有以下呈现：

（1）逻辑思维在字、词、句、段教学中的呈现

文章的基础是字、词、句、段。小学生逻辑思维的培养可以从字、词、句、段的教学入手。

如字理识字。汉字的形状与关联的事物之间是存在逻辑联系的，如“林”字就是两个“木”，“森”字就是三个“木”。引导小学生发现字之间的逻辑联系，不仅有助于增加识字量，也可加强逻辑思维。

如词语的理解。教师让学生认识词的基本类别，如动词、名词、形容词等，以及分类概念。另外，让学生试着分析组成词的几个字之间的逻辑关系，加深对词的了解。如“说话”是动作和名词的组合，“话语”是两个名词的并列。

如造句的训练。把顺序打乱的词连成几句话或一段短文，要做到词与词之间、句与句之间有内在联系，合乎语法和逻辑。

如对段落的深入理解。让学生了解段落是由句子按一定顺序组成的，如果打乱句子的顺序，段落将不复存在。可打乱句子在段落中的顺序，然后让学生理顺，通过对各句之间逻辑关系的分析，概括段落大意。学生品词析句的过程，就是学生逻辑思维的发展过程。

（2）逻辑思维在情景表演活动中的呈现

在语文课堂中，要想充分地培养学生的逻辑思维能力，教师必须让学生动起来、学起来，让学生的思维活起来。课堂教学中教师可以采用趣味性较高、互动性较强的情景表演法，引导学生主动、快速地获取课文内容，并让学生结合表演进行故事概括、复述，以促进学生逻辑思维能力的发展。

例如，在进行《将相和》这一篇课文的教学时，可以安排学生进行情景表演剧排练，让学生扮演蔺相如、廉颇等角色，并通过表演将“完璧归

赵”“负荆请罪”等情节演绎出来。通过这样的方式，深化学生对课文的印象，强化学生的理解。在观看完这一情景表演后，教师可以进行提问：“你觉得蔺相如、廉颇是什么样的人？”这样能更好地培养学生的语言表达能力，锻炼学生的逻辑思维能力。

（3）逻辑思维在习作表达中的呈现

在写作教学中，画思维导图和列提纲都是效果甚佳的训练逻辑思维能力的方法。在开始写作之前，必须对要写的内容有一个总体掌握，务必清楚整篇文章的主要内容、结构、表达方法等。思维导图或提纲可以清晰地显示出每一部分的内容，凭借思维导图或提纲可以写出结构完整、思路清晰、内容充实的作文。

如在学习《爬天都峰》之后，教师让学生选一件自己印象深刻的事，按一定的顺序把这件事情写清楚。教师运用思维导图帮助学生整理习作架构时，指导学生将所叙述的主要事件作为中心语，把这件事情的起因、经过、结果作为思维导图的支系，绘制详细的思维导图，学生依据各支系中印象最深刻的记忆去扩充内容，梳理表达的顺序，思考运用什么写法来推动故事情节的发展。有了思维导图，文章会因叙事完整、层次感鲜明、详略得当而变得更加丰满。在这样的习作训练中，学生的语言和逻辑思维能力实现协同发展。

4．辩证思维的表现方式

习近平总书记指出：“要学习掌握唯物辩证法的根本方法，不断增强辩证思维能力，提高驾驭复杂局面、处理复杂问题的本领。”在新时代、新形势下，面对新情况、新问题、新矛盾，不断增强辩证思维能力意义重大。《自相矛盾》的故事告诉我们要从不同角度观察、思考问题，其实这就是辩证思维。辩证思维是指以变化发展视角认识事物的思维方式，通常被认为是与逻辑思维相对立的一种思维方式。在辩证思维中，事物可以在同一时间里“亦此亦彼”“亦真亦假”。培养学生的辩证思维能力就是帮助学生用发展的眼光，全面客观地看待事物。五、六年级教材中常会要求学生从多角度去体会人物形象，辩证地评价人物。如：在五年级下册《景阳冈》一文的学习中，课后第四题列出了人们对武松的不同评价，要求学生谈自己的看法并能说明理由，意在引导学生多元、立体地分析人物形象，培养学生的辩证思维。培养辩证思维能力并不需要多复杂的教学行为，学生的辩证思维的发展就存在于分析、综合、判断、评价等语言实践活动之中。

5．创造思维的表现方式

创造思维是人在思考和解决问题过程中能够站在不同的角度观察和认识世界，从而提出具有创造性和经得起实践检验的新观点、新思路和新方法的一种思维方式。简单地说，创新思维能力就是通过分析、综合、概括、抽象、比较、具体化和系统化等一系列过程，对感性材料进行加工，转化为理性认识并解决问题的能力。在语文教学中，可以通过比较分析、知识整理与迁移、逆向思维训练等方式培养学生的创新思维能力。

“比较分析、知识整理与迁移”是语文课堂中培养和提升学生创造思维常见的教学策略。首先，教师常常采用比较分析的方式引导学生感受语言表达的生动性，体会人物形象等。其实进行比较分析时，新旧知识相互渗透，学生融会贯通，或举一反三、触类旁通，不断拓宽知识领域，激发探究新知识的欲望，扩展思维空间。其次，教学中教师常引导学生把语文教材中一个个知识点连接起来，逐步构建合乎逻辑的知识体系，促使学生创造思维能力顺利发展。例如在五年级下册第三单元综合性学习中，教师提前安排学生搜集一些字谜，同学之间互相猜，增加他们对汉字的喜爱之情。在猜字谜的过程中再引导学生发现字谜的创编规律，让他们根据这些规律创编字谜供其他同学猜，激发学生的学习热情。猜字谜培养了学生的逻辑思维能力和形象思维能力，而编字谜要求学生能整合知识、迁移运用知识，还要能用符合编写规律的方式表达出来，学生在猜、编字谜的过程中经过争辩、探索，思维的创造性得到了充分发挥。

创造思维能力还表现在教师在语文教学过程中鼓励学生逆向思考、学会质疑。统编教材中《司马光砸缸》《自相矛盾》《田忌赛马》等故事都是很好的逆向思维案例，教师引导学生学会打破常规去质疑、思考并解决问题，体现了对学生创造思维的激发和培养。

教师在课堂教学时还要注意营造和谐、民主的课堂学习氛围，教师在教学中要善于用锐利的眼光去发现学生闪现的创造思维的火花，加以正确的引导、训练，不断提高学生思维的能动性、独创性。

第四节 审美创造在课堂教学中的表现方式

一、审美创造的含义

“审美创造是指学生通过感受、理解、欣赏、评价语言文字及作品，获得较为丰富的审美经验，具有初步的感受美、发现美和运用语言文字表现美、创造美的能力；涵养高雅情趣，具备健康的审美意识和正确的审美观念。”①

概念从学生角度进行表述，凸显语文课程中的学生立场。学生在语文实践活动中作为主体介入，进行审美创造。“审美”指欣赏、领会事物或艺术品的美。“创造”作为并列的动词，即制造、创作，就是学生在经历审美的过程中结合自身语言运用经验、生活经验以语言文字的形式表现美、创造美的过程。

“感受、理解、欣赏、评价”是学生完成审美创造的途径。“感受、理解、欣赏、评价”四者为阶梯式递进关系。感受为初始途径，即学生通过接触审美对象，基于个体感性而产生认识。例如儿歌、童谣的节奏和内容能让学生在朗读中感受到童真与快乐。在感受的前提下顺着条理进行详细分析，即为理解。如学习《小猴子下山》时要知道“掰、扛、扔、摘、捧、抱”都是与手的动作有关，还要能够理解这些动词的准确性。“欣赏”指领略观赏，也指认为好和喜欢。学生在通过理性的分析后，由个体对审美对象做出辨析，即能够分辨什么是好的，什么是自己喜欢的。如《小猴子下山》中作者通过“掰、扛、摘、捧、抱”等动词的准确使用，不着痕迹地表现小猴子对新鲜事物的喜欢之情，又借用“扔”表现它遇到新事物后对旧事物的厌弃。评价是审美的最高层次，即学生对审美的对象做出自己的评价。评价的形成多数要经历前面三个审美途径，即对审美对象进行认识、分析、判断

① 中华人民共和国教育部．义务教育语文课程标准：2022 年版［M］．北京：北京师范大学出版社，2022：5.

后，用语言文字等形式与他人进行交流。这一过程也是对审美对象的再次创造的体现。

“语言文字及作品”是学生审美创造的对象。其中，语言文字是中华文化的瑰宝，文字在发展过程中，音、形、义所蕴含的美是不断发展的，自身就是美的形态呈现。如在书写汉字过程中可以发现汉字形态之美，在朗读中可以发现汉字音韵之美，在品读作品中可以发现汉字意义之美。而由语言文字组成的作品也是审美的重要对象。教材选入的作品都是文质兼美的，除语言文字之美外，还涉及思想之美、图形之美……而语文课程的性质要求审美的对象要落实到语言运用之中，对于非语言文字的审美对象要有所选择，避免“喧宾夺主”。

“经验”不等同于知识与技能的单一输入，它表明审美创造能力不是一蹴而就的，是循序渐进的。“审美经验”需要学生通过多次的语言实践活动获得。“丰富”则要求语言实践活动的多样性，不是活动多次的叠加。

“感受美”“发现美”“表现美”“创造美”是目标能力的要求。在目标能力前面强调“初步”，是基于学生年龄特征以及生活经验局限的考虑，也体现着语文素养阶段性培养的特点。

“感受美”“发现美”侧重对美的输入，“表现美”“创造美”为美的输出。

“感受美”与个体直观认知相关，即学生个体与审美对象之间没有任何干预环节，个体直接接触审美对象而获得感性认识。这种认识多是原始的，如在自主阅读《剃头大师》时，有的学生喜欢文中大胆尝试、天真活泼的“我”，而有的学生会认为“我”为小沙剪头发是欠缺考虑、不计后果的举动。但感性认识的美，存在着旧唯物主义认识论的缺陷。为此需要个体发挥主观能动性，在实践中发现美，学生通过语言实践活动能对原有的认识进行辩证、考究，进而获得全新的认知。这两者是对“美”的输入。

“表现美”“创造美”是个体审美意识的输出能力。“表现美”即通过语言、动作等方式把自己对审美对象的认识显现出来。这种输出基于审美对象本身，如声情并茂地朗读文章，用不同字体书写汉字等。“创造美”是学生有意识地对审美对象进行探索的自主行为，如阅读语言文字作品后撰写读后感，在阅读交流活动中表达自我的观点，等等。在两者前面加上“运用语言文字”，是基于课程性质，审美创造要在语言运用的范畴之内。

通过语言实践活动，不断涵养高雅情趣，形成健康的审美意识和正确的审美观念，最终指向学生审美品质的形成。

二、审美创造在课堂教学中的表现方式

学生审美创造的对象是语言文字及其作品，语言文字及作品的丰富性决定了审美创造的多样性。在语文实践中，语言文字及其作品的美呈现的形式可分为：语言美、形象美、情感美、意境美、插图美、多媒体美。

（一）语言美的呈现

语言美是教材最直观的呈现形式之一。语文教材是由单篇课文组成的，而课文是编者根据学生学习需求精心选入的。课文中的汉字、词语、句子、篇章能满足学生的审美需求。学生通过听、说、读、写等语文实践活动，能够不断加深对课文语言美的感受。语言美在语文课程中具体指的是语言艺术之美，在教材中主要通过课文采用的文学手法来体现，包括文法美、韵律美、修辞美。在小学阶段，审美创造的呈现以文法美为主，韵律美和修辞美为辅。

1. 文法美的呈现

文法即文章的书写法则，一般用来指用文字、词语、句子的编排组成的完整文段或文章的合理性组织。在语文教学实践中，教师组织学生通过活动，理解精准的遣词造句、巧妙的谋篇布局是文法美的体现。如《荷叶圆圆》中，教师设计以下环节，让学生感受、理解文章中的文法美：

聚焦表达，感受句式特点

1. 初步感受表达的特点。

出示句子“荷叶圆圆的，绿绿的”，指名学生读，说说自己的发现。

2. 尝试表达。

教师：学着课文的表达句式说一说荷花、苹果，再自己选择一个事物，仿照句式说一说。

出示句式：荷花____________，____________。

苹果____________，____________。

（　　　）____________，____________。

在教学中，教师以“荷叶圆圆的，绿绿的”这一句式作为审美的对象，让学生在读后交流自己的发现，聚焦作者用词的特殊之处，通过联系生活，对比句子，想象画面，体会叠词表达的效果。让学生在感知的基础上，拓展运用，用同类的词语来完成句子的表达，达到再创文法美的目标。

2．韵律美的呈现

韵律指诗词中的平仄格式和押韵规则，后引申为语言的节奏规律。语言文字在语调、声调、韵脚等元素共同作用之下形成一种协调的美感，在呈现这种美感方面，教材中最具代表性的为儿歌、韵文，如《四季》《对韵歌》《神州谣》……这样的课文往往篇幅不长，结构精巧，读起来富有节奏和音乐感，常有韵脚、叠声词、拟声词等。如《神州谣》，教师是这样引导学生感受、发现韵律美的：

初读课文，初步感知

1. 自读课文，了解文本形式。（学生交流发现课文是三字经的形式，童谣格式工整，读起来朗朗上口）

2. 教师范读，启发学生发现韵脚，感受朗读的韵律美。

3. 齐读课文，感受童谣的韵律美。

教师由浅及深，让学生通过不同形式发现童谣文字背后的韵律，再通过听、读加深对童谣韵律美的理解，然后朗读展示出这种韵律美，为后面编写童谣做好铺垫。

3．修辞美的呈现

在文学作品中，修辞的使用能够增强文学表达的效果，使作品有一种生动传神的美感。在小学阶段，修辞表现为常见修辞手法，有比喻、排比、拟人、顶真、对偶、反复、夸张、双关等。

修辞美尤其体现在第二、三学段的课文中，其中有大量使用修辞手法的散文，如《草原》《大自然的声音》……学生在赏析这样有修辞美的课文时，往往以使用了修辞的句或段为审美对象，领会修辞在表达上的妙处和在人文性上给读者带来的美感享受。如一位教师在教《大自然的声音》时设计了以下活动，引导学生感受写景散文的修辞美：

学习关于风的声音

1. 你们小组圈画了哪些关键词语？说说你们的原因。

板书：手风琴

（1）这句话运用了拟人的手法，说风在演奏手风琴，把风的声音比作手风琴的声音。请你们这一组的同学来读一读吧！

（2）请你听完手风琴变奏曲后，谈一谈在音乐的变换中微风和狂风带给你的不同感受。

2. 分享圈画的生动词语。

预设：歌手　　不同　　不一样

板书：歌手

运用了比喻的修辞手法，把树叶比作歌手，体现了树叶可以像歌手一样发出美妙的声音的特点。

抓住了句子的重点，来试着读一读：

当他翻动树叶，树叶便像歌手一样，唱出各种不同的歌曲。

不一样的树叶，有不一样的声音；不一样的季节，有不一样的音乐。

3. 拓展：在生活中，你还认识什么树叶？它们在风中会发出怎样的声音？又会带给你怎样的感受呢？

预设：风吹动榕树叶，发出沙沙的声音。

冬天的时候，寒风吹动树叶，发出呼呼的声音。

我是榕树叶，当微风拂过，我摇晃着身体，沙沙地唱着舒缓的小夜曲。

我是杨树叶，当清风拂过，我就哗哗作响，好像在和好朋友低声细语。

我是细细的柳树叶，当春风温柔地拂过我的脸颊，我便沙沙欢笑着。

我是金黄的梧桐树叶，当凉爽的秋风吹过，我便哗哗哗地鼓掌。

冬天，寒风呼呼地刮着，吹得树叶哗啦啦地响。

教师：想象力真丰富，你们联系生活，大胆想象，说出了不同的树叶在不同的季节里发出的各种不同的声音。是啊，无论是春夏还是秋冬，风吹动树叶，总能吹出不一样的美妙音乐。

此外，教材中的语言美除了以上所述的呈现形式，还通过汉字自身的形态美呈现出来。语言文字是审美的第一对象，文字本身包含美的形态，在识字、写字的教学中往往可以直观地显现。如《日月明》教学中，学生学写

“木”“林”，教师通过引导学生对比汉字异同，让学生发现“木”作为偏旁时，捺要变成点，整体字形变窄的特点，感受汉字的形态之美。

1. 出示“木”、“林”、木字旁，让学生对比观察，说说自己的发现。

2. 展示生字，对比发现书写美观的秘诀。

3. 教师示范，学生书写。

4. 展示评价。

汉字自身结构、笔画都蕴含着形态美，教师通过指导学生观察汉字，比较不同字体，临摹书写汉字等，让学生在看、写等实践活动中发现文字的形态美。

（二）形象美的呈现

“文学创作是一个创造形象的过程，文学欣赏是一个再现形象的过程。”小学语文课堂中，对语言文字作品中塑造的中心形象的理解分析是审美创造课堂表现方式之一。

形象在语言文字范畴中指语言形象，即以语言为手段而形成的艺术形象，亦称文学形象。小学语文教材中形象丰富多样，多数课文中都存在体现作者思想的主要形象，主要可以分为自然形象与社会形象。

1. 自然形象美的呈现

在小学语文教材中，自然形象美主要存在于写景散文或诗歌中，如二年级上册《树之歌》以诗歌的形式表现不同特点的树木美；三年级上册《火烧云》表现了变化多端的火烧云的景象之美；四年级下册《猫》表现了性格古怪、淘气可爱的猫的形象之美。教师要引导学生感受自然形象美，如教师在教《祖先的摇篮》时设计了以下的环节：

1. 自读自悟，整体感知。

学生自主朗读课文，边读边思考以下问题，并用“____”画出相关的内容：

（1）祖先的摇篮是怎样的？

（2）祖先可能会在摇篮里做些什么？

2. 学习第1小节。

（1）相机正音，重点强调“啊”的发音——它是多音字，放句末一般读轻声a，但在这里和“篮”的韵尾n在一起，读na。

（2）朗读感悟：从“多大、浓绿的树荫、一望无边、遮”体会原始森林大和绿的特点。

①想象：抓住关键词，让学生说说仿佛看到了什么。

②展示图片或播放视频，引导学生抓住关键词想象画面，进行朗读。

教师以学生个性化阅读实践代替教师分析讲解。结合图像资料，以读代讲，让学生在自读自悟中理解词语，体会“摇篮”的大和绿，并引导学生抓住关键词想象画面，进行有感情的朗读，在读中升华情感，进一步感受神秘的原始森林的自然之美。

2．社会形象美的呈现

人物是社会活动的中心，人物美是社会形象美的集中体现。小学语文教材中的社会形象美多通过人物形象来表现。如《八角楼上》中塑造了一个专注、认真工作的毛主席，让学生感受到革命领袖专注工作时展现的人格魅力，从而崇拜与追求这样的美；又如《月光曲》里富有爱心与才华的贝多芬，让学生感受到德才兼备之人的人性之美。社会形象美在叙述类课文中较为常见，如教师在教《少年闰土》时，设计了以下活动：

读出心思　记住闰土

1．看课本插图，思考：图中两人，一个在谈，一个在听。那是怎样的谈，怎样的听呢？

2．引导学生走进文本，细读第9～18自然段，用心体验。从4处“不知道”想象“下雪了，闰土在雪地开心捕鸟的时候，‘我’和往常的朋友们在干什么”。体会闰土的见多识广、聪明能干，交流“啊”字中饱含的情感——“我”的用心体验与向往。

3．齐读，分角色朗读，师生合作读。

4．小结：换位思考，入情读。

教师充分利用插图，将学生的注意力引到人物的动作描写上，引导学生在不同形式的朗读中积累情感，接近闰土，认识闰土，深入地去感受文章中的闰土见多识广、聪明能干的人物形象。

有的课文中体现的是艺术形象美和科学形象美。如《清明上河图》一文通过对《清明上河图》的细致描绘，体现古代劳动人民的智慧与才干，这种通过人类所创造的作品，反映人类某种本质力量的形象美就属于艺术形象美；

《太空生活趣事多》中集中展现了人类的科研成果，体现的是科学形象美。

（三）情感美的呈现

工具性与人文性的统一是语文课程的基本特点。学生审美的对象如果只有规范的语言、精准的技巧，却没有注入真诚强烈的情感，那么即使辞藻华美，也是空有其表，无法打动学生的内心，更无法给学生传递审美情感，令学生完成整个审美活动过程。情感是语言文字及作品的本质美的体现。教材里文学作品中的审美情感非常丰富，有赞颂人性真善美的，有鞭笞人间假恶丑的。审美情感是审美活动中的重要一环，彰显语文人文性的特点。情感美主要体现在文学类文本中，此类文本为教师培养学生审美创造素养提供了丰富而有效的内容。

如《肥皂泡》一文的教学中，教师设计了如下环节：

1. 请学生自由读第五自然段，并思考：这么美的肥皂泡最后会落到哪里呢？

（1）根据学生的交流，相机展示明月、夕阳和婴儿的图片，感受作者丰富的想象。

（2）师生配乐朗读，边听边想象画面。

2. 引导学生联系上文理解句子：为什么“目送着她们，我心里充满了快乐、骄傲与希望”？

预设一：吹泡泡的过程是快乐的。

预设二：这泡泡是“我们”自己吹出来的。

预设三：肥皂泡代表了孩子们的梦想和希望。

3. 根据学生的回答相机引出句子“那么圆满，那么自由，那么透明，那么美丽”。

（1）四个“那么”体现了什么？

（2）指导排比句的朗读方法，读出层次感，读出作者对泡泡的无比喜爱。

4. 展开想象，合作练笔：这些轻清脆丽的泡泡还有哪些美丽的去处？

（1）小组合作完成练笔。

（2）小组交流汇报。

（3）师生评议。

通过以上活动，教师引导学生聚焦看似平凡的肥皂泡，通过挖掘放大它的特质，感受作者对肥皂泡自身特质的喜爱，学生在感受到这样的情感美之后，自然会产生共情，感悟到作者对童年的美好情感，进而自身对童年产生美好情感表达。

情感美还会以文本对事物突出特质的歌颂、赞叹呈现出来。所谓突出特质，指本身就不同于普通事物的特殊事物身上具备的独特品质，如《造纸术》中赞叹造纸术“促进人类社会的进步和文化的发展”的特质，这些突出特质往往体现为人物或事物的伟大与超凡，能激发学生崇尚美的天性。

（四）意境美的呈现

意境是指在文学作品中呈现出来的一种基于想象的空间程式，是一种形象与情感完美交融的情境状态，能带给人丰富的审美感受。“意”是作者融入作品中的主观情感，“境”是具体情境。两者所构建出的意境美也是丰富多样的。教材中的意境美的情境类型可分为平凡的日常生活情境（《祖父的院子》）、叙事中的特殊情境（《狼牙山五壮士》）、自然情境（《黄果树瀑布》）、重大的历史情境（《开国大典》）、神话故事中的情境（《盘古开天地》）、想象或幻想中的情境（《彩虹》）等等。在语文课堂中，教师通过搭建联系“意”与“境”的教学支架，使学生在情感和意象之中与作者产生共鸣，领略其中的意境美。如教师在《七律·长征》的教学中是这样引导的：

1. 自主探究。

（1）学生自由朗读诗歌，说说诗歌的哪些描写表现了红军的豪迈气概。

（2）这首诗具体为我们展示了哪几幅红军长征途中威武雄壮的“征难图”？

2. 小组合作学习。

（1）在小组内给“征难图”起名字，说说自己最欣赏的是哪一幅。

（2）结合自己搜集的课外资料讲一讲自己欣赏的理由。

通过合作学习，学生既能了解作者描写的红军一路长征所翻越的崇山峻岭，又能从中体会诗歌情景交融中红军不怕艰险、英勇顽强的革命乐观主义精神。

又如教师在教《青山处处埋忠骨》时，设计了以下活动，让学生走进作者叙事的特定情境之中，感受毛主席内心的情感。

感受毛主席的凡人情怀与伟人胸怀

1. 自读第二部分，交流文中对毛主席的动作、语言、神态描写的语句，体会毛主席的内心，做好相关批注。

预设一：

毛主席不由自主地站了起来，仰起头，望着天花板，强忍着心中的悲痛，目光中流露出无限的眷恋。“儿子活着不能相见，就让我见见遗骨吧！”（板书：神态）

①此时主席心里在想什么？

②深情朗读，体会巨大的矛盾、艰难的抉择、深深的不舍。

预设二：

他若有所思地说道：“哪个战士的血肉之躯不是父母所生，不能因为我是主席，就要搞特殊。不是有千千万万志愿军烈士安葬在朝鲜吗？岸英是我的儿子，也是朝鲜人民的儿子，就尊重朝鲜人民的意愿吧！”

态度：从不舍到放下，从中体会毛主席以国家为重、为革命不徇私情的伟人胸怀。

预设三：

签过字的电报记录稿被放在了枕头上，下面是被泪水打湿的枕巾。

毛主席签下名字意味着什么？

2. 小组讨论：联系课文，谈谈对“青山处处埋忠骨，何须马革裹尸还”的理解。

（五）插图美的呈现

语文教学中的审美形式还能以教材中的插图美呈现。小学语文教材中的插图具有直观性和趣味性，插图类型众多，包括照片、漫画、油画、水彩画、水粉画、书法作品等。课本中的插图不仅是对文本的图解，还蕴含有各种形式美的原则、多样的绘画技巧，具有一定的艺术性。插图美的呈现基于文本学习需求而定，或以赏析的方式，或以图文讲解的方式，或以图画再创的形式等。

教师在教学中借助插图展开教学，也能使学生在学习课文时获得美的享受。如在教学《小猴子下山》时，教师这样设计活动：

1. 教师配乐朗读课文，学生边听边思考：课文的五幅插图分别对应哪些自然段？

2. 让学生交流，教师相机用课件展示插图。

3. 教师指导学生细致观察图片。

（1）图中都有什么？

（2）借助第1自然段，找一找关键词，试着用“______来到______，看到________的________”这样的句式来说一说。

4. 让学生交流，引导学生关注图中玉米，相机积累“又（　　）又（　　）的”的词语。

教师将插图与文本紧密结合，引导学生从整体到局部，细致读文看图，借助插图梳理文本内容，积累词语，训练句式表达。学生将图片内容化作言语表达出来的过程，是对插图的审美再创造的过程。

因教材单元主题不同，其插图的主题和美呈现的形态也不一样，可以分为表现自然形象美的插图、表现社会形象美的插图、表现艺术形象美的插图、表现科学形象美的插图。如五年级下册第三单元综合性学习以“遨游汉字王国”为主题，教材针对课文文本的不同，精心编排了不同类型、不同风格的插图：在《字谜七则》中，插入了一幅简单的漫画，表现了一个人倚靠在树上的模样，便于教师引导学生理解“休”这个汉字的象形义；在《书法欣赏》中，插入了南朝智永、唐代怀素、明代文征明等大家用不同字体写的《千字文》局部图，便于教师直观地引导学生增强对书法的审美能力。

教材中丰富的插图提供了多样的审美对象，教师应让学生在语文实践活动中从多个角度来体验插图所带来的美的感受。

（六）多媒体美的呈现

审美创造在课堂上的表现方式多依托于教材。随着时代的发展，多媒体多样化，教师运用信息技术跨越时间与空间开展教学，为课堂审美活动提供了丰富的资源，学生在学习活动中借助多媒体发现美、表现美和创造美，这些都为多媒体美的呈现。如教师在教《神州谣》时，依托多媒体，让学生感受祖国山河的壮美。

感受黄河、长江的奔涌，学习生字“涌”

1. 通过课文介绍的黄河、长江，引出课文对黄河、长江的描写“黄河奔，长江涌”。（黑板上贴黄河、长江图片，板书特点“奔、涌”）

2. 观看黄河、长江奔腾不息的视频。

3. 根据视频，请学生说说自己的感受（如体会黄河长江水量大、水流速度快的特点，感受黄河、长江奔涌的磅礴气势）。相机请学生朗读课文表达感受，读出黄河、长江奔涌的气势。

语文教材所提供的审美对象是多元化的，审美创造的课堂表现方式是多样化的。学习语言文字的过程，是审美创造的过程。在教学中，教师要对教材进行深入与系统化的研究，要挖掘出教材中多维的审美教育契机，并引导学生通过教材内容的学习，涵养高雅情趣，逐步形成健康的审美意识和正确的审美观念。

第五节　核心素养之间的关系

语文课程是围绕核心素养来确定课程目标的，而课程目标主要由课堂教学来落实，那课堂教学中有哪些因素会影响课程目标的落实？它们与核心素养又存在怎样的关系？它们对课程目标乃至课堂教学目标有什么样的影响？

一、课堂教学四大因素

目前常态课堂教学组成主要有教师、学生、学材、环境四大因素。其中，学生是学习的主体，教师起主导作用，学材是学习的媒介，环境是“催化剂”。四者互相影响，共同决定课堂教学效率与质量。

学生是学习主体，是决定课堂教学质量与效率的根本因素，其意志、习惯、思维方式都决定着课堂的成败。课堂教学中，学习者的兴趣状态、参与的方式以及思考的深度可作为考查的依据。可以说积极参与、踊跃思考的学生肯定比被动接受或者抵触学习者强。

教师是课堂的主导者。主导什么呢？主导学习的内容，主导学习的方式，主导学习的过程，主导课堂的变向。课堂教学的深度与效率如何，教师是决定性因素。

学材意为学生学习的材料，指课本内容，也指教师为学生提供的课件、素材等。课堂教学中的学材更应具有典型性、精要性、整合性，要真正能为学习服务。巧妇难为无米之炊，学材是影响课堂教学质量与效率的关键因素。

环境是影响教学质量和效率的重要变量。环境主要指师生共同营造的学习氛围，也包括自然环境，比如教室的布置、室内的温度等。其中，师生之间的关系，以及教学时的情绪直接影响着教学质量。宽松、愉悦、温馨、舒适的教学环境更能提高教学的质量，促进教学效率的提升。

总而言之，课堂教学主要是教师依据学生学情，确定目标，决定学材，主导环境；学生在教师指导下，学习学材，融入环境，达成目标。课堂教学的考查评价，要关注教学的目标定位，关注学生学习的方式，关注教师的主导性行为，关注为学生学习提供的素材。

二、核心素养之间的关系

（一）语言运用与思维能力之间的关系

语言是重要的交际工具和思维工具，语言发展的过程也是思维发展的过程，二者相互促进。语言运用可以提升学生的思维能力，培养学生的直觉思维、形象思维、逻辑思维、辩证思维和创造思维等。思维能力则是语言运用的重要支撑，它不仅帮助学生更为准确有效地使用语言，还能提高语言表达的能力。学生在学习语文的过程中，通过阅读、表达等活动，不断锻炼和提升自己的思维能力，进而提高语言运用的水平。

如《秋天的雨》教学中可以设计这样的活动学习第三、四自然段：

1. 默读第三、四自然段，把你觉得有新鲜感的词语或句子用横线画出来，遇到不理解的词语，请运用上节课学习的理解词语的方法。

2. 小组内交流勾画出的词语或句子：从这些词句中你读出了什么？看到了什么样的画面？

3. 交流汇报。

预设：

A. 好闻——香香的、甜甜的气味，果园里的果子成熟了，果香满园。

B. 躲、藏——秋天的雨藏着好闻的气味，香甜好闻的气味像是调皮可爱的小朋友躲在小雨滴里，不仔细观察是不容易被发现的。多么可爱俏皮的画面。

C. 勾住——在字典中有两个意思，联系语境，你能说说它的意思吗？

相机展示课件，引导学生完成选择题练习。

句子中的“勾住”是指（　　）

①小朋友常被有香味的水果树绊住脚。

②水果好闻的香味吸引了小朋友。

③水果香甜的气味让小朋友的脚也变香了。

4. 小结，指导朗读：闻着香甜的果香，你此刻看到了什么样的画面？（板书：丰收的景象）

5. 想象说话。

如果你是小朋友，你会怎么做？作者把小朋友的想法都藏在了“勾住”里，因为香味诱人，令人向往。谁能读出这份诱人的感觉？

教师让学生运用已建构的理解词语的方法解决阅读存在的问题，引导学生通过词句想象画面，促进了学生形象思维的发展。可见，思维能力的培养需要语言运用作为表现载体。学生只有在语言实践活动中，其个体的思维方式和思维品质才能得以体现；相应，个体的语言表达只有在直观或理性的思维中才表现得更为丰富。

（二）思维能力与审美创造之间的关系

思维能力与审美创造之间也存在紧密的联系，二者相辅相成。审美创造需要有高度的思维活动参与，而培养学生的审美创造能力也可以促进其思维能力的发展。通过学习文学作品、欣赏艺术作品等活动，学生可以培养想象力、联想力和创造力，提高其审美创造能力，同时也可以进一步提升其思维能力。

如教师在教学“聊”字时是这样设计的：

1. 识记“聊”字。引导学生发现“聊”字和什么有关。

2. 出示词语卡片“聊天”，并齐读词语卡片。

3. 创设情境，理解“聊天”。

提问：如果现在你们都是彩色铅笔，你们想画些什么呢？带上你们的头饰，请你和同桌一起聊一聊吧。

教师在教学中，将审美的对象锁定为“聊”。教师没有将汉字的教学局限于字形的识记和字音的识记，而是与生活相结合，让学生借助已有的语言经验和生活经验理解字意，润物无声地将“聊”的字意通过话题交流表达，让学生感知理解到位，培养了学生的形象思维。同时，让学生在交流学习中发现，“说”有多种表达方式，感受到中国汉字丰富的表达之美。

（三）文化自信与语言运用之间的关系

语言文字既是文化的载体，又是文化的重要组成部分，学习语言文字的过程也是学生文化积淀与发展的过程。语言运用为培养文化自信提供依托，文化自信让语言运用更具深度与广度。文化自信是培养学生对自己民族文化和传统文化的自信心和自豪感，这对于学生的语言运用能力有着重要的影响。了解和熟悉自己民族的语言和传统文化，可以使学生更好地理解和运用语言。通过学习和传承民族文化，学生可以更好地表达自己的思想和情感，进而提高语言运用能力。

如《古对今》教学中，教师教学“圆”“方”二字，通过开发资源，巧妙地将中国传统习俗、古代钱币发展史渗透到识字教学中。

1. 钱币对比，导入课文。

（1）游戏：猜猜红包里面有什么？展示两枚钱币。（铜钱与一元硬币）

（2）古今钱币对比，引出课题，板书课题。

2. 借助图片，学习“圆”“方”。

（1）展示铜钱实物，请学生观察外形，渗透古人对天地的认识。

（2）学生交流，识记“圆”“方”。

（古人云：“不以规矩，不成方圆。”小小的铜钱告诉我们：从小要遵守规矩。）

（3）教师小结，引出对子，学生齐读：古对今，圆对方。

教师借助古今货币的外形的对比，引出韵文第一句的两个单字对，由古币外形引出“天圆地方”，帮助学生理解“圆对方”的意思。利用形象化的事物来诠释对子的含义，深入浅出，在识记汉字的同时，让学生感受到中华文化的博大精深，从而爱上学习汉字，愿意去了解汉字背后的故事。

语文学科核心素养“文化自信”“语言运用”“思维能力”“审美创造”四个方面是一个整体。它们相辅相成，相互影响。“在语文课程中，学生的思维能力、审美创造、文化自信都以语言运用为基础，并在学生个体语言经验发展过程中得以实现。”①故而课堂教学目标和课程目标要坚持以语言运用为中心来全面培养学生的核心素养，要牢牢牵住“语言运用”的牛鼻子来实施课程教学。

① 中华人民共和国教育部. 义务教育语文课程标准：2022年版［M］. 北京：北京师范大学出版社，2022：5.

第三章

学科核心素养课堂教学的评价设计

第一节 课堂教学评价的发展

一、课堂教学评价的定义

为了弄清课堂教学评价的含义，我们需要追溯评价、教学评价和课堂教学评价的根源，分析评价、教学评价和课堂教学评价的层次，层层剖析细化，得出结论。

外国学者Benjamin Bloom（本杰明·布鲁姆）认为评价与反思是人们认识世界最复杂的活动之一。评价是在一定的客观标准的基础上判断事物的价值的过程，评价内容包括准确性、经济性、社会满意度、法律效力等方面。评价过程其实就是对一个人或事物的价值进行分析、测定和评估的过程。他认为需要基于从各种来源收集的事实和信息，评估一个物体或产品的价值。

关于教学评价，学者们的阐述存在很多共通之处。李云会认为，教学评价是指按照一定的客观规范，以广泛收集信息为基础，利用客观实际办法，对教师和学生的教学活动及效果做出相应的价值判断的社会活动。[①]梁红梅指出，教学评价是按照课程目标和教学原则的要求在教学活动中系统地收集信息、综合信息和分析信息并对教学过程和教学成果进行价值判断的过程。[②]

从已有的文献来看，我们可以明确教学评价是价值判断的过程，是基于客观规范，在广泛收集信息的基础上，对教师和学生的教学活动及其效果进行评估。根据不同的需要和信息处理方式，教学评价的具体内涵也有所不同：有的强调立足客观实际，进行信息收集和分析，具有客观性和全面性；有的强调系统地收集、综合和分析信息，更注重教学活动是否达到预定的目标，遵循原则，具有目标导向性和系统性。

---

① 李云会. 教师教学评价力修炼［M］. 长春：东北师范大学出版社，2010.

② 梁红梅. 中小学生评价的伦理问题研究［M］. 长春：东北师范大学出版社，2016.

覃兵认为，课堂教学评价的内涵有狭义和广义之分，狭义的课堂教学评价是教师在课堂中的言语互动与点评活动，广义的课堂教学评价是教师对学生学习状况、参与教学活动等的了解与反馈。[①]张瑞、朱德全认为：课堂教学评价不仅指教师在教学过程中对学生学习的评价，也指学校管理者和听课教师对授课教师教学质量的评价。[②]叶澜指出“课堂教学评价在课堂教学理论的指导下，对课堂教学的实际情况进行现场观察，探寻课堂教学过程中的规律，并收集课堂教学中的真实材料，对教师教学行为及其教学效果做出价值衡量”[③]。

通过上述专家们对课堂教学评价概念的讨论，我们可以发现，课堂教学评价可以大致分为两种类型：一是在课堂教学过程中，教师对学生学习行为的评价，如口头表扬、学生互评、学生自评等形式。这是传统意义上的课堂教学评价。二是听课者借助一定的方法，评价教师在课堂上的教学行为。新课程改革背景下的课堂教学评价，既包括传统意义上的对学生学习情况的评价，又包括对教师在教学过程中教学行为的评价。需要明确的是，“课堂教学评价”这一概念中的课堂教学行为并不是教师单边的活动，它既包括教师的“教”，也包括学生的“学”。

将以上分析与本项目的研究相结合，我们认为课堂教学评价是评价者按照一定的标准，对课堂的教学设计，教师和学生在课堂上的表现，以及课堂因素之间产生的反应、效果，进行观察、评估，并做出价值判断的过程。

在研究过程中，我们以核心素养为出发点，以课堂教学实际为依据，对教师的教学行为和学生的学习行为进行了细致观察，借助依据核心素养制定的评价量表，全面收集有关课堂教学的信息，对教师和学生在课堂各环节的表现进行评价，给出分析或者建议，以此促进课堂教学改革，提高课堂教学质量，提升学生核心素养。

---

① 覃兵．课堂评价策略［M］．北京：北京师范大学出版社，2010：5.

② 张瑞，朱德全．情境适应性课堂教学评价［J］．教育理论与实践，2011，31（13）：61-64.

③ 叶澜．让课堂焕发出生命活力：论中小学教学改革的深化［J］．教育研究，1997（9）：3-7.

二、课堂教学评价的方式

在教育领域，课堂教学评价被广泛认为是教学质量提升的关键环节。对教师的教学方法、学生的学习情况进行系统性的评估，这对教师和学生来说，都是至关重要的，它可以激发教师持续改进自己的教学技巧，也可以让学生更好地理解自己的学习。实践中也产生了各具特色的课堂教学评价方式。下面将对几种常用和新兴的评价方式进行简单的介绍。

我们有传统的课堂教学评价方式，如考试与测验，这是一种测试学生知识掌握程度，对教师的教学质量进行间接评估的教学评价方式。另外，教师的自我评价、自我反思和同行评价也是常见的评价方式，这些方式能够从教师的角度对教学进行反思和评价。

（一）课堂展示性教学评价

这种评价方式主要关注教师在课堂上的表现。它重点观察教师的教学方法、组织能力、课堂管理等方面，以此来评估教师的教学效果。

课堂展示性教学评价可以直接针对教师的表现进行评估，发现教师在教学方法、组织能力等方面的优势和不足，帮助教师了解并改进教学。同时，这也有利于学校了解教师的教学水平，促进教师教育教学能力的提升。但是，课堂展示性教学评价也有其缺点。首先，这种评价方式过于关注教师在课堂上的表现，而忽视了学生的学习效果和参与程度，无法全面反映教学质量。其次，由于评价者可能对教学有不同的理解和期望，评价结果可能存在一定的主观性。

（二）以学评教的课堂教学评价

这是一种以学生为中心的评价方法，主要关注学生在课堂上的学习效果。评价者通过收集学生的反馈，观察学生的参与程度，以及分析学生的学习成果，来评估教师的教学效果。

这种评价方式的优点在于，它以学生为中心，关注学生的学习效果，有助于了解教学方法是否符合学生需求，是否有效地促进了学生的学习。学生是教学的直接接受者，他们的反馈对于改进教学具有重要的参考价值。然而，这种评价方式也存在缺点。由于学生的认知水平、学习习惯和个人喜好等因素的差异，在同一标准下，难以对教师的教学进行合理、准确的评价。

（三）主体互动式课堂教学评价

这种评价方式强调课堂上教师与学生之间的互动。评价者通过观察教师如何与学生沟通，如何引导学生参与讨论和活动，以及如何处理学生的问题和困惑，来评估教师的互动能力和课堂氛围。

主体互动式课堂教学评价，强调在教学活动中师生间的交互作用，有利于教师了解学生对教学活动的真实看法和意见，调整、改进教学方法，提高教学质量。积极的课堂氛围和高度的互动性可以激发学生的学习兴趣，提高学生的学习效果。但是由于观察视角的局限，我们无法全面评价教师的教学能力，如教学内容、组织能力等方面。而且，由于不同评价者对教师与学生互动的期望和理解有所不同，评价过程中可能受到评价者的主观判断影响。

（四）学生课堂学习自我评价

这是一种让学生自我反思和评估自己在课堂上的学习表现的方法。学生可以通过填写自我评价表、进行自我反思或参与小组讨论等方式来评估自己的学习情况。

这种评价方式的优势是可以培养学生学习的自主性和自觉性，让学生更加关注自己的学习过程，有助于形成良好的学习习惯。此外，学生自我评价也有助于提高学生的自信。

然而，小学阶段的学生各方面能力还处于起步阶段，很难对自我进行客观的评价。同时由于学生可能存在自我偏见，无法全面准确地评价自己的学习情况。

（五）CIPP 评价模式开展发展性课堂教学评价

CIPP评价模式是一种综合性评价方法，涵盖了课堂教学的各个方面。通过评估教学环境（Context）、资源投入（Input）、教学过程（Process）和教学成果（Product），该模式旨在提供全面的反馈，以促进教学的持续改进和发展。

这种评价方法有助于建立一个系统化、科学化的评价体系。然而，CIPP模式的评价过程较为复杂和耗时，需要评价者具备较高的专业知识和评价能力。此外，实施该评价模式还需要大量的资源和人力，在平时教学实践中难以实现。

（六）追问式课堂教学评价

“追问式评课是以教学事实为依据、以追问的方式对教学事实进行分析推论，寻求改进教学路径的一种研究活动。”[①]这是一种新兴的课堂教学评价方式。评课者采用对话的方式与教师一起审查和验证教学事实，观察和反思教学理念，从而促进教师教学的改变、进步。追问式课堂教学评价方式促使评课者和授课者反思课堂教学行为，思考课堂教学的有效性，能够促进教师之间的合作，能够促使评价向深处发展，保证评课的有效性。

但是，在此基础上，还存在着一些亟待探索的问题：现在教师教学任务重，在课堂教学后，教师能否投入大量的时间和精力进行课堂教学评价？与此同时，每一位教师的层次不一样，为了保证评课活动的顺利开展并取得实效，就必须要有一位教育教学实践能力比较强和理论水平比较高的教师主持全局，才能有效地控制住整个评价过程。

（七）LICC课堂观察模式

LICC课堂观察模式是华东师范大学教授崔允漷提出的一种走向教师专业发展的课堂教学评价新模式。LICC正是学生学习（Learning）、教师教学（Instruction）、课程性质（Curriculum）、课堂文化（Culture）这四个维度英文的首字母的组合。LICC课堂观察模式是指一个专业合作体各自带着明确目的进入课堂，从学生、教师、课程和课堂四个维度进行观察，直接或间接从课堂上获取一手资料并在课后进行分析、讨论、研究的一项专业活动。在这四个维度中，学生学习是核心，其他三个是影响学生学习效果的主要因素。LICC课堂观察模式对提高教师的教学水平具有积极的作用，有利于提高教师的科研水平，有利于提高教师的合作性学习水平，建立一个专业的学习共同体。

LICC课堂观察模式具有持续性、长期性的特点，且需要参与者围绕共同的问题开展分工合作，一次完整的课堂观察具体操作流程如下：课前集中研讨（研究主题、研究设计、研究人员）—课中分工观察（观察者、记录人、评价人）—课后共同反思（同伴评价、自我评价、教师互助评价），因而实施起来有不小的困难。一方面是时间问题，要认真进行一次LICC课堂观察模

---

① 魏本亚，沙培宁. 追问式评课：一种指向有效评课的研究活动［J］. 中小学管理，2012（5）：59.

式下的听课评课花费的时间和精力要多于传统模式的听课评课，而且听课教师作为一个合作体，要全体成员都有时间也有一定困难。另一方面，LICC课堂观察是一项专业活动，对教师的专业性提出了一定的要求，尤其是观察量表的设计开发对于教师来说有一定难度。

（八）周兴文的课堂评价量表

周兴文及其团队以课堂评价为出发点，对崔允漷的课堂观察工具进行了改良。他们保持了原工具的四个观察维度不变，但是创新性地构建了9个视角和13个观察点，并依据每一要素的影响力、重要性，制定了各种层次的评价量表。这些量表，通过由高到低的递减方式，为各级别制定了清晰的标准，并赋予相应的分值。观察点的记录和评价方法取决于其性质，定量的观察点依赖时间和次数来记录和评价，而定性的观察点则通过描述来进行记录和评价。

三、当前课堂教学评价取得的成效和存在的不足

多样化的课堂教学评价提供了对教师在课堂上实施教学的全面反馈，帮助他们了解自己的优点和不足。这种反馈可以使教师深入思考自己的教学方法，改变不适当的教学策略，改进教学技巧，从而显著提高教学质量；还能促使教师根据学生的需求和反馈调整教学内容和方法，这有助于提高教学的有效性。教师进行课堂教学评价也能促使其反思自己的教学行为和效果。反思过程使教师有机会重新思考他们的教学目标，检查他们的教学实践是否推动了目标的达成。这种自我反思能力是教师专业发展的关键，引导教师进行持续的学习和改进。

尽管许多教学评价方法试图提供客观和公正的反馈，但是由于评价者的个人观点、偏好和理解的差异，评价结果可能仍然存在主观性和偏见。有些评价方法可能过于关注教学的最终结果，如学生成绩，而忽视了教学过程，这可能导致忽视教师和学生的努力和进步。评价负担过重，一些新兴的课堂教学评价方式，需要投入大量的时间和精力，包括设计评价工具、收集和分析数据、提供反馈等，较难实施和推广。

四、时代呼唤“基于小学语文学科核心素养的课堂教学评价”

2017年，学科核心素养的提出，让课堂教学真正进入核心素养时代。课堂教学除了关注课堂中教师与学生的表现，更要考量学科核心素养的落地、课堂教学内容的设计。基于目前的各种课堂教学评价方式的不足，基于“学科核心素养”考查的新标准，本项目聚焦“基于小学语文学科核心素养的课堂教学评价”，希望通过探索学科核心素养的理想形态，探索学科核心素养评价的指向内容，形成基于学科核心素养的课堂教学评价的理论。因此，基于小学语文学科核心素养的立体、多维、科学的课堂教学评价体系与模式的构想应运而生。

第二节　课堂教学的诊断

一、诊断设计

（一）课堂教学诊断的定义

“诊断”一词为医学用语，在《现代汉语词典》中的释义为“在给病人做检查之后判定病人的病症及其发展情况”。20世纪，法国学者将“诊断”一词引入教育学，使之形成了一个具有特殊含义的教育名词。教学诊断是指在正确价值观念的指引下，通过对教学过程的观察，发现教学问题，分析产生问题的原因，提供改进措施，从而提高教学质量的过程。

我国对于课堂教学诊断的研究起步较国外晚，最早的关于课堂教学诊断的著作当属1987年万晋卿等人发表的《初中英语课堂教学诊断测验指导》①。目前学者们对“课堂教学诊断”概念的理解还略有不同。胡庆芳较全面地论述了课堂教学诊断的性质，即通过观察发现教学问题并归因诊断的过程。②严先元认为课堂教学诊断主体应关注学生这一课堂参与者的学习反馈，第一次将学生作为课堂教学诊断对象之一。③

综合国内外学者的观点，结合“基于小学语文学科核心素养的课堂教学评价研究”的研究实际，确定课堂教学诊断的定义：课堂教学诊断是由教师、教学专家和学校领导等诊断主体在课堂这个特殊环境中以正确的价值观和诊断理论，以不同的教学内容为基础的一个细致、全面的考查、分析过程。诊断的焦点在于教师的教学活动、学生的学习活动和师生关系。课堂教学诊断的过程能发现并分析教学问题的成因，并据此提出改进课堂教学活动

---

① 万晋卿，周运烈，朱芳蔚．初中英语课堂教学诊断测验指导［M］．广州：华南工学院出版社．1987.

② 胡庆芳．课堂教学诊断改进系统的重建［J］．思想理论教育，2009（4）：41-47
.

③ 严先元．教师怎样作教学诊断［M］．长春：东北师范大学出版社．2007.

的策略。

（二）课堂教学诊断的方法

在深入理解语文课堂教学诊断思维、内涵与原则的基础上，用各种教学诊断手段，对课堂教学信息进行广泛的收集，并进行汇总和分析，可以不断发现和解决课堂教学中存在的问题，提高教育教学质量。下面简要介绍常用的课堂教学诊断方法。

1．考试测验法

考试测验法是一种广泛使用的课堂教学诊断方法，它的目标在于通过测试来了解学生在知识、技能和心理上存在的问题；其核心是对问题进行分析、诊断，进而找到问题的根本原因，寻求解决办法。要明确其目的在于诊断，而非选拔。本质上，它是诊断性测试与形成性测试的融合。这种方法的基本原理是通过测验获取学生反馈，促使教师和学生根据需要不断改进教学和学习，以取得最佳效果。在这个过程中，师生双方都可以获得及时的信息反馈，使教学成为一个自觉的纠正系统。这种方法能使教学和学习在持续的测评、反馈、修正或改进过程中达到或接近教学目标。考试测验法作为一种有效的教学诊断方法，比较常见且常用，但是它一般并不单独使用，而是与其他教学诊断方法一起，相互补充。

2．听课评课法

听课评课法是一种基础且常见的课堂教学诊断方法。评课者在获得授课老师的许可后，有针对性和系统性地选择听课对象，他们会坐在教室的后部或角落，观察、聆听并记录教师和学生的语言、对话、行为等。听课后，评课者将与授课教师一同讨论教学特点或存在的问题，并寻找解决方法，这是现在使用最多的一种校本教研模式。在听课过程中，评课者需要注意教师的教学行为、学生的学习行为和师生的互动，同时，教学目标、教学内容、基本教学技巧、教学策略和学习效果也是需要重点关注的内容。我们在实践中发现，当前听课评课存在“重听轻评”的现象，评课有时流于形式，对教师的启发不大。

3．课堂观察法

课堂观察法是近年来在课堂教学诊断中，比较常用的一种方法。这种方法超越了传统听课评课的“单向度”，能够从多个维度、多个视角，对教师的课堂教学进行诊断。埃里奥特、温特、麦克纳等学者对多种形式的观察进行了详细的研究和介绍，如埃里奥特的备忘录分析法、档案文献法、面谈法、条目对照表、案例分析法等。张孔义将课堂观察法分为两种：一是以常用的课堂实录、课堂叙事为代表的定性观察，二是以我们常常使用的三角形观察法为代表的定量观察，还包括师生互动观察法、行为检评表等观察方法。

4．录像分析法

录像分析法是一种通过观看多媒体教学监控系统等设备录制的教学录像，展开课堂教学诊断的方法。它可以用来发现教学中的成功之处或教师的教学特色，并找出存在的问题，探究产生的原因，并让资深教师进行指导，从而对教学进行持续的优化和完善。相比于传统的听课活动，录像分析法有以下两方面优势：一是录像可以减少对师生的干扰，且不受时间和空间的限制；二是在观察过程中，研究者可以反复观看课堂教学现场，捕捉更真实的课堂情况，从而获得第一手可靠资料。如今，也可以利用大数据分析录像，例如分析课堂中教师提问的层次和深度、学生在课堂的反馈等，这使对复杂过程的研究和诊断成为可能。

5．师生访谈法

访谈法是一种通过面对面交谈，以口头问答形式获取相关信息的研究方法，常被应用于课堂教学诊断。师生访谈法是诊断者通过与师生进行口头交谈的方式进行教学诊断的一种方法。师生访谈法的形式多种多样，常用的有两种：一是诊断者直接与学生或教师进行个别谈话，二是诊断者通过师生集体谈话或集体讨论的方式进行调查。这种方法也是诊断者与师生之间的互动式调查，需要较高的访谈技巧。在访谈中，需要按照一定的流程进行。在这个过程中，诊断者需要明确访谈主题，选择访谈对象，准备访谈内容，进行访谈以及资料分析。这些环节是诊断者与被诊断者之间的双向交流，也是诊断过程的一部分。

6．问卷调查法

问卷调查法是课堂教学诊断的一种常见手段，是指通过设计调查问卷，围绕教育教学中或者课堂上的一个或几个问题，收集教师、学生、管理者等有关教育教学问题和教育现象的信息，以了解课堂教学状况。这种方法包括预备设计、制定问卷结构、编写问卷初稿、试行和修订问卷、发布和收集问卷以及分析调查结果六个主要步骤。尽管问卷调查法在课堂教学诊断中不能独立使用，但是作为其他方法的补充，它可以让我们深入了解课堂教学中的复杂信息。问卷中多设计一些开放性的问题，给师生更多表达机会，可以获得更好的效果。

7. 团体会诊法

团体会诊法，源自教育会诊制，是一种合力诊断，是课堂教学诊断的一种重要方式。它的三大核心要素包括会诊对象、会诊主体和会诊形式。会诊对象不仅涵盖了教师的教学活动，还涉及学生的学习活动，以及师生之间的互动质量。会诊主体由教学专家、授课教师、教师同行、学生、家长以及社会专业人员组成。会诊主体以团队形式协作，能够有效地对课堂教学进行全面诊断。

（三）“基于小学语文学科核心素养的课堂教学评价研究”课堂教学诊断设计

课堂教学诊断在教学过程中举足轻重，对教育教学有重要意义。首先，课堂教学诊断有助于提高教学质量，它使教师能够及时发现和解决教学过程中出现的问题，进而优化教学方法。其次，课堂教学诊断为教师提供了关于学生学习情况的深度信息，如学习进度和学习困难，这些信息对制定有效的教学策略以推动学生的学习至关重要。此外，课堂教学诊断可以帮助教师鉴别教学策略的有效性，并进行必要的调整和优化。简而言之，课堂教学诊断是优化教学质量，提高学生学习效果，实现教学策略的适应性调整，建立良好师生关系，实施个性化教学和持续改进教学过程的有效手段。

在项目研究中，我们对基于小学语文学科核心素养的课堂教学评价进行了深入研究，在理论学习和课程标准学习的基础上制定了“基于小学语文学科核心素养的课堂教学评价量表”，包括第一学段识字、第一学段阅读、第二学段阅读、第二学段习作、第三学段阅读、第三学段习作课型评价量化表（具体内容及分析见本章第四节）。同时综合运用了多种课堂教学诊断方法进行实践验证，不断优化并修订评价量表，更好地适应教学评价实际需求。

我们制定了专门的调查问卷，通过这种方式获取教育工作者对核心素养的理解、在教学过程中的评价需求，以及他们对基于小学语文学科核心素养的课堂教学评价量表的使用情况和意见反馈。这些信息使我们能够根据他们的需求和建议对评价量表进行调整和优化。此外，这些信息还帮助我们更好地理解学生的学习需求和教师的教学需求，这对我们改进教学策略和提高教学效果至关重要。

听课评课法也是我们课堂教学诊断设计的重要组成部分。通过这种方法，我们借助评价量表对师生的互动以及教师的教学策略进行了详细的观察和记录。在听课之后，我们与授课教师一起讨论了他们的教学特点，寻找存在的问题，并提出解决问题的策略。这种方法使我们能够直接从实践中获取信息，更好地理解教学过程，从而使我们能够对评价量表进行更有效的修订。

录像分析法也是我们课堂教学诊断设计的重要部分，通过录制授课教师上课的全过程，我们反复观看课堂教学现场，捕捉到真实的课堂情况。我们还采用了团体会诊法，组成了由教学专家、授课教师、教师同行在内的课堂教学诊断团队。通过授课教师自评、量化评价、质性评价对教师和学生的教学活动中核心素养的落实进行了诊断分析，推动课堂的变革和评价量表的完善。

二、调研论证

“基于小学语文学科核心素养的课堂教学评价研究”项目致力于完成评价体系理论探索，建构科学的评价体系，制定出相关评价标准。在调研的基础上，进行基于学科核心素养要求的常规课堂以及评价、示范课堂以及评价等实践研究，推出课堂教学量化评价、质性评价等诊断性、形式性评价模式，设计了引导示范性评价模式。

以上评价体系、评价量表和引导示范性评价模式的制定离不开前期的实践调研，它们的修改和完善也离不开实践的检验和推动，而要把它们作为成果推广辐射到更广的区域、更多的教师，更需要进行调研论证。

评价体系、评价量表和引导示范性评价模式的调研论证对项目的成果梳理和教育教学改革具有深远意义。一是通过合理、全面的评价体系，我们可以客观地了解学生的学习效果，同时也可以准确地了解教师的教学水平和教学质量。评价体系的论证能确保评价体系的公正性、科学性和有效性，从而更准确地评估教学效果，为教学改进提供有力的依据。二是评价量表是评估教学活动效果的重要工具，它可以客观、科学地反映出教学活动的实际效果，也能为教学活动的改进提供方向。对评价量表进行论证，旨在确保其科学性、准确性和实用性，从而提升评价的有效性，保证教学活动能得到真实、准确的反馈。三是引导示范性评价模式通过具有引导和示范作用的评价方式，引导教师学会使用评价体系和评价量表，从多个维度对自己的课堂进行反思，对他人的课堂进行观察诊断，从而提高教学效果。引导示范性评价模式的论证，可以证明其在教育教学中的有效性和必要性，从而推广这种评价模式，提高教育教学的质量和效率。

项目研究进行了两个阶段的调研论证。

（一）第一阶段——前置调研（2021 年 8—12 月）

在进行前置调研工作之前，在2021年4—7月，项目组成员开展广泛的理论学习，对相关概念进行界定，重点厘清了语文学科核心素养的内涵、课堂教学评价、评价体系和评价量表等关键概念，为问卷的制定和研究的开展打下了坚实的理论基础。在此基础上，项目组从语文教学管理者、语文教师、学生三个不同的角度出发，制定问卷，以了解教学管理者和教师对课堂教学评价的认识和期待，以及学生对语文学习的看法。

在发放正式调查问卷之前，针对调查问卷初稿，项目组核心成员进行沟通探讨，并请教了专家，同时在汕头市潮阳实验学校（小学部）进行了小范围的试验，听取专家、同行的建议，结合试验结果对调查问卷进行整理与修改，确保了问卷的科学性和有效性。在2021年9月下旬，向汕头市潮阳实验学校、汕头市龙湖区金珠小学、汕头市龙湖区碧华实验学校（东校区）语文教学管理者、语文教师、学生正式发放调查问卷。

1．问卷分析（语文教学管理者）

基于小学语文学科核心素养的课堂教学评价研究的问卷调查（语文教学管理者）

第1题　您的职务是（　　）［单选题］

选项	小计 / 人次	比例 /%
校长/副校长	4	3.64
教务主任/副主任	4	3.64
教研组组长	7	6.36

（续表）

选项	小计 / 人次	比例 /%
年级组组长	8	7.27
备课组组长	36	32.73
其他	51	46.36
本题有效填写 / 人次	110	

第2题　您满意目前课堂教学评价的方式吗？（　　）［单选题］

选项	小计 / 人次	比例 /%
非常满意	29	26.36
比较满意	66	60.00
一般	14	12.73
不太满意	1	0.91
不满意	0	0
本题有效填写 / 人次	110	

第3题　学校采用的课堂评价方式有哪些？（　　）［多选题］

选项	小计 / 人次	比例 /%
教师自评	86	78.18
教师互评	91	82.73
抽测评价	51	46.36
考试评价	54	49.09
听课考评	95	86.36
项目（专项）评价	56	50.91
其他	12	10.91
本题有效填写 / 人次	110	

第4题　您认为目前的课堂教学评价科学吗？（　　）［单选题］

选项	小计 / 人次	比例 /%
非常科学	18	16.36

（续表）

选项	小计 / 人次	比例 /%
比较科学	79	71.82
一般	12	10.91
不太科学	1	0.91
不科学	0	0
本题有效填写 / 人次	110	

第5题　对教师的课堂教学评价有相对稳定的标准吗？（　　）［单选题］

选项	小计 / 人次	比例 /%
有	105	95.45
没有	5	4.55
本题有效填写 / 人次	110	

第6题　对教师的课堂教学评价后，有跟教师反馈交流吗？（　　）［单选题］

选项	小计 / 人次	比例 /%
有	106	96.36
没有	4	3.64
本题有效填写 / 人次	110	

第7题　教师对您的课堂教学评价信服吗？（　　）［单选题］

选项	小计 / 人次	比例 /%
非常信服	23	20.91
信服	85	77.27
不太信服	2	1.82
一点也不信服	0	0
本题有效填写 / 人次	110	

第8题　教师对学校的课堂教学评价了解吗？（　　）［单选题］

选项	小计 / 人次	比例 /%
非常了解	30	27.27
了解	73	66.37
不太了解	7	6.36
一点也不了解	0	0
本题有效填写 / 人次	110	

第9题　属于评价方式的有（　　）［多选题］

选项	小计 / 人次	比例 /%
考试	72	65.45
评比	96	87.27
调查	92	83.64
评语	88	80.00
本题有效填写 / 人次	110	

第10题　属于评价目的的有（　　）［多选题］

选项	小计 / 人次	比例 /%
诊断	85	77.27
总结	105	95.45
评比	76	69.09
考核	79	71.82
本题有效填写 / 人次	110	

第11题　属于课堂评价功能的有（　　）［多选题］

选项	小计 / 人次	比例 /%
导向功能	104	94.55
激励功能	102	92.73
鉴定功能	78	70.91

（续表）

选项	小计 / 人次	比例 /%
发展功能	96	87.27
本题有效填写 / 人次	110	

第12题　影响课堂教学质量的因素有（　　）［多选题］

选项	小计 / 人次	比例 /%
学生	103	93.64
教师	95	86.36
学材	65	59.09
环境	91	82.73
本题有效填写 / 人次	110	

第13题　语文学科核心素养要素有（　　）［多选题］

选项	小计 / 人次	比例 /%
语言运用	110	100
思维能力	109	99.09
审美创造	103	93.64
文化自信	106	96.36
本题有效填写 / 人次	110	

第14题　您认为语文课堂有效度指标可以包括（　　）［多选题］

选项	小计 / 人次	比例 /%
目标完成	106	96.36
能力提升	108	98.18
习惯养成	108	98.18
思维意识	106	96.36
本题有效填写 / 人次	110	

第15题 您有勇气改革目前课堂教学方式吗？（ ）［单选题］

选项	小计 / 人次	比例 /%
有	91	82.73
没有	19	17.27
本题有效填写 / 人次	110	

问卷一共设计了15道题目，其中有8道单选题和7道多选题，内容涉及管理者身份，当前学校采用的课堂教学评价方式及其效果等，对课堂教学评价的方式、目的、功能的认识，对语文学科核心素养的认识，影响课堂教学质量的因素，语文课堂有效度指标以及改革勇气。这些题目的设置和数据的收集为评价体系的构建提供了重要方向指导。

本问卷一共发放110份，回收110份，回收率100%。通过对数据进行可视化分析，得出以下结论：

①原评价体系固化，且成熟度高。绝大多数管理者认为，学校采用的课堂教学评价方式主要有“听课考评”“教师互评”“教师自评”，这些评价都有一定的标准，且认为这些评价是比较科学的。评价课堂教学后，他们基本都能跟教师进行交流，且98.18%管理者认为教师对其评价信服度高。93.64%管理者认为，教师也了解这些评价。整体讲，86.36%管理者对上述的评价方式自我满意度高。

②目前管理者在评价的认识上是比较片面化、窄化的。认为“考试”是评价方式的，只占65.45%；认为“鉴定功能”是评价功能的，只占70.91%；认为“学材”影响教学质量的，只占59.09%。

③管理者对学科核心素养有基本的了解，且大部分有改革课堂的勇气。

2．问卷分析（语文教师）

基于小学语文学科核心素养的课堂教学评价研究的问卷调查（语文教师）

第1题 您的教龄是（ ）［单选题］

选项	小计 / 人次	比例 /%
0＜教龄≤5	55	28.95
6＜教龄≤15	51	26.84

（续表）

选项	小计 / 人次	比例 /%
16＜教龄≤25	66	34.74
25年以上	18	9.47
本题有效填写 / 人次	190	

第2题　您的性别是（　　）［单选题］

选项	小计 / 人次	比例 /%
男	26	13.68
女	164	86.32
本题有效填写 / 人次	190	

第3题　您对自己课堂教学的状态满意吗？（　　）［单选题］

选项	小计 / 人次	比例 /%
非常满意	19	10.00
比较满意	112	58.95
一般	41	21.58
不太满意	10	5.26
满意	8	4.21
本题有效填写 / 人次	190	

第4题　您目前的教学方式以什么为主？（　　）［单选题］

选项	小计 / 人次	比例 /%
讲授	75	39.47
探究	71	37.37
合作	32	16.84
练习	1	0.53
其他	11	5.79
本题有效填写 / 人次	190	

第5题　您认为您的学生语言运用能力怎么样？（　　）［单选题］

选项	小计 / 人次	比例 /%
非常好	6	3.16
好	75	39.47
一般	99	52.11
不太好	7	3.68
不好	3	1.58
本题有效填写 / 人次	190	

第6题　您认为您的学生思维能力怎么样？（　　）［单选题］

选项	小计 / 人次	比例 /%
非常好	8	4.21
好	82	43.16
一般	96	50.53
不太好	3	1.57
不好	1	0.53
本题有效填写 / 人次	190	

第7题　您认为您的学生语言鉴赏能力怎么样？（　　）［单选题］

选项	小计 / 人次	比例 /%
非常好	3	1.58
好	69	36.32
一般	102	53.68
不太好	15	7.89
不好	1	0.53
本题有效填写 / 人次	190	

第8题　您认为您的学生文化理解力怎么样？（　　）［单选题］

选项	小计 / 人次	比例 /%
非常好	2	1.05

（续表）

选项	小计 / 人次	比例 /%
好	63	33.16
一般	118	62.11
不太好	7	3.68
不好	0	0
本题有效填写 / 人次	190	

第9题　您认为您的学生创新能力怎么样？（　　）［单选题］

选项	小计 / 人次	比例 /%
非常好	6	3.16
好	61	32.10
一般	108	56.84
不太好	14	7.37
不好	1	0.53
本题有效填写 / 人次	190	

第10题　您对学校课堂教学评价的方式满意吗？（　　）［单选题］

选项	小计 / 人次	比例 /%
非常满意	18	9.47
比较满意	121	63.68
一般	46	24.21
不太满意	4	2.11
不满意	1	0.53
本题有效填写 / 人次	190	

第11题　您有自评过自己的课堂教学吗？（　　）［单选题］

选项	小计 / 人次	比例 /%
有	180	94.74
没有	10	5.26
本题有效填写 / 人次	190	

第12题　语文课程的性质是（　　）［单选题］

选项	小计 / 人次	比例 /%
语言文字	2	1.05
学习语言文字	2	1.05
学习语言文字的运用	93	48.95
综合性与实践性	103	54.21
本题有效填写 / 人次	190	

第13题　您清楚语文学科核心素养的概念与内涵吗？（　　）［单选题］

选项	小计 / 人次	比例 /%
很清楚	28	14.73
清楚	139	73.16
不太清楚	23	12.11
一点也不清楚	0	0
本题有效填写 / 人次	190	

第14题　不属于语言建构过程的是（　　）［单选题］

选项	小计 / 人次	比例 /%
语言的理解	2	1.05
语言的创造	33	17.37
语言的朗读	47	24.74
语言的认识冲突	108	56.84
本题有效填写 / 人次	190	

第15题　学校采用的课堂教学评价方式有（　　）［多选题］

选项	小计 / 人次	比例 /%
听课	184	96.84
考核	143	75.26

（续表）

选项	小计 / 人次	比例 /%
考试	103	54.21
其他	60	31.58
本题有效填写 / 人次	190	

问卷一共设计了15道题目，其中有14道单选题和1道多选题，内容涉及教师的教龄，性别，对课堂状态的满意程度，教学方式，对所教学生语言运用能力、思维能力、语言鉴赏能力、文化理解力、创新能力的评价，对学校课堂教学评价方式的了解、看法和实践，对语文课程性质、语文学科核心素养的认识。

本问卷190份有效，通过对数据进行可视化分析，得出以下结论：

①目前教师对自己的教学状态比较满意。他们的教学方式以“讲授”“探究”为主，各占40%左右。对自己课堂教学的状态满意的占70%左右，且绝大部分自评过自己的课堂。

②目前教师对学校的课堂教学评价方式是比较认同的。对学校课堂教学评价的方式满意的占73%左右。

③目前教师都认为自己学生学科核心素养不太理想。认为自己学生语言运用能力好或非常好的占43%左右；认为自己学生思维能力好或非常好的占47%左右；认为自己学生语言鉴赏能力好或非常好的占38%左右；认为自己学生文化理解力好或非常好的占34%左右；认为自己学生创新能力好或非常好的占35%左右。

④教师对“语言运用”的内涵了解不深，甚至很欠缺。认为“语言的认识冲突”不属于语言建构过程的占56.84%。但教师认为自己了解语文学科核心素养的概念与内涵却占88%左右。

3．问卷分析（学生）

基于小学语文学科核心素养的课堂教学评价研究的问卷调查（学生）

第1题　你是几年级的学生？（　　）［单选题］

选项	小计 / 人次	比例 /%
三年级	2285	26.88

（续表）

选项	小计 / 人次	比例 /%
四年级	1882	22.13
五年级	1554	18.28
六年级	2721	32.00
（空）	60	0.71
本题有效填写 / 人次	8502	

第2题　你喜欢语文吗？（　　）［单选题］

选项	小计 / 人次	比例 /%
非常喜欢	4192	49.31
比较喜欢	3081	36.24
一般	1018	11.97
不太喜欢	82	0.96
不喜欢	44	0.52
（空）	85	1.00
本题有效填写 / 人次	8502	

第3题　你喜欢目前上课的方式吗？（　　）［单选题］

选项	小计 / 人次	比例 /%
非常喜欢	4685	55.10
比较喜欢	2815	33.11
一般	771	9.07
不太喜欢	101	1.19
不喜欢	51	0.60
（空）	79	0.93
本题有效填写 / 人次	8502	

第4题　课堂上，你最主要的状态是（　　）［单选题］

选项	小计 / 人次	比例 /%
听	5564	65.44
说	334	3.93
读	284	3.34
写	735	8.65
思	1489	17.51
（空）	96	1.13
本题有效填写 / 人次	8502	

第5题　课堂中，你目前主要的学习方式是（　　）［单选题］

选项	小计 / 人次	比例 /%
听老师讲	6406	75.35
与同学探究合作	1462	17.19
自主做练习	242	2.85
游戏	39	0.46
其他	269	3.16
（空）	84	0.99
本题有效填写 / 人次	8502	

第6题　你最喜欢的课堂形式是（　　）［单选题］

选项	小计 / 人次	比例 /%
听老师讲	3635	42.76
朗读	374	4.40
合作讨论交流	2975	34.99
自学（自主探究）	411	4.83
游戏	786	9.25
其他	235	2.76
（空）	86	1.01
本题有效填写 / 人次	8502	

第7题　你在课前有预习或自主探究吗？（　　）［单选题］

选项	小计 / 人次	比例 /%
经常有	5874	69.09
偶尔有	2415	28.41
没有	124	1.45
（空）	89	1.05
本题有效填写 / 人次	8502	

第8题　你的课堂中有讨论交流吗？（　　）［单选题］

选项	小计 / 人次	比例 /%
经常有	4775	56.16
偶尔有	3404	40.04
没有	231	2.72
（空）	92	1.08
本题有效填写 / 人次	8502	

第9题　课堂中老师有提到语文素养吗？（　　）［单选题］

选项	小计 / 人次	比例 /%
经常有	6463	76.02
偶尔有	1708	20.09
没有	232	2.73
（空）	99	1.16
本题有效填写 / 人次	8502	

第10题　课堂中老师有进行思维训练吗？（　　）［单选题］

选项	小计 / 人次	比例 /%
经常有	6275	73.81
偶尔有	1940	22.82
没有	201	2.36
（空）	86	1.01
本题有效填写 / 人次	8502	

第11题　课堂中老师有让你进行语言鉴赏吗？（　　）［单选题］

选项	小计 / 人次	比例 /%
经常有	6357	74.77
偶尔有	1843	21.68
没有	210	2.47
（空）	92	1.08
本题有效填写 / 人次	8502	

第12题　课堂中老师有对你的课堂表现进行评价吗？（　　）［单选题］

选项	小计 / 人次	比例 /%
经常有	4622	54.36
偶尔有	3223	37.91
没有	561	6.60
（空）	96	1.13
本题有效填写 / 人次	8502	

第13题　你觉得你在课堂上收获怎样？（　　）［单选题］

选项	小计 / 人次	比例 /%
非常大	4243	49.90
比较大	3182	37.43
一般	871	10.24
不太大	89	1.05
没有收获	26	0.31
（空）	91	1.07
本题有效填写 / 人次	8502	

第14题　你认为自己的语言创造力怎样？（　　）［单选题］

选项	小计 / 人次	比例 /%
很好	2436	28.65

（续表）

选项	小计 / 人次	比例 /%
比较好	3416	40.18
一般	2227	26.19
不太好	272	3.20
很差	61	0.72
（空）	90	1.06
本题有效填写 / 人次	8502	

第15题　你认为自己的方法运用能力怎样？（　　）［单选题］

选项	小计 / 人次	比例 /%
很好	2257	26.55
比较好	3640	42.81
一般	2253	26.50
不太好	210	2.47
很差	50	0.59
（空）	92	1.08
本题有效填写 / 人次	8502	

第16题　你认为自己的思维能力怎样？（　　）［单选题］

选项	小计 / 人次	比例 /%
很好	2485	29.23
比较好	3612	42.48
一般	2048	24.09
不太好	210	2.47
很差	52	0.61
（空）	95	1.12
本题有效填写 / 人次	8502	

第17题　你认为自己的学习习惯怎样？（　　）［单选题］

选项	小计 / 人次	比例 /%
很好	2218	26.09
比较好	3453	40.61
一般	2135	25.11
不太好	323	3.80
很差	304	3.58
（空）	69	0.81
本题有效填写 / 人次	8502	

第18题　课堂上你认为最有价值的收获是（　　）［单选题］

选项	小计 / 人次	比例 /%
掌握了知识	4469	52.56
懂得了方法	1949	22.93
提升了能力	670	7.88
养成了习惯	523	6.15
获得了思维	789	9.28
（空）	102	1.20
本题有效填写 / 人次	8502	

问卷一共设计了18道题目，都为单选题，内容涉及学生年级，是否喜欢语文，当前的上课方式，语文课堂上的状态，学习方式，最喜欢的课堂形式，学习习惯，课堂中教师对核心素养的关注，课堂中教师的评价，课堂上的收获，对自身语言创造力、方法运用能力、思维能力、学习习惯的评价等方面。这些题目的设置和数据的收集为我们了解学生学习状态和需要提供了有力参考，也为评价体系的构建提供了重要方向指导。

本问卷一共有效回收8502份。通过对数据进行可视化分析，得出以下结论：

①参与调查的各个年级的学生人数分布较均衡。绝大部分喜欢语文，也喜欢现在语文课堂的授课方式。65.44%的学生课堂上最主要的状态是“听”，

"思"占据第二位，但仅占比17.51%，其他"说""读""写"就更少了。

②从学生的反馈来看，语文课堂教学更多的还是教师讲，学生听，占比高达75.35%，同时学生也表达除了喜欢听老师讲课这一形式，他们也喜欢合作交流讨论的课堂形式。

③目前大部分学生认为课堂上最大的收获是掌握了知识和方法，而能力、习惯、思维占比较少。同时他们之中，认为自己的语言创造力、方法运用能力、思维能力、学习习惯"比较好"的占比最高，可见核心素养的培养还大有可为。

④70%以上的学生反馈，教师在课堂上能够向他们传递核心素养的相关信息，并将核心素养的培育融入课程教学之中。

基于以上三份问卷，项目组制定了教学评价量表，并在2021年9月16日、9月23—24日在汕头市龙湖区锦泰小学举行的汕头市小学语文青年教师教学能力大赛中，采用初步制定的评价量表对课堂进行评价。从评价量表的观察维度中，深刻感受到了教师在教学中以文本为依托，立意高远，以呈现教学理念，审视课程改革向度、观照课程深度、落实学科核心素养为目的的精心设计；感受到教师在课堂中以学生为本，以培养学生关键能力为核心，层层展开教学，打开了一扇扇语文学科核心素养培养之门。这一活动，不仅丰富了我们的实践研究，也检验了评价量表的有效性，为量表的修改提供指引。

在2021年9—12月，项目组全体成员以评价量表为指引，进行课堂教学和课堂教学评价实践，并对量表进行修改，推动研究向更科学、更实用的方向发展。

（二）第二阶段——实践研究（2022年1—12月）

在本阶段，项目组借助初步形成的评价体系和引导示范性案例，进行了广泛的实践，积累了丰富的课堂教学评价素材。根据2022年4月份教育部新发布的《义务教育语文课程标准（2022年版）》，研究的核心概念——小学语文学科核心素养进一步厘清，在国家教育顶层设计中得到了确切的描述，为项目研究进一步指明了方向。项目组在充分研读课程标准的基础上，对评价体系和评价量表进行了修订并在2022年5月上旬在基地学校开展第二次调研论证，了解项目实施效果和语文教学管理者、语文教师、学生的转变，进一步完善评价体系的构建。

1. 问卷制定及分析（语文教学管理者）

基于小学语文学科核心素养的课堂教学评价研究的问卷调查（语文教学管理者）

第1题　您的职务是（　　）［单选题］

选项	小计 / 人次	比例 /%
校长/副校长	0	0
教务主任/副主任	3	11.54
教研组组长	3	11.54
年级组组长	7	26.92
备课组组长	11	42.31
其他	2	7.69
本题有效填写 / 人次	26	

第2题　您了解我们设计的评价体系吗？（　　）［单选题］

选项	小计 / 人次	比例 /%
非常了解	5	19.23
了解	20	76.92
不太了解	1	3.85
一点也不了解	0	0
本题有效填写 / 人次	26	

第3题　您对我们设计的评价体系的评价是（　　）［单选题］

选项	小计 / 人次	比例 /%
非常满意	5	19.23
比较满意	20	76.92
一般	1	3.85
不太满意	0	0
不满意	0	0
本题有效填写 / 人次	26	

第4题　您清楚我们量化评价标准要点的内涵吗？（　　）［单选题］

选项	小计 / 人次	比例 /%
非常清楚	6	23.07
比较清楚	16	61.54
一般	3	11.54
不太清楚	1	3.85
不清楚	0	0
本题有效填写 / 人次	26	

第5题　您对老师的课堂进行过质性评价吗？（　　）［单选题］

选项	小计 / 人次	比例 /%
有	23	88.46
没有	3	11.54
本题有效填写 / 人次	26	

第6题　您用我们的量化评价标准对教师的课堂教学进行过评价吗？（　　）［单选题］

选项	小计 / 人次	比例 /%
有	24	92.31
没有	2	7.69
本题有效填写 / 人次	26	

第7题　您认为我们的评价标准操作性怎样？（　　）［单选题］

选项	小计 / 人次	比例 /%
很复杂	1	3.85
比较复杂	18	69.23
比较简单	7	26.92

（续表）

选项	小计 / 人次	比例 /%
简单	0	0
本题有效填写 / 人次	26	

第8题　教师对您运用我们的课堂教学评价信服吗？（　　）［单选题］

选项	小计 / 人次	比例 /%
非常信服	4	15.39
信服	20	76.92
不太信服	2	7.69
一点也不信服	0	0
本题有效填写 / 人次	26	

问卷一共设计了8道题目，都为单选题，内容涉及管理者身份，对项目评价体系的了解、评价，对其内涵的认识，是否运用过质性评价，是否使用过我们的评价量表，如何评价这份评价标准的实操性，教师的反馈。本问卷一共发放26份，回收26份，回收率100%。通过对数据进行可视化分析，得出以下结论：

①管理者绝大部分了解并实践了项目内容。对我们设计的评价体系基本是满意的，认为是有科学性、有说服力的。

②要进一步优化我们的评价体系。有73%左右的管理者认为操作比较复杂或很复杂。

③要进一步加强对管理者的培训，进一步统一认识，让管理者更了解评价体系以及量化评价标准的内涵。数据显示：还有15%左右的管理者对评价标准要点的内涵了解不足，还有77%左右的管理者只是了解体系，约62%的管理者比较清楚评价标准要点的内涵。只有让管理者达到非常了解或非常清楚才能让其科学自如地运用评价标准，才能让管理者的评价在教师心目中的信服度更高。

2．问卷制定及分析（语文教师）

基于小学语文学科核心素养的课堂教学评价研究的问卷调查（语文教师）

第1题　您的教龄是（　　）［单选题］

选项	小计 / 人次	比例 /%
0 < 教龄 ≤5	53	33.33
6 < 教龄 ≤15	41	25.79
16 < 教龄 ≤25	48	30.19
25年以上	17	10.69
本题有效填写 / 人次	159	

第2题　您的性别是（　　）［单选题］

选项	小计 / 人次	比例 /%
男	16	10.06
女	143	89.94
本题有效填写 / 人次	159	

第3题　每堂课，在语言运用上，您有明确的目标吗？（　　）［单选题］

选项	小计 / 人次	比例 /%
有	151	94.97
没有	8	5.03
本题有效填写 / 人次	159	

第4题　在思维能力上，您有自己的手段与方法吗？（　　）［单选题］

选项	小计 / 人次	比例 /%
有	141	88.68
没有	18	11.32
本题有效填写 / 人次	159	

第5题　在审美创造上，您有自己的手段与方法吗？（　　）［单选题］

选项	小计 / 人次	比例 /%
有	139	87.42
没有	20	12.58
本题有效填写 / 人次	159	

第6题　您认为小学课堂上主要训练哪些思维？（　　）［多选题］

选项	小计 / 人次	比例 /%
直觉思维	81	50.94
形象思维	129	81.13
逻辑思维	135	84.91
创造思维	146	91.82
辩证思维	97	61.01
本题有效填写 / 人次	159	

第7题　您认为小学课堂上主要提升哪些方面的思维品质？（　　）［多选题］

选项	小计 / 人次	比例 /%
深刻性	97	61.01
敏捷性	116	72.96
独创性	134	84.28
灵活性	149	93.71
批判性	62	38.99
本题有效填写 / 人次	159	

第8题　您了解我们设计的评价体系吗？（　　）［单选题］

选项	小计 / 人次	比例 /%
非常了解	14	8.81
了解	101	63.52
不太了解	39	24.53
一点也不了解	5	3.14
本题有效填写 / 人次	159	

第9题　您对我们设计的评价体系的评价是（　　）［单选题］

选项	小计 / 人次	比例 /%
非常满意	37	24.03
比较满意	87	56.49

（续表）

选项	小计/人次	比例/%
一般	30	19.48
不太满意	0	0
不满意	0	0
本题有效填写/人次	154	

第10题　您清楚我们量化评价标准要点的内涵吗？（　　）［单选题］

选项	小计/人次	比例/%
非常清楚	19	12.34
比较清楚	76	49.35
一般	46	29.87
不太清楚	13	8.44
不清楚	0	0
本题有效填写/人次	154	

第11题　您用我们的量化评价标准对教师的课堂教学进行过评价吗？（　　）［单选题］

选项	小计/人次	比例/%
有	132	85.71
没有	22	14.29
本题有效填写/人次	154	

第12题　您认为我们的评价标准操作性怎样？（　　）［单选题］

选项	小计/人次	比例/%
很复杂	10	6.49
比较复杂	106	68.83
比较简单	35	22.73
简单	3	1.95
本题有效填写/人次	154	

第13题　教师对您运用我们的课堂教学评价信服吗？（　　）［单选题］

选项	小计 / 人次	比例 /%
非常信服	20	12.99
信服	128	83.11
不太信服	6	3.9
一点也不信服	0	0
本题有效填写 / 人次	154	

第14题　您有依我们的评价体系尝试改变自己的课堂教学吗？（　　）［单选题］

选项	小计 / 人次	比例 /%
有	152	98.7
没有	2	1.3
本题有效填写 / 人次	154	

问卷一共设计了14道题目，其中有12道单选题和2道多选题，内容涉及教师教龄、性别，在语言运用上是否有明确目标，在思维能力、审美创造上是否有自己的手段和方法，对小学课堂主要训练哪些思维、提升哪些思维品质的了解，对项目的评价体系的认识、评价、内涵理解，是否运用该量化标准进行课堂教学评价，操作如何、效果如何，是否有依评价体系尝试改变课堂教学。

本问卷一共回收154份，通过对数据进行可视化分析，得出以下结论：

①绝大部分教师自认为在语言运用、思维能力、审美创造上有明确的目标及方法、手段。

②在思维的认识上，与小学的要求还有一定的差距，如直觉思维在小学应是着力培养的思维，辩证思维则主要在第三学段逐渐渗透，但有61.01%的教师认为其在小学课堂上是重要内容。在思维的品质上，则有较统一的认识，如大多数教师认为独创性、灵活性是需要主要培养的品质；在深刻性上则理解不统一，只有61.01%认为是主要的。

③在项目推广上还要加大力度。还有27%左右的教师不了解我们设计的评

价体系。只有80%左右的教师对我们的评价体系表示比较满意或非常满意。只有61.69%的教师非常清楚或比较清楚量化评价标准要点的内涵。还有14%左右的教师没有实践我们的评价。

④要进一步优化我们的评价体系。有75%左右的教师认为操作比较复杂或很复杂。可喜的是，评价体系的科学性得到绝大多数教师的认同，认为其评价能令老师们信服。

⑤教师在课堂教学转变上有较积极的实践。98.7%的教师尝试过运用评价体系所指向的理念进行教学。

3．问卷制定及分析（学生）

基于小学语文学科核心素养的课堂教学评价研究的问卷调查（学生）

第1题　你是几年级的学生？（　　）［单选题］

选项	小计 / 人次	比例 /%
三年级	1401	20.04
四年级	2025	28.96
五年级	2071	29.62
六年级	1495	21.38
本题有效填写 / 人次	6992	

第2题　在班级里，你认为自己语文水平在哪个层次？（　　）［单选题］

选项	小计 / 人次	比例 /%
上等	775	11.08
中上	2757	39.43
中等	2715	38.83
中下	610	8.73
下等	135	1.93
本题有效填写 / 人次	6992	

第3题　与去年相比，你觉得语文老师的课堂教学有变化吗？（　　）［单选题］

选项	小计 / 人次	比例 /%
没有变化	1101	15.75
有一点变化	3231	46.21
变化比较大	1706	24.40
变化很大	954	13.64
本题有效填写 / 人次	6992	

第4题　下面的词中，课堂中你听到最多的词是（　　）［单选题］

选项	小计 / 人次	比例 /%
运用	2464	35.24
积累	2753	39.37
思维	1172	16.76
文化	173	2.48
欣赏	238	3.40
创造	192	2.75
本题有效填写 / 人次	6992	

第5题　老师有让你评价过他的课吗？（　　）［单选题］

选项	小计 / 人次	比例 /%
有	2839	40.60
没有	4153	59.40
本题有效填写 / 人次	6992	

第6题　你觉得老师在课堂上有训练你们的思维能力吗？（　　）［单选题］

选项	小计 / 人次	比例 /%
有	6653	95.15
没有	339	4.85
本题有效填写 / 人次	6992	

第7题　在课堂上，老师有没有指导你评价其他同学的发言？（　　）［单选题］

选项	小计 / 人次	比例 /%
有	5610	80.23
没有	1382	19.77
本题有效填写 / 人次	6992	

第8题　在课堂上，老师有没有指导你如何创造语言？（　　）［单选题］

选项	小计 / 人次	比例 /%
有	6239	89.23
没有	753	10.77
本题有效填写 / 人次	6992	

第9题　目前，课堂上你认为最有价值的收获是（　　）［单选题］

选项	小计 / 人次	比例 /%
掌握了知识	2398	34.3
懂得了方法	2214	31.66
提升了能力	743	10.63
养成了习惯	728	10.41
获得了思维	909	13.00
本题有效填写 / 人次	6992	

第10题　你在语文课堂中可以感受到的美有哪些？（　　）［多选题］

选项	小计 / 人次	比例 /%
老师的形象美	3253	46.52
老师的语言美	5132	73.40
老师的板书美	4357	62.31
课本的语言文字美	5430	77.66
本题有效填写 / 人次	6992	

问卷一共设计了10道题目，其中有9道单选题和1道多选题，内容涉及学

生年级，学生对自己语文水平的评价，教师课堂教学的变化，学生在课堂中最常听到的词，教师是否有让学生评价过他的课堂，课堂上教师如何训练学生的思维能力、语言能力，学生在课堂上最大的收获和能欣赏到的美。

本问卷共回收6992份，通过对数据进行可视化分析，得出以下结论：

①学生自评学习能力还有较大提升空间。认为自己语文水平上等的占11.08%，认为自己语文水平中上及中等的占78.26%，认为自己语文水平中下及下等的占10.66%。

②项目开展以来，受触动做出改变的教师占84.25%，且能在课堂上进行实践。项目开展成效较好。

③在学科核心素养的认识以及实践上，有89.23%的学生认为教师在语言创造上有指导，有95.15%的学生认为教师有进行思维训练。但教师在审美创造、文化自信的理解与实践上体现不足。

④让学生参与课堂评价的意识还不强。让学生评价自己课的教师，只占40.6%。

⑤教师在课堂中，大部分能做到指导学生进行评价，这是审美创造的体现，但学生及教师在这方面没有意识，故此，在学科核心素养的理解上，部分教师还不深刻。

⑥学生的学习观念还没有较大转变，还是认为掌握知识、方法就是最大的目标或收获，在思维学习、能力提升、习惯养成等方面的意识还较薄弱。

结合项目组成员的教学实践、理论学习和三份问卷反馈的信息，项目组对教学评价体系进行了修订和说明，使之更加科学和便于教师使用。

在此基础上，借助评价量表开展了广泛的教学实践，在实践中，发现量表不完善的地方，调整修改。在整个调研论证过程中，始终将理论和实践相结合，既重视理论研究，也注重实践应用，不断地在具体的课堂实践中，运用制定的量表进行课堂教学评价、诊断，在此基础上继续修订评价量表，发展、推广引导示范性评价模式。希望通过这样的方式，可以使研究更接近实际，更符合教学的实际需求，从而更好地服务于教学实践。通过两个阶段的调研论证，发现教师对评价量表的使用更加得心应手。在此过程中，需要进行大量的研究和思考，这无疑能够锻炼教师的研究能力，提升其对教育教学的认识和理解，从而提升其教学能力和水平。

第三节　核心素养课堂教学的评价设计

一、评价体系设计

“基于小学语文学科核心素养的课堂教学评价”主要从评价的原则、评价标准的制定、评价的方法三个方面来设计，以体现评价体系的立体、多维、科学性。评价原则遵循多维性、过程性、发展性、真实性，评价标准主要从分学段与分课型两个角度来分开设计，评价方法多样，主要体现为“六相结”，即自评与他评相结合、教师与学生相结合、量化与质性相结合、整体与个体相结合、现实与潜在相结合、过程与结果相结合。如图3。

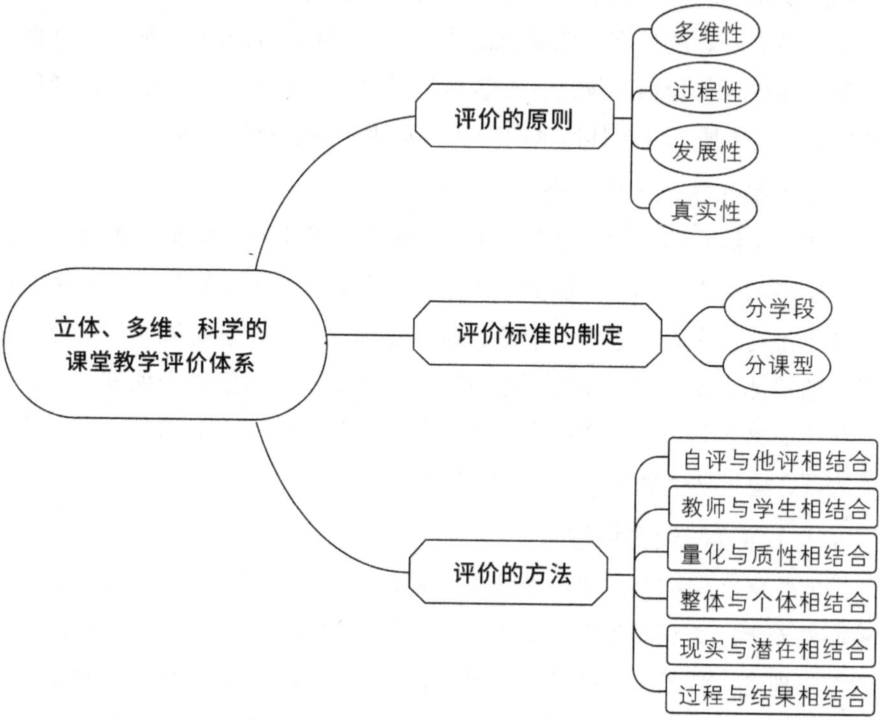

图 3

二、评价的方法设计

（一）自评与他评相结合

自评与他评相结合主要是从参与者的角色来构建的。自评，指执教者自我评价，主要从学科核心素养在教学中的取舍、目标定位、过程点拨、成效结果等方面进行自我评价。他评，指听课者从学科核心素养不同角度对教师、学生进行评价。听课者可以是执教者同行、教育学研究者、教学管理者、学生等。

（二）教师与学生相结合

教师与学生相结合的评价主要是从课堂参与者的身份出发构建的。教师是设计、引导、点拨者，学生是课堂学习的主人。两者都是参与者、发展者，他们的评价相结合更能全面反映课堂的成效。

（三）量化与质性相结合

量化与质性相结合的评价是从评价给出的形式构建的。量化评价指给出具体的数值来体现评价的结果。量化评价一般设定评价的项目内容以及评价权限，并给出一定的标准，依标准的达成度给出相应的数值。量化评价直观性较强。质性评价指通过描述性语言做出的评价。质性评价一般通过现象分析成因，探讨本质，鉴定其达到的程度。质性评价结论较深刻。

（四）整体与个体相结合

整体与个体相结合的评价是从评价内容与学生角度出发的。整体，可以是包含学科核心素养四个方面的整体，也可以是某一方面在教学过程中的整体，如思维能力中直觉思维、形象思维、逻辑思维、辩证思维、创造思维在课堂中的整体表现。整体还可以是所有学生在课堂中的整体表现等。个体，指学科核心素养某一方面在课堂中的表现，如思维能力中的形象思维在课堂中的表现，也指学生个体在课堂中的表现。

（五）现实与潜在相结合

现实与潜在相结合的评价是从课堂表现以及成效构建的。现实，指在学科核心素养上已达到的程度、水平，产生的成效或呈现出的形态；可以指教师的教学理念，教师设计的教学内容、目标、过程、方式，教师在教学过程中的点拨、调控等；也可以指学生在课堂中学科核心素养学习目标达到的程度，学习方式、策略对学科核心素养的学习产生的反应或影响等。潜在，指未达到但有可能达到的。评价内容与现实性相同，但性质相对。

（六）过程与结果相结合

过程与结果相结合的评价是从课堂实施以及达成的目标构建的。过程，指课堂教学的具体过程，包括教学准备与教学实施过程中各大环节的核心素养各方面的落实情况。结果，指对课堂教学目标达成情况以及学生在课堂结束后在核心素养形成能力提升与发展方面体现出的结果。

第四节　评价标准的设计与解析

一、第一学段识字教学评价标准的设计与解析

（一）第一学段识字教学量化评价表

评价维度		评价内容及标准	权重分值	评分	评价记录
文化自信（15分）	教师	文化意识强；能挖掘并传播汉字文化，文化渗透自然、适度，善于激发学生学习汉字的兴趣。	7		
	学生	热爱国家通用语言文字，喜欢学习汉字，有主动识字、写字的愿望，有探索汉字文化的兴趣。	8		
语言运用（50分）	教师	文本研读深入，识字、写字学习目标定位准确、具体，遵循学生认知规律。	8		
		识字、写字注重方法指导，有重点，有过程；教学支架充分、有趣，有利于学生主动积累、梳理、建构。	12		
	学生	积极参与学习实践活动，发现并了解汉字的特点。	15		
		独立识字能力增强；能正确、规范运用汉字、词语进行有效交流沟通；书写规范、端正、整洁。	15		
思维能力（20分）	教师	关注学生在学习过程中的联想想象、分析比较、归纳判断等认知能力的发展，教学点拨有艺术，注重培养学生的直觉思维、形象思维、创造思维。	8		
	学生	求知欲强，积极思考，思维活跃，思维的敏捷性、灵活性有提升，思维的独创性有表现。	12		

（续表）

评价维度		评价内容及标准	权重分值	评分	评价记录
审美创造（15分）	教师	教学整体艺术性强，语言表达优美且富有童趣，有示范性，能熏陶学生；积极引导学生对语言文字进行感受、理解、欣赏、评价，培养学生的审美情趣、审美能力。	7		
	学生	审美情趣健康向上，具有良好的识字、写字习惯，写字姿势正确；审美体验充分，有较好的审美评价表现，具有初步的感受、发现、表现汉字形体与语言创造之美的能力。	8		
总分			100		

（二）第一学段识字教学量化评价表“评价内容及标准”说明

【文化自信（15分）】

1．教师（7分）

（1）文化意识强：教师有敏锐的文化意识，并将文化元素设计到教学过程中。（2分）

（2）挖掘并传播汉字文化：文本呈现的语言文字文化，或中华优秀传统文化，或革命文化，或社会主义先进文化，教师在教学目标与过程的设定中有明确的要点及任务。（2分）

（3）文化渗透自然、适度，善于激发学生学习兴趣：教师在渗透文化时，注意文化渗透与语言文字学习的结合，不是灌输性地，而是恰当、巧妙地进行文化渗透，激发学生学习汉字的兴趣，提高学生参与度。（3分）

2．学生（8分）

（1）热爱国家通用语言文字，喜欢学习汉字：学生喜爱国家通用语言文字，尊重语言文字，对语言文字有亲近感，有自豪感，抱有兴趣。（4分）

（2）有主动识字、写字的愿望，有探索中国汉字文化的兴趣：学生在文本学习过程中，情绪高，探索语言文字主观愿望强，行为主动。（4分）

【语言运用（50分）】

1．教师（8分）

（1）文本研读深入：教师在充分研读教材的基础上，充分挖掘识字、写

字蕴藏的特点与训练价值。（3分）

（2）识字、写字学习目标定位准确、具体，遵循学生认知规律：教师依照文本特点，确定好适度的识字学习目标，能充分挖掘识字、写字的重点，上课有所侧重。（5分）

2．教师（12分）

（1）识字、写字注重方法指导：教师在学习实践过程中，注重指导，注意把握学习动态，让学生的实践活动更有效率。（6分）

（2）教学支架充分、有趣：教师能运用多种方法进行识字、写字指导，方法具有新鲜感和趣味性。（6分）

3．学生（15分）

（1）积极参加学习实践活动：学生在语言文字特点、规律上或在文本语言理解上，有主动积累与梳理的态度。（10分）

（2）发现并理解汉字的特点：学生能发现汉字的特点、规律，并能了解、运用这种特点和规律。（5分）

4．学生（15分）

（1）独立识字能力增强：学生在理解语言文字特点、规律的基础上，具有独立识字的能力。（5分）

（2）使用汉字、词语进行有效交流沟通：在教师的指导和点拨下，学生能使用汉字、词语进行有效的交流和沟通。（5分）

（3）书写规范、端正、整洁：学生经过教师的指导和点拨后，书写基本可以达到规范、端正、整洁。（5分）

【思维能力（20分）】

1．教师（8分）

（1）关注学生在学习过程中的联想想象、分析比较、归纳判断等认知能力的发展：教师有明确的思维训练意识，在教学中有明确的目标或教学过程中有明确的训练行为。（2分）

（2）教学点拨有艺术：教师适时、恰当且有针对性地进行思维方面的教学点拨。（3分）

（3）注重培养学生的直觉思维、形象思维、创造思维：教学中能较好利用或创造教学资源来培养学生的直觉思维、形象思维，有意识培养语言创造

力。（3分）

2．学生（12分）

（1）求知欲强，积极思考：学生在课堂上求知欲强，积极思考，并积极参与课堂。（4分）

（2）思维活跃，思维的敏捷性、灵活性有所提升：学生表现出积极的思维状态，学生看待问题或解决问题的反应更快，方式更多，更有见解。（6分）

（3）思维的独创性有表现：学生有不同的观点，表达具有创新性及创造性。（2分）

【审美创造（15分）】

1．教师（7分）

（1）教学整体艺术性强，语言表达美且具有童趣，有示范性，能熏陶学生：教师整节课的构建有艺术性，具有第一学段的童趣，又能体现环节节奏的美感。教师有较好的语言设计，语言规范、简洁、明确，能创设较好的语言氛围。（2分）

（2）引导学生对语言文字进行感受、理解、欣赏、评价：教师在引导学生感受、理解、欣赏、评价语言文字及作品的审美过程中做到引导适度、有成效。（3分）

（3）培养学生的审美情趣、审美能力：教师在教学中能注意培养学生的审美意识，引导学生树立正确的审美观念。（2分）

2．学生（8分）

（1）审美情趣健康向上：学生有自觉审美意识，努力去发现美，且审美观念积极向上。（2分）

（2）具有良好的识字、写字习惯，写字姿势正确：学生在教学中有意识地识字，且写字姿势正确，有较好的写字习惯。（3分）

（3）审美体验充分，有较好的审美评价表现，具有初步感受、发现、表现汉字形体与语言创造之美的能力：学生有较充足的时间来体验美。学生感受美、发现美的能力初步形成，在学习中能感受汉字形体与语言创造之美。（3分）

二、第一学段阅读教学评价标准的设计与解析

（一）第一学段阅读教学量化评价表

评价维度		评价内容及标准	权重分值	评分	评价记录
文化自信（15分）	教师	文化意识强；教学中文化要素清晰，渗透自然、适度。	7		
	学生	热爱国家通用语言文字，认同中华文化；能在引导下去探索语言文字，学习兴致高。	8		
语言运用（50分）	教师	文本研读深入，语言运用学习目标定位准确、具体、适度，有重点。	8		
		善于搭建符合学生年龄特点的教学支架，指导学生进行有效率的语言实践活动；语言建构有层次，有时空，有过程。	16		
	学生	对字词敏感，具有初步的语言积累意识与能力，形成初步的语感。	10		
		积极参与语言实践活动，能发现文本中词、句表达的特点，并进行模仿性的迁移运用。	16		
思维能力（20分）	教师	关注学生思维的发展，教学点拨有艺术，体现创造思维的培养，注重直觉思维、形象思维的培养。	8		
	学生	思维培养点有发展；思维活跃，思维的敏捷性、灵活性有提升，思维的独创性有表现。	12		
审美创造（15分）	教师	教学整体艺术性强，语言表达美，有示范性，能熏陶学生；引导学生感受、理解、欣赏、评价有法有效；注重培养学生的审美意识与正确的审美观念。	7		
	学生	审美情趣健康向上；初步感受语言、形象之美，获得初步的情感体验，并乐于与人交流。	8		
总分			100		

（二）第一学段阅读教学量化评价表“评价内容及标准”说明

【文化自信（15分）】

1．教师（7分）

（1）文化意识强：教师有敏锐的文化意识，清楚文化要素。能发现文本中的文化元素，并将其设计到教学过程中。（2分）

（2）教学中文化要素清晰：文本呈现的语言文字文化，或中华优秀传统文化，或革命文化，或社会主义先进文化，教师在教学目标与过程的设定中有明确的要点及任务。（2分）

（3）渗透自然、适度：教师在渗透文化时，注意到文化渗透与语言文字学习的结合，不是灌输性地，而是恰当、巧妙地进行文化渗透，且渗透不能过深，拓展不会过宽；文化的深入学习与理解不能作为单独的环节进行学习。（3分）

2．学生（8分）

（1）热爱国家通用语言文字，认同中华文化：学生喜爱国家通用语言文字，尊重语言文字，对语言文字有亲近感，有自豪感，有兴趣。（2分）

（2）能在引导下去探索语言文字：学生探索语言文字主观愿望强，行为主动，能对语言特点或规律有所发现。（4分）

（3）学习兴致高：学生在文本学习过程中情绪高。（2分）

【语言运用（50分）】

1．教师（8分）

（1）文本研读深入：教师能细致、全面地研读文本，能充分挖掘语言文字蕴藏的特点与训练价值。（3分）

（2）语言运用学习目标定位准确、具体、适度，有重点：指教师依照文本特点、学生实际情况，确定好适度的语言运用学习目标；目标表述具体，训练有重点。（5分）

2．教师（16分）

（1）善于搭建符合学生年龄特点的教学支架：教师能依照学生年龄特点，运用各种教学手段，创设符合学生认知水平的、有趣味的情境，采用合适的方式来进行教学。（5分）

（2）指导学生进行有效率的语言实践活动：教师在学习实践过程中，注

重指导，注意把握学习动态，让学生的实践活动更有效率。（3分）

（3）语言建构有层次，有时空，有过程：教师在语言运用主要目标中有让学生经历认知、内化（同化与顺应）、实践运用的过程；这个过程有一定的层次性，有充足的时间，有较开阔的认知视界。（8分）

3．学生（10分）

（1）对字词敏感：学生在语言文字特点、规律上或在文本语言理解上，有主动发现和主动学习的态度。（3分）

（2）具有初步的语言积累意识与能力：学生有主动积累语言文字的意识，喜欢积累优美的词句，尝试在口头和书面表达中运用，并在教师的指导、点拨下形成一定能力，整合有一定的成效。（3分）

（3）形成初步的语感：学生在语言实践过程中，对语言敏感，能形成初步的语感（如朗读）。（4分）

4．学生（16分）

（1）积极参与语言实践活动：学生在实践活动中有较积极、充分的表现。（5分）

（2）能发现文本中词、句表达的特点：学生能掌握文本呈现出的语言文字特点或者语言运用所表现出的规律，达成教师设定的语言运用的目标。（5分）

（3）进行模仿性的迁移运用：学生能把掌握的语言运用规律正确表现在口头或书面表达中。（6分）

【思维能力（20分）】

1．教师（8分）

（1）关注学生思维的发展：教师有明确的思维训练意识，在教学中有明确的目标或在教学过程中有明确的训练行为。（1分）

（2）教学点拨有艺术：教师能适时、恰当且有针对性地进行思维方面的教学点拨。（3分）

（3）体现创造思维的培养：教学中，多鼓励学生进行多方式、多形态的语言创造表达，有意识地培养学生的创造思维。（1分）

（4）注重直觉思维、形象思维的培养：教学中，要有针对性地训练学生的直觉思维、形象思维。（3分）

2．学生（12分）

（1）思维培养点有发展：教学设计中提及要培养的思维有所发展。（4分）

（2）思维活跃，思维的敏捷性、灵活性有提升：学生表现出积极的思维状态；学生能根据提示提取文本的显性信息，通过关键词句说出事物的特点，做简单推测；学生看待问题或解决问题的反应更快，方式更多，更有见解。（6分）

（3）思维的独创性有表现：学生喜欢观察、提问，能用自己喜欢的方式呈现学习所得，在独创上有呈现。（2分）

【审美创造（15分）】

1．教师（7分）

（1）教学整体艺术性强，语言表达美，有示范性，能熏陶学生：教师整节课的构建有艺术性，符合规律，又能体现环节节奏的美感。教师有较好的语言设计，语言规范、简洁、明确，能创设较好的语言氛围。（2分）

（2）引导学生感受、理解、欣赏、评价有法有效：教师在引导学生感受、理解、欣赏、评价语言文字及作品的审美过程中做到适度、有成效。（3分）

（3）注重培养学生的审美意识与正确的审美观念：教师在教学中能注意培养学生的审美意识，引导学生树立正确的审美观念。（2分）

2．学生（8分）

（1）审美情趣健康向上：学生初步形成审美意识，努力去发现美，且审美观念积极向上。（2分）

（2）初步感受语言、形象之美，获得初步的情感体验：学生在认知能力上，能从文字中初步感受语言之美，想象、描绘出画面，感受形象之美。学生有较充足的时间来体验美，并获得初步的情感体验。（3分）

（3）乐于与人交流：学生有主动交流的意识，并能够完整进行表达与交流；能认真倾听别人的发言，并主动用礼貌用语回应。（3分）

三、第二学段阅读教学评价标准的设计与解析

（一）第二学段阅读教学量化评价表

评价维度		评价内容及标准	权重分值	评分	评价记录
文化自信（15分）	教师	文化意识强；教学中文化要素清晰，渗透自然、适度。	7		
	学生	热爱国家通用语言文字，认同中华文化；能主动探索语言文字，学习兴致高；对各类文化有兴趣。	8		
语言运用（50分）	教师	文本研读深入，语言运用学习目标定位准确、具体、适度，有重点。	8		
		善于搭建教学支架，指导学生进行有效率的语言实践活动；语言建构有层次，有时空，有过程。	16		
	学生	主动积累语言，具有初步的语言梳理意识与能力，语感增强。	10		
		语言实践积极、充分，了解语言文字的特点与运用规律，并能在具体语言情境中有效交流沟通。	16		
思维能力（20分）	教师	关注学生思维的发展；教学点拨有艺术，体现创造思维、逻辑思维的培养，突出直觉思维、形象思维的发展。	8		
	学生	思维培养点有发展；思维活跃，思维敏捷性、灵活性增强，思维的独创性、深刻性有表现。	12		
审美创造（15分）	教师	教学整体艺术性强，语言表达美，有示范性，能熏陶学生；引导学生感受、理解、欣赏、评价有法有效；注重培养学生的审美意识与正确的审美观念。	7		
	学生	审美情趣健康向上；能初步感受语言、形象、情感之美；积极与他人交流自己的审美感受，审美评价有表现。	8		
总分			100		

（二）第二学段阅读教学量化评价表“评价内容及标准”说明

【文化自信（15分）】

1．教师（7分）

（1）文化意识强：教师有敏锐的文化意识，清楚文化要素，能发现文本中的文化元素，并将其设计到教学过程中。（2分）

（2）教学中文化要素清晰：文本呈现的语言文字文化，或中华优秀传统文化，或革命文化，或社会主义先进文化，或当代文化生活在教学目标与过程的设定中有明确的要点及任务。（2分）

（3）渗透自然、适度：教师在渗透文化时，注意文化渗透与语言文字学习的结合，不是灌输性地，而是根据课文特点恰当、自然、巧妙地进行文化渗透。（3分）

2．学生（8分）

（1）热爱国家通用语言文字，认同中华文化：学生对中华文化的生命力有坚定信心，喜爱国家通用语言文字，尊重语言文字，对语言文字有亲近感，有自豪感，有兴趣。（2分）

（2）能主动地探索语言文字，学习兴致高：学生在文本学习过程中，情绪高，探索语言文字主观愿望强，行为主动。（4分）

（3）对各类文化有兴趣：学生在学习过程中对各类文化学习兴趣浓厚，会主动去了解。（2分）

【语言运用（50分）】

1．教师（8分）

（1）文本研读深入：教师能细致、全面地研读文本，能根据单元语文要素充分挖掘语言文字训练点，研读语言文字蕴藏的特点与训练价值。（3分）

（2）语言运用学习目标定位准确、具体、适度，有重点：教师依文本特点、学生实际情况，确定好适度的语言运用学习目标，且目标表述具体，训练有重点。（5分）

2．教师（16分）

（1）善于搭建教学支架：教师能运用各种教学手段，创设合适的情境，采用合适的方式来进行教学。（5分）

（2）指导学生进行有效的语言实践活动：教师在学习实践过程中，注重指导，注意把握学习动态，让学生的实践活动更有效率。（3分）

（3）语言建构有层次，有时空，有过程：教师在语言运用主要目标中有让学生经历认知、内化（同化与顺应）、实践运用的过程，这个过程有一定的层次性，有充足的时间，有较开阔的认知视界。（8分）

3．学生（10分）

（1）主动积累、梳理语言：学生在语言文字特点、规律上或在文本语言理解上，有主动积累与梳理的意识。（3分）

（2）具有初步的语言梳理意识与能力：学生在认知上、在行动上有语言整合的意识。（3分）

（3）语感增强：学生在语言实践过程中，对语言敏感，能表现出语感（如朗读）有所增强。（4分）

4．学生（16分）

（1）语言实践积极、充分：学生在实践活动中有较积极、充分的表现。（5分）

（2）了解语言文字的特点与运用规律：学生能了解文本呈现出的语言文字特点或者语言运用所表现出的规律，特别是要达成教师设定的语言运用的目标。（5分）

（3）能在具体语言情境中有效交流沟通：学生能把理解到的语言运用规律正确表现在口头表达中。（6分）

【思维能力（20分）】

1．教师（8分）

（1）关注学生思维的发展：教师有明确的思维训练意识，在教学中有明确的目标，或在教学过程中有明确的训练行为。（1分）

（2）教学点拨有艺术：教师适时、恰当地且有针对性地进行思维方面的教学点拨。（3分）

（3）体现创造思维、逻辑思维的培养：教学中，教师要对语文有“三问”的意识，能利用好课文中的关键词等来创造语言情境，有意识地培养学生的创造思维与逻辑思维。（1分）

（4）突出直觉思维、形象思维的发展：教学中，要有针对性地训练学生的直觉思维和形象思维。（3分）

2．学生（12分）

（1）思维培养点有发展：教学设计中提及要培养的思维有所发展。（4分）

（2）思维活跃，思维的敏捷性、灵活性增强：学生表现出积极的思维状态，学生看待问题或解决问题的反应更快，方式更多，更有见解。（6分）

（3）思维的独创性、深刻性有表现：学生的思维在独创性与深刻性上有呈现。（2分）

【审美创造（15分）】

1．教师（7分）

（1）教学整体艺术性强，语言表达美，有示范性，能熏陶学生：教师整节课的构建有艺术性，符合规律，又能体现环节节奏的美感。教师有较好的语言设计，规范、简洁、明确，能创设较好的语言氛围。（2分）

（2）引导学生感受、理解、欣赏、评价有法有效：教师在引导学生感受、理解、欣赏、评价语言文字及作品的审美过程中做到引导适度、有成效。（3分）

（3）注重培养学生的审美意识与正确的审美观念：教师在教学中能注意培养学生的审美意识，引导学生树立正确的审美观念。（2分）

2．学生（8分）

（1）审美情趣健康向上：学生审美观念积极向上。（2分）

（2）能初步感受语言、形象、情感之美：学生有较充足的时间来体验语言、形象、情感之美。（2分）

（3）积极与他人交流自己的审美感受，审美评价有表现：学生能够积极、主动地去与他人交流，能客观、积极向上地进行评价。（4分）

四、第二学段习作教学评价标准的设计与解析

（一）第二学段习作教学量化评价表

评价维度		评价内容及标准	权重分值	评分	评价记录
文化自信（10分）	教师	文化意识强；教学中文化、思想渗透自然、适度。	5		
	学生	热爱国家通用语言文字，认同中华文化；能感受文化的魅力；习作态度积极，乐于表达，能听取他人的意见。	5		

（续表）

评价维度		评价内容及标准	权重分值	评分	评价记录
语言运用（60分）	教师	教材研读深入，习作指导目标定位准确、具体、适度，有重点。	10		
		善于构建教学支架，引领学生积累语言，规范表达；篇章建构有层次，有时空，有过程。	20		
	学生	积累与模仿语言能力增强，有初步的整合素材的意识与能力。	12		
		积极参与语言实践活动，构段、构篇意识与能力增强。	18		
思维能力（15分）	教师	关注学生思维的发展，注重培养学生的形象思维、逻辑思维、创造思维，思维训练能与语言运用融为一体。	7		
	学生	思维活跃，思维的敏捷性、灵活性有提升，思维的深刻性增强，思维的创造性有所表现。	8		
审美创造（15分）	教师	语言表达能熏陶学生。对习作的点评具有引导性，习作范式具有启发性；善于创造审美情境，善于点拨、调控学生对词、句、段的交流与评价，注重培养学生的审美情趣与语言修改能力。	7		
	学生	能发现语言表达的规范、准确以及形式之美；能简要评价同伴的习作，修改语言，并有一定的语言创造力；审美情趣健康向上，文思构建、表达体现真、善、美。	8		
总分			100		

（二）第二学段习作教学量化评价表“评价内容及标准”说明

【文化自信（10分）】

1. 教师（5分）

（1）文化意识强：教师有敏锐的文化意识，清楚文化要素，能发现文本中的文化元素，并将其设计到教学过程中。（2分）

（2）教学中文化、思想渗透能适度：教师能把握各种文化的内涵，并在习作教学环节、习作指导中有机适度地结合、渗透。（3分）

2．学生（5分）

（1）热爱国家通用语言文字，认同中华文化：学生喜爱国家通用语言文字，尊重语言文字，对语言文字有亲近感，有自豪感，有兴趣。（1分）

（2）能感受文化的魅力：学生在文本学习过程中，情绪高，能感受语言文字的文化内涵，行为积极。（2分）

（3）习作态度积极，乐于表达，能听取他人意见：学生在交流过程中行为积极、自信，表达时能做到重点突出，中心明确，交流时能虚心听取他人的建议或意见。（2分）

【语言运用（60分）】

1．教师（10分）

（1）教材研读深入：教师能细致、全面地研读文本，能充分挖掘语言文字蕴藏的特点与训练价值。（4分）

（2）习作指导目标定位准确、具体、适度，有重点：教师依文本特点、学生实际情况，确定好适度的习作学习目标，且目标表述具体，训练有重点。（6分）

2．教师（20分）

（1）善于搭建教学支架：教师能运用各种教学手段，创设恰当的情境，采用合适的方式来进行教学。（5分）

（2）引导学生积累语言，规范表达：教师在学习实践过程中，注重指导，注意把握学习动态，引导学生尝试运用自己平时积累的语言材料，特别是有新鲜感的词句。（5分）

（3）篇章建构有层次，有时空，有过程：教师在引导学生进行篇章建构过程中有让学生经历认知、内化（同化与顺应）、实践运用的过程，这个过程有一定的层次性，有充足的时间，有较开阔的认知视界。（10分）

3．学生（12分）

（1）积累与模仿语言能力增强：学生在语言文字特点、规律上或在文本语言理解上，有主动积累与模仿的态度和能力。（6分）

（2）有初步整合素材的意识与能力：学生在认知上、在行动上有语言整合的意识，并在教师的指导、点拨下形成一定能力，整合有一定的成效。（6分）

4. 学生（18分）

（1）积极参与语言实践活动：学生在实践活动中有较积极、充分的表现。（8分）

（2）构段、构篇意识与能力增强：学生能结合习作要求，围绕中心选择材料，在教师的点拨和引导下，尝试由构段到构篇，再到拟定题目，做到中心明确、结构紧凑、条理清晰。（10分）

【思维能力（15分）】

1. 教师（7分）

（1）关注学生思维的发展：教师重视对学生思维能力的培养，有明确的思维训练意识，制定明确的思维能力训练目标，或在教学过程中有明确的训练行为。（2分）

（2）注重培养学生的形象思维、逻辑思维、创造思维：教师适时恰当地引导学生进行观察、分析、比较、归纳等，丰富学生的感性认识，有针对性地进行形象思维、逻辑思维、创造思维方面的教学点拨，拓展思维视野，鼓励学生进行多维度、多层次的创造性表达。（3分）

（3）思维训练能与语言运用融为一体：设计的思维训练要与语言运用相结合。（2分）

2. 学生（8分）

（1）思维活跃：学生通过教师的启发、点拨，始终处在积极主动的思维状态中。（2分）

（2）思维的敏捷性、灵活性有提升，思维的深刻性增强：学生在教学的过程中能正确、迅速地进行思维与表达，会从不同角度、方向、方面去思考问题；思维的深刻性增强表现在学生思维活动的逻辑水平、广度、深度、难度方面有所拓展。（3分）

（3）思维创造性有所表现：习作教学过程中给学生充分的独立性，有意识地培养学生的独立思维、开放思维，在语言表达的独创性上有呈现。（3分）

【审美创造（15分）】

1. 教师（7分）

（1）语言表达能熏陶学生：教师有良好的语言设计，语言规范简洁，有感染力，能创设良好的语言氛围。（2分）

（2）对习作的点评具有引导性，习作范式具有启发性：教师在点评习作时，在引导学生感受、理解、欣赏、评价语言文字及作品的审美过程中做到引导适度、有成效，提供给学生合适的具有语言美和思想美的习作范式。（2分）

（3）善于创造审美情境，善于点拨、调控学生对词、句、段的交流与评价：教师在教学中创设美好的情境，激发学生发现美、表现美、创造美的欲望；引导学生用审美的眼光来看待语言文字，从真善美的高度展开交流与评价。（2分）

（4）注重培养学生的审美情趣与语言修改能力：教师指导学生在语言的修改和锤炼中进行审美情趣的培养，在涵养高雅情趣的同时，提高学生对习作的自我修改能力。（1分）

2．学生（8分）

（1）能发现语言表达的规范、准确以及形式之美：在教师恰当的指引下，学生能发现语言文字的内容与形式之美，如语言文字的准确、精炼、流畅、生动，以及它的思想美。（2分）

（2）能简要评价同伴的习作，修改语言，并有一定的语言创造力：指导学生从审美的角度对同伴习作进行评价与交流，学习修改语言的方法，发挥出语言的独创性。（3分）

（3）审美情趣健康向上，文思构建、表达体现真善美：在习作教学中，教师引导学生用美丽的心观察自然，观察社会，感悟人生，从大自然和社会生活中挖掘美、发现美，培养学生高尚的审美情趣，并指导学生在构建章法中进行审美创造。（3分）

五、第三学段阅读教学评价标准的设计与解析

（一）第三学段阅读教学量化评价表

评价维度		评价内容及标准	权重分值	评分	评价记录
文化自信（15分）	教师	文化意识强；教学中文化要素清晰，渗透自然、适度。	7		
	学生	热爱国家通用语言文字，认同中华文化；能积极、主动去探索语言文字，学习兴致高；文化视野较开阔。	8		

（续表）

评价维度		评价内容及标准	权重分值	评分	评价记录
语言运用（50分）	教师	文本研读深入，语言运用学习目标定位准确、具体、适度，有重点。	8		
		善于搭建教学支架，指导学生进行有效率的语言实践活动；语言建构有层次，有时空，有过程。	16		
	学生	主动积累、梳理语言，具有初步的语言整合意识与能力，语感增强。	10		
		语言实践积极、充分，掌握语言文字的特点与运用规律，并能在具体语言情境中有效交流沟通。	16		
思维能力（20分）	教师	关注学生思维的发展，教学点拨有艺术，体现创造思维、辩证思维的培养，突出直觉思维、形象思维、逻辑思维的发展。	8		
	学生	思维培养点有发展；思维活跃，思维的敏捷性、灵活性、深刻性增强，思维的批判性、独创性有表现。	12		
审美创造（15分）	教师	教学整体艺术性强，语言表达美，有示范性，能熏陶学生；引导学生感受、理解、欣赏、评价有法有效；注重培养学生的审美意识与正确的审美观念。	7		
	学生	审美意识强，审美情趣健康向上；体验充分，感受美、发现美和运用语言文字表现美、创造美的能力增强。	8		
总分			100		

（二）第三学段阅读教学量化评价表“评价内容及标准”说明

【文化自信（15分）】

1．教师（7分）

（1）文化意识强：教师有敏锐的文化意识，清楚文化要素，能发现文本中的文化元素，并将其设计到教学过程中。（2分）

（2）教学中文化要素清晰：文本呈现的语言文字文化，或中华优秀传统文化，或革命文化，或社会主义先进文化，教师在教学目标与过程的设定中有明确的要点及任务。（2分）

（3）渗透自然、适度：教师在文化渗透时，注意文化渗透与语言文字学习的结合，不是灌输性地，而是恰当、巧妙地进行文化渗透，且渗透不能过深，拓展不能过宽。文化的深度学习与理解不能作为单独的环节进行学习。（3分）

2．学生（8分）

（1）热爱国家通用语言文字，认同中华文化：学生喜爱国家通用语言文字，尊重语言文字，对语言文字有亲近感，有自豪感，有兴趣。（2分）

（2）能积极、主动地探索语言文字，学习兴趣高：学生在文本学习过程中情绪高，探索语言文字主观愿望强，行为主动。（4分）

（3）文化视野较开阔：学生在学习过程中考察、分析、总结问题的认知域有扩大。（2分）

【语言运用（50分）】

1．教师（8分）

（1）文本研读深入：教师能细致、全面地研读文本，能充分挖掘语言文字蕴藏的特点与训练价值。（3分）

（2）语言运用学习目标定位准确、具体、适度，有重点：教师依文本特点、学生实际情况，确定好适度的语言运用学习目标，且目标表述具体，训练有重点。（5分）

2．教师（16分）

（1）善于搭建教学支架：教师能运用各种教学手段，创设合适的情境，采用合适的方式来进行教学。（5分）

（2）指导学生进行有效的语言实践活动：教师在学习实践过程中，注重指导，注意把握学习动态，让学生的实践活动更有效率。（3分）

（3）语言建构有层次，有时空，有过程：教师在语言运用主要目标中有让学生经历认知、内化（同化与顺应）、实践运用的过程，这个过程有一定的层次性，有充足的时间，有较开阔的认知视界。（8分）

3．学生（10分）

（1）主动积累、梳理语言：学生在语言文字特点、规律上或在文本语言理解上，有主动积累与梳理的态度。（3分）

（2）具有初步的语言整合意识与能力：学生在认知上、在行动上有语言整合的意识，并在教师的指导、点拨下形成一定能力，整合有一定的成效。（3分）

（3）语感增强：学生在语言实践过程中，对语言敏感，能表现出语感增强（如朗读）。（4分）

4．学生（16分）

（1）语言实践积极、充分：学生在实践活动中有较积极、充分的表现。（5分）

（2）掌握语言文字的特点与运用规律：学生能掌握文本呈现出的语言文字特点或者语言运用所表现出的规律，特别是要能达成教师设定的语言运用的目标。（5分）

（3）能在具体语言情境中有效交流沟通：学生能把理解到的语言运用规律正确表现在口头或书面表达中。（6分）

【思维能力（20分）】

1．教师（8分）

（1）关注学生思维的发展：教师有明确的思维训练意识，在教学中有明确的目标，或在教学过程中有明确的训练行为。（1分）

（2）教学点拨有艺术：教师适时、恰当地且有针对性地进行思维方面的教学点拨。（3分）

（3）体现创造思维、辩证思维的培养：在教学中，多鼓励学生进行语言多方式、多形态的创造表达，多进行语言的辨析，有意识地培养学生的创造思维与辩证思维。（1分）

（4）突出直觉思维、形象思维、逻辑思维的发展：教学中，要有针对性地训练学生的直觉思维、形象思维和逻辑思维。（3分）

2．学生（12分）

（1）思维培养点有发展：教学设计提及要培养的思维有所发展。（4分）

（2）思维活跃，思维的敏捷性、灵活性、深刻性增强：学生表现出积极的思维状态，学生看待问题或解决问题的反应更快，方式更多，更有见解。（6分）

（3）思维的批判性、独创性有表现：学生在批判与独创上有呈现。（2分）

【审美创造（15分）】

1．教师（7分）

（1）教学整体艺术性强，语言表达美，有示范性，能熏陶学生：教师整节课的构建有艺术性，符合规律，又能体现环节节奏的美感。教师有较好的

语言设计，语言规范、简洁、明确，能创设较好的语言氛围。（2分）

（2）引导学生感受、理解、欣赏、评价有法有效：教师在引导学生感受、理解、欣赏、评价语言文字及作品的审美过程中做到引导适度、有成效。（3分）

（3）注重培养学生的审美意识与正确的审美观念：教师在教学中能注意培养学生的审美意识，引导学生树立正确的审美观念。（2分）

2．学生（8分）

（1）审美意识强，审美情趣健康向上：学生有自觉审美意识，努力去发现美，且审美观念积极向上。（2分）

（2）体验充分，感受美、发现美和运用语言文字表现美、创造美的能力增强：学生有较充足的时间来体验美；学生感受美、发现美的能力增强，在表达与交流中表现美、创造美的能力增强。（6分）

六、第三学段习作教学评价标准的设计与解析

（一）第三学段习作教学量化评价表

评价维度		评价内容及标准	权重分值	评分	评价记录
文化自信（10分）	教师	文化意识强，教学中文化、思想渗透自然、适度。	5		
	学生	热爱国家通用语言文字，认同中华文化；能感受文化的魅力；能积极接受别人的意见，并采纳正确的观点与思想。	5		
语言运用（60分）	教师	教材研读深入，习作指导目标定位准确、具体、适度，有重点。	10		
		善于搭建教学支架，引领学生建构方法、思路、语言范式；建构有层次，有时空，有过程。	15		
	学生	整合语言、素材意识与能力强。	10		
		积极参与语言实践活动，能有较强的领悟力，建构、运用范式的能力；构篇能力增强，成文速度有提升。	25		

（续表）

评价维度		评价内容及标准	权重分值	评分	评价记录
思维能力（15分）	教师	关注学生思维的发展，注重培养学生的形象思维、逻辑思维、创造思维，思维的训练能与语言运用融为一体。	7		
	学生	思维活跃，思维的敏捷性、灵活性、深刻性增强，思维的独创性增强，思维的批判性有所表现。	8		
审美创造（15分）	教师	教学整体艺术性强，语言表达美，有示范性，能熏陶学生；善于创造审美情境，善于点拨、调控习作交流与评价，注重培养学生的审美情趣与语言修改能力。	7		
	学生	善于发现语言、情感之美；能恰当评价同伴的习作，自我修改能力增强，语言创造力增强；审美情趣健康向上，文思构建、表达体现真善美。	8		
总分			100		

（二）第三学段习作教学量化评价表“评价内容及标准”说明

【文化自信（10分）】

1．教师（5分）

（1）文化意识强：教师有敏锐的文化意识，清楚文化要素，能发现习作中的文化元素，并将其设计到教学过程中。（2分）

（2）教学中文化、思想渗透自然适度：教师能把握各种文化的内涵，并与各环节或习作中要表达的思想有机适度地进行结合。（3分）

2．学生（5分）

（1）热爱国家通用语言文字，认同中华文化：学生喜爱国家通用语言文字，尊重语言文字，对语言文字有亲近感，有自豪感，有兴趣。（2分）

（2）能感受文化的魅力：学生在习作过程中能感受到教材中呈现的语言文字文化，或中华优秀传统文化，或革命文化，或社会主义先进文化，或人类文明优秀成果的魅力。（1分）

（3）能积极接受别人的意见，并采纳正确的观点与思想：学生在习作过程中积极接受别人的意见，并采纳正确的观点与思想。（2分）

【语言运用（60分）】

1．教师（10分）

（1）教材研读深入：教师能细致、全面地研读教材，能充分挖掘语言文字蕴藏的特点与训练价值。（4分）

（2）习作指导目标定位准确、具体、适度，有重点：教师依教材特点、学生实际情况，确定好适度的习作指导目标，且目标表述具体，训练有重点。（6分）

2．教师（15分）

（1）善于搭建教学支架：教师能运用各种教学手段，创设合适的情境，采用合适的方式来进行教学。（5分）

（2）引领学生建构方法、思路、语言范式：教师在习作教学过程中，有针对性地进行相关的语言实践活动，有目的、有策略、有方法、有层次地进行建构，教给学生建构方法、思路、语言范式，搭建充分的习作支架。（6分）

（3）建构有层次，有时空，有过程：教师在语言、篇章建构主要目标中有让学生经历认知、内化（同化与顺应）、实践运用的过程，这个过程有一定的层次性，有充足的时间，有较开阔的认知视界。（4分）

3．学生（10分）

主动整合语言、素材的意识与能力强：学生在认知上、在行动上有语言整合、素材整合的意识，并在教师的指导、点拨下形成较强的能力，整合有一定的成效。（10分）

4．学生（25分）

（1）积极参与语言实践活动，能有较强的领悟力，建构、运用范式的能力：学生在习作过程中能主动积极将习得的语言范式、各种素材进行梳理、归类整合，并从中发现规律进行语言创造。（14分）

（2）构篇能力增强，成文速度有提升：学生在习作过程中能从中心思想、材料、结构规划文章整体布局，构篇能力强。能在40分钟内完成不少于400字的习作，成文速度有提升。（11分）

【思维能力（15分）】

1．教师（7分）

（1）关注学生的思维发展：教师有明确的思维训练意识，在教学中有明确的目标，或在教学过程中有明确的训练行为。（1分）

（2）注重培养学生的形象思维、逻辑思维、创造思维：教学中，要有针对性地训练学生的形象思维、逻辑思维和创造思维。（3分）

（3）思维的训练能与语言运用融为一体：教学过程中，多鼓励学生进行多方式、多形态的语言创造表达，引导学生在个体语言经验发展过程中实现形象思维、逻辑思维、创造思维的提升。（3分）

2．学生（8分）

（1）思维活跃，思维的敏捷性、灵活性、深刻性增强：学生表现出积极的思维状态，学生对看待问题或解决问题的反应更快，方式更多，更有见解。（4分）

（2）思维的独创性增强：学生在语言独创性方面的能力明显增强。（2分）

（3）思维的批判性有所体现：学生有自我辨析的意向，并在批判上有呈现。（2分）

【审美创造（15分）】

1．教师（7分）

（1）教学整体艺术性强，语言表达美，有示范性，能熏陶学生：教师整节课的构建有艺术性，符合规律，又能体现环节节奏的美感。教师有较好的语言设计，语言规范、简洁、明确，能创设较好的语言氛围。（2分）

（2）善于创造审美情境，善于点拨、调控习作交流与评价：教师在引导学生感受、理解、欣赏、评价语言文字及作品的审美过程中做到引导适度、有成效。（3分）

（3）注重培养学生的审美情趣与语言修改能力：教师在习作指导中能注意培养学生的审美意识，引导学生树立正确的审美观念，并在实践中提升学生的语言修改能力。（2分）

2．学生（8分）

（1）善于发现语言、情感之美：学生通过学生感受、理解、欣赏语言文

字及作品，获得较为丰富的审美经验，具有感受美、发现美的能力。（2分）

（2）能恰当评价同伴的习作，自我修改能力增强，语言创造力增强：学生通过欣赏、评价其他学生的语言文字及作品，自我修改能力、语言创造能力有提升。（4分）

（3）审美情趣健康向上，文思构建、表达体现真善美：学生有自觉审美意识，努力去发现美，且审美观念积极向上，运用语言文字表达高雅情趣。（2分）

第四章

学科核心素养课堂教学评价的引导示范性案例

第一节　引导示范性案例的含义与特点

引导示范性案例即以案例的形式，对课堂教学评价做出引导，做出示范，使教师对理想课堂的追求更明晰。它有两层含义：一是其本身即案例，包含课堂呈现和课堂评价；二是注重对评价案例进行分析点评，使评价更加全面、客观。引导示范性案例包括评价案例与评价的评析案例。评价案例主要内容和基本模式是课堂呈现（或评价呈现）—评价分析—反思建议。

引导示范性案例旨在通过多主体、多角度、多形式的评价方式，以及对案例的评价引导，让评价者能清楚评价的维度、评价要点的内涵，并拓宽评价的思路，让整个评价更细致、全面、客观、科学。同时引导教师关注小学语文课堂教学中学科核心素养的落实情况，关注课堂中教师教与学生学的关系，其核心特点是引导性、示范性。

引导示范性案例追求评价的典型性、过程性、思辨性、科学性。

由于受教材特点、教师对教材的解析、具体学情等多方面因素的影响，不同的课堂在学科核心素养的培养上一定是有侧重点的，引导示范性案例呈现探讨课堂教学中表现出的有意识或无意识的学科核心素养，关注核心素养培养的典型性。同时，引导示范性案例评价采用的形式是多样的，全面的，具有典型性的。

基于学科核心素养的课堂教学评价探讨学科核心素养在课堂教学中的落实、发展，以及多种可能的变化，是对教师如何设计、引导、点拨、处理学科核心素养行为的评价，是对学生学科核心素养培养成效的评价。其案例的呈现也突显了学科核心素养落实的过程。

引导示范性案例采用的是多角度、多形式相结合的评价方式，不同评价主体、不同评价角度、不同评价方式之间互动交流，案例本身互相印证，互相启发，具有较强的思辨性。

基于学科核心素养的课堂教学评价采用的量化评价表中的评价内容及标

准、学科核心素养的四个方面、教师与学生的权重分值设计都参照《义务教育语文课程标准（2022年版）》。引导示范性案例正是通过评价案例中评价内容及标准的具体呈现，以及多角度、多形式的评价对教师的教学行为起到很好的引导作用。其评价的评析，也能够更好地引导教师进行科学规范的课堂评价，对如何进行多角度、多形式的课堂评价起到示范作用。

第二节　引导示范性案例的各种形式

引导示范性案例从评价主体来看分为自评范式、他评范式，从主要评价形式来看分为量化评价范式、质性评价范式，从评价内容来看分为典型完整评价范式、片段式评价范式、专项式评价方式、评价的评析范式。

一、自评范式

自评范式，主要指执教者自我评价的一种示范，有量化自评与质性自评两种方式。质性自评一般从“教学目标中核心素养点的设定”“教学过程中核心素养的落实”“课堂中学生核心素养形成的表现与学习成效”等方面进行阐述。

二、他评范式

他评范式，主要指其他人对执教者评价的一种示范，也有量化评价与质性评价两种方式。

三、量化评价范式

量化评价范式，主要指依据量化评价表对教师与学生的表现进行打分评价的一种示范。

四、质性评价范式

质性评价范式，指根据评价者对课堂的观察而做出的、具有个性理解的描述性评价的一种范式，它包含对课堂上显性和潜在的表现以及结果的观察和推测。质性评价可以从“现实与潜在”“整体与个体”“教师与学生”“过程与结果”等其中一两个角度对课堂做出评价，也可以从这些角度进行全面的评价。

五、典型完整评价范式

典型完整评价范式，即以“教学呈现—执教者自评—量化他评—总体质性评价—评价的评析”为主体思路呈现的评价。其中，总体质性评价也可以从“现实与潜在”“整体与个体”“教师与学生”“过程与结果”的某一方面进行质性评价，也可以从以上四个角度进行全方位的评价。当然，典型完整范式也可以通过“教学呈现”“量化自评与质性自评”“量化他评与质性他评”不同方式组合进行评价。

六、片段式评价范式

片段式评价范式，指就教学中的某个片段在落实核心素养四个方面的其中某一方面的表现及结果进行的针对性评价。这种评价方式多样，可以边陈述教学现象边分析，也可以集中陈述教学现象，再集中分析。

七、专项式评价范式

专项式评价范式，指就评价标准的专项方面进行整节课或某个教学片段的评价。它可以对核心素养四个方面的某一方面进行评价，也可以对某两个方面的组合，如“思维能力与审美创造”“语言运用与文化自信”等进行评价；或者从教师的教学行为进行评价，也可以从学生的学习表现进行评价。

八、评价的评析范式

评价的评析范式，指对上述自评、量化评价、质性评价等进行的评价，主要评价其评价的内容是否客观、准确，以让评价者从实例中判断评价的准确性与科学性，从而纠正评价观念，提升评价水平。评价的评析可以对所有评价方式进行评价，也可以对其中某一种评价方式进行评析。

第三节　引导示范性案例的范式——自评范式

《肥皂泡》课例执教者自评案例

下面我将从三个方面对《肥皂泡》这节课进行自评：一是教学目标中核心素养点的设定，二是教学过程中核心素养的落实，三是课堂中学生核心素养形成的表现与学习成效。

一、教学目标中核心素养点的设定

我以“建构理解难懂的句子的方式以及感受真善美的儿童文化”为明确目标点，并借此发展学生的形象思维与辩证思维，提升学生审美鉴赏的能力与创造力，在核心素养点的设定上兼顾了学科核心素养的四个方面，是经过周全考虑进行的整体构建。

二、教学过程中核心素养的落实

在语言运用方面，在理解难懂句子这一部分时，我以学生为主体，让学生提出自己的疑问，并以“五色的浮光，在那轻清透明的球面上乱转”这一句的理解为抓手，指导教学，让学生习得方法后，运用学到的方法理解其他难懂的句子，扶放结合，落实了语言学习和运用的重点，让学生的语言表达更丰富，也更有思路和方法。语言建构与运用是有过程的，也是有时空的。

在思维能力方面，主要通过“展开丰富的想象，想想肥皂泡还有哪些美丽的去处”这一环节的学习，让学生展开丰富的想象，感受到泡泡的美丽，以发展学生的形象思维。此外，让学生通过发挥想象，完成小诗，进一步拓宽学生的思维，让思维更有灵活性与深刻性，突出思维的创新性。

在审美创造方面，主要通过感受语言的美，感受“飞”字意思的丰富性，来感受语言形式的美，并通过创编小诗来体现“美”的创造，以此凸显审美创造。

在文化自信上，通过前面儿童诗的铺垫，通过中间的人物心情体会，通过创编诵读以及推荐课外阅读内容，逐步渗透真善美的儿童文化，进一步提升学生的文化素养。

三、课堂中学生核心素养形成的表现与学习成效

在语言运用上，学生能较积极积累语言，并运用语言，如整体把握文章时，学生能用学过的词语来形容泡泡。语言实践也是非常积极、充分的，如在个人自主学习环节与小组合作学习中，能运用所学方法，说出对句子的理解，谈自己的感受。诗歌的创作是在前面学习理解过程中，对所学的词及语言形式进行模仿与创造，学以致用。

在思维能力表现上，学生思维的敏捷性、深刻性与独创性充分突显出来了。如敏捷性表现在能较快找到难懂的句子，比如抓住“五色的浮光，在那轻清透明的球面上乱转”这一句，并说出不理解的原因是不明白“五色的浮光”“轻清透明”这两个词语。深刻性表现在对“快乐、希望、骄傲”含义的理解，对“我”心理的揣摩，能走进“我”的内心，感受“我”的自豪和成就感。独创性表现在问答时，能展开丰富的想象，想象泡泡在明月、大海等地方时会说什么做什么，创作时，进行思维的碰撞，每个学生都有自己不一样的想法。

在审美创造方面，学生能感受到语言的美，能将美的感受读出来；能积极分享美的发现，如在学习第五自然段时，能发现句子形式的美，特别是有积极的审美情趣，如创编时，能表现出希望农民伯伯种出香甜的果实，祝愿小朋友快乐健康成长等。

在文化自信方面，学生对文本充满着激情与兴趣，学生对语言的感悟是敏感的、热爱的。如朗读时，学生能感受到童年的快乐并读出肥皂泡的美与童真童趣。特别是能动情地朗读冰心的作品，能触摸到诗意与真情，感受到真善美的儿童文化，并产生对儿童文化的向往。

总的来说，学生在核心素养的学习方面达到了预期目标，当然，也有一些不足之处，如学生个性语言运用经验上的成长以及形象思维上的突破等不足。

（评价者：汕头市潮阳实验学校　康诗妍）

第四节 引导示范性案例的范式——片段式范式

《人之初》课例片段式评价案例

《人之初》这一课精选了《三字经》的两个片段，第一个片段讲述了教育孩子的重要性，第二个片段讲述了学习对儿童成长的重要性。《三字经》是我国传统启蒙教材，内容生动、有趣，既符合小学生的年龄特点，也能训练小学生的语言能力。整堂课较好地呈现了基于小学语文学科核心素养第一学段识字教学评价要求的状态，其课堂导入非常有特色。

一、教学片段

歌曲导入，引出课题

（1）播放《三字经》的歌曲，请学生说说歌曲唱的是哪本书里的内容。

（2）教师简要介绍《三字经》。

《三字经》是我国古代小朋友的启蒙教材。它短小精悍，朗朗上口，内容广泛，涵盖了历史、天文、地理、道德以及一些民间传说，所谓“熟读《三字经》，可知千古事”。

（3）教师引出课题：今天我们学习的这篇课文就选自《三字经》中的两个片段，并以《三字经》的第一句话作为课题，请跟老师一起写课题。教师板书课题，学生书空。

①教师在田字格中示范写“之”，请学生读课题，读准三个翘舌音。

首点居中压竖中线，横撇夹角要小，最后一笔捺要一波三折。

②字理识字认识“初”。

a. 请学生说一说：你有什么方法记住这个字呢？

（预设：加一加，衣字旁加“刀”）

b．字源解说：这个方法很不错，衣字旁的字大都与衣服有关，那“初”字又和衣服有什么关系呢？我们一起看个视频吧！（播放“初”字的字源解说视频）

c．小结识字方法：像刚才这种借助字源来认识和理解字义的识字方法就是字理识字法。（板书：字理识字法）

d．创设语境，扩字组词：“初”表示开始的意思。如：一件事刚刚开始可以说成“初始”；春天开始了，我们可以说是“初春”；夏天开始了，我们可以说是“初夏”。用课件出示组词，全班齐读。

（4）了解课题意思，齐读课题：同学们，我们小朋友出生的时候用剪刀剪断脐带，作为人生的开始，这就是“人之初”。（贴婴儿图片）

二、质性评价

（一）语言运用

1. 教师维度

（1）引出课题时，教师示范写“之”，待要进行识字环节时，直接把带有田字格的“之”拿到右边板书处。在课堂伊始进行写字教学，分散了后面写字的压力，还将本课的写字难度降低了，避免学生一下子既要学写“之”，又要学习带有“走之旁”的字。

（2）由于文本的特殊性，要想理解课文内容，就要对生字的意思有准确的理解，所以教师针对文本特点，对较难的生字进行了字理识字教学，同时在扩字组词时借助词语帮助学生理解课文内容，学生从中获得识字过程的丰富体验。在该片段中，教师教学“初”时，先引导学生利用自己原有的学习经验来认识“初”字，学生大部分选择“加一加”或组词的方法。接着教师播放“初”的字源视频，让学生知道“初”的来历，相机引导学生理解“初”的意思是“开始”，并根据字义，创设语境帮助学生拓词“初春、初夏”等，加深了学生对“初”的理解，此时教师机智地引入课题，让学生理解“人之初”，水到渠成，学生很容易就理解了这句话的意思，教师在学生的理解上板书展示一张婴儿图片，使学生对“人之初”的理解达到透彻的程度。

2. 学生维度

（1）学生在导入环节中，积极性高，在识字环节也乐于分享自己的识字方法，积极参与课堂活动。

（2）字理识“初”字字义后，以具体的句子语境给“初”组词时，提问一件事刚刚开始叫作什么，能够说出来的学生比较少；春天刚开始的时候叫“初春”，也有学生说“春初”。

（二）文化自信

1.教师维度

《义务教育语文课程标准（2022年版）》指出：在教学中应该注意汉字蕴含的文化信息。

（1）在教学中，教师非常注重文化意识的渗透。在开课前，设计了一卷竹简陈列在桌，毛笔在侧的板书，古风古味扑面而来，设计听《三字经》的歌曲来入课，相机介绍中国传统蒙学读物，既激发学生了解传统文化的兴趣，又能够很快入课。

（2）在教学“初”时，通过视频探究汉字的本源，使抽象的汉字变得形象生动，也更好地帮助学生理解字义，记清字形。这一环节进行了中华传统文化的渗透，让学生了解中国汉字的博大精深，增强学生的文化自信。

2.学生维度

学生在教师的带领下能积极地学习祖国的语言文字，并能主动探索。在教师的引导下，学生能很好地理解“人之初”这一课题的意思。

（三）思维能力

1.教师维度

关注学生在学习过程中的联想想象、分析比较、归纳判断等认知能力的发展，教学点拨有艺术，注重培养学生的直觉思维、形象思维、创造思维。教师关注学生思维的发展，在直觉思维和形象思维上的培养是比较突出的。教师能利用板书、凝练又自然的过渡语言、视频等手段来让学生感受《三字经》，深入浅出，让学生在不知不觉中读懂汉字，读懂文本。

2.学生维度

学生发言积极，思维活跃，能够依据教师的问题，充分发挥主观能动性，积极思考，认真用完整的语言表达所思所想。但是，处于中下游水平学生的回答较少。

（四）审美创造

1. 教师维度

（1）教师在引导学生理解课题时，教学语言具有很强的启发性，过渡语言比较凝练，语言美感较强。语言表达能力体现语文教师的基本功，教师能有效地引导学生感受、欣赏文本的美。

（2）开课播放《三字经》歌曲，让学生直观感受到《三字经》的韵律美和节奏美。

2. 学生维度

开课播放的《三字经》歌曲，激发了学生的学习兴趣，学生根据自己先前的知识积累，也能跟着唱，课堂气氛欢快、活跃。

（评价者：汕头市潮阳实验学校　陈彦纯）

第五节　引导示范性案例的范式——专项式范式

《元日》课例“文化自信”专项式评价案例

文化，是民族之根，是民族之魂。《义务教育语文课程标准（2022年版）》对文化自信的定义是：“学生认同中华文化，对中华文化的生命力有坚定信心。通过语文学习，热爱国家通用语言文字，热爱中华文化，继承和弘扬中华优秀传统文化、革命文化、社会主义先进文化，关注和参与当代文化生活，初步了解和借鉴人类文明优秀成果，具有比较开阔的文化视野和一定的文化底蕴。”可见，文化自信的培养，需要建立在文化理解、文化认同的基础上。教学中教师如果可以积极引导学生理解传统文化，领悟文化内涵，认识文化之美，认可中华文化，那么学生自然就会形成高度的文化自信，从而热爱中华文化。

《元日》一课，教师通过精心的设计，在文化自信的培养上主要从以下四个方面展开了教学。

一、反复吟诵，感受古诗文的独特魅力

本节课中，教师没有用常规的朗读课文的方式来读古诗，而是采用了中国传统的吟诵方式，小诗人诵读、分组诵读、男女分读、师生合作读等方式，读出了古诗真正的韵味。

《元日》一诗中，“爆”“入”均为去声字，应短吟，吟诵“中”“风”时应稍微延长，“除”“苏”做韵字，拖长读，以表现人们喜悦的心情。吟诵“曈曈”时要适当舒缓拖长，以体现其明媚温暖，“日”为入声字，发音要短而响亮。“新桃”应延长声音，读响亮，展现元日欢快的氛围。通过字音教学，用中国传统的读书方式读古诗文，让学生能进一步理

解诗中所蕴含的情感。

二、多种途径，理解文化内涵，梳理习俗文化

古诗的篇幅有限，课堂的时长也有限，讲解“元日”的习俗时不可能事无巨细地全面展开，教师对古诗的内容进行梳理，选择了典型传统习俗，如放爆竹、饮屠苏、新桃换旧符等。将这些有代表性的习俗，作为解构诗歌的基点，通过这些习俗来增进学生对“元日”这一节日的了解。这样不仅可以避免诗意理解的机械生硬，更凸显了诗歌语言的画面感，让课堂散发出浓郁的习俗文化韵味。

除了抓住关键词句，教师还充分利用了多媒体，给学生展示了充满节日氛围的照片，再播放过年习俗视频，让学生能身临其境，感受传统节日的热闹和有趣，激发他们热爱传统文化的情感。学生在梳理的过程中，理解诗意和诗情，并初步感知了文化的内涵。

三、拓展资源，了解习俗文化，形成文化自信

这首诗的习俗中，放鞭炮是很多孩子乐此不疲的，桃符也逐步演变为春联和年画，学生也较为熟悉，但“屠苏”一词只看表面意思，学生无法真正理解，教师在课前先让学生去搜集资料，再在课堂上进行分享。通过这些方法，让学生明白了习俗背后所蕴藏的深刻寓意，对“饮屠苏”文化内涵形成深刻理解，进而形成文化自信。

四、连接生活，认同习俗文化，凸显文化自信

文化的价值，不能局限于感知与理解，而应该是源自内心的认可与悦纳，即认同。教师在教学中润物无声式地渗透培养学生的文化自信，比如组织学生结合自己家乡过年时的风俗习惯，分享自己家乡过春节的风俗，比如课后布置小练笔，让学生写一写除夕夜和家人欢聚时热闹的情景，再将自己对《元日》一诗的所思所得绘制成一幅画。学生在这样的实践活动中拓宽了视野，丰富了认知，升华了对传统文化的认知，从而热爱中华文化。

文化存在于生活的方方面面，除了课堂上教师扎扎实实的教学，日常的拓展和延伸也很有必要。文化的认同感，需要大量课外的阅读来补充。比如在三年级下册第三单元传统节日组诗的教学后，可引导学生进行群文阅读，让学生对中国的传统节日有一个更深层次的了解。也可以以班级为单位开展

辩论活动，比如“传统节日是否已经落伍？”或者开展“诗词大会”等综合实践活动，让学生在丰富有趣的活动中了解中华文化，认同中华文化，热爱中华文化，最终形成文化自信。

［评价者：汕头市碧华实验学校（东校区） 李泽铧］

《绿》课例思维能力与审美创造质性评价案例

一、《绿》课例教学目标设定

能抓住关键词，借助经验理解诗意，并能有感情地朗读课文。

能用对比的方法感受、了解诗歌独特的表达特点，初步体会诗歌以虚写实的表达手法，提升审美鉴赏力。

能通过联想和想象再现画面，体会诗歌表达的情感，提升发展形象思维能力。

二、《绿》课例教学过程及评析

（一）借经验走进“绿”的感觉

教师：春天总能给我们的眼睛带来许多的惊喜。（出示一幅幅图文，并诵读诗句：水绿山青春日长；烟消日出不见人，欸乃一声山水绿；草相漫地绿色凉；良苗未成实，绿色相交加。）

教师：看完上面的图片，你能不能用一句话来说说自己现在的感受。

学生1：春天是个绿色的季节，万物生长，生机勃勃。

学生2：好一个绿色的世界。

教师：如果用一个字来形容你内心的感觉，你会用哪个字？

众生纷纭：美（静、绿……）。

创设情境，让学生在诗句与图片中感受诗意般的绿色美，唤醒学生对绿的认知经验，为诗句具象化做铺垫。同时，通过对感受的表达来训练学生提炼语言的能力，体会诗歌凝练的语言。

教师：绿色总能给我们带来不同的美好感受，总能唤起诗人最敏锐的感觉。艾青在1979年春天，就以“绿”为题，写了一首现代诗。在这首诗里，诗人会写到些什么呢？又想表达他怎样的感情呢？

教师：请同学们打开课本，听老师读，边听边圈出你印象最深刻的词语。

教师：（朗读后）哪些词给你留下的印象最深呢？为什么？

学生1：出奇，因为这个词让我对绿充满了好奇，到底是什么绿让作者感觉到那么新奇的？

学生2：飘动，因为这个词让我感受到所有的绿都在舞蹈，感觉特别美。

学生3：到处，因为这个词让我想象到整个世界都是绿色，感觉很美。

教师：你觉得这是个什么地方？

众生纷纭：花园（公园、草原、道路两旁、森林……）。

教师：同学们想象到的地方很多，也很不相同，且到处都有绿，证明在春天啊，绿色非常多（板书：多）。诗人眼里，不仅到处都是绿色，而且绿的种类也多，都有哪些呢？

学生：就如诗中所说，有墨绿、浅绿、嫩绿、翠绿、淡绿、粉绿。

教师：在你的生活经验里，你见过这些类别的绿色吗？

学生1：我见过墨绿，我家房前橘子树上的那些老叶子就是墨绿的，绿很深沉。

学生2：我见过嫩绿，树上刚长出来的叶子就是嫩绿的。

学生3：我妈妈有一条浅绿色的裙子，没有绿得那么深，带一点白。（教师：你妈妈穿起来一定非常漂亮！）

学生4：我在珠宝店见过翠绿的翡翠，还有墨绿的翡翠。

教师：谁见过淡绿或者粉绿？

学生1：小区泳池的水看着像是淡绿的一样，很清爽，很舒服。（教师：水很清澈，衬着淡绿的泳池，就好像水是淡绿的一样，是吗？生：是的。）

学生2：我哥哥有一个笔记本，里面有很多种颜色，其中有些页面就是粉绿的，好像绿中带一点红，红又不那么明显。

教师：面对眼前的景色，诗人细腻地发现了这样多的绿，于是他感慨道……（引导学生读第二节诗：“到哪儿去找这么多的绿……”）

绿是学生生活中常见的颜色，调动学生的生活经验，让学生与诗产生共鸣，把抽象的词具象化，加深体验，这样既能让学生真实感受到诗的意境之美，也能激发学生的想象力，提升学生的形象思维。

（二）用对比感受“绿”的表达

教师：多美啊，诗人把自己的感受，用简洁的语言凝练成诗行。也有一位散文家，他把这绿的意境写得特别美。（出示“阅读链接”宗璞《西湖漫笔》节选）

教师：哪位同学把这段话朗读一下？请大家思考，这段话写到了什么景物。

众生纷纭：道旁古木（飞来峰树木、峰下小径）。

教师：这些景物的绿又给你什么感受呢？

学生1：很绿，扑眼而来。

学生2：绿得发黑，深极了，浓极了。

学生3：绿得发蓝，浅极了，亮极了。

学生4：绿到石头缝里去了。

教师：诗人艾青写的绿与宗璞写的绿有什么相同点与不同点呢？

学生1：绿的种类都很多，都很绿。

学生2：艾青写的绿种类多，宗璞写的绿形象可感，很细致、生动。

教师：诗人为什么不像宗璞一样，把具体的景物写出来，而只单单写颜色呢？（小组讨论）

学生1：诗人在这里是为了突出颜色，所以不写具体的景物。

学生2：诗人是为了给我们留下想象的空间，就像前面我们每个人想象到的地方不一样。

教师：理由呢？

学生：诗主要就是让读者自己去想象，因为每个人的生活经验不一样，想象到的绿不一样，如果用具体的事物，诗反而就没有了想象的空间。（其他学生自主鼓掌）

教师：是的，所以你们前面想象墨绿、浅绿、嫩绿啊，所想到的事物都不一样，是吗？

众学生：是的。

教师：是的，诗人就是用这样的虚来代替实在的事物，给读者留下更多的想象空间。（板：以虚代实、想象）

文章的体裁不同，写法也不同。通过对比找出异同点，并在此基础上深入思考与辨析，以了解现代诗在表达上常常以虚写实的特点，培养学生辩证思维与形象思维，培养学生诗歌的审美鉴赏能力。

教师：同学们，诗歌的虚实结合让诗有了多重的解读性，每一个人都可以根据自己的经验去读诗。诗人也用自己的独特感受在第三节这样写道……（教师示范朗读第三节）

教师：风、雨、水和阳光本无颜色，为何在诗人眼中都是绿色呢？依据经验你是怎样理解的？

学生：因为绿很多，绿把风、雨、阳光都浸染了。

教师：你是说，风、雨、阳光真正变成了绿色？（学生挠头，尴尬微笑）

学生：我觉得，这应该是一种感觉，不是真变成绿色，因为绿无处不在，所以风、雨都是绿的。

教师：这也正是“到处都是绿”的另一种感受与解读。

学生：刮的风是绿的，下的雨是绿的，流的水是绿的，阳光也是绿的，这样写感觉更有诗的味道。

教师：为什么？

学生：因为“小草是绿的，树叶是绿的”不能给人更多的想象。

教师：是呀，小草是绿的，我们大家都有体验，树叶是绿的我们都能感受到，而风是绿的，雨是绿的就不是每个人都有的体验，这种独特的体验正是从实景中过渡虚化出来的，这样也更有了诗意与想象空间。我们一起带着自己的想象来读读这节诗。（师生齐读）

教师：同学们，诗人的这种感受，老师也曾经有过这样的体验。（出示图片，播放清新唯美的音乐）如果你在春天，春雨初歇，空气中氤氲着水汽，你走在这样一条路上：两旁的树木，它的枝干是墨绿色的，它的枝叶是浅绿、嫩绿的，甚至那些刚刚长出来的叶子是透明的绿，再看着两边深绿色的灌木丛，你就会感觉，你眼前所有的真实存在的事物都会消失不见，你只感受到你自己沉浸在绿色的氛围里。这就是诗意。让我们带着这种感觉去朗读第二、三节，感受这种诗意的美感。

教师：（体会朗读之后）刚才的朗读中，你身处一个怎样的世界里？

学生1：我在一个郁郁葱葱的森林中，眼前全是各种闪动的绿色。

学生2：我在一个辽阔的草原上，舒服地躺在草丛中，呼吸着绿色。

学生3：我游弋在绿色的麦浪中，连溪水都是绿色的。

创设情境，让学生体会诗的虚与实，体会诗广阔的想象空间，感受诗所营造出的意境，同时培养学生的想象力，提升学生的形象思维与审美鉴赏力。

（三）用想象体会“绿”的情感

教师：这么多的绿到底是一种怎样的状态呢？自读诗的第四、五节，你注意到了诗中的哪些词？

众生纷纭：我注意到了“挤”（“飘动”“集中”“重叠”“交叉”……）。

教师：此时，你心中挤在一起的是什么呢？是什么在飘动呢？是什么在重叠交叉呢？请你发挥你的想象，把你想象到的画面写下来。（学生自由写）

读写结合，丰富诗的情境与内涵，让学生更细致地表达自己对诗的解读，把诗从虚境变为实境，促进情感的体悟，同时培养学生的想象力与表达力。

教师：谁愿意把自己想到的跟大家分享一下？

学生：树林里的树叶静静地交叉在一起，一阵风吹过，树叶就一起飘动。

教师：谁能在他的基础上，再补充一些符合诗描绘的情境的想象呢？

学生：树林里的树叶那么多，有墨绿、浅绿、淡绿，它们静静地交叉在一起，一阵风吹过，树叶就一起舞蹈。

教师：更具体，更形象，更生动。还有吗？

学生：树林里的树叶那么多，有墨绿、浅绿、淡绿，你挨着我，我挨着你。阳光静静地照着，忽然，一阵风吹过，它们就快活地跳起了舞。

教师：有静有动，更有诗意。还有别的情境吗？

学生：古木参天，十分茂盛，无数叶子在树上，有各种各样的绿，不禁让人感到倾心，各种绿重叠在一起。阵阵风吹过，绿飘动在一起。

教师：绿飘动在一起，嗯，语言有了诗味，也描绘出了情境！绿飘动起来，说明这绿充满了什么？

学生1：充满了生机。

学生2：充满了活力。

学生3：充满了韵味。

教师：好一个生机、活力与韵味，这让我们不仅感受到绿的世界的静，还让我们感受到绿的世界的动。（板：动 静）怎样来朗读呢？你来试试？（随机让学生读诗）

教师：你的朗读表现了怎样的感情呢？

学生：欣喜，愉悦。

教师：确实如此，诗人正是带着这种情感写的这首诗。1979年的春天，那是他刚平反之后，他来到我们美丽的广州出差旅行，他打开宾馆的窗户，发现这满眼的绿色，很激动，他十多年来曾一度认为自己再也创作不出诗来，但创作欲望此刻被点燃，也是在此之后，他迎来了他的第二个写诗的春天。

教师：这满眼的绿，其实就是诗人的什么？

学生1：愉悦的心情。

学生2：是诗人畅快的思想。

学生3：是诗人人生新的希望。

教师：是的，眼前的实景在诗人的眼中逐渐虚化，只剩下这满眼的绿！因为那是他的心情，那是他的思想，那是他的希望。于是，他把自己的心情化作这满眼的绿，变成这充满想象的诗行。（配乐读全诗）

教师：同学们，这就是诗，诗就是这样的。下课！

通过背景介绍，引导学生找到情感抒发的源泉，体会诗人的情感，同时进一步体悟诗虚实结合的表现手法，提升学生的审美鉴赏能力。

三、《绿》课例现实与潜在评析

（一）思维能力与审美创造的现实性

（1）教师设定的“用对比的方法感受、了解诗歌独特的表达特点，初步体会诗歌以虚写实的表达手法，提升审美鉴赏力”以及“通过联想和想象再现画面，体会诗歌表达的情感，提升发展形象思维能力”目标，其思维、审美目标明确，也通过教学基本达成了，且在整堂课中表现得比较有美感。

（2）教师通过图片，充分调动了学生的直觉思维、形象思维；通过想象，进一步丰富、深化了形象思维；通过对比把辩证思维与审美鉴赏统一起来，并激发了学生的创造思维与审美创造能力。

（3）教师有个性与艺术性的评价，更好地激发了学生的创造思维，学生审美积极性也很高。

（4）教师渗透了许多与诗相关的鉴赏知识与文化，对学生以后学诗、赏诗、品味诗起到了积极的作用。

（5）学生在评价上逐步放开，也更大胆，其思维的灵活性、深刻性明显增强。

（二）思维能力与审美创造的潜在性

（1）目标中提及“感受、了解诗歌的独特的表达特点”，虽然在一定程度上学生能感受诗歌的特点，但与审美鉴赏还没有很好地结合起来，可通过让学生边学习边鉴赏来提升目标的达成度。

（2）在方法建构上，还可把思维与审美训练相结合，更好地体现素养的整体培养。

（3）教师在审美的鉴赏上创设了多种支架，但其在审美的创造上，还欠缺一些支架，如可以让学生把自己的感受与体验用诗一样的语言表达出来，或与体会诗歌意象特点结合，进行辨析性表达，进一步培养学生的思辨性与审美创造力。

（4）学生的鉴赏实践基本在教师引导下进行，其自主性还可在多种方式下进行激发。

（评价者：汕头市潮阳实验学校　刘迎春）

第六节　引导示范性案例的范式——现实与潜在范式

《黄继光》课例“现实与潜在”质性评价案例

一、现实性评价

本节课上，教师的教学目标定位准确，教学重难点明确，从文化自信、语言运用、思维能力以及审美创造四个方面培养学生的核心素养。学生是学习的主体，因此，在课前的预习中，教师让学生解决生字这一板块的学习，课堂上通过读词语来检测学生的预习成效。从效果来看，学生的预习十分认真，对于本节课相关资料的搜集也比较到位，可见学生对国家通用语言文字的热爱，也足以看出学生学习兴致之高。

从教学过程来看，教师着力语言运用学习，关注学生思维发展，结合课文的关键词，让学生讲述课文中的事件，锻炼了学生的口头表达能力，达到“能够提取文中关键信息并概括课文主要内容”的教学目标。接着引导学生重点关注黄继光的语言、动作描写的相关语句，让学生与文本对话，设想黄继光当时的心理活动，培养了学生的语言运用能力，在教师艺术性的点拨中培养了学生的创造思维能力。教师示范性的语言，引导学生进行审美体验与评价，让学生在语句中感受到战场上战争的激烈和黄继光英勇无畏的精神，且能引导学生大胆表达出自己的想法。学生通过有感情地朗读课文，对课文所要传达的情感理解得愈加深刻。百年耻辱历史的罗列，激起了学生心中的爱国情怀，学生对黄继光“又站起来”的举动深刻共情，黄继光是多么渴望胜利，中国人是多么渴望胜利。这一过程达到了“能找出描写黄继光动作、语言的相关语句，从中感受他视死如归的英勇品质”的教学目标。

二、潜在性评价

本节课基于小学语文学科核心素养的四个维度展开教学设计，四个教学环节落实得都较为到位。但着眼于教师设计的教学目标，“运用本单元品味人物品质的方法，拓展阅读其他英雄人物故事”的目标在教学过程中尚未体现出来。在“预学检查”环节中，教师由“英雄”一词引出黄继光这一号英雄人物，结合人物的语言、动作描写体会黄继光英勇无畏、视死如归的精神品质。如果再结合课后的阅读链接讲述钱学森回国事迹，以及联系学生在此前学习过的一系列革命英雄人物，如赵一曼、王二小、雨来等，让学生从了解英雄事迹到感受英雄言行，再到讲述英雄故事，逐层搭建支架，活跃学生思维，使学生的语言运用能力得到训练，也能培养学生的逻辑思维能力，也就是帮助学生完成这一学习目标，将潜在性转化为现实性。通过讲述革命英雄故事，更好地传承革命精神，让革命精神发扬光大。

［评价者：汕头市碧华实验学校（东校区） 许蓉淳］

第七节　引导示范性案例的范式——整体与个体范式

“我的拿手好戏”课例“整体与个体”质性评价案例

一、整体性评价

（一）教师层面

在教学过程中，学科核心素养四个方面，教师是从整体推进的。如在指导学生尝试修改这一主要教学环节中，教师引导学生赏析作文，并提出“这一片段主要写了什么？你觉得哪些地方写得好？为什么？你觉得哪些地方还可以修改得更好？”等问题，从文章的整体入手，引导学生明确写作的主旨，这是通过语言运用在建构阶段对逻辑思维能力的培养。而“哪些地方写得好？”则突出学生辩证思维的灵活性、敏捷性和深刻性的发展；文章的赏析过程则突出对审美创造的再提升。拿手好戏的呈现则从自我价值的体现中表现了学生有文化自信，树立正确的价值观。教师文化意识很强，教学中能相继进行文化渗透、思想渗透，自然地突出了文化自信。一个教学环节，兼顾四个方面并有序推进，说明教师对核心素养的目标把握是非常准确的。

（二）学生层面

这一教学环节的学习过程中，学生的素养提升也突出了整体性的发展。学习及修改“练成的过程”这一环节，学生的评价能有效结合写作的要求，语文素养突出。学生说这个片段主要写了学画画的过程，叙述有序，过程具体，运用了细节描写，写出了小作者心理活动的变化。教师又问小作者怎么修改，小作者说会把自己展示环节的涂色描写得再细致一些，加入人物的动作、语言、心理活动来描写。我们可以感受到学生热爱国家通用语言文字，认同中华文化，感受到了文化的魅力，并能积极接受别人的意见，采纳正确的观点与思想。在学习当中让学生立即修改这个片段，这一实践活动则更加符合学生的认知规律，更大程度地激发了学生的内驱力。学生的语言运用、思维能力、审美创造和文化自信，四个方面都突出了学习的整体性。

二、个体性评价

（一）教师层面

在教学中思维能力的核心目标落实有所突破。教师并非一开始就引导学生来构建教学支架，引领学生建构方法思路、语言方式，而是通过引导、发现、梳理、小结、巩固等教学方式，让学生学会评价习作的方法。语言的梳理突出了思维的敏捷性特征。“哪些过程还可以再修改”这一问题，体现了辩证思维的灵活性、深刻性，思维批判性也有体现。思维能力的培养有助于学生语文关键能力的形成，四个环节的思维引导、语言辨析都是比较出彩的。

（二）学生层面

学生个体在课堂中也有精彩的呈现，如一名学生在开课前交流时，对于“拿手好戏”不太理解，且无头绪。在教师引导下，学生发现、梳理、探究后，逐步理解并能举一反三，举出“好戏”在表达时的创意点。课堂也真正体现了学生的发展过程。

（评价者：汕头市龙湖区金珠小学　陈怡颖）

第八节　引导示范性案例的范式——过程与结果范式

“奇妙的想象”课例“过程与结果”质性评价案例

一、过程性评价

（一）评价教学目标设定

教学过程的评价要结合教师的教学目标、教学策略和教学设计意图等来进行综合性评价。我们先来看看教师的教学目标设定。

1. 激发学生学习兴趣，营造一个奇思妙想的想象世界。
2. 借助习作例文体会丰富与神奇的想象，提炼想象的方式。
3. 激励学生大胆想象，借助思维导图创编自己的想象故事。

从教师的教学目标来看，目标1是激发学生兴趣，是建构思维的过程，是语言文字品析的过程，是文化理解的过程。目标2是借助例文拓展想象，是语言运用和思维能力发展的过程。目标3是借助思维导图创编故事，是语言运用的体现，也是思维能力培养的考查，是审美的创造过程。抛开“适度性”不讲，单从核心素养的四个方面来讲，目标设定都是有涉及的。

（二）评价教师教学第一、二环节

环节一：课前观看有关想象的视频，初步感受想象的大胆奇妙。

【设计意图：视频中让学生初步感受想象的魅力，创设想象王国的情境，激发学生学习兴趣。】

环节二：导入，建立“想象岛”。

同学们，我们准备在教室的一角设置一个“想象岛”的专栏用来展示大家的习作。在想象的世界里，什么都可能发生，一切都是那么奇妙。当然这里的一切都需要我们自己来创造，今天我们就一起来创编一个好玩的想象故

事。看谁的故事最大胆、最奇妙!

【设计意图：借助“想象岛”激发同学们的想象兴趣，激发同学们创编想象故事的欲望。】

教师通过一段视频来激发学生想象的兴趣，这是最为直接，也是效果比较理想的一种直观思维模式。这对于三年级的学生来说是建构事物比较容易的教学手段。从课堂呈现来看，教师以“奇不奇妙”追问，学生在这一过程中从直观地感受奇妙到思考奇妙，从语言思维等方面初步构建了“奇妙”这一概念。可以说目标1是有落实的。

（三）评价教师教学第三环节

环节三：聚焦习作例文，引出想象方式。

谁来回顾一下，单元的两篇课文作者是从哪个角度想象，让我们感受到大胆奇妙的。

1\. 回顾单元课文，重温想象方法。

教学预设：

《我变成了一棵树》换了身份想象，大胆，奇妙。

《宇宙的另一边》相似相反结合地想象，大胆，奇妙。

刚刚两位同学在课文的回顾中为我们解锁了“换了身份想象”“相似相反结合地想象”两个想象密码。

【设计意图：回顾单元课文，重温奇思妙想故事的有趣和好玩。明确学习目标，大胆奇妙的想象能让学生拥有一段快乐的旅程。】

2\. 汇报习作例文课前探究学习成果，解锁想象密码，感受想象的大胆奇妙。

①《一支铅笔的梦想》把铅笔想象成了豆角、丝瓜、船篙、撑竿等其他事物，很大胆，奇妙。这些事物和铅笔一样都是长条形的，所以这是联系事物特点来想象。

②《尾巴它有一只猫》中，猫有一条尾巴，却说成尾巴有一只猫，反着来想，太奇妙、太大胆了。

③练习反着想的想象角度，感受想象的大胆奇妙。

猫说：“我有一双眼睛，我想看什么，眼睛就看什么！”

眼睛说：“____”

生活中你有没有特别想反着来的事情？列举一个。

小结：同学们的想象太奇妙了，太大胆了。通过汇报我们又解开了两道想象密码，其实我们想象的密码还有很多……

【设计意图：有了奇思妙想的想法，再把它变成一个生动有趣的故事才是习作课的关键，通过两篇习作例文的探究汇报，再次打开孩子们想象的大门，明白想象的方法，训练学生的表达能力。】

从上面的教学设计中，我们可以看到：教师是通过习作例文的学习来拓展学生的想象空间的。在这一教学环节中，教师善于引导学生观察思考文本中的想象部分，高度契合习作目标要求。这是习得语言的过程，也是形象思维能力深刻性、敏捷性特征的体现。目标2基本完成。只是语言探究方面缺乏有力的教学策略，“怎么写”的问题没有体现。

（四）评价教师教学第四、五、六环节

环节四：围绕习作题目，完成习作提纲。

1. 学生读习作要求。

2. 围绕题目谈奇思妙想。

一个富有想象力的故事，往往都会有个吸引人的题目，读读文中的这些题目，哪一个最吸引你？你觉得哪个最有趣？你将怎样大胆地去想象他的哪些故事？当然，你也可以写其他想象故事。

我最感兴趣的题目是__________，围绕题目我提出的问题是____________________________________。我运用__________方法来想，顺着问题并结合想象方法，我的奇思妙想是____

【设计意图：这些题目非常有意思，学生读后会在脑海里激发出天马行空的想象，有一种想要表达的欲望。引导学生在表达想法的过程中，感受想象的神奇有趣。从自身经验去大胆想象，每个人的想法都会变得更好玩。沉浸于想象的世界里，能给学生带来一段奇妙的体验。】

3. 教师展示思维导图并解说思维导图。

过渡：同学们，有了思维导图，作文时思路才会更加清晰，现在学着老师来完成自己的思维导图吧！

4. 学生完成学习单元二中第一题的思维导图，教师指导。

5. 展示学生思维导图，并评价。

环节五：借助评价表，评议片段。

1. 借助思维导图，展示教师“下水作文”“飞蛾停在脸上赶不走”片段。

2. 学生根据奇妙的想象《习作评价表》，评价教师“下水文”片段。

同学们仔细阅读评价标准，根据评价标准，结合片段内容，你给老师评几颗星？并说说你的理由，可给出建议。

【设计意图：从评价中提供学习的方法，为接下来学生修正完善自己的思维导图并依据自己的思维导图写片段打下基础。】

环节六：完善习作提纲，独立创作片段并评价。

1. 自主探究、小组合作学习要求。

（1）自主探究。

①根据评价标准修改完善思维导图。

②根据思维导图在学习单上写一个片段。

（2）小组合作。

①写完之后，依据评价表先自评，然后在小组内互评。

②小组推选最优秀的作品在班级交流。

【设计意图：在小组交流评价中，再次打开自己的思路，在听取同学的建议中，让自己的故事更清楚，更完整，分享成功带来的喜悦。】

2. 组内推荐精彩片段，汇报。

分享方式：

我的小组推荐的是（　　　　　　）的精彩片段，现在由我来读。依据评价标准，我们给他的想象奇妙指数（　　）颗星，奇妙在（　　　　　），方法指数（　　）颗星，他用了（　　　　　）的想象方法，表达有趣指数（　　）颗星，因为（　　　　　　　），共（　　）颗星。所以我们一致推荐这个片段进入“想象岛”专栏。

【设计意图：在表达上提供学习的方法，让学生有条理地表达，再一次为接下来自己的习作打下基础。】

3. 小结：像这样精彩的片段虽然没有完整的篇章，但从片段中可以看出他创编故事的大胆奇妙，依然批准入“岛”，掌声送给__________，他是第一位“登岛者”。

以上三个教学环节是对目标3的落实，主要引导学生围绕题目谈奇思妙想，并借助思维导图来创编片段。教学活动符合学生认知规律，语言运用在这些教学环节中得以体现，形象思维灵活性特征突出，奇妙的想象突出学生审美创造的过程，而语言表达更进一步体现文化的渗透。

从学生语言组织与表达能力来看，这部分的教学内容应进一步引导学生体验奇妙，构建奇妙，展示奇妙。而从学生的表现来看，学生难以自主完成思维导图的设计，更加不会从思维导图来完成片段的描述。语言运用实践活动缺乏与前一教学环节的连接，教学策略实施对教学梯度体现没有起到助力作用。

二、结果性评价

教学结果性评价依据教学目标的落实，依据教学过程中教学活动实施，根据学生不同教学活动的表现综合进行。

结果性评价教师层面：从核心素养四个方面来看，本节课教学目标1和目标2基本实现，落实了学生语言的构建和思维能力的培养，但在“奇妙”这一核心目标上缺乏有力的教学策略辅助，教师的指导作用未充分体现。想象奇妙的构建支架过程性不具体，缺乏时空性；思维导图的设计超出学生认知范围和能力范畴。另外，文化要素的渗透应一以贯之。

结果性评价学生层面：学生整体表现不够积极，参与感不强，主体地位未能充分体现。在语言运用构建的过程中未真正领会“奇妙”的想象；直观思维和逻辑思维能力有涉及，形象思维意识未体现。学生回答问题时的语言表达能力不强，特别是语言的组织能力还有待进一步加强。

（评价者：汕头市潮阳实验学校　陈艳）

第九节　引导示范性案例的范式——典型完整范式（第一学段识字）

《咕咚》课堂教学评价典型案例

一、《咕咚》教学设计

【教材分析】

《咕咚》是一年级下册第八单元中的一篇课文，它是一篇童趣盎然、情节曲折的民间故事，课文融科学知识和生活常识于故事情节中，既有教育性，又富有童趣。课文以木瓜掉湖中的声音引起小动物们惊慌逃窜的故事，让学生初步懂得遇事要学会思考，不盲目跟从。

本单元的学习重点是借助图画阅读课文。这是继一年级上册《小蜗牛》之后，第二次出现没有全文注音的连环画课文。教学时要在一年级上册借助图画猜字、认字、读懂课文的基础上，继续发展学生的独立识字和阅读能力。《咕咚》一课的教学要运用《小蜗牛》的学习方法开展识字、阅读，并运用形声字特点，联系上下文猜字、认字。引导学生根据图文一一对应的特点理解内容，有能力的学生还可以借助图画复述课文或进行角色表演。训练层层递进，要求逐步提高，让学生在实践中掌握"借助图画阅读"的方法。

【学情分析】

通过上学期的学习，学生能借助拼音读准字音，比较正确流利地朗读课文，而且他们已经掌握了一些基本笔画和常见的偏旁部首，能运用多种方法识字，具备了一定的识字能力。本课是一篇没有全文注音的连环画课文，生动有趣，很适合低年级学生阅读学习。

【设计思路】

《义务教育语文课程标准（2022年版）》指出："学生是学习的主体。语文教学应激发学生的学习兴趣，注重培养学生自主学习的意识和习惯，倡导自主、合作、探究的学习方式。”因此，教学中，从学生的兴趣出发，主要采用情境教学法，创设良好的学习环境，激发学生的学习兴趣，引导学生采用多种方法，如形声字识字、字理识字法、熟字比较、联系生活经验等进行自主识字。同时采用指导观察法，充分利用插图，以图带文，加深学生对课文的理解。整个环节以朗读贯穿始终，加深情感体验，帮助学生形成正确的价值观和积极的人生态度。

【教学目标】

（1）建构有趣的教学支架，渗透多种识字方法，让学生随文认识“咕、咚”等10个生字。

（2）引导学生正确书写“家、象”，体悟汉字以及汉字书写之美。

（3）让学生有感情地朗读第1～4自然段，初步学会梳理课文主要信息。

（4）引导学生发现汉字之美，感受中华文化的魅力。

【教学重难点】

（1）建构有趣的教学支架，渗透多种识字方法，随文认识“咕、咚”等10个生字。

（2）借助插图学习课文第1～4自然段，体会动物们听到“咕咚”后害怕的心情，梳理课文主要内容。

【教学过程】

（一）创设情境，猜读课题

（1）“夺星卡”开启识字课堂之旅。

（2）创设情境：在美丽的大森林里，有许多美妙的声音，听，这是什么声音？（演示课件）

猜声音“呱呱”“咩咩”“喵喵”，了解拟声词。

（3）出示词卡“咕咚”，引导学生猜读音。

（4）小结猜读方法：形声字识字法。

【设计意图：利用猜声音的方式导入，遵循学生的认知规律，层层递进，通过观察字音字形，发现形声字的构字规律，激发学生的识字兴趣，为学生接下来的生字猜读提供了方法，并通过“夺星卡”为后续学生评价奠定了基础。】

（二）随文识字，乐导趣学

（1）齐读第1自然段，认识“咕咚”。

（2）引导学生了解“借助图片”的猜读方法。

（3）相机学习生字“掉”“熟”，理解“熟”字在文中的含义。

（4）学习课文第2自然段，随文认识“吓”字，理解“拔腿就跑”并演一演，指导朗读。

（5）自读课文第3～5自然段，圈出小动物的名字。

（6）小游戏：象形字“羊、象、鹿”找朋友，总结识字方法：字理识字法。

（7）对比观察，学写“象”“家”，总结识字方法：结合生活经验识字并利用“夺星卡”进行评价。

（8）回归课文，了解动物们听到“咕咚”后的表现，指导朗读。

（9）随文认识“逃命”，总结识字方法：比较熟字，让学生通过想象说话，以此理解词语“热闹”。

【设计意图：字不离词，词不离句，句不离篇，将识字任务贯穿于课文的学习中，不断提高汉字在学生头脑中出现的频率。让学生的思维活跃、发展，敏捷性、灵活性和独创性都有表现。多种方法齐下，将字的音形义紧密结合、读说写紧密结合，激发学生主动建构的意识，能有效提高识字的数量和质量。以“夺星卡”引导学生自评，激励学生识字写字，培养学生的评价意识和能力，并将之为识字课堂评价的依据，让课堂评价更加多维度。将学习中国汉字文化的兴趣贯穿在学习的全过程，让学生感受语言表达的魅力。】

（三）提炼信息，总结内容

（1）情景扮演“森林播报员”，运用黑板上的词语，播送森林里发生的新闻。

（2）配乐读儿歌，梳理总结课堂内容。

【设计意图：以一首轻快的儿歌作为结尾，把本课中认识的生字呈现在儿歌中，让学生配乐朗读，在轻松愉快的氛围中强化对本节课所学的生字的认识，发现汉字的趣味。让学生学以致用，在语境中运用，在运用中识字。】

（四）课堂小结，完善评价

（1）课堂小结：通过本课学习，我们认识了许多字，也懂得很多识字妙招，希望同学们在以后学习生字的时候能把这些方法用上。

（2）评价：现在请拿出评价表，来评一评你获得了几颗星。

（3）作业布置：

①分小组角色朗读。

②阅读《咕咚》。

【设计意图：对本节课进行总结，以评价表进行自评和同桌互评，通过表格直观了解学生本节课的学习情况。引导学生形成评价的意识和能力，激发学生学习的兴趣和能动性，为后续的学习赋能。】

【板书设计】

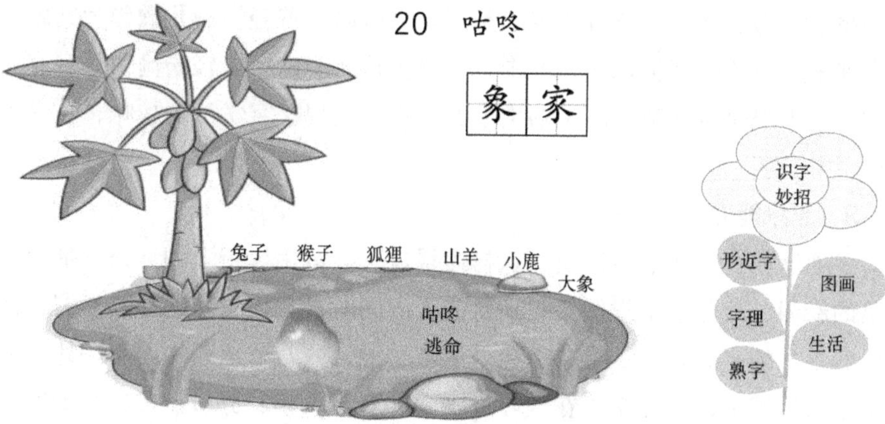

［执教者：汕头市龙湖区碧华实验学校（东校区）　许俊霞］

二、《咕咚》教师自评

以下是我对执教《咕咚》这节课的自评。

（一）教学目标中的核心素养点的设定和思考

我以“渗透多种识字方法，让学生随文认识生字”“梳理课文主要信息”来达到培养学生语言运用以及思维能力的目的，以引导发现汉字之美、“正确书写‘家’‘象’”来培养学生的文化自信与审美创造。在核心素养点的设定上兼顾了学科核心素养的四个方面，是考虑周全并进行整体构建的。

（二）教学过程中核心素养的落实

1．文化自信

我始终坚持字不离词，词不离句，句不离篇，将识字任务贯穿于课文的学习中，不断提高汉字在学生头脑中出现的频率。同时多管齐下，将字的音形义紧密结合、读说写紧密结合，将中国汉字文化感受贯穿在学习的全过程，培养学生对文字的热爱，树立文化自信。

2．语言运用

在课前，我用“夺星卡”激发学生的学习兴趣。继而创设情境，从拟声词游戏入手，让学生听声音猜动物，引导学生关注拟声词中的口字旁，了解形声字的构字规律，从而引出课文《咕咚》。遵循学生的认知规律，层层递进，激发学生主动建构的意识，通过观察字音字形，发现形声字的构字规律，激发学生的识字兴趣，为学生接下来的生字猜读提供了方法，并通过“夺星卡”为后续学习评价奠定了基础。最后以一首轻快的儿歌作为结尾，把本课中学习的生字呈现在儿歌中，让学生拍手朗读，在轻松愉快、富有童趣的氛围中强化对本节课所学的生字的认识，发现汉字学习的趣味，让学生在运用中识字。

3．思维能力

我创设情境，让学生扮演“森林播报员”，运用黑板上的词语，播报森林里的新闻，培养学生提取关键信息能力的同时，关注学生的思维发展，注重培养学生的直观思维、形象思维、创造思维，并与言语建构融为一体。在整个学习过程中，关注学生在学习过程中的联想想象、分析比较、归纳判断等认知能力的发展，调动学生的学习热情，激发学生的直觉思维。

4．审美创造

我通过提供汉字的演变，来让学生发现汉字形体之美，通过书写比较，让学生感受汉字的形体之美，并引导学生评议正确美观的书写来培养学生的审美能力。在学生理解生字词后，我让学生创造性地运用生字词，来培养学生的审美创造能力。

（三）教学过程中师生的课堂表现

1．文化自信

在课堂中，我较好地根据教学支架，渗透多种识字方法，引导学生理解汉字的音、形、义，将中国汉字文化渗透贯穿在学习的全过程。学生在学习中也兴趣浓厚，同时也感受到了文字的魅力。

2．语言运用

我根据低年级学生认知事物的特点，充分利用课本插图，运用图文结合等方式，帮助学生理解课文内容，通过讨论、自学，快速理解课文内容，提高学生理解和运用语言的能力。本节课我能够做到注重课堂朗读，并通过多种形式来培养学生语感，但是形式不够丰富。在课堂中，绝大多数的学生能参与积极课堂，较为清楚有序地回答问题，表达自己的想法，语言表达方面都有不错的表现。

3．思维能力

课堂中，学生能做到主动思考，用联系生活实际、借助课文插图等方式进行自主识字，从学生的发言质量和数量来看，学生们的思维还是比较活跃的，学生之间的想法也很不同。但是在课堂上我缺乏“静待花开”的耐心，这点体现在进行深入的课文分析之时。进入课文分析之后，要让学生从热烈中投入一个冷静思考的氛围中是需要耐心和信心的，课堂不能永远热火朝天，安静思考才能真正产生有价值的思考结果，而教师不仅要给学生积极引导，还要有等待的耐性。另外，在对学生的思维培养中，还欠缺一些启发性，我还应思考怎么提问，怎么设计，才能让学生思维的活跃度、敏捷性和独创性在真实的课堂中更有生长和发展的空间。

4．审美创造

在教学中，我努力为学生创造审美鉴赏的时机，引导学生体悟汉字之美，但学生对事物的发现还不能以欣赏的眼光去看待，其愉悦之情体现不足。另外，在语言运用方面，学生能运用，但模仿的思维还太强，学生创造力还有待提升。

［评价者：汕头市龙湖区碧华实验学校（东校区） 许俊霞］

三、《咕咚》课堂教学量化评价

（一）量化评价

评价维度		评价内容及标准	权重分值	评分	评价记录
文化自信（15分）	教师	文化意识强，能挖掘并传播汉字文化，文化渗透自然、适度，善于激发学生学习汉字的兴趣。	7	7	
	学生	热爱国家通用语言文字，喜欢学习汉字，有主动识字、写字的愿望，有探索汉字文化的兴趣。	8	7	
语言运用（50分）	教师	文本研读深入，识字、写字学习目标定位准确、具体，遵循学生认知规律。	8	8	
		识字、写字注重方法指导，有重点，有过程；教学支架充分、有情趣，有利于学生主动积累、梳理、建构。	12	10	
	学生	积极参与学习实践活动，发现并了解汉字的特点和运用规律。	15	15	
		独立识字能力增强，能正确、规范运用汉字、词语进行有效交流沟通，书写规范、端正、整洁。	15	14	
思维能力（20分）	教师	关注学生在学习过程中的联想想象、分析比较、归纳判断等认知能力的发展，教学点拨有艺术，注重培养学生的直觉思维、形象思维、创造思维。	8	8	
	学生	求知欲强，积极思考，思维活跃，思维的敏捷性、灵活性有提升，思维的独创性有表现。	12	10	
审美创造（15分）	教师	教学整体艺术性强，语言表达优美且富有童趣，有示范性，能熏陶学生；积极引导学生对语言文字进行感受、理解、欣赏、评价，培养学生的审美情趣、审美能力。	7	7	
	学生	审美情趣健康向上，具有良好的识字、写字习惯，写字姿势正确；审美体验充分，有较好的审美评价表现，具有初步的感受、发现、表现汉字形体与语言创造之美的能力。	8	8	
总分			100	94	

（二）量化评价解析

1．文化自信

（1）教师维度：教师的文化意识强，能挖掘并传播汉字文化，文化渗透自然，善于激发学生学习汉字的兴趣。评价得分：7分。

（2）学生维度：学生热爱国家通用语言文字，喜欢学习汉字，有主动识字、写字的愿望，有探索中国汉字文化的兴趣，但由于学生年龄较小，探索中国汉字文化的兴趣还需要加强。评价得分：7分。

2．语言运用

（1）教师维度：①在教学过程中，教师能够深入研读文本，识字、写字学习目标定位准确、具体，遵循学生认知规律。评价得分：8分。②识字、写字注重方法指导，有重点，有过程，有情趣，有利于学生主动积累、梳理。教师根据生字的不同特点，采取了多种识字方式，有借助插图、形声字识字、熟字比较、字理识字、结合生活环境等，将识字的方法置于丰富的语言实践活动当中，积极引导学生与文本对话，但在指导书写“象”“家”时，教师边写边口头形象地指导书写，没有教会学生生字的笔顺规则。③在教学过程中，教师充分建构教学支架、利用“夺星卡”“森林播报员”等，让学生在乐中学，在学中乐，有利于学生主动积累、梳理、建构，从而形成一个知识的回路循环。评价得分：10分。

（2）学生维度：①在教学过程中，学生能积极参与学习实践活动，发现并掌握汉字的特点。评价得分：15分。②在写字方面，学生独立识字能力还需增强，而且书写规范性、端正、整洁度都有待进一步提高。评价得分：14分。

3．思维能力

（1）教师维度：教师能够做到关注学生在学习过程中的联想想象、分析比较、归纳判断等认知能力的发展，教学点拨有艺术，注重培养学生的直觉思维、形象思维、创造思维。评价得分：8分。

（2）学生维度：①本节课，学生学习积极性高，求知欲强，积极思考，思维活跃，思维的敏捷性、灵活性都有提升。②课堂上学生的思维创造性没有表现，如果教师能为学生创设一些口头说词说句的机会，让学生加深对词语的理解，那将更好。评价得分：10分。

4．审美创造

（1）教师维度：①教师教学整体艺术性强，语言表达优美且富有童趣，有示范性，能熏陶学生。②教学过程中积极引导学生对语言文字进行感受、理解、欣赏、评价，培养学生的审美情趣、审美能力。评价得分：7分。

（2）学生维度：①通过学习，学生得到充分的审美体验，并且有较好的审美评价表现，具有初步的感受、发现、表现汉字之美的能力。②学生的审美情趣健康向上，具有良好的识字、写字习惯，写字姿势正确。评价得分：8分。

总体性评析：本节课教师的教学定位准确，善于激发学生学习汉字的兴趣，能够培养学生热爱国家通用语言文字，学生喜欢学习汉字，有主动识字、写字的愿望。教师对于文本研读深入，识字、写字学习目标定位准确、具体，课堂教学中遵循学生认知规律。教学支架充分、有趣，有利于学生主动积累、梳理、建构，从而形成一个知识的回路循环。教师教学整体艺术性强，语言表达优美且富有童趣，有示范性，能熏陶学生。如果在教学过程中，能够多关注学生思维独创性的表现，那整节课就更完美了。

［评价者：汕头市龙湖区碧华实验学校（东校区）　林妙娜］

四、质性评价

在新课程改革背景下，教师对语文学科核心素养有比较多的研究。从《咕咚》一课中可以窥探到教师对语文学科核心素养在设计上的思考和教学过程中的落实。现在就《咕咚》一课，结合“基于小学语文学科核心素养的课堂教学评价”谈谈个人的理解。

（一）整体性与个体性评价

教师在教学内容上，注重前后连接，层层教学，紧扣核心素养推进整体内容教学，提升学生的学习能力。教师重视“过程”的教学，注重启发学生的思维，训练学生的思维方法，如教学“咕咚”一词，教师教一词，推一类，从拟声词家族中去生发，引导学生发现形声字构字的特点；教学“家”字，便把视角往学生生活处延伸，引导学生从生活中发现汉字，提升文字审美的能力。让学生扮演“森林播报员”，运用黑板上的词语播送森林里发生的这则短新闻，训练了低年级学生的语言概括能力。教师设置的“夺星卡”，对学生整个过程学习积极性的调动以及学习效果的评定具有积极的意义。教师能挖掘并传播汉字文化，文化渗透自然，善于激发学生学习汉字的兴趣，如利用象形文字到汉字的演变这一趣味环节，强化了学生学习汉字的兴趣，让学生做到热爱国家通用语言文字，有主动识字、写字的愿望，探索中国汉字文化，增强文化自信。

纵观整堂课，教师的这节识字课有点有面，有理有据，逻辑性强，以课文为源头，为学生营造出最佳的识字情境和氛围，并构建有趣的教学支架，将多种识字方法放置于内，调动学生学习的积极性和主动性。这样环环相扣、层层推进，让学生轻松突破本节课的重难点。

（二）过程性与结果性评价

达成效果：本节课紧扣单元要素，落实单元目标。在教学过程中，教师给了学生一定的思考时间，积极与学生互动，在对话中适当点拨引导，让学生去认识和发现问题，帮助学生进行知识构建，鼓励学生积极动手、动脑，通过自主探究真正掌握知识。

过程评价：教无定法，贵在得法。教师尊重学生的认知规律，以游戏的方式让学生在玩乐中轻松习得，如教学“羊”“象”“鹿”三个字的字理，她不是生硬、刻板地讲解概念，而是让学生通过观察象形文字的构造，用形象思维去理解，从而形成自己的认知，进而加深对汉字的记忆，字理教学进一步加深学生对汉字的热爱。在随文识字这一环节中，“文”本身就是一种支架，是学生生字学习的语境依托，如对“熟”和“掉”“逃命”“拔腿就跑”等词语字的理解，教师巧妙地借用语境、字典、学生演绎等支架，轻轻巧巧地就让学生学有所获。

（三）现实性与潜在性评价

现实性：教学中既要传授知识，又要使学生的智力和思维得到良好的发展，在教学组织的合理条件下，两者是统一的、互相促进的。智力是在掌握知识的过程中发展的，不学习知识就不可能发展智力。反过来，智力获得良好的发展可以使学生知识学习加快、加深，并能够灵活运用。

潜在性：在教学过程中，不但要使学生获取知识、技能和方法，更重要的是要使思维得到训练。学生借用“夺星卡”完善自己的评价，对自己本堂课的学习收获进行总结，如果还有时间，可以让学生互评，这在一定程度上能刺激学生学习的主动性。

综上所述，《咕咚》一课板块紧密，是一场理论基础和实践相结合的展示，充满示范性，值得我们思考及学习。

［评价者：汕头市龙湖区碧华实验学校（东校区）　张小春］

第十节　引导示范性案例的范式——典型完整范式（第三学段阅读）

《古诗三首》（六年级下册）课堂教学评价典型案例

一、《古诗三首》教学设计

【设计理念】

文化是民族之根。《义务教育语文课程标准（2022年版）》提出了义务教育的语文核心素养，文化自信被列在首位，强调了文化自信培养的重要性。中华优秀传统文化是文化自信的基础，是文化自信的重要源泉，古诗文是传统文化中最重要的记载形式，选入教材中的古诗文又是传统文化的精华，因此，古诗文教学无疑肩负着培养学生文化自信之重任。第三学段强调要注重引导学生了解中华优秀传统文化的源远流长、丰富多彩，提升自身中华优秀传统文化修养。古诗中包含自然文化、物态文化、建筑文化、精神文化。六年级下册第三课的这三首古诗编排在“民风民俗”单元，就是要让学生透过古诗中的文字感受中华文化在不同时空留下的精神文化印记，加深学生的文化认同感和民族自豪感。同时，课程标准要求学生乐于探索，勤于思考，初步掌握比较、分析等思维方法，能感受语言文字的美，感悟作品的思想内涵和艺术价值，能结合自己的经验，理解、欣赏和初步评价语言文字作品，丰富自己的情感体验和精神世界。中国古典诗词字字如金，物象与意境的完美结合为世人展现了无数动人诗篇。带领学生去品析古诗，这对培养学生的文学鉴赏和审美能力有很重要的作用。

【学情分析】

六年级的学生对学习古诗并不陌生，他们可以借助注释、工具书以及以前学过的方法了解古诗的大意和诗中所表达的情感。但是古诗的美不仅仅在这里，品析古诗对于培养学生的形象思维、逻辑思维能力有重要作用。诗歌中物象的选择是表达情感的一个重要因素，这是诗歌中一种常见的表达规律，无论是古代诗词还是现代诗歌都是如此。本节课的设计通过比较、分析、想象等语文实践活动培养学生的形象思维、逻辑思维、审美能力，特别是思维的深刻性、独创性；另外，在丰富的语言实践中让学生在古诗词的海洋里充分感受中华优秀传统文化的魅力。

【教学目标】

（1）通过学习《寒食》《十五夜望月》这两首古诗，了解中国传统节日的相关知识及诗歌中物象的选择在表达情感上的作用，继承和弘扬中华优秀传统文化。

（2）通过分析、比较、想象画面、朗读、吟诵等方式品读古诗，感受古诗的魅力，积累经典诗词。在分析比较、想象、交流中培养学生的语言运用能力、逻辑思维和形象思维能力，提高学生的审美意识和审美创造能力。

（3）通过反复诵读，积累背诵古诗。

【教学重难点】

通过分析、比较、想象画面、朗读、吟诵等方式品读古诗，了解诗歌中物象的选择在表达情感上的作用，感受古诗的魅力，培养学生的语言运用能力、逻辑思维和形象思维能力，提高学生的审美意识和审美创造能力。

【教学过程】

（一）课前自主探究，初品古诗

（1）自由读古诗，读准字音，读出节奏。

（2）借助注释理解古诗的大意。

（3）查找资料，了解这两首古诗所写的节日的来历、意义、习俗。

（4）尝试根据声调画出这两首古诗的吟诵谱，练习吟诵这两首诗。（选做）

【设计意图：六年级的学生，自主学习的能力和意识都已经具备，教师设计自主探究学习活动，提供明确的学习方法和学习任务，进一步培养了学生的自主学习能力。】

（二）课前游戏，创设情境（古诗节日猜猜看）

（1）分享你积累的有关传统节日的古诗。

（2）猜猜老师展示的这些古诗写的是哪个传统节日。（提示：抓关键词句，联系传统节日的习俗、来历等）

①人有悲欢离合，月有阴晴圆缺，此事古难全。但愿人长久，千里共婵娟。（［宋］苏轼《水调歌头·明月几时有》）

②今朝佛粥更相馈，更觉江村节物新。（［宋］陆游《十二月八日步至西村》）

③画作飞凫艇，双双竞拂流。低装山变色，急棹水华浮。（［唐］张说《岳州观竞渡》）

④东风夜放花千树，更吹落，星如雨。宝马雕车香满路。凤箫声动，玉壶光转，一夜鱼龙舞。　　蛾儿雪柳黄金缕，笑语盈盈暗香去。众里寻他千百度，蓦然回首，那人却在，灯火阑珊处。（［宋］辛弃疾《青玉案·元夕》）

⑤归穿细荇船头滑，醉踏残花屐齿香。（［唐］　来鹄《清明日与友人游》）

⑥柔情似水，佳期如梦，忍顾鹊桥归路。两情若是久长时，又岂在朝朝暮暮。（［宋］秦观《鹊桥仙·七夕》）

【设计意图：通过有趣的课前活动，让学生接触更多古诗，感受中国诗歌的魅力，增强民族自豪感，同时这些古诗没有直接写出节日的名称，需要学生通过抓关键词句，联系自己学习中或生活中所了解的传统节日习俗来进行推测，在具体的语言实践活动中训练学生的逻辑思维能力和语言运用能力。】

（三）检查预习，整体感知

（1）字正腔圆读古诗。

①请学生读古诗，正音，明确节奏。渗透古诗节奏（七言诗一般用“二 三 三”节奏，或“四 三”节奏）的知识。这是诗歌节奏美、音韵美的体现。

②齐读，男女生轮读。

（2）小组交流自主探究的前三个问题，并请根据同学的表现互相评价自主学习质量。（课件出示互评表）

三颗星——优　　两颗星——良　　一颗星——及格

①朗读古诗，能读准字音，读出节奏。☆☆☆

②能借助注释理解古诗大意，并用自己的语言表达出来。☆☆☆

③能用自己的语言分享这两首古诗所写的节日的相关知识。☆☆☆

（3）各小组派代表交流古诗大意以及自己所了解的这两个传统节日的相关知识。

【设计意图：通过小组互评的方式检查预习，强调用自己的语言交流古诗的大意和自己所了解的关于这两个传统节日的知识，这是一个真实的语言内化后输出的过程。通过语言运用，实现学生逻辑思维能力、审美创造的培养目标，体现语文素养培养的整体性特点。同时自主学习质量的评价不仅包括教师对学生的评价，也包括学生与学生之间的互评，这样的评价更具普遍性和真实性。】

（四）走近古诗，品读赏析

1．初探知异同

老师特意把这两首诗放在一起让大家学习，是因为它们有共同之处，也有不同之处。你读了之后发现了吗？

预设：都写了中国传统节日，两首诗的前两句都是写景，后两句一首是叙事，一首是抒情。

2．细品察物象

（1）细细品读这两首古诗的前两句，它们都是写景的诗句。想象一下它们所描绘出的画面，你们能发现它们有什么不同吗？可以从写景的角度思考，如景物的选择、状态的描写等。

小组合作学习，交流时抓住关键词句，说出自己的理解。

预设：

①关注所描写的景物：《寒食》——花、东风、柳

《十五夜望月》——月光（地白）、乌鸦、露、桂花

②想象这些景物的颜色：《寒食》——花红柳绿，色彩明丽

《十五夜望月》——乌黑露白，色彩清冷

教师在学生汇报景物及其颜色时引导：在诗歌中表达不同情感，选择的物象是不一样的。比如出现“乌鸦”的诗句中，表达的情感都是比较伤感的，你能想起写“乌鸦”的诗句吗？

预设：“月落乌啼霜满天”“枯藤老树昏鸦”。这跟乌鸦这种鸟留在人

们心中的印象有关。不同的鸟表现的情感不同，你能想到哪些写到其他鸟的诗呢？

预设："明月别枝惊鹊""两个黄鹂鸣翠柳，一行白鹭上青天"等。它们所表达的情感分别是什么？

过渡：诗歌中物象的选择与情感是有直接关系的，我们现代诗歌的创作也同样会注意到物象的选择。

③节日习俗小知识分享。寒食节有"改火"的习俗，要用榆柳枝取新火，表示驱疾辟邪，所以作者选择"柳"这个物象；而中秋节有"赏桂花""喝桂花酒"的习俗，这与"嫦娥奔月"的传说有关——月宫中有棵桂花树，所以诗人选择"桂花"。

④《寒食》——动态 飞、斜

《十五夜望月》——静态 栖、湿

引导学生想象画面并表达出来，感受诗歌中描绘的动态美和静态美所表达的不同情感，让学生理解"无处不"这种双重否定所表达的强烈感情。

小结：比较是认识事物最快、最有效的方法，对提高我们的观察能力、分析能力和审美能力有很大的作用。

【设计意图：引导学生用比较、想象的方法体会诗歌所描绘的意境（诗人的情感），发现诗歌创作时作者为营造一定的意境会有技巧地选择不同的物象，了解诗歌创作中物象与意境的关系，这是一个发现语言规律的过程。同时指导学生抓住关键词想象画面，进一步理解诗歌大意，从而体会诗中所表达的情感，再用自己的话表达出来，这是一个培养形象思维能力和审美能力的过程。也让学生了解更多传统节日的相关知识，传承中华优秀传统文化。】

（2）用各种形式朗读前两句古诗。（男女生轮读，师生接读，分组比赛读等）

（3）学法迁移，独立思考，用这种方法比较后两句古诗的异同，从内容的选择、情感的表达上去比较。

预设：①《寒食》——场景、习俗 传蜡烛（喜庆）

《十五夜望月》——场景、习俗 人望月（赏月）（孤独）

②比较"五侯家"与"谁家"，可以体会到作者的心境不同，《十五夜

望月》中的迷茫、孤独感跃然纸上。

【设计意图：比较意识在语文学习中对于培养学生的逻辑思维能力、审美能力以及思维敏捷性、灵活性是很有好处的，它对发展学生的创造思维也有益。方法的习得与运用是不可分割的，前两句诗的比较式学习让学生感悟到诗中不同的景和情，本环节让学生继续运用这种方式去学习，在学生的头脑中的进一步加深比较意识。】

（4）用各种形式朗读后两句古诗。

（5）师生交流拓展其他的思乡诗句。

（6）尝试背诵古诗。

（五）古诗吟诵，传承经典

吟诵的传统源远流长，是古诗学习的一个很好的方法，能帮助我们更好地理解诗的意境。介绍吟诵的一些基本知识：吟诵的声音与诗歌要表达的意义是有关系的。声音长表示延展，短表示决绝；高表示强调，低表示感慨。

（1）出示吟诵谱，听吟诵，请学生说说有什么感受。

（2）带着自己对诗歌的理解，跟着吟诵录音练习吟诵。

（3）请学生吟诵，评价。

【设计意图：吟诵是中华文化宝库中的一颗明珠，是学习古诗的一种好方法。作为中国人，我们要了解吟诵，学习吟诵，继承和弘扬中华优秀传统文化，培养文化自信。引导学生根据吟诵的小知识加深对诗歌的理解，感受吟诵独有的魅力。】

（六）作业布置，学法巩固

（1）熟练吟诵这两首诗。

（2）找两首写传统节日的诗，用本节课所学的比较、想象、联想的方法去感受它们的魅力。

（3）搜集和积累与传统节日有关的古诗。

【设计意图：作业是课堂的延伸，这两项作业让学生用本节课所学的方法学习课外古诗，做到学以致用。】

【板书设计】

		写景		叙事/抒情	吟诵	
比较	《寒食》	花红柳绿	明丽（动态）	喜庆	诗歌	
		生机勃勃		承平		
					言志	咏情
想象	《十五夜望月》	桂淡乌黑	暗淡（静态）	思念		物象
		安静寂寥		惆怅		情感

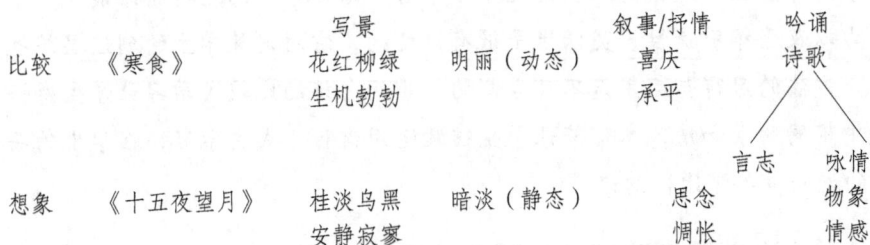

（执教者：汕头市潮阳实验学校　颜英姿）

二、《古诗三首》教师自评

（一）教学目标中的核心素养点的设定和思考

本节课我以“了解中国传统节日的相关知识及诗歌中物象的选择在表达情感上的作用，继承和弘扬中华优秀传统文化”“通过分析、比较、想象画面、朗读、吟诵等方式品读古诗，感受古诗的魅力，积累经典诗词”“培养学生的语言运用能力、逻辑思维和形象思维能力，提高学生的审美意识和审美创造能力”为目标。

以自主探究、合作学习的方式让学生通过分析、比较、想象画面，了解诗歌中物象的选择在表达情感上的作用，感受古诗的魅力，培养学生的语言运用能力、逻辑思维和形象思维能力，提高学生的审美意识和审美创造能力，激发他们的文化自信，实现语言的积累运用，继承和发扬中华优秀传统文化。综上，教学目标的设定充分考虑核心素养的四个维度，分层落实，这也是核心素养课堂的基本要求。

（二）教学过程中核心素养的落实

在文化自信方面，学生学习与积累古诗，本身就是在落实文化自信这一语文核心素养。同时通过吟诵古诗，更好地让学生感受中国古诗词文化独有的魅力，增强学生的文化自信。另外，这两首诗都表现了中华传统习俗，学生通过学习对祖国古老悠久的传统文化有了更深入的了解。

在语言运用方面，让学生能较积极理解、分析古诗中的关键字词，想象画面，运用恰当的语言把自己的思考表达出来。同时让学生能联系自己的生活经验，有理有据地品析古诗所表现的情境和意蕴。

在思维能力方面，我设计如“古诗节日猜猜看”“初探知异同”“细品察物象”等分析、比较、想象画面的学习活动，让学生对课堂中所涉及的古诗进行品读、分析、比较、鉴赏，从而感受古诗中所描写的传统节日习俗，发现物象在表情达意方面的作用，通过这些活动培养学生的直觉思维、逻辑思维、形象思维，对学生思维的灵活性和敏捷性的培养是有一定意义的。

在审美创造方面，通过朗读、吟诵、想象等学习活动让学生感受古典诗词的文字之美、意境之美。而吟诵古诗，则能让学生更好地表现中国古典诗歌之美，进一步达到传承中华优秀传统文化的目的。

（三）教学过程中师生的课堂表现

在文化自信方面，在课堂中，我能引导学生根据学习提示进行充分的自主学习，合作探究。学生通过朗读、想象、品析、吟诵等学习活动感受了中国古典诗歌中独有的文字、音韵、意境之美，了解了中国传统习俗，表现出对古典诗歌和中国传统文化的浓厚兴趣和热爱之情。

在语言运用方面，在整堂课的学习和交流中，我也能及时点评和点拨学生的发言。绝大多数的学生能积极参与课堂，较为清楚有序地回答问题，表达自己的想法，思维的活跃程度和语言表达方面都有不错的表现。但是我在引导学生“细品古诗关键词句，想象画面，理解诗情画意”这个环节中给学生想象和表达的机会还是不够充分。

在思维能力方面，学生能主动思考，尤其能联系自身的生活和学习经验创造性地理解、分析问题，并流畅恰当地把自己的想法表达出来，从学生发言的质量和数量来看，学生的思维还是比较活跃的，想法也很不同。

在审美创造方面，学生通过朗读、吟诵、想象等学习活动实现了感受和表现古典诗词的文字之美、意境之美的目的。但我在引导学生感受古诗朗读中节奏之美和吟诵中声音的高低长短之美时所用的时间不够，学生的体会还不够充分，这对古诗的学习来说是一个遗憾。

（评价者：汕头市潮阳实验学校　颜英姿）

三、《古诗三首》课堂教学量化评价

（一）量化评价

评价维度		评价内容及标准	权重分值	评分	评价记录
文化自信（15分）	教师	文化意识强，教学中文化要素清晰，渗透自然、适度。	7	7	
	学生	热爱国家通用语言文字，认同中华文化；能积极、主动去探索语言文字，学习兴致高；文化视野较开阔。	8	8	
语言运用（50分）	教师	文本研读深入，语言运用学习目标定位准确、具体、适度，有重点。	8	8	
		善于搭建教学支架，指导学生进行有效率的语言实践活动；语言建构有层次，有时空，有过程。	16	16	
	学生	主动积累、梳理语言，具有初步的语言整合意识与能力，语感增强。	10	10	
		语言实践积极、充分，掌握语言文字的特点与运用规律，并能在具体语言情境中有效交流沟通。	16	15	
思维能力（20分）	教师	关注学生思维的发展，教学点拨有艺术，体现创造思维、辩证思维的培养，突出直觉思维、形象思维、逻辑思维的发展。	8	8	
	学生	思维培养点有发展，思维活跃，思维的敏捷性、灵活性、深刻性增强，思维的批判性、独创性有表现。	12	11	
审美创造（15分）	教师	教学整体艺术性强，语言表达美，有示范性，能熏陶学生；引导学生感受、理解、欣赏、评价有法有效；注重培养学生的审美意识与正确的审美观念。	7	7	
	学生	审美意识强，审美情趣健康向上；体验充分，感受美、发现美和运用语言文字表现美、创造美的能力增强。	8	7	
总分			100	97	

（二）量化评价解析

1. 文化自信

（1）教师维度：古诗词作为我们民族文化的精粹，是中华民族的文化精神与情感表达。因而，带领学生从古诗词中提升语文素养，增强对中华文化的认同感和归属感，是我们语文教师的责任和使命。教师在教学中把提升学生文化自信放在重中之重的位置，通过“古诗节日猜猜看”、有节奏地朗读、交流所了解的传统节日的相关知识、古诗吟诵传承经典等语文活动让文化之气贯穿全课堂。评价得分：7分。

（2）学生维度：学生在教师的带领下积极地参与课堂中的各项语文实践活动，学习兴致高。在“古诗节日猜猜看”环节，学生能够很快说出诗句对应的传统节日，可见文化视野比较开阔，对传统文化有一定程度的了解。在交流中秋节习俗时，学生能纷纷说出自己所在的潮汕地区的特殊节日习俗，文化自豪感油然而生。在交流比较“春城无处不飞花，寒食东风御柳斜”和“中庭地白树栖鸦，冷露无声湿桂花”两句诗的关键词时，学生讨论时间达4分钟左右，能够主动去探索语言文字的运用之妙。评价得分：8分。

2. 语言运用

（1）教师维度：教师在课前对文本进行了深入且全面的研读，设计的语言运用活动别具匠心。在“古诗节日猜猜看”环节，引导学生抓住关键词猜想并分析，联系自己生活中或学习中所了解的传统节日习俗，在具体的语言实践活动中训练语言运用能力；朗读时，指导学生读诗要读出正确的节奏，巧妙地采用古人“踏歌而行”这种通俗易懂的方式读出节奏感；检查预习环节，通过小组互评的方式检查预习，强调学生用自己的语言交流古诗的大意和自己所了解的关于这两个传统节日的知识，这是一个真实的语言内化后输出的过程，这是真实的语言运用。在“细品察物象”这个环节，引导学生从写景的角度思考，交流时抓住关键词句等方法引导学生用比较、想象画面的方法体会诗歌所描绘的意境，发现诗人创作诗歌时为营造一定的意境会有技巧地选择不同的物象，了解诗歌创作中关于物象与意境的关系，从而发现语言规律。评价得分：8分。

（2）学生维度：①学生在教师的引领下从抓关键词初步分析到分析《寒食》和《十五夜望月》的异同，学生能够从情感不同、内容不同、描写方法不同等方面去分析，从动态和静态描写来分析两首诗的异同，语感渐增，对语言的梳理和整合意识增强。评价得分：10分。②学生维度评价的评分为15分，扣1分。学生语言实践十分积极、充分，在交流诗意时，语言十分流畅且严谨；在用想象画面的方式解释“斜”一字时，学生较深切地感知到在古诗中用词考究的重要性，学生语言组织能力较强，描绘出来的画面让人犹如亲见。在比较“春城无处不飞花，寒食东风御柳斜”和“中庭地白树栖鸦，冷露无声湿桂花”两句诗时，学生能根据语感抓住花、东风、柳和月光（地白）、乌鸦、露、桂花等关键词较为准确地说出《寒食》呈现的是花红柳绿、色彩明丽的生机勃勃之景，而《十五夜望月》呈现的是乌黑露白、色彩清冷的惆怅之景。从中，学生掌握了一定的语言文字特点及运用规律。评价得分：15分。

3．思维能力

（1）教师维度：教师全程都十分关注学生思维的发展，突出了对学生的对比思维、逻辑思维、形象思维等能力的培养与发展。让学生借助注释说诗意，交流对两首古诗中有关传统节日的知识，通过真实语言运用来提升逻辑思维能力；指导学生抓住关键词想象画面，进一步理解诗歌大意，从而体会诗中所表达的情感，再用自己的话表达出来，这是形象思维能力的锻炼和提升。通过比较《寒食》和《十五夜望月》的相同和不同之处，拓展补充“月落乌啼霜满天”和“两个黄鹂鸣翠柳”的对比，说明不同物象体现不同情感，提升学生的比较能力。评价得分：8分。

（2）学生维度：学生在“古诗节日猜猜看”环节能够通过抓关键词句，联系自己生活中或学习中所了解的传统节日习俗来进行推测，答题速度快，表达流畅；在小组内用自己的语言交流古诗的大意和自己所了解的关于这两个传统节日的知识，学生表达精准，回答全面，学生能够结合中秋节时潮汕的“拜月娘”等习俗来谈，逻辑思维能力在这些实践活动中得到训练和提升。想象“春城无处不飞花，寒食东风御柳斜”和“中庭地白树栖鸦，冷露无声湿桂花”所描绘的画面，学生能够抓住颜色、动态和静态描写来描述，学生的形象思维得到了训练；而比较思维是贯穿整堂课的重要训练点。学生就是在教师这样有目的、有设计、有步骤、有落实的思维训练之下，思维得到了发展，思维的敏捷性、灵活性、深刻性增强。但是在思维的批判性、独创性方面体现得还不够，比如说教师讲到诗歌中物象的选择与情感是有直接关系的，除了教师所列举的情感不同时诗中出现的鸟不一样，学生可以根据自己的古诗积累，再回顾、思考即使相同物象也能表现不一样的情感，或者同类物象中不同物象表现不同情感，从而更深入地学习物象选择与情感表现之间的关系这一知识点。评价得分：7分。

4．审美创造

（1）教师维度：教师的教学语言具有极强的示范性，一语中的，从不拖泥带水，整堂课的语气、语调、语速都处理得很好，让人如沐春风，用词凝练、准确，充分体现了教师在语言方面的极高素养和能力。教师引导学生想象画面、理解诗意、感受和欣赏古诗之美，每一个环节都可谓精心设计，每一处评价都有法、有效，让学生从中得到收获与进步；教师注重培养学生健康的审美意识与正确的审美观念，从领略古诗的文字曼妙之美到体会诗句的意境之美，再升华到中华民族的传统节日之美、灿烂的文化之美。评价得分：7分。

（2）学生维度：学生能较好地与他人交流自己的审美感受，能感受古诗的写法之美、用词之美、意境之美、韵律之美、文化之美，这些都能从学生的朗读、交流汇报、吟诵等环节深切感受到。但是在运用文字表现美和创造美方面还存在些许不足。评价得分：8分。

《古诗三首》这堂课量化评价总分为97分。教师用新的眼光审视文本，用新的设计驾驭古诗教学。她的古诗比较教学课堂为学生学习古诗提供了范式，帮助学生从被动接受进入主动学习和分析，同中求异，异中求同。学生就是在这样的古诗比较学习中，感受到古诗写法的高明、意境的高远、主旨的高深，感受到文化自信。学生就是在这样的比较学习中，比出了能力，比出了素养，比出了收获与成长！

（评价者：汕头市潮阳实验学校　汪芬芬）

四、《古诗三首》质性评价之过程与结果评价

（一）过程性评价

《古诗三首》这堂课教学结构清晰明了，设计合理，有层次，有时空，呈现了真实高效的学习过程。教师通过指导学生学习《寒食》《十五夜望月》这两首极具节日氛围的古诗，让学生了解中国传统节日之寒食节和中秋

节的相关知识，体会诗歌中物象在表达情感上的作用，很好地继承和弘扬了中华优秀传统文化瑰宝——古诗，落实了文化自信的核心素养。教师通过分析诗句、比较阅读、想象画面、朗读提升、吟诵方法指导等方式引导学生学习古诗，让学生从中感受到了古诗的独特韵味和魅力。通过课堂上分析比较、想象、交流培养学生的语言运用能力、逻辑思维和形象思维能力，提高了学生的审美意识和审美创造能力。

（二）结果性评价

《古诗三首》这堂课中，教师很好地指导六年级的学生借助注释、工具书以及已经学过的方法了解了古诗的大意和诗中所表达的情感。但是古诗的美不仅仅在这里，教师对这些经典文字的品味，对于培养学生的形象思维、逻辑思维能力也有着很好的引领和示范作用。教师选择了诗歌中“物象”这个表达情感的重要因素，紧扣单元语文要素，运用诗歌中常见的表达规律，通过分析诗句、比较阅读、想象画面、朗读提升、吟诵方法指导等方式来引导学生学习古诗。在语文实践活动中，培养了学生的形象思维、逻辑思维和审美创造能力，特别是思维的深刻性。教师还在丰富的语言实践中充分让学生在古诗词的海洋里感受中华传统文化瑰宝——古诗的魅力，学生积极主动地投入对诗句的感受、理解、品味和欣赏之中。在朗读感悟过程中，学生们表现出了较强的文化自信，获得了深刻的情感体验，初步感受古诗的韵律美、节奏美，发现古诗背后蕴藏的故事，形成了正确的审美观念。

（评价者：汕头市潮阳实验学校　向蓉丽）

五、《古诗三首》质性评价之现实与潜在评价

（一）现实性评价

纵观整节课的教学，教师在对古诗教学核心价值的探寻、语言运用能力的训练与涵养方面进行了颇具价值的思考，在核心素养上达到的程度，产生的成效都是比较高的。

（1）教师准确地把握文本的价值取向，教学目标都是围绕核心素养来设定的。本课教学目标 1 建构的是了解物象的选择与表达情感的关系，以及了解中国传统节日的相关知识，着力点是培养学生对文化的理解，继承和弘扬中华优秀传统文化，培养学生的文化自信。这是比较符合课程标准第三学段

教学要求的，比较注重引导学生了解中华优秀传统文化的源远流长、丰富多彩，提升自身中华优秀传统文化修养。教学目标2是建构一种“分析、比较、想象画面、朗读、吟诵”古诗的学习方式，让学生在分析比较、想象和交流中培养其语言运用能力、逻辑思维和形象思维能力，提高学生的审美意识和审美创造能力。

此外，教师还围绕目标设计评价方式与教学活动。在小组合作环节中，教师出示了互评表，关注每一个学生的学习，督促小组成员共学互评，以激励小组之间展开良性的学习竞争，实现“以评促学”的评价目的。评价手段的介入，增强了学生的主体意识，使教师与教师之间、学生与学生之间、师生之间形成一个互助、共赢、良性的生态系统，同时也大大提高了课堂教学效率。

（2）课堂教学核心素养的达成度也是比较高的。教师高效利用教学时间，将两首古诗进行对比教学，渗透融合多种学习方式，从读、说、诵到想象、比较，搭建教学支架，指导学生进行有效的语言实践活动。教师的课，从抓关键词句开始，助推深层理解。课前游戏中，教师通过创设情境，让学生抓关键词句，联系自己生活中或学习中所了解的传统节日习俗来进行推测，通过“花、东风、柳”和“月光、乌鸦、露、桂花”的诗中物象来感悟诗中情，从而把物象和意境有机地关联起来。在这样具体的语言实践活动中训练了学生的逻辑思维、形象思维能力和语言运用能力。

在小组互评检查环节和品读赏析环节中，学生能用自己的语言交流古诗大意和自己所了解的关于这两个传统节日的知识，能通过抓关键词比较、想象画面的方法来体会诗歌所描绘的意境，发现诗的物象与意境的关系，学生在具体的语言情境中进行了有效的交流沟通，这不仅是一个真实的语言内化后输出的过程，也是一个发现语言规律的过程。学生通过实践，掌握了抓关键词比较、想象、体会感悟情感的学习方法。

（二）潜在性评价

根据教师的教学理念，结合六年级学生年龄特点，本节课在当下的条件下可以从以下这几个方面来进行提升。

多一些思辨时间，让学生充分探究，目标达成度更高。教师在目标中是这样阐述的，“通过分析、比较、想象画面、朗读、吟诵等方式品读古诗，感受古诗的魅力，积累经典诗词”。但从整节课学生最终呈现的效果来看，对古诗的感悟和表达还欠缺了点味道。“想象画面”与“吟诵”是帮助学生理解诗情画意最好的办法，若能在教学时给予学生多一些时间思辨，让他们充分地想象、表达，目标达成度会更高。

增加教师的示范性吟诵，古诗的意趣美会更浓，课程呈现的效果会更好。古诗教学不只是为了理解古诗的意思和情感，更是为了让学生体会到中华优秀传统文化的博大精深，体会到古诗的韵律美、意境美，培养学生学习古诗的兴趣。可设置“思念之情”古诗拓展的环节，或者在最后的吟诵环节中，让学生能放声吟读。可谓“言之不足，故长言之；长言之不足，故嗟叹之；嗟叹之不足，故咏歌之；咏歌之不足，故手之舞之，足之蹈之也”。在最后的吟诵环节中，教师花了将近5分钟的时间，但学生呈现出来的效果却不是很好。学生已不是第一次接触吟诵，甚至大多数学生已会吟诵，可直接删去“音频播放”环节，直接吟诵，或者由教师吟诵，让学生从教师的吟诵中得到熏陶，学生对古诗中的情感表达的感受会更深刻，古诗的意趣美会更浓。

在教学过程中，学生能抓住诗中物象来进行想象，从现场反应能力来看，学生思维是比较活跃的。但在“学法迁移”环节中，教师引导学生运用比较来体会后两句诗所表达的不同情感时，学生的表达是不够精准的，思维的独创性、深刻性不足。这里可以让学生借助补充材料，结合课件画面，想象诗句中的画面。通过用图片丰富学生的直觉思维、形象思维，可以通过某一景观的具体想象描绘来进一步丰富学生的形象思维，从而产生强烈的对比，深化体验与认知，更好地实现教学目标。

综上所述，教师执教的《古诗三首》紧紧围绕语文核心素养来展开，是一堂值得研究学习的示范课。

（评价者：汕头市潮阳实验学校　郑岱珊）

六、《古诗三首》质性评价之整体与个体评价

（一）整体性评价

《古诗三首》这节课教学目标的设置和教学过程的设计，涵盖了语文核心素养的四个维度。教师以指导学生用分析、比较、想象画面、朗读、吟诵等方式品读古诗，了解诗歌中物象的选择在表达情感方面的作用，感受古诗

的魅力，培养学生的语言运用能力、逻辑思维和形象思维，提高学生的审美意识和审美创造能力为目标。教学目标的设定充分考虑核心素养的四个维度，分层落实，这也是核心素养课堂的基本要求。在教学过程中，教师让学生通过自主探究、合作学习，对《寒食》和《十五夜望月》这两首诗进行比较、分析，感知诗歌中物象与情感表达之间的关系，体会诗歌咏物言志的魅力，并联系之前学过的古诗，加深对这一语言运用规律的理解，实现语言的积累、运用，思维的发展和提升；通过指导学生感受、理解古诗中的关键字词，想象画面，培养学生的形象思维和审美能力。最后引导学生吟诵古诗，进一步激发他们的文化自信，实现继承和发扬中华优秀传统文化的目标。

教师在课堂中指导学生采用的分析、比较、想象等方法是在培养学生的直觉思维、逻辑思维、形象思维，对学生思维的灵活性和敏捷性的培养是有一定意义的。学生通过教师设置的一些语言实践活动，如“古诗节日猜猜看”“初探知异同”“细品察物象”等学习活动，对课堂中所涉及的古诗进行品读、分析、比较、鉴赏，从而发现物象在表情达意方面的作用，实现了感受古典诗词的文字之美，发现语言运用规律这一目标。而课堂上吟诵古诗，则让学生更好地体会诗歌所表达的情感，进一步达到传承中华优秀传统文化的目的。

在教学过程中，学生能根据学习提示进行充分的自主探究学习，培养自主学习的能力，同时教师评价和学生互评使课堂评价更加全面、真实。在课堂学习和交流中，学生能积极参与课堂，较为清楚有序地回答问题，表达自己的想法，在思维的活跃程度和语言表达方面都有不错的表现。

综上，教师从整体上把握住整节课的大方向，将语文核心素养有机渗透到课堂教学中，层层落实教学目标，这也就落实了核心素养。

（二）个体性评价

教师在语言运用这一个核心素养点的落实上充分体现了个体发展，如教学中“各小组派代表交流古诗大意以及自己所了解的这两个传统节日的相关知识”。这一环节，教师让学生通过小组互评的方式检查预习，强调用自己的语言交流古诗的大意和自己所了解的关于这两个传统节日的知识，这是一个真实的语言内化后输出的过程。通过语言运用，实现学生逻辑思维能力、审美创造的培养目标，体现语文素养培养的整体性特点。同时自主学习质量的评价不仅包括教师对学生的评价，也包括学生之间的互评，这样的评价更具普遍性和真实性。

对于学生个体而言，他们在教师的引导下，积极参与语言实践活动，他们的语言表达明显进步，思维更为深刻，表现出彩，课堂很精彩。在语文课程中，学生的思维能力、审美创造、文化自信都以语言运用为基础。在课堂上，语言运用能力的发展过程极为重要。在这节课中，教师循循善诱，引导学生一步步深入探究古诗奥秘，充分给予学生交流的空间，学生的语言运用能力得以发展，思维能力同步发展，审美创造也得以提升。

纵观整节课，教师立足核心素养，彰显教学目标，通过引导观察、课堂交流、小组合作、教师点评、学生互评等途径，让学生迸发出思维的火花。学生在语言运用、思维能力等维度上得到良好的发展。

（评价者：汕头市潮阳实验学校　刘智）

第十一节　引导示范性案例的范式——典型完整范式（第三学段习作）

“漫画的启示”课堂教学评价典型案例

一、“漫画的启示”教学设计

【教学目标】

（1）能感受发现漫画的特点，初步了解漫画。能通过放大细节的方式，充分联想与想象，读懂漫画的内涵。

（2）能写清楚漫画的图意以及可笑之处，能联系生活，写清楚从漫画中获得的启示，掌握写漫画的启示的思路。

（3）能客观地评价，能通过欣赏、评价，提升逻辑思维与辩证思维能力，提升审美鉴赏力。

【教学重难点】

把握漫画所要表达的含义，能从多角度表达自己所获得的启示。

【教学过程】

（一）对比图画，认识漫画

（1）感受漫画的特点。

出示课前交流的两幅图，比较图画，让学生感受发现它们的不同。

（2）了解漫画的特点。

漫画是一种具有幽默性或讽刺性的图画，画家通过各种手法，讽刺、批评或是表扬某些人或事，引人深思，给人以启示。

【设计意图：比较发现，能更有效地培养学生的直觉思维，让学生能更快地认识漫画，并感受漫画的特点，了解漫画的文化特性。】

（二）放大细节，抓“可笑点”

（1）说清漫画的内容。

出示教材上的第一幅漫画，让学生用简洁的话说说漫画的内容。

（2）发现、表达漫画的可笑之处。

①同桌交流，找漫画中的可笑之处。

②放大细节，说清楚漫画的可笑之处。

出示引导句式：漫画中____真是可笑！

③拓展漫画，说漫画的可笑之处。

④梳理观察漫画的方法：细节、文字。

【设计意图：简洁表达漫画，是有意识地培养学生抓住漫画的核心，凝练语言，发展直觉思维与形象思维，提升思维的敏捷性与灵活性，提升语言白描的能力。引导发现漫画的可笑之处，并引导规范学生的语言表达，提升语言表达能力，形成语言思路，同时梳理方法，以掌握观察理解漫画的方法。】

（三）发现启示，想“相似点”

（1）说启示。

用一句简洁的话表达受到的启示。

（2）联系生活，发现“联系点”。

引导学生谈生活中相似的人或事。

（3）具象表达，说清楚启示。

①出示范文，学生小组合作，谈发现。

②交流，赏评事例。

（4）梳理表达启示的方法。

【设计意图：简洁表达启示，是进一步引导学生提炼观点，学会概述性表达。借用例文，进行赏析评价，也是进一步引导学生从多个角度来理解联系生活表达事例的方法与要求，提升学生语言表达的能力以及逻辑思维的能力，提升思维的深刻性与独创性，提升学生的审美鉴赏力与语言创造力。】

（四）合作撰写，赏析评价

（1）出示习作任务与要求。

任务一：写清楚漫画的内容与可笑之处。

任务二：联系生活写好启示。

要求：

小组合作，先讨论如何写，再分配任务：两位同学完成任务一，另外两位同学完成任务二。时间：8分钟。完成之后，再依据下面的评价表进行评价。

项目	评价标准	☆☆☆（优秀）		☆☆（良好）		☆（一般）	
		自评	他评	自评	他评	自评	他评
写漫画的内容与可笑之处	能写清楚图画的内容。						
	能放大漫画的细节，写出可笑之处。						
总评价		总共获得（　　）颗☆					

项目	评价标准	☆☆☆（优秀）		☆☆（良好）		☆（一般）	
		自评	他评	自评	他评	自评	他评
写漫画的启示	能紧扣启示，联系生活，写清事例。						
	能从多个角度写出所获得的启示。						
	能尝试使用幽默的语言表达，表达有创新。						
总评价		总共获得（　　）颗☆					

（2）小组合作写作与评价，教师指导。

（3）展示点评。

【设计意图：采用小组合作，主要是充分给予学生思考、交流的时空，充分体现个人的思考，充分发挥集体的智慧。采用评价表，旨在以评促写，让学生明白写漫画的方法与思路，提升学生的语言运用力与审美创造力。】

（五）提炼方法，以篇达类

（1）梳理总结撰写漫画启示的方法与思路。

（2）布置任务，以篇达类。

【设计意图：梳理、总结，旨在让学生回顾过程，掌握观察漫画、品读漫画的方法与思路。布置有层次的作业，把所学知识运用到实践中，并以篇达类，提升学生语言实践运用能力，让学生真正掌握如何写好漫画的启示。】

【板书设计】

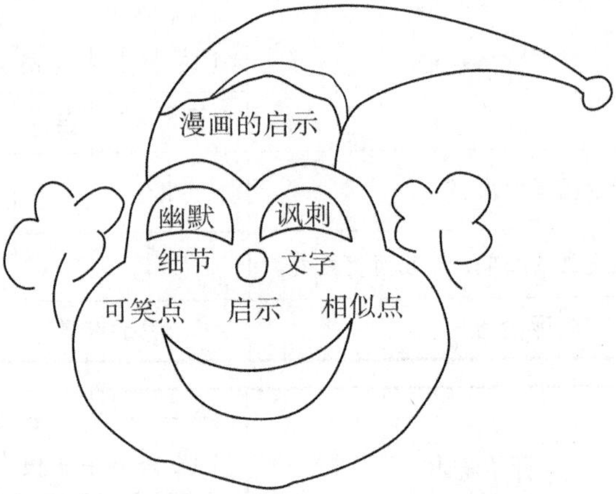

【设计意图：板书体现三个方面的内容：一是漫画的特点，二是观察漫画的方法，三是品读的内容点以及思路。旨在概括本节要点，给予学生直观的总结。以小丑面相来勾勒整个板书，意在体现漫画的特点。】

（执教者：汕头市潮阳实验学校　彭聪明）

二、“漫画的启示”教师自评

（一）教学目标中的核心素养点的设定和思考

本节课我以“能感受发现漫画的特点，初步了解漫画。能通过放大细节的方式，充分联想与想象，并读懂漫画的内涵。能写清楚漫画的图意以及可笑之处，能联系生活，写清楚从漫画中获得的启示，掌握写漫画的启示的思路。能客观地评价，能通过欣赏、评价，提升逻辑思维与辩证思维能力，提升审美鉴赏力”为目标。

以自主探究、合作学习的方式让学生通过比较发现漫画的不同，能更有效地培养学生的直觉思维，让学生能快速简洁地表达漫画启示，是有意识地培养学生抓住漫画的核心，感受漫画的魅力，培养学生的语言运用能力、逻辑思维和形象思维能力，提高学生的审美意识和审美创造能力，激发他们的文化自信，实现语言的积累运用，达到继承和发扬中华优秀传统文化的目标。综上，教学目标的设定充分考虑核心素养的四个维度，分层落实，这也是核心素养课堂的基本要求。

（二）教学过程中核心素养的落实

在文化自信方面，漫画是最受学生喜爱的读物之一。教材以华君武的漫画为例，旨在引导学生认识漫画，进而读懂漫画，发现漫画的特点，初步了解漫画。这本身就是在落实文化自信这一语文核心素养。同时通过读懂漫画，获得启示，学生能感受漫画独有的魅力，增强文化自信。

在语言运用方面，让学生能发现漫画的可笑之处，并引导规范学生的语言表达，提升语言表达能力，形成语言运用思路。学生能较积极地读懂图画的内容，想象画面，运用恰当的语言把自己的思考表达出来。同时学生还能联系自己的生活经验，思考漫画的含义以及获得的启示，去描述漫画的内容，并把自己的思考写清楚，这是本次习作的一个有序表达的过程。

在思维能力方面，学生读懂画面内容后，我进一步引导学生思考：你从漫画中读出了什么？获得了什么启示？学生能从不同角度思考，如作者对漫画中弱者持有的态度、生动刻画人物神态的用意、警示语背后的含义。引导学生多角度体会作者以漫画引发读者思考并以此警醒人们的用心，提升思维的敏捷性与灵活性。引导学生由画面到生活，找到关联与共鸣。让学生联系实际思考：生活中有没有与漫画中类似的人或事？鼓励学生联系生活中的所见、所闻、所感，从不同角度大胆表达自己的想法。这些活动培养了学生的直觉思维、逻辑思维、形象思维，对学生思维的灵活性和敏捷性的培养是有一定意义的。

在审美创造方面，借用例文，进行赏析评价，这也是进一步引导学生从多个角度来理解联系生活表达事例的方法与要求，能提升学生语言表达的能力以及逻辑思维的能力，提升思维的深刻性与独创性，提升学生的审美鉴赏力与语言创造力。

（三）教学过程中师生的课堂表现

在文化自信方面，上课伊始，我展示了一幅植树图，让学生说清楚图上的内容，然后展示书上第一幅图。学生通过比较图，感受发现图的不同，从而了解漫画的特点：漫画是一种具有讽刺性或幽默性的图画，画家通过各种手法，讽刺、批评或是表扬某些人或事，引人深思，给人以启示。通过比较发现，更有效地培养学生的直觉思维，让学生能更快地感受漫画的特点，并认识漫画，了解漫画的文化特性。学生表现出对漫画的浓厚兴趣和热爱之情。

在语言运用方面，导入时从学生熟悉的看图说话入手，再过渡到漫画，让学生迁移运用已有知识，完成说清漫画内容的任务；教学过程中，我提供了引导句式“漫画中＿＿＿＿＿＿＿＿真是可笑！”搭建了语言表达支架，并引导学生逐步关注漫画的细节，帮助学生进一步理清漫画内容，找到可笑之处，为练笔做好铺垫；教学中，我适时渗透“用上描写方法把画面写生动”的意识并提供了两个写作锦囊（“表明启示+例子”和“反面事例+正面事例+表明启示”），为学生提供了语言表达的指导。在整堂课的学习和交流中，我也能及时点评和点拨学生的发言。课堂中学生在我的引导下把漫画内容观察得很仔细，表达也很清晰。

在思维能力方面，学生能主动思考，尤其能联系自身的生活和学习经验创造性地理解、分析问题，并流畅、恰当地把自己的想法表达出来，从学生发言的质量和数量来看，学生的思维还是比较活跃的，想法也很不同。

在审美创造方面，我先让学生着重描写可笑之处，写漫画中自己看到的可笑之处，凸显可笑之处，而后写自己由可笑之处引发的联想、受到的启发，最终落笔在生活中的可笑之处，让可笑之处成为一条线索贯穿全文。在今后的学习中，学生可以迁移运用阅读漫画的方法，写一写漫画以外的其他图画。在阅读文章或书籍的时候，也可以借鉴这样的方法来写读后感。学生学会的就不是写一篇文章，而是写一类文章的方法。教材根据学生的行文思路，从学生语文核心素养的形成来编排，正是学生本位的体现。

但遗憾的是，在课堂教学过程中，回答问题的主要是几个学生，其他学生在课堂中较为沉默，小组讨论时也较少发表自己的见解；在表达时，学生较少自觉利用教师提供的表达支架，需要教师提示。

（评价者：汕头市潮阳实验学校　彭聪明）

三、“漫画的启示”课堂教学量化评价

（一）量化评价

评价维度		评价内容及标准	权重分值	评分	评价记录
文化自信（10分）	教师	文化意识强，教学中文化、思想渗透自然、适度。	5	5	
	学生	热爱国家通用语言文字，认同中华文化；能感受文化的魅力；能积极接受别人的意见，并采纳正确的观点与思想。	5	5	
语言运用（60分）	教师	教材研读深入，习作指导目标定位准确、具体、适度，有重点。	10	10	
		善于构建教学支架，引领学生建构方法、思路、语言范式；建构有层次，有时空，有过程。	15	15	
	学生	整合语言、素材意识与能力强。	10	10	
		积极参与语言实践活动，有较强的领悟力，建构、运用范式的能力；构篇能力增强，成文速度有提升。	25	23	
思维能力（15分）	教师	关注学生思维的发展，注重培养学生的形象思维、逻辑思维、创造思维，思维的训练能与语言运用融为一体。	7	7	
	学生	思维活跃，思维的敏捷性、灵活性、深刻性增强，思维的独创性增强，思维的批判性有所表现。	8	7	
审美创造（15分）	教师	教学整体艺术性强，语言表达美，有示范性，能熏陶学生；善于创造审美情境，善于点拨、调控习作交流与评价，注重培养学生的审美情趣与语言修改能力。	7	6	
	学生	善于发现语言、情感之美；能恰当评价同伴的习作，自我修改能力增强，语言创造力增强；审美情趣健康向上，文思构建、表达体现真、善、美。	8	7	
总分			100	95	

（二）量化评价评析

1. 文化自信

（1）教师角度

教师文化意识强，课堂教学过程中始终牢牢抓住漫画具有幽默性、讽刺性这两个特点，带领学生感受漫画的有趣和背后的深意，开拓了学生的文化视野。

（2）学生角度

课堂教学过程中，学生不仅感受到漫画的趣味，体会到漫画的魅力，而且能够从漫画中得到不能不劳而获、坐享其成等启示。

2. 语言运用

课程标准指出“写作是为了自我表达和与人交流”。语言运用这一核心素养在习作中的重要性不言而喻，教师的课堂也将这一核心素养摆在关键位置，下面结合评价表重点评价这个部分。

（1）教师角度

教师对教材研读深入，准确把握了“漫画的启示”的教学重难点，三个教学目标定位准确、具体、适度，体现了教材特点，也考虑到学生学情，把核心素养的培养落到了实处。

教师善于构建教学支架，导入时从学生熟悉的看图说话入手，再过渡到漫画，让学生迁移运用已有知识，完成说清漫画内容的任务；教学过程中，教师还提供了引导句式“漫画中____________真是可笑！”，搭建了语言表达支架，并引导学生逐步关注漫画的细节，帮助学生进一步理清漫画内容，找到可笑之处，为练笔做好铺垫；教学中，教师适时渗透“用上描写方法把画面写生动”的意识并提供了两个写作锦囊“表明启示+例子”和“反面事例+正面事例+表明启示”，为学生提供了语言表达的指导；在练笔环节中，教师提供了评价表，这不仅是练笔后的评价，也为学生做了习作前指导，让学生明确该如何写，写到什么程度是佳作。通过一步步的指导，教师在教学时，有层次地帮助学生建构起了写作的思路和方法。

（2）学生角度

课堂中学生在教师的引导下把漫画内容观察得很仔细，表达也很清晰，值得一提的是学生能吸取前面发言同学的优秀经验，整理语言，把漫画内容说得越来越精彩；在联系生活谈启示上，学生能够联系生活实际举出诸如“不劳动抢功劳”“啃老族”“乞丐”等例子，具备整合语言和素材的能力。

在“积极参加语言实践活动”这方面给学生扣了2分，原因是，在课堂教学过程中，回答问题的主要是几个学生，其他的学生较为沉默，小组讨论时也较少发表自己的见解；学生在表达时较少自觉利用教师提供的表达支架，需要教师提示。

3．思维能力

写“漫画的启示”的过程，其实就是思辨的过程，思维能力对这篇习作来说至关重要。

（1）教师角度

课堂教学过程中，教师从直观的画面入手，关注学生形象思维的培养；同时，教师还迁移运用方法引导学生说说其他漫画的可笑之处，关注学生思维的灵活性、敏捷性，推动思维进阶；教学过程中，教师引导学生从可笑之处入手，联系生活实际谈启示，发展了学生的创造思维、辩证思维，教师还出示范例指引，引导学生自主发现概括习作锦囊，帮助学生学会分析比较、归纳判断，发展思维能力；课堂的最后，教师带领学生一起总结写漫画的启示的方法，发展了逻辑思维。

（2）学生角度

这一点扣了1分，漫画的启示对学生思维能力的要求较高，它需要学生具有形象思维、逻辑思维、辩证思维和创造思维，同时也要求思维具有灵活性、深刻性、批判性等，学生在课堂上表现较为沉闷，对漫画的启示的表达比较单一，都是围绕着“不要不劳而获”展开的，其实漫画的启示可以从一点发散谈很多，如“一分耕耘，一分收获”“等待最终只会两手空空”“不劳而获不可取，劳动的人最可爱”等，特别是到后面写启示的部分，学生思维较为局限，没有打开，即使教师提供了可以从正面入手的锦囊，也少有学生使用。

4．审美创造

（1）教师角度

这部分扣了1分，教师能够指导学生运用评价表进行自评和互评，让学生在互相评价中学会鉴赏同学的习作，培养审美情趣，扣分点在于教师的指导还稍有欠缺，没能在评价学生作品的基础上，进一步指导他们对做得不好的点进行修改，尤其是在“能尝试使用幽默的语言表达，表达有创新”这一点上。

（2）学生角度

这部分扣了1分，课堂上学生的语言创造力是逐步增强的，表达得越来越清晰，越来越生动，但是对于同学习作的鉴赏、评价，即使有评价表的辅助，也不能有针对性地进行评价，提出修改意见。

（评价者：汕头市龙湖区金珠小学　郑植燃）

四、“漫画的启示”质性评价之过程与结果评价

（一）过程性评价

教师对教材研读深入，对习作指导目标定位准确、具体，教学重难点把握明确，能够引导学生习得方法——将观察与启示结合，再过渡到写作，使本节习作课变得生动有趣。

在课前交流中，教师出示一幅植树图，让学生用简洁的语言说出“谁在哪里干什么”，关注学生的语言表达。紧接着，出示两幅图画，让学生展开比较，发现图中不同，在直观的对比中，学生明白漫画是一种具有讽刺性、幽默性的图画，能引人深思，给人启示。这体现了教师文化意识强，在无形中使学生感受到文化的魅力，也为后面的学习建构教学支架。

“放大细节，抓可笑点”的环节，教师设计十分巧妙，先让学生说清漫画的内容，然后运用“漫画中______真是可笑！”的句式表达漫画中的可笑之处。这一环节的建构有层次、有时空，亦有过程，不仅锻炼了学生的语言运用能力，而且培养了学生的思维能力。在这个环节中，教师善于抓住学生回答的亮点，鼓励学生更加仔细地关注到漫画中的细节和文字，在教师的引导中，鼓励学生展开想象，规范学生的语言表达，提升学生的语言表达能力，也让学生习得观察理解漫画的方法是关注细节和文字。

“发现启示，想‘相似点’”的设计则注重学生思维能力的培养，将本节课推向高潮。先让学生简洁地表达启示，再联系生活，提升学生语言表达能力的同时，培养学生的逻辑思维能力。出示两个锦囊，梳理表达启示的方法，为学生建构思路和语言范式，提升学生的审美鉴赏力与语言创造力。

“合作撰写，赏析评价”环节，小组合作，学生完成写作任务后，再依据两份评价量表展开自评与他评，不仅体现了学生个人的思考，也充分发挥了集体的智慧。在这个过程中，教师善于点拨、调控习作交流与评价，引导学生在评价中先说好处再说不足之处，学生在自评与他评中发现语言、情感之美，提升学生的语言运用能力与审美创造力。

最后结合课堂板书梳理、总结写漫画启示的方法与思路，以小丑的面相勾勒出整个板书，感受漫画的特点，再布置具有层次性的作业，让学生将所学知识运用到其他漫画写作中，学以致用，以篇达类，提升学生的语言运用能力。让学生为文章命题，为本篇文章起到了画龙点睛的作用，教学整体艺术性增强。

（二）结果性评价

教师能够围绕着核心素养的四个维度设计本节课的教学目标，通过搭建支架，让学生从初步了解漫画到阐述漫画的图意和可笑之处，且做到让学生联系生活，表达从漫画中收获的启示，掌握写作思路。在完成习作任务后展示片段和评价，将评价表直观展示出来，以评促写，提升学生的审美鉴赏能力，整节课的教学目标达成度高。

从学生的反馈结果看，教师从说图画内容到说可笑之处再到说启示，学生的语言运用能力得到了一个有梯度的训练，在逐层深入的教学中和教师富有艺术性的语言点拨下，学生的表达越来越完整，能建构和运用范式；联系生活说事例时，学生能够说出“不劳动，却居功”“不工作，想啃老”等事例，可见学生具备素材意识和整合语言的能力；学生思维的敏捷性和灵活性也有所提升。学生能根据教师提供的两个锦囊，结合漫画和事例表达启示，在限定的8分钟时间内完成写作片段，整合语言能力强，成文速度有提升，思维的独创性也从中体现出来。从学生对习作的评价看，学生从一开始只说他人习作中的不足，到发现他人习作中的闪光点，表达也越来越完整，且能恰当地评价他人的习作。

从学生的习作片段看，他们能够接受别人的意见，采纳正确的观点与思想，找到漫画的可笑点和从中收获的启示，审美情趣健康向上，文思建构、表达体现真、善、美，可见对学生的核心素养培养到位。但学生展示出来的片段所结合的事例较为局限，如果能再联系其他事例展开叙述，学生的发散性思维也就能更好地体现出来。

［评价者：汕头市龙湖区碧华实验学校（东校区）　李泽铧］

五、“漫画的启示”质性评价之整体与个体评价

“漫画的启示”这节课教学目标的设置和教学过程的设计，涵盖了语文核心素养的四个维度。教师从整体上把握住整节课的大方向，将语文核心素养有机渗透于课堂教学中，层层落实教学目标，也就落实了核心素养。

在语文课程中，学生的思维能力、审美创造、文化自信都以语言运用为基础。在课堂上，语言的发展过程极为重要。“能写清楚漫画的图意以及可笑之处，能联系生活，写清从漫画中获得的启示，掌握写漫画的启示的思路”是本节课的重点。在完成这一目标的过程中，教师循循善诱，引导学生一步步深入观察漫画，充分给予学生交流的空间，学生的语言运用能力得以发展，思维能力同步发展，审美创造也得以提升，并在感受华君武漫画表达之妙中树立文化自信。而另外两个目标的设置也是考虑核心素养的四个维度，并在语言建构的基础上层层落实的。

为了课堂教学更加扎实有效，培育学生的语文核心素养，教师根据“教师引导、学生主体”的原则，支持学生开展自主合作探究学习，体现“教—学—评”一体化。整个教学过程中，教师充分给予学生思考、交流的空间，利用评价促进学习。在引导观察漫画，说清楚漫画的图意、可笑之处，以及发现启示，思考“相似点”的过程中，教师及时给予点评、鼓励。其点评语，如“表达清楚、明了”“他关注到了图画的内容”“他细致地描绘了漫画的内容”，既给予学生鼓励、肯定，也让学生掌握了观察漫画，说清楚图意的方法。合作完成小组任务的过程中，教师以两份评价表促使学生积极参与到学习活动中，同时帮助学生清晰地把握本次习作的要领，充分发挥评价的导向性。在自评的基础上，小组伙伴进行互评，既能让学生互相督促，又能互相启发，这是相互促进提高的有效方式。学生可以依据评价表里的评价标准，开展自评、互评，在分析同学习作片段的过程中，发现双方的不足，及时纠偏与完善，提升语言运用能力。紧接着展示环节中，教师引导学生评价，再进行点评。其点评都是比较有指导性的，如“应抓住人物的特征来写”“连续运用三个反问句可以加强语气”等，帮助学生进一步明白漫画表达的方法和思路，促使学生有效达成学习目标。

对于学生个体而言，他们在教师的引导下，积极参与语言实践活动，他们的语言表达明显进步，思维更为深刻，表现出彩，课堂生成很精彩。如在说清楚漫画的可笑之处时，学生刚开始表达还不够流畅，有的寥寥几句，只说出画面内容，后来随着观察的深入，在教师的鼓励、指导下，讲得越来越有条理，做到清楚、具体，联想到人物的对话、想法等。在发现启示，想“相似点”的教学环节，随着交流逐渐深入，学生由画面联想到生活中存在的现象——劳动小组中坐享其成的同学，生活中存在的“啃老”现象。在交流中，学生感悟漫画的内涵，获得启示。从后来动笔写启示，所展示的习作片段中我们可以看出，学生已经基本掌握写作的方法及思路，并体现自己的思考。一些对同学习作片段的点评，虽然稚嫩，但可以让我们感受到他们已经明晰习作的一些方法和要领。可见，学生的逻辑思维、辩证思维、创新思维都得到了较好的培养。

纵观整节课，教师立足核心素养，彰显教学目标，通过引导观察、课堂交流、小组合作、教师点评、学生互评等途径，让学生迸发出思维的火花。学生在语言运用、思维能力等维度上得到良好的发展。

（评价者：汕头市龙湖区金珠小学　郑彦娜）

六、“漫画的启示”质性评价之现实与潜在评价

（一）现实性评价

这节习作课，教师立足于学生的发展，以学科核心素养的提高为出发点，以引导者的身份，带领学生探索、交流。整节课充分地践行了语文核心素养的四个维度。

教师教学目标明确，带领学生认识漫画，了解漫画，读懂漫画的含义，从而自然、适度渗透文化；让学生观察并交流漫画的可笑之处，以及联系生活，想“启示点”，培养学生的语言表达，关注学生的思维发展。客观地评价，提升逻辑思维与辩证思维能力，提升审美鉴赏力。这节课的教学内容丰富，包括认识漫画、了解漫画、拓展漫画、漫画启示、赏析范文、合作撰写、交流评价，教学内容具有适当的深度和广度，以促进学生的学习和理解。教师采用多种教学方法和策略，以满足不同类型的学生的学习习惯和需求。在教学活动中创新教学模式，强调学习过程，发挥小组协同作用，帮助学生大胆展示，做到以生为本，以学定教，以评促学，教学相长，实现课程

标准倡导的"教—学—评一体化"，促进学生核心素养的发展。在课堂中，采用以小组为单位的合作学习方式，小组交流，找漫画的可笑之处。展示范文，小组合作谈习作方法。小组合作，观察交流，合作撰写，分配完成习作任务。在课堂中，把"展学"与"评学"有机组合在一起。采用评价表，旨在以评促写，让学生明白漫画表达方法和思路，提升学生的语言运用能力与审美创造能力。

教师将课堂的主动权交给学生，引导学生积极参与到课堂中来，给学生比较充分的自主探究学习的时间。对比图片，认识漫画，了解漫画，学生的直觉思维得到充分的体现。小组交流，谈漫画的"可笑点"，通过提供引导句式，学生的整合语言、素材意识，逻辑思维，与语言运用有效结合，对漫画的启示有自己独到的见解。合作撰写，小组分工明确，学生能够借助习作单，运用锦囊小妙招，合作完成习作，思维的敏捷性、独创性增强。采用评价表，学生相互评价，重视相互学习和相互提高，以评促写。整节课，学生真正成为课堂的主人。

（二）潜在性评价

教师循循善诱，层层递进，环环相扣，教学思路清晰、目标明确，课堂气氛活跃、浓厚，学生积极参与到课堂中。在教学过程中，设问由易到难，由浅入深，推进学生的思维发展。在教学活动上，引出问题，探索问题，归纳方法，探求常规，注重培养学生的审美能力。在说漫画的可笑之处的环节，教师出示引导语句式，使学生语言表达更规范、严谨，有条理性。在拓展漫画环节，出示啄木鸟待业这张图片，同学回答啄木鸟没干活，其实是啄木鸟没活可干。在教师的引导下，学生也回答了森林被破坏，啄木鸟没活干，要保护环境等内容。可见，学生的辩证思维有提升的空间。在谈漫画的启示的环节，学生在教师的引导下，各抒己见，教师最后展示"不劳而获……"。后面的省略号，表示还有其他的启示。但在合作撰写环节，同学们都围绕着"不劳而获"这个启示展开撰写，漫画中体现的尊重事物的生长规律、爱护植物等启示在撰写环节中未充分体现。教师可以适度点拨，再度提升学生的逻辑思维、创造思维。在展示范文，小组合作谈发现的环节，总结的写作"小锦囊"，一是"表明启示+讲述事例"，二是"反面事例+正面事例+表明启示"，以及利用反语，使语言有幽默性。这些可以作为板书展示，促进学生的直觉思维，让学生习作更得心应手。最后的展示环节，第一位学生展示出来的片段习作，可以把漫画的内容写清楚，却没能放大漫画的“可笑点”。撰写时，教师多次提示可以从多角度写，从正反面事例写，但学生在写习作时内容还是比较单一。学生的辩证思维、语言表达能力还有较大的提升空间。学生平时可以多读、多看、多积累，提升辩证思维和逻辑思维。

［评价者：汕头市龙湖区碧华实验学校（东校区）　陈暖］

七、“漫画的启示”质性评价的评析

几位评价者都站在一个课堂观察者和研究者的角度，对课堂教学活动进行了全面细致的观察和透彻的分析评价，着眼于课堂教学活动的整体，以入微的观察发现课堂教学活动中的细节性问题，基于小学语文学科核心素养的四个维度，从教师、学生、教学实践过程、课堂教学效果等角度，分别从自评、量化评价和质性评价几方面对“漫画的启示”这堂课例做出了全面、客观、恰当的评述。

执教“漫画的启示”一课的教师的自我评价中重点介绍了教学目标中的核心素养点的设定与思考，分析了核心素养的落实过程以及教学过程中师生的课堂表现。教师基于教材和五年级学生年龄特点，着眼于核心素养的培养，紧紧围绕既定的语文核心素养展开了教学实践。核心素养点的设定是科学合理与全面准确的，在核心素养的培养过程中教师发挥了应有的主导作用，这是学生完成学习任务的重要保障。教师还着重观察并评价了教学过程中学生这一主体，充分关注课堂主体对漫画的学习兴趣与情绪、思维状态、语言表达运用等内在要素，综合性地评价了学生在核心素养四个维度真实的发展状况。教师围绕教师的教、学生的学和核心素养的落实三方面展开课堂自评，抓住了重点、要点，对教与学的双边关系分析透彻，既感受到了教学中的核心素养的闪光点，也发现了教学中的遗憾之处。“学然后知不足，教然后知困。”教师也初步分析了原因，做出了反思：遗憾之处要如何改进？可以怎样重新设计？这对于教师自评是非常重要的一部分，不断地诊断与反思自己的课堂，不断地改进教学，肯定能在教学过程中擦出智慧的火花，实现教与学的最大效益。

郑植燃老师对课例的量化评价主要是基于小学语文学科核心素养课堂教

学量化表的评价，涵盖了语言运用、思维能力、审美创造和文化自信四个维度，着重从教师的教和学生的学两个视角来分析课堂活动的得失。把学生纳入课堂评价的主体是本次量化评价的一大亮点，也是优化课堂教学评价，改革课堂评价的关键所在。新课程理念倡导“学生本位”的思想观念，教师要真正当好组织者、引导者，应为学生主动、积极地学习创造和谐的氛围，为学生素养的形成与发展服务。通过量化评价解读，我们看到在学生学习实践方面，语言运用、思维能力、审美创造都有不同程度的扣分，充分体现了“以学评教”的课堂评价新理念。郑老师把更多的注意力放在了学生的学上面，学生在课堂教学中的参与程度、思维的发展状况、学习目标达成度等都成为课堂观察与评价的重要内容。郑老师在深入观察的基础上不仅针对各个维度确定了合理的分值，解析了评分的依据，肯定了课堂中语文素养落地生根的过程，同时也指出了素养落实过程中有待强化的地方。这无疑都促成了教学活动后续的进一步优化，促进了学生的成长和教师的专业发展。

教无定法，评课也无定法。采用量化性的表格来记录和评价课堂有其针对性和直观性，同时也存在一定的局限性。课堂是一个主观互动性很强的学习环境，仅仅靠单纯的数据量化，无法记录下全面丰富的课堂信息。郑彦娜老师、李泽铧老师、陈暖老师的课堂质性评价做了有益的补充。他们紧扣三个方面来阐述：整体与个体评价、过程与结果评价、现实与潜在评价。三位老师深入了解教材，对整堂课有大局观，既有宏观的把握，又关注了细节，在课堂中有针对性地观察了教学的整体环节和聚焦了局部细节，逐项对标展开了理性的剖析。

整体与个体评价方面，郑老师结合具体的教学环节，实事求是地评析了核心素养四个维度在课堂上整体推进的程度，以及学生在核心素养培养过程中的整体优秀表现，同时还肯定了学生个体在语言运用这一方面的表现与发展。如果再对素养培养过程中出现的不足，如整体上教学时间的分配、个体性的发展还可以怎样优化等方面提出合理的建议就更加完善了。

过程与结果评价方面，评价者逐一针对教学中的各大环节进行了核心素养各方面的合理评价，在过程性评价中特别指出课堂的学习按照清晰的路径，借助教师搭设的学习支架，按层级推进，使目标落实，核心素养培养的过程体现了层次性和实效性。在结果性评价方面，教师肯定了学生在语言运用、思维能力以及审美创造和文化自信方面的提升，也指出了学生在思维发展过程中的局限性。

现实与潜在评价方面，评价者重点评价了核心素养目标的培养成效，准确地评析了教师与学生的教学形态，肯定了课堂教学方法的多样化，以及教学方法的改革与创新，阐述了课堂所组织的每一次学习活动是否都是明确地围绕核心素养目标进行的，学生通过活动是否获得了素养能力现实的提升。针对思维能力的培养也提出了很好的建议，如果进一步点明课堂形态和教师对学生的潜在影响，在关注现实的能力素养提升的同时，也关注学生隐形的能力、素养的形成，如这堂课可能对学生热爱漫画方面、思维习惯方面产生什么潜在的影响等，这样评价会更加全面。

在实施新课程改革的背景下，我们重视开展以评促教、以学促教的教学活动，对促进学生核心素养的提升无疑有种强大的推力。“漫画的启示”这个生动的课例和几位老师恰如其分的课堂评价，让人受益良多。

（评价者：汕头市潮阳实验学校　刘礼兵）

第十二节　引导示范性案例的范式——评价的评析

《圆明园的毁灭》课堂教学评价的评析案例

下面将基于《圆明园的毁灭》“整体性与个体性”的评价进行评析。

一、执教者的教学目标

（1）学习抓关键词句体会作者对八国联军野蛮行径的愤恨，激发爱国情怀。

（2）能借助资料体会作者对圆明园艺术价值的赞赏，突出民族自豪感。

（3）通过对文本结构的思辨过程来了解先扬后抑的结构特点。

二、评价者的整体性评价及其评析

（一）评价者的整体性评价

《圆明园的毁灭》一课内容比较抽象，生僻的词语和复杂的句子也比较多。一般教师会采用以讲为主的方式实施教学。但是，教师却坚持了以学生为主体的教学原则，着重教给学生自学方法，训练学生自主探索，自行解决问题，从而达到了举一反三的能力。教师通过整体讨论网上热门话题“是否需要重建圆明园呢？”贯穿整节课，学生表达支持或反对的意见是语言运用过程；“感受圆明园的辉煌”是对事物的认识，突出逻辑思维能力的培养；谈感受，朗读的过程体现了审美创造，在声情并茂的朗读中，学生切实地感受到了国家通用语言文字的优美，激发出爱国主义情感。因此，当教师总结全文内容，动情地说让我们时刻记住“勿忘国耻”时，学生立刻一齐跟着说“振兴中华！”这种师生的共鸣，正是以解惑释疑为主线的阅读教学最佳方式的必然结果。对难懂句子的理解本身就是对中华文化的认同过程，突出了文化自信。一个教学环节，四个方面兼顾，有序推进，说明教师对核心素养的目标把握是非常准确的。

（二）对评价的评析

评价能基于核心素养四个方面来评价，充分肯定了教师在教学过程中核心素养四个方面的体现。

“教师通过整体讨论网上热门话题‘是否需要重建圆明园呢？’贯穿整节课，学生表达支持或反对的意见是语言运用过程”，这是语言运用的评价。

从教师的教学目标中不难看出，语言运用是通过抓关键词句以及借助资料来提升的。那么，评价者对语言运用的评价也应该基于教师的教学目标来评价，突出具体的教学活动的实施过程，结合课堂效果进行客观评价。评价者的评价中“支持或反对的意见”并不是语言的运用过程，而是思维辩证过程，说明评价者对语言和思维有概念性混淆。上面的评价只有教师的教学行为，还缺乏对学生学习过程中语言运用的评价。

评价者对思维能力的评价为“‘感受圆明园的辉煌’是对事物的认识，突出逻辑思维能力的培养”，根据教学目标设定，“通过对文本结构的思辨过程来了解先扬后抑的结构特点”是本次教学活动的思维能力目标。评价者对思维方面的评价是“感受圆明园的辉煌”。这明显是不符合目标要求的，也是对思维能力培养的定义有理解性偏差。感受辉煌应是从历史文化层面来评价教师对文化自信核心素养目标的落实，而本节课的思维目标评价应落实在教师如何引导学生进行文本结构的思辨和着力培养辩证思维意识等。另外，学生在思维能力发展上的体现也要结合相应课堂呈现来进行评价。

“谈感受，朗读的过程体现了审美创造，在声情并茂的朗读中，学生切实地感受到了国家通用语言文字的优美，激发出爱国主义情感。因此，当教师总结全文内容，动情地说让我们时刻记住‘勿忘国耻’时，学生立刻一齐跟着说‘振兴中华！’这种师生的共鸣，正是以解惑释疑为主线的阅读教学最佳方式的必然结果。对难懂句子的理解本身就是对中华文化的认同过程，突出了文化自信。”从以上审美创造和文化自信的评价中，我们可以肯定评价者准确地找到了相关的评价内容。但这一评价侧重学生的表现，而忽视了教师教学策略的实施和相应的教学行为。

从整体性评价来看，评价者对教师的教学目标的理解还不够明确，对语言运用和思维能力的理解有偏差。整体性评价缺乏学生的学习过程、课堂表现，不够全面。

二、评价者的个体性评价及其评析

（一）评价者的个体性评价

在这一教学环节中，我认为教师的思维能力的核心目标的落实是有所突破的。教师并非一开始就引导学生发现语言现象，而是引导学生通过查找资料、自主探究先自主画出关键的词句，说出自己的意见，体现了学生的形象思维和辩证思维。后面又通过汇报交流，品读课文，借助图片、资料，发挥想象等教学策略让学生了解“毁灭”，突出思维的深刻性 。

学生的学习也凸显了个体性。本课一开始就是感受圆明园的辉煌，激发学生的民族自豪感，这是审美创造和文化自信的铺垫。一整节课，学生一直沉浸在文本的体验中，谈感受，朗读领会。课堂后半段的品读课文，了解“毁灭”更是整体体现了学生的语言运用、思维能力、审美创造和文化自信四个方面的提升。开头和结尾都突出文化自信，突出学习的个体性突破。

（二）评析

在评价者的个体性评价中，在教师层面，将思维能力作为个体突破来评价，能紧紧围绕核心素养。这一点是值得肯定的。而个体性评价也将教师和学生分开进行评价，这相较于整体性评价是一个进步。

“教师并非一开始就引导学生来发现语言现象，而是引导学生通过查找资料、自主探究先自主画出关键的词句，说出自己的意见，体现了学生的形象思维和辩证思维。”“画关键句”“查找资料”等都属于语言运用范畴，而评价者却认为这是形象思维和辩证思维的过程，依然体现出评价者对核心素养四个方面的认识不足。“通过对文本结构的思辨过程来了解先扬后抑的结构特点”，这才是教师的思维能力目标，应重点从教师如何引导学生探寻文本结构，教学策略实施的有效性、巧妙性，以及“先扬后抑”的辩证思维意识的培养上来评价。另外，对思维能力的培养评价时，还应突出思维品质的评价，如辩证思维的深刻性、敏捷性特征。

“学生的学习也凸显了个体性。本课一开始就是感受圆明园的辉煌，激发学生的民族自豪感，这是审美创造和文化自信的铺垫。一整节课，学生一直沉浸在文本的体验中，谈感受，朗读领会。课堂后半段的品读课文，了解‘毁灭’更是整体体现了学生的语言运用、思维能力、审美创造和文化自信四个方面的提升。开头和结尾都突出文化自信，突出学习的个体性突破。”在学生个体性评价上，我们看到了评价者对核心素养四个方面都有所涉及。那么，究竟个体性突破是什么呢？评价中并未提及。所以，这不算是对学生的个体性评价。一般教师层面的个体性评价和学生层面的个体性评价是相互照应的。所以，学生的个体性评价同样应该从思维能力方面进行评价，需要结合学生具体的课堂呈现来评价学生在这一核心要素上的成长和突破。

整体性和个体性评价是他评中非常重要的一种评价模式。要紧扣核心素养目标，从教师教学和学生学习两个方面，依据目标实现和课堂呈现来评价。

（评价者：汕头市潮阳实验学校　王豆）

第十三节　引导示范性案例的实施建议

一、评价的准备

（一）对评价标准的把握

引导示范性案例所使用的课堂评价量表是依据《义务教育语文课程标准（2022年版）》中的课程目标与课程实施建议设计和制定的。要科学、合理地评价一堂课，首先要了解各类课型评价的内容、标准及评价形式，理解评价项目要点的内涵；其次要明确课堂观察的对象和观察的内容，能对标具体教学策略和学习表现；最后要厘清各项评价内容、评价维度及权重分值，懂得其意义，形成评价的自我标准，保证评价的系统性。比如，要对三年级的一节习作指导课进行评价，就应该先认真研读第二学段习作教学量化评价表，内化评价的内容和标准。

（二）对评价数据、现象的把握

在理解掌握评价标准，形成评价的自我标准之后，在课堂上要依据评价的重点，有目的地观察评价对象，利用科学的记录手段，全方位收集、把握课堂教学呈现的数据、现象，进行如实的记录。例如利用课堂观察记录学生回答问题的数量、状态、质量等，对客观数据和现象进行归纳整理，又或者从教师的角度进行观察，记录教学问题、教学支架设计的有效性和无效性比例。要做到心中有数，评说有理有据。

二、评析要有一个完整的内在过程

不管是自评还是他评，不管是量化评价还是质性评价，不论是片段式、专项式评析，还是典型完整式评价，都要有一个内在完整的过程，即点出现象、分析成因、提出修改建议，让案例真正为读者所用，既知其然，又知其所以然。其中量化评价不应该只有一份量化评价表中的分数，而应是依据课堂量化评价表对课堂观察到的现象进行合理的评析，评价者要能够依据课堂现象逐一评析得分、扣分原因，并提出建议。而评价的评析过程同样也要点出所评析的评价中的现象，分析评价是否恰当，如有不恰当之处应提出修改建议。如：引导示范性案例中典型完整式评价中量化评价的打分出现不恰当现象，就应该先出示对评价者的打分以及赋分原因，再依据评价标准对其打分的合理性进行分析，指出不足，最后提出建议。

三、依教学目标进行评价

不同的教师对教材的解读不同，学生具体学情不同，故设计的教学重难点不同，在不违背教材编排体系和课程标准的基础上，语文课堂是允许百花齐放的。所以在评价时，除了要依照课堂评价标准，评价者还要依据教材的编排体系和课程标准的要求，综合学情特点，评价教学目标是否设定准确、恰当，教学重难点是否明确，并考量通过教学的实施是否能很好地实现设定的目标。比如，《义务教育语文课程标准（2022年版）》主要从识字与写字、阅读与鉴赏、表达与交流、梳理与探究四种实践活动来学习，并提出了构建学习任务群的要求，评价者不仅要考虑当下活动任务目标要求，还要考虑学习任务群的主体目标或上位目标。

四、依据所设计的课堂评价标准评价

课堂教学的目标就是要落实学科核心素养，因此评价一堂课也应该从学科核心素养的落实上来看。引导示范性案例所使用的课堂评价表是依据课程标准学科核心素养的四个方面落实情况而设计的，量化评价表的权重分值的设计是根据教与学、学科素养四者之间的关系进行确定的，要想课堂评价能对教学起到指导、引领的作用，那评价要围绕学科核心素养的四个维度及相关要求进行。比如，评价时要看教师在落实学科核心素养上的教学策略建构、教学环节的设计意图、课堂现场的调控，看学生的课堂领悟、学习活动的执行效果、课堂现场的生成、学习能力的提升与发展等。

五、评价要注意整体性

小学阶段的语文教材，每个单元由独立的课文和板块组成，但语文能力和语文素养的培养在整个义务教育阶段是呈螺旋上升的。评价者应建立全局观，寻找各知识点、能力点之间显性或隐形的相互关系，关注各素养点的融合情况，发现学生发展的现实性和潜在性。评价不要孤立看某一个环节，要从整节课的构建来看，或从整个板块来看，甚至要从课堂内外的发展性来看。在目标的评价上，要联系整个单元、整册教材、不同学段来看目标的设定是否恰当，更要从学科核心素养点在学生整个学习过程中的落实情况来看，要有素养培养的整体概念。如新时代背景下，小学生文化自信的培育主要围绕着中华优秀传统文化、革命文化和社会主义先进文化的教育和培养来展开，课堂上教师用丰富、优秀的本民族文化作品，采用丰富的课堂活动、多元化的形式引导学生鉴赏优秀的民族文学作品中的语言之美、形象之美、精神之美，在品读过程中通过分析、比较、想象等一系列复杂的思维活动，发现语言运用的规律，掌握语言运用的方法，再运用语言进行表达、创造美。在这个过程中，学生语文素养的培养不是单一的，而是一个整体。整体看，还要看整体学生的学习成效，而不能以一概全，以某个学生的表现来代替整个班级的表现。

六、质性评价要突出要点

质性评价有多个角度，如“现实与潜在”“整体与个体”“教师与学生”“过程与结果”，它是对课堂现象进行的全面的充分的揭示，除了评析课堂显性因素，还要考虑潜在因素，其有量化评价所不具备的优势，因此在评价时要针对要点进行全面、充分的评析。但进行任何一个角度的评价时都要注意围绕学科核心素养点来谈，要从选择的角度出发，依据教学现象、教材特点、课堂评价标准，依点逐层展开论述，举出现象，道出缘由。比如在从“整体与个体”的角度对核心素养的某个点进行评价时，要从学科核心素养的四个要点的培养的整体性出发进行评价，更要把评价的重点聚焦在某一个核心素养的培养过程上来，关注教师与学生在这一个点上的教与学的表现。在点的评论上要注意教学的发展性，前后贯联，互相印证。比如，在某一学科素养点的培养上教学的起点是什么，目标是什么，目标的达成度怎样，要能连贯起来观察和评价。

七、注意侧重性评价

一节高质量的课一定是教学目标明确、教学重难点突出的课。一节课的时长有限，一节时间分配科学的课，一定是兼顾整体又突出重点的课。因而在评价时，首先要关注教师在教学重难点的突破上设计的教学环节是否合理有效，这个环节在教学过程中是否有层次地落实，在教学时间上是否有保障。其次，语文学科核心素养的四个维度在一堂课上也不可能面面俱到，教师的侧重点是哪一个方面，教学过程中是否能落实，评价者都应做好侧重性评价，而非无突出、刻板的评价。另外，由于评价角度的不同，评价的对象不同，课堂观察的记录重点不同，因此评价的侧重点也应该不同。比如，质性评价要从“教师与学生”的角度进行，那么评价的侧重点应该是教师的教学支架的设计，教师评价、引导语言对学生学习产生的作用。

八、注重评价的有效性

评价的最终意义在于通过评价促进教师的自我反思，改变教学的行为，从而促进教育教学质量的提高以及学生的发展。故评价的现象、内容要具体，评价的过程要真实、细致，提出的建议要具有可行性。如在现实性和潜在性评价上，评价者要用发展的眼光观察课堂，引导执教者和听课者关注课堂教学中潜在的教学成果，促进教师教学往深度发展。评价还要注意有针对性。就像课题研究一样，研究的对象要小而精，观察的角度要精准，这样才能更好地帮助教师发现教学中的优点和不足，从而提高教学效率。比如，我们进行“过程与结果”的质性评价时，就要在课堂观察和评价时关注围绕教与学的过程，包括准备过程与目标落实，教师的教学策略与学生核心素养能力的形成、提升与发展之间的联系，针对目标与结果之间的差异提出合理的教学改进建议，从而提升教学的有效性。

后 记

2021年立项的广东省基础教育教研基地项目“学科核心素养导向的小学语文教学改革研究与实践”系列成果之一《基于小学语文学科核心素养的课堂教学评价研究》终于出版了。这是项目组成员、参加研究的基地学校、参与学校成员、区域研究学校成员以及参与广东省教育科学研究重点课题“基于小学语文学科核心素养的课堂教学评价研究”实验的全体成员，共同努力、凝聚智慧的结果。

从2021年1月申报项目“基于小学语文学科核心素养的课堂教学评价研究”开始至今，历时两年半有余。项目是由一所基地学校——汕头市潮阳实验学校，两所参与学校——汕头市龙湖区金珠小学、汕头市龙湖区碧华实验学校（东校区）共同实施完成的。三所学校，12名项目组成员，经历了研究的憧憬期、迷茫期和幸福期。我们怀揣着理想，想找到学科核心素养的妙秘，想倡导理想的教学形态，但由于部分成员缺乏教育研究的专业知识，缺乏研究时间，在研究过程中会出现对项目本身的内涵挖掘不深、把握不够而产生的不自信、不笃定的研究情绪，会在教育视域、教育新理论的阐述上出现偏颇现象，但在拨开云雾之后，大家看着一份份成果，感受着自身成长时，又觉得一切都值得，觉得研究是幸福的。

回望研究过程，我们觉得有些方面做得还是很有预见性的，效果显著。

第一，依项目完成的目标以及成效，制订了明确的总体计划，再在总体计划的规划下，制订了详细的学期计划。

第二，制定了每月进行校际线上交流，学期初或学期末线下交流的制度，规定项目组各学期至少要进行一次展示交流活动。可以说，整个研究都是由逐月落实计划来推进的，由交流展示来推动的。其中，展示交流以市级标准来进行，共开展了五次活动。第一次是2022年2月23日，在汕头市龙湖区金珠小学，以学习交流以及专题讲座来进行。第二次是2022年4月27日，在汕头市潮阳实验学校进行，以课例展示（阅读）、评价展示、专题讲座为主来开展。第三次是2022年6月10日，在汕头市龙湖区碧华实验学校（东校区）进行，以识字教学评价展示为主来开展。第四次是2022年12月9日，在汕头市龙湖区金珠小学进行，以课例展示（习作）、评价展示、专题讲座为主来开展。第五次是2023年6月14日，在汕头市潮南区两英墙新学校进行，以课例展示（习作）、评价展示、专题讲座为主来开展。五次活动涉及的人员涵盖了汕头市各区县的教育工作者。

第三，采用了“两比一结合”的研究方式。为了保证研究的科学性，在研究中学生对象做到定量、定群体。同年级不同班级进行对比研究，同群体不同年级也要进行对比研究，特定群体的跟踪研究与普遍研究相结合。

第四，实施了成果预报督导制度。为了便于整理成果，提升项目组成员的主观能动性，各项预设成果由专人负责。从成果的最终设计出发，逆推所需的成果素材，从主题选择到样式要求，从篇目数量到阶段成果都体现了细致的考量。而且每学期初都让各校拟报学期成果，并通过过程性的指导与交流，来促进成果有质有量地完成。

本书各部分组稿与主要撰写者如下：绪论，庄晓珊、秦世进、刘迎春；第一章，刘迎春；第二章，陈梦霞、刘迎春、刘礼兵、朱娜；第三章，庄晓珊、秦世进、马海英、郑植燃、刘迎春；第四章，颜英姿、陈静莉、许蓉淳、刘迎春。本成果是团队合作攻关的产物，实际上都有其他未署名成员的贡献。

在本书付梓之际，除了有如释重负的欣喜感，更多的是感谢！感谢我们的团队——项目组和课题组的伙伴们！感谢汕头市潮阳实验学校、汕头市龙湖区金珠小学、汕头市龙湖区碧华实验学校（东校区）三所学校！感谢三所学校参与项目研究与课题研究的老师与学生！感谢所有对项目研究及课题研究工作给予无私指导的专家、老师！

庄晓珊　秦世进

2023年6月